개정판

판례로 본
디지털 증거법

판례로 본 디지털 증거법 개정판

발행일	2025년 3월 11일		
지은이	이주호, 김호		
펴낸이	손형국		
펴낸곳	(주)북랩		
편집인	선일영	편집	김현아, 배진용, 김부경, 김다빈
디자인	이현수, 김민하, 임진형, 안유경	제작	박기성, 구성우, 이창영, 배상진
마케팅	김회란, 박진관		
출판등록	2004. 12. 1(제2012-000051호)		
주소	서울특별시 금천구 가산디지털 1로 168, 우림라이온스밸리 B동 B111호, B113~115호		
홈페이지	www.book.co.kr		
전화번호	(02)2026-5777	팩스	(02)3159-9637
ISBN	979-11-7224-460-6 13360 (종이책)		9979-11-7224-461-3 15360 (전자책)

(주)북랩 성공출판의 파트너

북랩 홈페이지와 패밀리 사이트에서 다양한 출판 솔루션을 만나 보세요!

홈페이지 book.co.kr • **블로그** blog.naver.com/essaybook • **출판문의** text@book.co.kr

작가 연락처 문의 ▸ ask.book.co.kr

작가 연락처는 개인정보이므로 북랩에서 알려드릴 수 없습니다.

개정판

사이버 수사 실무자와 디지털 포렌식 자격증 수험생을 위한

판례로 본
디지털 증거법

이주호, 김호 지음

🌀*북랩

디지털 증거와 관련된 다양한 판례와 각종 규정들을 정리하여 실무 수행에 활용할 수 있는 기회를 마련하고자 『판례로 본 디지털 증거법』을 출간하였던 지난 2020년을 기준으로 어느덧 4년이 흘러 2025년이 되었다.

그동안 대한민국 법원은 더욱 전향적으로 디지털 증거에 대한 증거능력 인정 요건을 강화하는 흐름으로 변화되었고 경찰, 검찰, 군사법경찰과 군검찰 역시 실무상 이러한 법원의 태도를 반영하듯 증거 수집 과정상의 적법 절차를 강화하는 방향으로 진화되어 왔다.

특히 이러한 변화는 지난 초판에서도 언급하였듯이 기존 대법원 판례를 통해서 다루어 오던 디지털 증거 관련 내용이 '디지털 증거의 진정 성립은 과학적 분석 결과에 기초한 디지털 포렌식 자료나 감정의 방법으로도 인정할 수 있도록' 하는 취지의 형사소송 절차법에 따른 것으로 갈수록 첨단화 되어가는 디지털 환경의 시대적인 변화를 감안할 때 수사기관 또는 사건 당사자(변호사 등) 입장에서는 이제 더 이상 피할 수 없는 현상이라고 하겠다.

그럼에도 불구하고 2025년 현재도 아직 별개의 디지털 증거법이 따로 마련되어 있지 않은 현실 속에서 형사소송법 등 관련 소송 절차에 관한 법률과 각급 수사기관 자체적으로 제정한 디지털 증거에 관한 규정 및 법원의 판례에 의지할 수밖에 없는 현실을 감안하여 수사 실무자뿐만 아니라 사건 당사자(변호인 등) 입장에서 참고할 수 있도록 관련 판례를 기존 초판에 이어서 보강하여 추가적으로 정리해 보았다.

또한 복잡한 논쟁이나 주장 등은 피하고 디지털 증거의 수집에서 이송, 분석, 보관, 폐기에 이르기까지 각 단계별 프로세스 과정과 관련된 4년간 추가된 판례들을 보강 정리하여 실무에서 참조하도록 하였다.

그리고 부록으로 2024년 기준으로 개정된 대검찰청과 경찰청, 국방부 등 주요 법집행기관에서 적용하고 있는 최신 규정과 미국 판례도 수록하여 디지털 증거와 관련된 규정, 판례 등은 이 한 권으로 정리될 수 있도록 하였다.

아무쪼록 이 책이 디지털 증거를 다루는 수사관과 검사 및 변호사 또는 이를 연구하는 학생들에게 조금이나마 도움이 되었으면 하는 바람이다.

2025. 2. 28.
삼각지에서 이주호, 김호

디지털 시대를 맞이하여 우리 사회의 사법 체계와 수사 환경은 빠르게 변화하고 있습니다. 우리 사회에서 발생하고 있는 모든 범죄 특히, 사이버 공간에서 발생하는 각종 범죄와 그에 따른 수사 방식은 과거와는 전혀 다른 양상을 보이고 있습니다. 이와 같은 변화는 범죄 수사기법 적용에 있어서 우리에게 새로운 도전과 기회를 동시에 제시하고 있습니다.

이번에 발간된 『판례로 본 디지털 증거법』 개정판은 이러한 시대적 요구에 부응하는 중요한 역할을 할 것이라고 확신합니다. 디지털 증거의 법적 효력과 수집 절차에 관한 명확한 기준은 사이버 범죄를 포함한 각종 범죄를 예방하고 범인을 색출하는데 있어서도 필수적이며, 특히 사이버 테러 공격 등 국가 안보를 위협하는 모든 안보 위협 세력을 추적하는 데 있어서도 디지털 증거는 매우 중요한 단서를 제공할 것입니다.

디지털 증거는 사이버 공간에서 발생하는 사건을 해결하기 위해 중요한 단서이자 법적 진실을 규명하는 핵심적인 수단입니다. 이러한 증거를 어떻게 수집하고 보존할 것인가? 는 지능화된 범죄의 성공적인 수사와 공정한 재판을 보장하는 데 필수적인 요소입니다. 이 책이 법률 전문가, 수사관 그리고 사이버 보안 관련 종사자들에게 필독서가 되어 사이버 안보를 더욱 강화하고, 디지털 시대의 사회 안전망 구축 및 법적 질서를 확립하는 데 크게 기여할 수 있기를 진심으로 기대합니다. 디지털 증거의 정확한 이해와 활용이야말로 안전한 사이버 공간을 만드는 첫걸음입니다.

이번 개정판 발간을 축하드리며, 이 책이 우리 사회의 법적 기준을 강화하고 과학 수사를 더욱 발전시키는 데 큰 힘이 되기를 바랍니다. 또한 이 책이 법률 전문가와 법집행기관의 실무자들에게 있어 반드시 참고해야 할 지침서로 자리매김할 수 있기를 희망합니다. 디지털 시대의 법적 과제를 해결하기 위해서는 끊임없는 연구와 발전이 필요하며, 이 책이 그 여정에서 든든한 길잡이가 되기를 기대합니다.

2025. 2. 28
제46대 국방부장관/현 사이버안보연구소 대표 정경두

2025년 현재, 지난 수년간 형사소송법과 검찰청법 및 고위공직자범죄수사처에 관한 법률, 경찰조직법 등의 재개정으로 일반 사회 수사 환경이 급격하게 변화하였을 뿐만 아니라 군조직 역시 군사법 개혁의 일환으로 2022년 7월부터 시행한 개정 군사법원법에 따라서 고등군사법원 폐지와 제한적인 일부 범죄에 대하여 군 소속 등이 아닌 법원과 일반 경찰과 검찰에서 군인 등에 관한 수사와 기소 및 재판이 이루어지게 되는 변화의 흐름 속에서 사건의 수사에 있어서 군사경찰과 경찰, 군검찰과 검찰 상호 간의 협력과 협조 관계의 중요성은 더욱 커질 것으로 보인다.

이러한 흐름을 감안할 때 일반 사회에서 급속도로 변화하고 있는 디지털 증거에 관한 일반 법원의 판단 기준이 변경되는 것은 앞으로 군사경찰 및 군검찰에 기존보다 더욱 큰 영향을 끼칠 것으로 판단되고 있어 이에 대한 군수사기관의 직무 전문성 확보와 교육은 지금보다 강화되어야 할 것으로 판단된다.

다행히 이와 같은 디지털 증거에 관한 직무 교육 등의 제한 사항을 극복하는 데 있어 군사경찰 소속 군사법경찰관 2명에 의해 디지털 증거법을 쉽게 이해할 수 있게 정리된 최신 개정 판례집이 출판되었다고 하여서 학문적으로도 그 가치가 적지 않을 뿐 아니라 軍 수사기관만이 아니라 경찰과 검찰 등 일선 수사 현장에서도 많은 도움이 될 것으로 기대된다.

2025. 2. 28.
순천향대학교 경찰행정학과 오윤성 석좌교수

목차

제2장 디지털 증거의 수집

제3장 매체별 디지털 증거의 증거능력

제4장 미국 디지털 포렌식 관련 판례

■ 부록

디지털 증거와 영장주의 적용

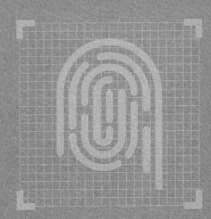

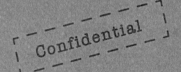

Confidential

제1절 디지털 증거의 개념

IOCE[1]에서는 디지털 증거란 "법정에서 신뢰할 수 있는 저장되거나 전송되는 이진수 형태의 정보" 또는 "디지털 형태로 저장되거나 전송되는 증거가치 있는 정보"로 학자마다 다양하게 정의하고 있다.[2]

법령에서는 검찰청예규 제991호 「디지털 증거의 수집·분석 및 관리 규정」 제3조 제1호에서 "디지털 증거란 범죄와 관련하여 디지털 형태로 저장되거나 전송되는 증거로서의 가치가 있는 정보"라고 정의하고, 경찰청 훈령 제845호 「디지털 증거 수집 및 처리 등에 관한 규칙」 제2조 제3호에서 "디지털 증거란 「형사소송법」 제106조 및 제215조부터 제218조까지의 규정에 따라 압수한 디지털 데이터"라고 정의하고 있다.

미국의 디지털증거과학연구그룹(SWGDE, Scientific Working Group on Digital Evidence)은 "디지털 형태로 저장되거나 전송되는 증거가치가 있는 정보"라고 정의하고 있다.

물론, 아직까지 판례에서 디지털 증거에 대한 정의를 내렸다고 볼 만한 판단 사례는 없는 것으로 보인다. 다만 부산고등법원 1999.1.13. 선고 99노897, 부산고등법원 1999.5.17. 선고 99노122, 대법원 1999.9.3. 선고 99도2317[3] 판결 등에서 디스켓의 증거능력에 대해 판단한 것을 통해 디지털 증거에 대한 간접적 정의를 확인할 수 있다.

---

1 IOCE(International Organization on Computer Evidence)는 1995년 미국, 영국, 호주 등 여러 국가의 법집행 관계자들을 중심으로 창설된 '컴퓨터 증거에 관한 국제조직'을 말한다(ioce.org 참조).

2 권양섭, 「디지털증거수집에 관한 연구」, 군산대학교 대학원, 「국외훈련검사 연구논문집」, 2009, P.9, 2011.
최성필, 「디지털증거의 증거능력에 관한 비교법적 연구」, 「국외훈련검사 연구논문집」 제26집, 법무연수원, 2011.

3 컴퓨터 디스켓의 증거능력에 대해 대법원은 "다만, 컴퓨터 디스켓에 들어 있는 문건이 증거로 사용되는 경우 위 컴퓨터 디스켓은 그 기재의 매체가 다를 뿐 실질에 있어서는 피고인 또는 피고인 아닌 자의 진술을 기재한 서류와 크게 다를 바 없고, 압수 후의 보관 및 출력과정에 조작의 가능성이 있으며, 기본적으로 반대신문의 기회가 보장되지 않는 점 등에 비추어 그 기재 내용의 진실성에 관하여는 전문법칙이 적용된다고 할 것이고, 따라서 형사소송법 제313조 제1항에 의하여 그 작성자 또는 진술자의 진술에 의하여 그 성립의 진정함이 증명된 때에 한하여 이를 증거로 사용할 수 있다 할 것이다"라고 판시함.

(이슈) 디지털 증거의 쟁점과 문제점 및 개선 노력

1. 문제의 쟁점

(무결성 보장) 디지털 증거는 쉽게 변조될 수 있기 때문에 원본의 무결성을 어떻게 보장할 것인가가 핵심적인 쟁점임.

(법적 절차 준수) 디지털 증거 수집 시 적법한 절차를 따르지 않으면, 증거로써의 효력이 부정될 가능성이 큼.

(기술적 복잡성) 다양한 디지털 기기와 데이터 형식 때문에 증거 수집과 분석이 더욱 복잡해지고 있음.

2. 디지털 증거의 특징

(비가시성) 물리적으로 보이지 않으며, 데이터 형태로 존재하는 비물리적인 증거임.

(변조 용이성) 원본과 복제본의 구별이 어려우며, 손쉽게 변조될 수 있어 무결성 확보가 중요한 과제임.

(대량성) 데이터 양이 방대하며, 분석에 많은 시간과 자원이 필요함.

3. 디지털 증거의 현실적 문제점

(무결성 확보의 어려움) 디지털 증거는 수집, 전송, 저장 과정에서 쉽게 변조될 가능성이 있음. 이러한 데이터의 변조를 막기 위해 해시값과 같은 기술적 수단을 사용하지만, 여전히 신뢰성 문제를 완전히 해결하기는 어려움.

(법적 절차 미비) 디지털 증거 수집, 분석, 제출 과정에 대해 형사소송법이나 다른 법률에 아직 근거가 마련되지 않은 상태로 법원 판례와 수사기관 내부 규정에 의해 시행 중임. 또한 압수·수색 시 디지털 기기에서 데이터를 추출하는 과정이 법원에서 요구하는 참여권 보장이나 동일성 증명 등 절차적 정당성이 확보되지 않으면 법정에서 증거로 채택되기 어려울 것임.

(증거 신뢰성 문제) 디지털 증거는 쉽게 조작될 수 있는 특성 때문에 법정에서 그 신뢰성을 인정받기 위해서는 절차적 정당성이 보장되어야 함. 무결성을 보장하기 위해 증거 수집 과정에서 법적•기술적 여러 가지 절차가 요구되지만, 기술적 한계로 인해 무결성을 증명하는 데 많은 어려움이 있음.

(전문 인력 부족) 디지털 증거의 수집 및 분석에는 고도의 기술이 필요하지만, 수사기관에 이러한 기술을 가진 전문 인력이 부족한 경우가 많음. 이에 따라 증거 수집 과정에서 실수가 발생하거나 중요한 증거를 놓치는 상황이 발생하기도 하며, 현장에서 급박하게 이루어져야 할 기술적 조치들이 제한되는 경우가 발생할 수 있음.

(국제적 협력 문제) 디지털 증거는 구글이나 애플 아이클라우드 등 네트워크를 통해 국경을 초월해 존재할 수 있음. 따라서 해외 서버에 저장된 증거를 확보하는 과정에서 각국의 법적 규제가 달라 국제적 협력이 어렵고 시간이 많이 소요되기 때문에 지속적인 협력이 필수적임.

4. 수사기관 등의 개선 노력

(절차 표준화) 디지털 증거 수집 및 분석에 대한 표준 절차를 마련하고 무결성을 보장하기 위해 증거 수집 시 해시값 생성 등 표준화된 방식을 채택하고 있음. 이를 통해 증거의 신뢰성과 증명력을 높이려는 노력이 지속 이루어지고 있음

(법제 개선) 디지털 증거의 법적 지위를 명확히 하기 위해 관련 법률을 정비하고 있음. 압수·수색 절차에서 전자적 수단을 활용한 증거 수집의 적법성을 보장하고, 법적 절차를 개선하는 등 형사소송법 개정 작업이나 전자증거법 또는 디지털 증거법에 대한 입법 노력이 국회, 한국디지털포렌식학회 등을 중심으로 지속 논의 되고 있음.

(전문 인력 양성) 수사기관은 디지털 포렌식 전문가 양성 프로그램을 운영하며, 민간과 협력하여 기술 교육과 훈련을 강화하고 있으며, 이를 통해 수사기관의 역량을 강화하고 디지털 증거의 정확한 수집과 분석 등 무결성 보장을 위한 다양한 전문 프로그램을 운영하고 있음.

(디지털 포렌식 장비 및 기술 개발) 최신 디지털 포렌식 장비와 소프트웨어를 도입하여 증거 수집의 효율성과 정밀성을 높이고 있으며, 이를 통해 디지털 기기에서 데이터를 추출하는 과정에서의 오류를 최소화하고, 보다 정교한 분석을 가능하게 하고 있음. 특히 스마트폰 잠금 해제와 관련한 암복호화 이슈에도 적극 대응 중에 있음.

(국제적 협력 강화) 디지털 증거가 여러 국가에 걸쳐 존재하는 경우가 많기 때문에 검찰·경찰·국방부 등 수사기관은 국제적 협력을 더욱 강화하고 있음. 예를 들어, 각국 간 협약 체결이나 인터폴 등의 국제기구와 협력하여 증거 확보 절차를 간소화하고 효율적으로 진행할 수 있도록 노력하고 있으며 군에서는 美국방부와 증거 수집, 분석 절차 등에 대해 집중 논의하며 발전 방안을 모색 중임.

5. 결론

디지털 증거는 현대 수사에서 필수적인 요소이지만 무결성 보장, 법적 절차 준수, 전문 인력 양성 등과 관련된 다각적인 노력이 필요하며, 이를 통해 디지털 증거의 신뢰성과 무결성이 보장되어야 함. 또한, 법제 개선과 기술 발전 노력을 지속해 나가야 하며, 국제적인 협력을 통해 국경을 넘나드는 디지털 증거 확보의 어려움을 극복해야 할 것임. 이러한 노력은 디지털 증거의 신뢰성과 무결성을 확보하고, 절차적 정당성을 보장받는 데 중요한 역할을 할 것임.

제2절 위법 수집증거 배제 법칙의 적용 판례

　위법수집 증거배제 법칙(違法蒐集證據排除法則)은 적법한 절차에 따르지 아니하고 수집한 증거는 증거로 할 수 없다는 형사소송법의 증거법상의 대원칙이라고 할 수 있다. 디지털 증거의 수집과 관련해서도 이 원칙은 당연히 적용되는 원리이다.

　일례로, 「특정범죄가중처벌 등에 관한 법률」 위반(절도) 사건과 관련, 대법원 2013.3.28. 선고 2012도13607 판결에서 "수사기관이 법관의 영장도 없이 위와 같이 매출전표의 거래 명의자에 관한 정보를 획득한 조치는 위법하다고 할 것이므로, 그러한 위법한 절차에 터 잡아 수집된 증거의 증거능력은 원칙적으로 부정되어야 할 것이고, 따라서 이와 같은 과 정을 통해 수집된 증거들의 증거능력 인정 여부에 관하여 특별한 심리·판단도 없이 곧바 로 위 증거들의 증거능력을 인정한 제1심의 판단을 그대로 유지한 원심의 조치는 적절하 다고 할 수 없다"라고 함으로써 신용카드 매출전표의 거래명의자에 관한 정보도 금융거 래정보 압수영장에 의해 취득해야 하고 그에 위반하여 취득된 거래명의자 정보는 위법수 집증거라고 판시하였다.(표1 참조)

사건명: 위법수집증거배제법칙의 적용 여부 및 그 범위, 매출전표의 증거능력
사건번호: 대법원 2013. 3. 28. 선고 2012도13607

1. 위법수집증거배제법칙개요
- 위법수집증거배제법칙이란 형사소송법 제308조의2에 따라, 위법하게 수집된 증거는 법정에서 **증거로 사용할 수 없다는 원칙**을 말함. 이 법칙의 목적은 **피고인의 인권 보호와 공정한 재판**을 보장하는 데 있음. 이번 사건에서는 이 법칙이 적용될 수 있는지를 놓고 법적 논의가 이루어졌음.

2. 사건 개요
- 사건에서는 **수사기관이 피고인으로부터 수집한 증거**가 적법한 절차를 따르지 않았다는 주장이 있었음.
- 구체적으로, 피고인의 동의 없이 **압수·수색이 이루어졌거나**, 또는 **절차상의 하자가 존재하는** 상황에서 수집된 증

거의 효력에 대해 다툼이 발생했음.

3. 매출전표와 위법수집증거배제법칙의 관계

- 사건에서 **매출전표**는 피고인의 특정 거래와 관련된 **구체적인 증거**로 사용되었음.
- **매출전표**는 거래 내역을 확인하고 피고인이 특정 시점에 어떤 행위를 했는지를 증명하는 중요한 증거로, 피고인의 **범죄 사실**을 입증하는 데 중요한 역할을 함.
- 그러나 이 매출전표가 **적법한 절차를 거쳐 수집되지 않았음**이 문제가 되었음. 수사기관은 피고인의 동의 없이 매출전표를 확보했으며, **적법한 영장**이 발부되지 않은 상태에서 이를 수집하였기 때문에, 이는 **위법수집증거**에 해당한다고 대법원은 판단함.

4. 대법원의 판단 요지

- 대법원은 위법수집증거배제법칙의 목적과 적용 범위를 명확히 하며, 이번 사건에서 수집된 매출전표 등의 증거가 **적법한 절차**를 따르지 않았음을 인정함.
- 수사기관이 **적법한 영장** 없이 피고인의 **매출전표**를 압수한 경우, 이는 피고인의 기본권을 침해하는 행위이므로, 해당 증거는 위법하게 수집된 증거에 해당한다고 보았음.

5. 위법수집증거의 예외적 인정 여부

- 대법원은 **위법수집증거**라도 일정한 조건에서 예외적으로 증거능력을 인정할 수 있는 경우가 있을 수 있다고 언급함. 예를 들어, 피고인의 **동의가 명확하게 존재**하거나, **급박한 상황**에서 불가피하게 수집된 경우 등의 상황임.
- 그러나 이번 사건에서는 수사기관이 피고인의 동의 없이 영장 없이 진행한 매출전표의 수집이 **명백히 위법**하였으며, 이를 정당화할 **예외적인 사유**가 인정되지 않았음.

6. 판결의 결론

- 대법원은 형사소송법 제308조의2에 따른 **위법수집증거배제법칙(위수증)**을 적용하여, 수사기관이 위법한 절차로 수집한 매출전표 등의 증거는 **증거능력을 부정**함.
- 따라서, 해당 증거를 바탕으로 한 **원심의 유죄 판결**은 증거의 효력이 인정되지 않으므로, 원심 판결을 **파기**하고 사건을 **환송**하였음.

7. 의의 및 영향

- 이번 판결은 **수사기관의 증거 수집 과정에서의 절차 준수**가 얼마나 중요한지를 강조함.
- 피고인의 **인권**을 보호하기 위해 수사기관은 반드시 **법에 규정된 절차**를 따라야 하며, 이를 어겼을 때 해당 증거는 재판에서 사용될 수 없다는 점을 재확인함.
- 이는 앞으로의 **수사 관행**과 **법 집행**에 있어 수사기관의 **절차적 엄격성**을 요구하는 중요한 기준을 제시한 판례임.

[표1] 위법수집증거배제법칙의 적용 여부 및 그 범위, 매출전표의 증거능력

또한 「마약류 관리에 관한 법률」 위반(향정) 사건 관련, 대법원 2010.10.14. 선고 2010도 9016 판결에서 '수사기관이 갑(甲)으로부터 피고인의 「마약류 관리에 관한 법률」 위반(향정) 범행에 대한 진술을 듣고 추가적인 증거를 확보할 목적으로, 구속 수감되어 있던 갑 (甲)에게 그의 압수된 휴대전화를 제공하여 피고인과 통화하고 위 범행에 관한 통화 내용 을 녹음하게 한 행위는 불법감청에 해당하므로, 그 녹음 자체는 물론 이를 근거로 작성 된 녹취록 첨부 수사보고는 피고인의 증거동의에 상관없이 그 증거능력이 없다고 하는 등 위법 수집증거배제법칙이 적용되고 있다.

즉, 불법감청으로 녹음된 통신 내용의 증거능력제3자가 전화 통화자 중 일방만의 동의 를 얻어 통화 내용을 녹음한 행위는 통신비밀보호법상 불법감청에 해당하며, 그로 인해 수집된 증거는 증거능력이 인정되지 않는다. 수사기관이 제3자의 동의를 얻어 구속 수감 된 자에게 압수된 휴대 전화를 제공해 피고인과 통화 내용을 녹음하게 한 경우도 불법감 청에 해당하며, 그 녹음 내용과 이를 근거로 작성된 수사보고서, 녹취록 등은 증거능력이 없다. 이는 피고인이나 변호인의 증거 동의와 무관하게 적용되는 것으로, 이 판례는 불법 감청에 의한 증거 수집의 엄격한 배제 원칙을 재확인하고 있다.

앞서 다룬 두 개의 판례들은 모두 현 사법체계에서 적법 절차와 인권 보호의 중요성을 재확인하는 데 큰 의미를 지닌다. 첫 번째 판례는 수사기관이 영장 없이 매출전표의 거 래 정보를 획득한 사례에서 증거능력을 원칙적으로 배제하면서도, 예외적인 상황에서 2 차적 증거의 증거능력을 인정할 수 있는 기준을 제시함으로써 수사의 실효성과 피의자의 권리 보호 사이의 균형을 도모하고 있다. 이를 통해 수사기관이 증거 수집 시 반드시 영 장주의를 준수하도록 강제하고, 피의자의 기본권을 보호하려는 사법적 노력과 의지라고 볼 수 있을 것이다.

두 번째 판례는 불법감청으로 수집된 증거의 철저한 배제를 통해 통신비밀보호법의 적 용 범위를 명확히 하고, 사생활 및 통신의 불가침성을 보호하는 데 중점을 두고 있다. 이 는 수사기관이 피고인의 동의 없이 통화를 녹음하는 행위가 불법감청에 해당하며, 그 결과로 얻어진 모든 증거는 증거능력이 없음을 명확히 하고 있다. 이러한 접근은 통신비밀보호법의 목적을 실현하고, 수사기관의 자의적인 권한 남용을 방지하여 국민의 기본권을 보장하는 역할을 한다.

결과적으로, 이 판례들은 모두 현 사법체계에서 적법 절차와 인권 보호의 원칙을 강화하고, 수사기관이 법적 한계를 준수하도록 하는 중요한 지침을 제공한다. 이는 형사사법의 공정성과 투명성을 높이는 데 기여하며, 실체적 진실 규명과 피의자의 권리 보호 간의 균형을 도모하는 데 긍정적인 영향을 미친다고 볼 수 있다. 특히 불법적인 증거 수집이 법정에서 배제될 수 있다는 점을 분명히 함으로써, 사법적 절차의 정당성과 수사기관의 책임성을 높이는 데 중요한 역할을 하고 있다. (표2 참조)

사건명: 대법원 2010. 10. 14. 선고 2010도9016 판결
사건번호: 2010도9016

1. 문제의 쟁점

- 불법감청의 정의 및 형사적 처벌 여부
- 감청 행위가 통신비밀보호법 위반에 해당하는지 여부

2. 사건 개요

가. 사건 발생 배경
- 피고인은 자신과 관계가 있는 제3자가 타인과 나눈 대화를 비밀리에 녹음하기 위해 감청 장치를 설치함.

나. 불법감청 방법
- 피고인은 타인의 대화를 녹음하기 위해 직접적인 녹음 장치를 설치하거나, 전화를 통해 상대방 대화를 몰래 녹음함. 이러한 장치는 상대방의 동의를 받지 않고 설치되었으며, 피고인은 특정 공간에 녹음기를 몰래 두어 대화를 녹음하거나 통화 내용을 비밀리에 저장하는 방법으로 불법감청을 시도함.

3. 대법원 판단 요지

가. 통신비밀보호법 위반 판단
- 대법원은 피고인의 행위가 통신비밀보호법 제3조 제1항에서 금지하는 "타인 간의 대화 감청"에 해당한다고 판단하였음. 피고인은 대화 당사자 중 한 명의 동의도 없이 몰래 녹음을 진행하였기 때문에 이는 불법적 감청 행위로서 처벌 대상이 됨.

나. 불법감청의 정의 및 적용
- 법원은 "감청"이란 대화 당사자가 아닌 제3자가 개입해 대화 내용을 비밀리에 청취하거나 녹음하는 것을 의미하며, 피고인의 녹음 행위가 이에 해당한다고 판시하였음. 따라서 피고인의 행위는 통신비밀보호법 위반으로 판단됨.

4. 판결의 결론

- 대법원은 피고인의 불법감청 행위에 대해 통신비밀보호법 위반으로 유죄를 선고함

5. 의의 및 시사점

- 본 판결은 통신비밀보호와 개인 사생활 보호의 중요성을 강조한 판례로서, 개인의 동의 없는 녹음이나 감청 행위가 법적 처벌의 대상이 된다는 점을 명확히 함. 이를 통해 불법적인 정보 수집 행위에 대한 경각심을 고취하고, 정보 통신 시대의 프라이버시 권리 보호에 대한 경계를 설정하는 데 중요한 역할을 하였음.

[표2] 불법감청에 대한 증거능력

영장 없이 획득한 매출전표의 증거능력

(위법수집증거배제법칙 적용 판례)

[대법원, 2012도13607, 2013.3.28.]

【판시사항】

[1] 수사기관이 법관의 영장에 의하지 아니하고 금융회사 등으로부터 신용카드 매출전표의 거래명의자에 관한 정보를 획득한 경우, 그와 같이 수집된 증거의 증거능력 유무(원칙적 소극)

[2] 수사기관이 법관의 영장에 의하지 아니하고 매출전표의 거래명의자에 관한 정보를 획득한 경우, 이에 근거하여 수집한 피의자의 자백이나 범죄 피해에 대한 제3자의 진술 등 2차적 증거의 증거능력을 예외적으로 인정할 만한 정황

【판결요지】

[1] 수사기관이 범죄 수사를 목적으로 금융실명거래 및 비밀보장에 관한 법률(이하 '금융실명법'이라 한다) 제4조 제1항에 정한 '거래정보 등'을 획득하기 위해서는 법관의 영장이 필요하고, 신용카드에 의하여 물품을 거래할 때 '금융회사 등'이 발행하는 매출전표의 거래명의자에 관한 정보 또한 금융실명법에서 정하는 '거래정보 등'에 해당하므로, 수사기관이 금융회사 등에 그와 같은 정보를 요구하는 경우에도 법관이 발부한 영장에 의하여야 한다. 그럼에도 수사기관이 영장에 의하지 아니하고 매출전표의 거래명의자에 관한 정보를 획득하였다면, 그와 같이 수집된 증거는 원칙적으로 형사소송법 제308조의2에서 정하는 '적법한 절차에 따르지 아니하고 수집한 증거'에 해당하여 유죄의 증거로 삼을 수 없다.

[2] 수사기관이 법관의 영장에 의하지 아니하고 매출전표의 거래명의자에 관한 정보를 획득한 경우, 이에 터 잡아 수집한 2차적 증거들, 예컨대 피의자의 자백이나 범죄 피해에 대한 제3자의 진술 등이 유죄 인정의 증거로 사용될 수 있는지를 판단할 때, 수사기관이 의도적으로 영장주의의 정신을 회피하는 방법으로 증거를 확보한 것이 아니라고 볼 만한 사정, 위와 같은 정보에 기초하여 범인으로 특정되어 체포되었던 피의자가 석방된 후 상당한 시간이 경과하였음에도 다시 동일한 내용의 자백을 하였다거나 그 범행의 피해품을 수사기관에 임의로 제출하였다는 사정, 2차적 증거 수집이 체포 상태에서 이루어진 자백 등으로부터 독립된 제3자의 진술에 의하여 이루어진 사정 등은 통상 2차적 증거의 증거능력을 인정할 만한 정황에 속한다고 볼 수 있다.

【주문】

상고를 기각한다.

【판결이유】

상고이유를 판단한다.

1. 금융실명거래 및 비밀보장에 관한 법률(이하 '금융실명법'이라 한다) 제4조 제1항은 "금융회사 등에 종사하는 자는 명의인(신탁의 경우에는 위탁자 또는 수익자를 말한다)의 서면상의 요구나 동의를 받지 아니하고는 그 금융거래의 내용에 대한 정보 또는 자료(이하 '거래정보 등'이라 한다)를 타인에게 제공하거나 누설하여서는 아니 되며, 누구든지 금융회사 등에 종사하는 자에게 거래정보 등의 제공을 요구하여서는 아니 된다. 다만 다음 각 호의 어느 하나에 해당하는 경우로서 그 사용 목적에 필요한 최소한의 범위에서 거래정보 등을 제공하거나 그 제공을 요구하는 경우에는 그러하지 아니하다"고 규정하면서, "법원의 제출명령 또는 법관이 발부한 영장에 따른 거래정보 등의 제공"(제1호) 등을 열거하고 있고, 수사기관이 거래정보 등을 요구하는 경우 그 예외를 인정하고 있지 아니하다. 이에 의하면 수사기관이 범죄의 수사를 목적으로 '거래정보 등'을 획득하기 위해서는 법관의 영장이 필요하다고 할 것이고, 신용카드에 의하여 물품을 거래할 때 '금융회사 등'이 발행하는 매출전표의 거래명의자에 관한 정보 또한 금융실명법에서 정하는 '거래정보 등'에 해당한다고 할 것이므로, 수사기관이 금융회사 등에 그와 같은 정보를 요구하는 경우에도 법관이 발부한 영장에 의하여야 할 것이다. 그럼에도 수사기관이 영장에 의하지 아니하고 매출전표의 거래명의자에 관한 정보를 획득하였다면, 그와 같이 수집된 증거는 원칙적으로 형사소송법 제308조의2에서 정하는 '적법한 절차에 따르지 아니하고 수집한 증거'에 해당하여 유죄의 증거로 삼을 수 없다.

다만 법이 정한 절차에 따르지 아니하고 수집한 증거라고 할지라도 수사기관의 절차 위반 행위가 적법절차의 실질적인 내용을 침해하는 경우에 해당하지 아니하고, 오히려 그 증거의 증거능력을 배제하는 것이 적법절차의 원칙과 실체적 진실 규명의 조화를 도모하고 이를 통하여 형사 사법 정의를 실현하려 한 취지에 반하는 결과를 초래하는 것으로 평가되는 예외적인 경우라면, 법원은 그 증거를 유죄 인정의 증거로 사용할 수 있으므로(대법원 2007.11.15. 선고 2007도3061 전원합의체 판결 등 참조), 법원이 2차적 증거의 증거능력 인정 여부를 최종적으로 판단할 때에는 먼저 절차에 따르지 아니한 1차적 증거 수집과 관련된 모든 사정들, 즉 절차 조항의 취지와 그 위반의 내용 및 정도, 구체적인 위반 경위와 회피가능성, 절차 조항이 보호하고자 하는 권리 또는 법익의 성질과 침해 정도 및 피고인과의 관련성, 절차 위반행위와 증거수집 사이의 인과관계 등 관련성의 정도, 수사기관의 인식과 의도 등을 살피는 것은 물론, 나아가 1차적 증거를 기초로 하여 다시 2차적 증거를 수집하는 과정에서 추가로 발생한 모든 사정들까지 구체적인 사안에 따라 주로 인과관계 희석 또는 단절 여부를 중심으로 전체적·종합적으로 고려하여야 한다(대법원 2009.3.12. 선고 2008도11437 판결 등 참조).

그러므로 수사기관이 위와 같이 법관의 영장에 의하지 아니하고 매출전표의 거래명의자에 관한 정보를 획득한 경우 이에 터 잡아 수집한 2차적 증거들, 예컨대 피의자의 자백이나 범죄 피해에 대한 제3자의 진술 등이 유죄 인정의 증거로 사용될 수 있는지 역시 위와 같은 법리에 의하여 판단되어야 할 것인데, 수사기관이 의도적으로 영장주의의 정신을 회피하는 방법으로 증거를 확보한 것이 아니라고 볼 만한 사정, 위와 같은 정보에 기초하여 범인으로 특정되어 체포되었던 피의자가 석방된 후 상당한 시간이 경과하였음에도 다시 동일한 내용의 자백을 하였다거나 그 범행의 피해품을 수사기관에 임의로 제출하였다는 사정, 2차적 증거 수집이 체포 상태에서 이루어진 자백 등으로부터 독립된 제3자의 진술에 의하여 이루어진 사정 등은 통상 2차적 증거의 증거능력을 인정할 만한 정황에 속한다고 볼 수 있을 것이다.

2. 원심판결 이유에 의하면, 원심은 피고인의 제1심 법정에서의 진술과 제1, 2, 3 범행에 관한 피해자들의 진술서를 증거로 채택하여 이 사건 공소사실을 유죄로 인정한 제1심판결을 그대로 유지하였다.

그런데 원심이 유지한 제1심의 채택 증거들에 의하면, 2012.2.1.경 피해자 공소외 1로부터 절도 범행 신고를 받은 대구중부경찰서 소속 경찰관들이 범행 현장인 대구 중구 (주소 1 생략) 대구백화점 내 ○○○ 매장에서 범인이 벗어 놓고 간 점퍼와 그 안에 있는 공소외 2 주식회사(금융실명법 제4조에 정한 '금융회사 등'에 해당하는 신용카드회사로서, 이하 '이 사건 카드회사'라 한다) 발행의 매출전표를 발견한 사실, 위 경찰관들은 이 사건 카드회사에 공문을 발송하는 방법으로 이 사건 카드회사로부터 위 매출전표의 거래명의자가 누구인지 그 인적 사항을 알아내었고 이를 기초로 하여 피고인을 범행의 용의자로 특정한 사실, 경찰관들은 2012.3.2. 피고인의 주거에서 위와 같은 절도 혐의로 피고인을 긴급체포한 사실, 긴급체포 당시 피고인의 집 안에 있는 신발장 등에서 새것으로 보이는 구두 등이 발견되었는데, 그 이후 구금 상태에서 이루어진 2차례의 경찰 피의자신문에서 피고인은 위와 같은 절도 범행(이하 '제1범행'이라 한다) 이외에도 위 구두는 2012.1. 초 대구백화점 ○○○○ 매장에서 절취한 것(이하 '제2범행'이라 한다)이라는 취지로 자백한 사실, 수사기관은 피고인에 대하여 구속영장을 청구하였으나 2012.3.4. 대구지방법원이 피고인에 대한 구속영장을 기각하여 같은 날 피고인이 석방된 사실, 2012.3.9. 피고인은 위 경찰서에 다시 출석하여 제3회 피의자신문에서 2011.4.경 대구 중구 (주소 2 생략)에 있는 동아쇼핑 지하 1층 ○○○ 매장에서 구두 1켤레를 절취하였다(이하 '제3범행'이라 한다)고 자백하였고, 피해품인 위 구두를 경찰에 임의로 제출하였던 사실, 한편 위와 같은 자백 등을 기초로 제2, 3범행의 피해자가 확인된 후 2012.3.18.경 그 피해자들이 피해 사실에 관한 각 진술서를 제출한 사실, 그 후 2012.6.20. 열린 제1심 제2회 공판기일에서 피고인은 제1 내지 제3 범행에 대하여 전부 자백하였던 사실을 알 수 있다.

이를 앞서 본 법리에 비추어 살펴보면, 이 사건에서 수사기관이 법관의 영장도 없이 위와 같이 매출전표의 거래명의자에 관한 정보를 획득한 조치는 위법하다고 할 것이므로, 그러한 위법한 절차에 터 잡아 수집된 증거의 증거능력은 원칙적으로 부정되어야 할 것이고, 따라서 이와 같은 과정을 통해 수집된 증거들의 증거능력 인정 여부에 관하여 특별한 심리·판단도 없이 곧바로 위 증거들의 증거능력을 인정한 제1심의 판단을 그대로 유지한 원심의 조치는 적절하다고 할 수 없다.

그러나 피고인의 제1심 법정에서의 자백은 수사기관이 법관의 영장 없이 그 거래명의자에 관한 정보를 알아낸 후 그 정보에 기초하여 긴급체포함으로써 구금 상태에 있던 피고인의 최초 자백과 일부 동일한 내용이기는 하나, 피고인의 제1심 법정에서의 자백에 이르게 되기까지의 앞서 본 바와 같은 모든 사정들, 특히 피고인에 대한 구속영장이 기각됨으로써 석방된 이후에 진행된 제3회 경찰 피의자신문 당시에도 제3범행에 관하여 자백하였고, 이 사건 범행 전부에 대한 제1심 법정 자백은 최초 자백 이후 약 3개월이 지난 시점에 공개된 법정에서 적법한 절차를 통하여 임의로 이루어진 것이라는 점 등을 전체적·종합적으로 고려하여 볼 때 이는 유죄 인정의 증거로 사용할 수 있는 경우에 해당한다고 보아야 할 것이다.

나아가 제2, 3범행에 관한 각 진술서 또한 그 진술에 이르게 되기까지의 앞서 본 바와 같은 모든 사정들, 즉 수사기관이 매출전표의 거래명의자에 관한 정보를 획득하기 위하여 이 사건 카드회사에 공문까지 발송하였던 사정 등에 비추어 볼 때 의도적·기술적으로 금융실명법이 정하는 영장주의의 정신을 회피하려고 시도한 것은 아니라고 보이는 점, 제2, 3범행에 관한 피해자들 작성의 진술서는 제3자인 피해자들이 범행일로부터 약 3개월, 11개월 이상 지난 시점에서 기존의 수사절차로부터 독립하여 자발적으로 자신들의 피해 사실을 임의로 진술한 것으로 보이고, 특히 제3범행에 관한 진술서의 경우 앞서 본 바와 같이 피고인이 이미 석방되었음에도 불구하고 이 부분 범행 내용을 자백하면서 피해품을 수사기관에 임의로 제출한 이후에 비로소 수집된 증거인 점 등을 고려하여 볼 때, 위 증거들 역시 유죄 인정의 증거로 사용할 수 있는 경우에 해당한다고 봄이 타당하다.

그리고 위에서 본 바와 같이 그 증거능력이 인정되는 피고인의 제1심 법정 진술이나 제2, 3범행에 관한 각 진술서를 비롯하여 제1심이 적법하게 채택한 나머지 증거에 의하면 이 사건 공소사실은 모두 유죄로 인정하기에 충분하므로, 이 사건 공소사실을 유죄로 인정한 원심의 결론은 정당하다 할 것이고, 앞서 본 바와 같은 원심의 잘못은 판결 결과에 영향을 미치지 아니하였다.

3. 그러므로 상고를 기각하기로 하여 관여 대법관의 일치된 의견으로 주문과 같이 판결한다.

대법관 김용덕(재판장) 신영철(주심) 이상훈 김소영

불법감청으로 녹음된 통신내용의 증거능력

(위법수집증거배제법칙 적용 판례)

[대법원, 2010도9016, 2010.10.14.]

【판시사항】

[1] 제3자가 전화통화자 중 일방만의 동의를 얻어 통화 내용을 녹음하는 행위가 통신비밀 보호법상 '전기통신의 감청'에 해당하는지 여부(적극) 및 불법감청에 의하여 녹음된 전화통화 내용의 증거능력 유무(소극)

[2] 수사기관이 甲으로부터 피고인의 마약류관리에 관한 법률 위반(향정) 범행에 대한 진술을 듣고 추가적인 증거를 확보할 목적으로, 구속수감되어 있던 甲에게 그의 압수된 휴대전화를 제공하여 피고인과 통화하고 위 범행에 관한 통화 내용을 녹음하게 한 행위는 불법감청에 해당하므로, 그 녹음 자체는 물론 이를 근거로 작성된 녹취록 첨부 수사보고는 피고인의 증거동의에 상관없이 그 증거능력이 없다고 한 사례

【원심판결】

수원지법 2010.6.29. 선고 2010노939 판결

【주문】

상고를 기각한다.

【판결이유】

상고이유(상고이유서 제출기간 경과 후에 제출된 상고이유보충서는 상고이유를 보충하는 범위 내에서)를 판단한다.

1. 상고이유 제1점에 대하여

　　가. 이 사건 공소사실의 요지는 피고인이 공소외인에게 2008.1.경 필로폰 0.7g을 100만 원에 매도하고, 같은 해 3월경 필로폰 0.7g을 50만 원에 매도하였다는 것이다. 이에 대하여 원심은 공소외인의 검찰 진술과 아울러 이 사건 수사보고(피고인 녹취 첨부 보고) 등을 증거로 하여 위 공소사실을 유죄로 인정한 제1심의 판단을 유지하였다.

　　나. 통신비밀보호법(이하 '법'이라고만 한다) 제2조 제7호는 '감청'이라 함은 전기통신에 대하여 당사자의 동의 없이 전자장치·기계장치 등을 사용하여 통신의 음향·문언·부호·영상을 청취·공독하여 그 내용을 지득 또는 채록하거나 전기통신의 송·수신을 방해하는 것을 말한다고 규정하고, 제3조 제1항은 누구든지 이 법과 형사소송법 또는 군사법원법의 규정에 의하지 아니하고는 전기통신의 감청을 하지 못한다고 규정하며, 나아가 제4조는 제3조의 규정에 위반하여, 불법감청에 의하여 지득 또는 채록

된 전기통신의 내용은 재판 또는 징계절차에서 증거로 사용할 수 없다고 규정하고 있다. 이에 따르면 전기통신의 감청은 제3자가 전기통신의 당사자인 송신인과 수신인의 동의를 받지 아니하고 전기통신 내용을 녹음하는 등의 행위를 하는 것만을 말한다고 풀이함이 상당하다고 할 것이므로, 전기통신에 해당하는 전화통화 당사자의 일방이 상대방 모르게 통화 내용을 녹음하는 것은 여기의 감청에 해당하지 아니하지만, 제3자의 경우는 설령 전화통화 당사자 일방의 동의를 받고 그 통화 내용을 녹음하였다 하더라도 그 상대방의 동의가 없었던 이상, 이는 여기의 감청에 해당하여 법 제3조 제1항 위반이 되고(대법원 2002.10.8. 선고 2002도123 판결 참조), 이와 같이 법 제3조 제1항에 위반한 불법감청에 의하여 녹음된 전화통화의 내용은 법 제4조에 의하여 증거능력이 없다(대법원 2001.10.9. 선고 2001도3106 판결 등 참조). 그리고 사생활 및 통신의 불가침을 국민의 기본권의 하나로 선언하고 있는 헌법규정과 통신비밀의 보호와 통신의 자유 신장을 목적으로 제정된 통신비밀보호법의 취지에 비추어 볼 때 피고인이나 변호인이 이를 증거로 함에 동의하였다고 하더라도 달리 볼 것은 아니다(대법원 2009.12.24. 선고 2009도11401 판결 참조).

기록에 의하면, 공소외인은 2009.9.21.경 검찰에서 피고인의 이 사건 공소사실 범행을 진술하는 등 다른 마약사범에 대한 수사에 협조해 오던 중, 같은 달 29일경 필로폰을 투약한 혐의 등으로 구속되었는데, 구치소에 수감되어 있던 같은 해 11.3.경 피고인의 이 사건 공소사실에 관한 증거를 확보할 목적으로 검찰로부터 자신의 압수된 휴대전화를 제공받아 구속수감 상황 등을 숨긴 채 피고인과 통화하고 그 내용을 녹음한 다음 그 휴대전화를 검찰에 제출한 사실, 이에 따라 작성된 이 사건 수사보고는 '공소외인이 2009.11.3. 오전 10:00경 피고인으로부터 걸려오는 전화를 자신이 직접 녹음한 후 이를 수사기관에 임의제출하였고, 이에 필로폰 관련 대화 내용을 붙임과 같이 녹취하였으며, 휴대전화에 내장된 녹음파일을 mp3 파일로 변환시켜 붙임과 같이 첨부하였음을 보고한다'는 내용으로, 첨부된 녹취록에는 피고인이 이전에 공소외인에게 준 필로폰의 품질에는 아무런 문제가 없다는 피고인의 통화 내용이 포함되어 있는 사실을 알 수 있다.

위 인정 사실을 앞서 본 법리에 비추어 보면, 위와 같은 녹음행위는 수사기관이 공소외인으로부터 피고인의 이 사건 공소사실 범행에 대한 진술을 들은 다음 추가적인 증거를 확보할 목적으로 구속수감되어 있던 공소외인에게 그의 압수된 휴대전화를 제공하여 그로 하여금 피고인과 통화하고 피고인의 이 사건 공소사실 범행에 관한 통화 내용을 녹음하게 한 것이라 할 것이고, 이와 같이 수사기관이 구속수감된 자로 하여금 피고인의 범행에 관한 통화 내용을 녹음하게 한 행위는 수사기관 스스로가 주체가 되어 구속수감된 자의 동의만을 받고 상대방인 피고인의 동의가 없는 상태에서 그들의 통화 내용을 녹음한 것으로서 범죄수사를 위한 통신제한조치의 허가 등을 받지 아니한 불법감청에 해당한다고 보아야 할 것이므로, 그 녹음 자체는 물론이고 이를 근거로 작성된 이 사건 수사보고의 기재 내용과 첨부 녹취록 및 첨부 mp3 파일도 모두 피고인과 변호인의 증거동의에 상관없이 증거능력이 없다고 할 것이다.

그럼에도 불구하고 피고인과 변호인이 이 사건 수사보고를 증거로 함에 동의하였다는 이유만으로 이를 증거능력이 있는 것으로 인정하여 이 사건 공소사실에 대한 유죄의 증거로 삼은 원심의 조치는 잘못이라 할 것이다. 이 점을 지적하는 취지의 상고이유 주장은 이유가 있다.

다. 그러나 이 사건 수사보고를 제외하고 제1심이 적법하게 채택하여 조사한 나머지 증거들만에 의하더라도 이 사건 공소사실을 유죄로 인정하기에 넉넉하므로, 위와 같은 원심의 잘못은 판결 결과에 영향이 없고, 나아가 원심의 위와 같은 판단에는 상고이유의 주장과 같이 채택된 증거의 증명력에 관하여 논리와 경험의 법칙을 위반하거나 자유심증주의의 한계를 벗어난 위법이 있다고 볼 수 없다.

2. 상고이유 제2점에 대하여

형사소송법 제383조 제4호에 의하면 사형, 무기 또는 10년 이상의 징역이나 금고가 선고된 사건에서만 양형부당을 사유로 한 상고가 허용되는 것이므로, 피고인에게 그보다 가벼운 형이 선고된 이 사건에서는 형의 양정이 부당하다는 취지의 주장은 적법한 상고이유가 되지 못한다.

3. 결론

그러므로 상고를 기각하기로 하여 관여 대법관의 일치된 의견으로 주문과 같이 판결한다.

대법관 박시환(재판장) 안대희 차한성(주심) 신영철

제3절 디지털 증거와 전문법칙

'전문증거(傳聞證據, Hearsay)'는 원진술자가 공판기일 또는 심문기일에 행한 진술 이외의 진술로서 그 주장사실이 진실임을 입증하기 위하여 제출된 것이다(미국연방증거법 제8장 제801조).

'전문법칙(hearsay rule)'이란 '전문증거는 증거로 되지 않는다'는 법원칙을 말한다. 전문법칙은 배심재판을 기본으로 하고 있는 영미법에 있어서 자백배제법칙과 함께 배심원의 합리적 심증형성을 위하여 발달한 증거법칙이다. 전문법칙의 이론적 근거로서 선서의 결여, 원진술자의 공판정 불출석, 반대신문의 결여를 들 수 있다. 원래 영미법에서 반대신문의 결여가 전문법칙의 근거를 이루는 것은 영미식 형사절차의 특수성과 밀접한 관계가 있다.[4]

그렇다면 디지털 증거와 관련된 컴퓨터, 휴대폰 등 각종 디지털 매체에서 범죄혐의와 관련된 파일들이 나왔을 때 이를 어떻게 다룰 것인가가 문제 된다. 우선 범죄에 사용된 파일 그 자체, 즉 악성코드가 포함된 실행 파일이나 몸캠 피싱 등과 같은 직접적으로 범죄를 실행하는 데 필요한 수단으로 볼 수 있는 파일들과 각종 의견서나 진술서, 메모 등과 같은 간접적 정황을 포함한 내용의 파일로 나누어 볼 수 있다.

실제로 최근 디지털 기기를 이용한 의사소통이나 데이터의 저장 등이 국민의 삶 속에 생활화됨에 따라 형사사건 관련, 디지털 증거나 디지털화된 증거가 문서로 출력한 형태로 제출되는 경우가 많아지고 있으며, 이러한 수사환경 변화에 따라 디지털 증거가 법정에서 어떻게 인정될 것인가 여부와 그 범위에 관한 논란이 끊이지 않고 있다. 특히, 컴퓨터로 작성된 문서 파일을 본인이 작성했더라도, 법정에서 부인해 버리면 증거로 그 가치를 인정받기 어려운 것이 사실이었다.

---

4 위키백과(ko.wikipedia.org/wiki/%EC%A0%84%EB%AC%B8%EC%A6%9D%EA%B1%B0).

이러한 논란은 2016년 5월, 국회에서 법무부와 대법원의 의견을 수렴하여, "디지털 증거의 진정 성립은 과학적 분석 결과에 기초한 디지털 포렌식 자료나 감정의 방법으로도 인정할 수 있도록" 하는 취지로 형사소송법을 개정하면서 어느 정도 해소되었다. 이 법률 개정의 근거가 된 대법원 판례를 보면 USB 메모리, 테이프 등의 정보저장매체를 사실상 제313조의 진술서에 준한다고 보고 그에 대한 증거능력의 요건들을 제시한 점에서 의의가 있다. 즉, 2016년 5월 29일 형사소송법 제313조에 대한 개정은 진술서라는 서면증거의 범위를 정보저장매체 등에까지 확대함으로써 디지털 증거에 대한 증거능력의 요건을 명문으로 규정하였다는 점에서 큰 의의를 찾을 수 있으며 이것은 대한민국 형사소송법 역사에 마침내 디지털 증거법 시대가 개시되었음을 알리는 출발점이었다는 점에서 높이 평가할 만하다. 물론 개정된 조문이 정보저장매체의 범위, 진정성 진술의 주체 등의 문제에 있어서 여전히 해석상 논란의 여지를 남기고 있다는 점에서 아쉬운 감이 없지 않지만 이런 부분은 향후 계속적인 검토와 연구를 통해 보완해 나가야 할 것이다.

개정된 형사소송법 제313조 제1항이 진술서에 "문자·사진·영상 등의 정보로서 컴퓨터용 디스크, 그 밖에 이와 비슷한 정보저장매체에 저장된 것"을 포함한 것으로 규정하고 있지만, 현재 형사소송법상 전문증거의 범위를 규정하고 있다고 할 수 있는 제310조의 2는 여전히 서류와 진술의 두 가지 형태의 전문증거만을 규정하고 있기 때문이다. 그러나 전문증거와 전문법칙의 일관된 적용을 위해서는 제310조의 2를 "제311조 내지 제316조에 규정한 것 이외에는 공판준비 또는 공판기일에서의 진술에 대신하여 진술을 기재한 서류 또는 진술·사진·영상·음성을 담은 정보저장매체나 공판준비 또는 공판기일 외에서의 타인의 진술을 내용으로 하는 진술은 이를 증거로 할 수 없다"라는 것으로 개정하여 전문증거의 범위에 정보저장매체를 포함하는 것으로 규정할 필요성이 있다. 그렇게 된다면 지금까지 정보저장매체의 내용에 대한 증거능력을 판단을 위한 복잡한 절차 또는 이론적 대립이 해소될 수 있기 때문이다.[5]

우리 대법원은 전문증거 관련, 그 진술의 내용이 진실성과 관계없는 간접사실에 대한 정황증거로 사용할 때에는 전문증거를 부정하고 있다. 이와 관련, 폭처법(협박교사) 사건,

---

5 권오걸, 「형사소송법 제313조에서의 정보저장매체의 범위와 증거능력」, 경북대학교 법학연구원, 《법학논고》 제62집, 2018.07., P.180.

대법원 2000.2.25. 선고 99도1252 판결은 "어떤 진술을 범죄사실에 대한 직접증거로 사용할 때에는 그 진술이 전문증거가 된다고 하더라도 그와 같은 진술을 하였다는 것 자체 또는 그 진술의 진실성과 관계없는 간접사실에 대한 정황증거로 사용할 때에는 반드시 전문증거가 되는 것은 아니다"라고 판결하였다.

또한 국가보안법 위반(반국가단체의구성등) 사건 관련, 대법원 2001.3.23. 선고 2000도486 판결에서 "컴퓨터 디스켓에 담긴 문건이 증거로 사용되는 경우 그 기재 내용의 진실성에 관하여는 전문법칙이 적용된다 할 것이고, 따라서 피고인 또는 피고인 아닌 자가 작성하거나 또는 그 진술을 기재한 문건의 경우 원칙적으로 형사소송법 제313조 제1항 본문에 의하여 그 작성자 또는 진술자의 진술에 의하여 그 성립의 진정함이 인정된 때에 이를 증거로 사용할 수 있다"라고 판결하기도 하였다. (표3 참조)

사건명: 컴퓨터 디스켓에 담긴 문건의 진실성에 관한 전문법칙의 적용
사건번호: 대법원 2000도486 (2001. 3. 23. 선고)

1. 문제의 쟁점: 컴퓨터 디스켓에 담긴 문건의 증거능력

- 컴퓨터 디스켓에 담긴 문건을 법정에서 증거로 사용하는 데 있어, 그 기재 내용의 진실성에 관해 전문법칙이 적용되는지 여부가 쟁점이 되었음. 전문법칙은 증거로 사용되는 진술이나 문건의 성립의 진정함이 인정되어야 한다는 법적 원칙을 의미함.

2. 전문법칙의 적용

- 전문법칙 적용 필요성: 컴퓨터 디스켓에 담긴 문건이 증거로 사용될 때, 그 내용이 진실하다는 사실을 보장하기 위해 전문법칙을 적용해야 함.
- 형사소송법 제313조 제1항 본문에 따르면, 피고인이나 피고인 아닌 자가 작성한 문건의 경우, 해당 문건이 작성자의 성립 진정이 인정될 때에만 증거로 사용할 수 있음. 즉, 해당 문건의 작성자가 문건의 내용이 자신이 작성한 것이며 진실하다는 사실을 확인해야 문건이 증거로 채택될 수 있음.

3. 대법원 판결 요지

- 작성자 확인의 중요성: 이번 사건에서 컴퓨터 디스켓에 담긴 문건의 작성자가 불명확하다는 점이 문제로 제기되었음. 작성자가 불명확할 경우, 문건의 내용이 사실인지 확인할 수 있는 방법이 부족하므로 형사소송법상 증거능력을 인정받기 어렵다고 판단되었음.
- 원심 판단의 타당성: 대법원은 원심의 판단이 형사소송법의 규정에 부합한다고 봄. 원심은 해당 문건의 작성자가 명확하지 않기 때문에 문건의 내용 진실성을 증명할 수 없다는 이유로 증거능력을 인정하지 않았음.

[표3] 컴퓨터 디스켓에 담긴 문건의 진실성에 관한 전문법칙의 적용

특히 법률의견서 사건 관련, 대법원 2012.5.17. 선고 2009도6788 판결은 "이 사건 법률의견서는 압수된 디지털 저장매체로부터 출력한 문건으로서 그 실질에 있어서 형사소송법 제313조 제1항에 규정된 "피고인 아닌 자가 작성한 진술서나 그 진술을 기재한 서류"에 해당한다고 할 것인데, 공판준비 또는 공판기일에서 그 작성자 또는 진술자인 위 변호사의 진술에 의하여 그 성립의 진정함이 증명되지 아니하였으므로 위 규정에 의하여 이 사건 법률의견서의 증거능력을 인정할 수는 없다.

나아가 원심 공판기일에 출석한 위 변호사가 이 사건 법률의견서의 진정성립 등에 관하여 진술하지 아니한 것은 형사소송법 제149조에서 정한 바에 따라 정당하게 증언거부권을 행사한 경우에 해당하므로, 앞서 본 법리에 따라 형사소송법 제314조에 의하여 "이 사건 법률의견서의 증거능력을 인정할 수도 없다"고 판결하였다. (표4 참조)

사건명: 건설산업기본법 위반 사건 (일명 법률의견서 사건)
사건번호: 대법원 2009도6788 (2012. 5. 17. 선고)

1. 문제의 쟁점

- 이 사건의 주요 쟁점은 **형사소송법 제314조**에 따른 **전문증거의 증거능력 인정 요건**에 관한 것임. 작성자나 진술자가 법정에서 **증언을 거부한 경우**, 이를 '**진술할 수 없는 때**'로 볼 수 있는지 여부가 핵심 쟁점이었음.

2. 사건 개요

- 피고인들은 **건설산업기본법 위반** 혐의로 기소됨.
- 검찰은 피고인 회사가 **법무법인으로부터 받은 법률의견서**를 증거로 제출하였음.
- 해당 법률의견서의 작성자인 **변호사**가 법정에서 **증언을 거부**하였고, 이로 인해 법률의견서의 **진정성립**이 증명되지 않음.

3. 대법원의 판단 요지

- 대법원은 **형사소송법 제314조**에서 규정한 '그 밖에 이에 준하는 사유로 인하여 진술할 수 없는 때'에 대해 심리하였음.
- **증언 거부**는 사망, 질병, 소재 불명 등과 같은 경우와 동일하게 볼 수 없으며, 이는 '**진술할 수 없는 사유**'에 해당하지 않는다고 판단함.
- 따라서, 작성자가 **정당하게 증언거부권을 행사**한 경우에는 해당 서류의 **증거능력을 인정할 수 없다**고 보았음.

4. 판결의 결론

- 대법원은 작성자가 법정에서 **증언을 거부**함으로써 법률의견서의 **진정성립이 증명되지 않았으므로**, 해당 서류는 **증거능력이 없다**고 판시함.
- 이에 따라, 원심에서의 **증거능력 인정 판단이 잘못되었다**고 보고, 원심 판결을 파기하고 사건을 **환송**함.

5. 의의 및 시사점

- 이번 판결은 형사소송에서 **전문증거의 증거능력**을 인정하는 요건을 **엄격하게 해석**한 판례로, **직접심리주의와 공판중심주의**를 강화하려는 취지를 반영함.
- **증언거부권**을 행사한 경우, 이를 이유로 **전문증거의 증거능력을 인정하지 않음**으로써 피고인의 권리를 보호하고 **공정한 재판 절차**를 보장하려는 목적을 분명히 하였음.
- 이는 향후 **유사한 사건**에서 증언거부가 전문증거의 증거능력에 미치는 영향을 명확히 하여, 법적 기준을 제시한 중요한 판례로 평가됨.

[표4] 건설산업기본법 위반 사건 (일명 법률의견서 사건)

컴퓨터 디스켓에 담긴 문건의 진실성에 관한 전문법칙의 적용

(폭처법 위반 협박사건)

[대법원, 2000도486, 2001.3.23.]

【판시사항】

[1] 형법 제37조 후단의 경합범 관계에 있는 각 공소사실에 대하여 원심이 모두 유죄판결을 하였으나 상고심에서 그중 일부가 파기환송된 경우, 환송 후 원심의 심판범위(=파기부분) 및 그 경우 환송 후 원심이 파기환송된 부분에 대한 공소사실에 대하여 무죄를 선고하면서 종전에 그 부분에 대한 형에 산입하였던 미결구금일수 중 일부를 분리 확정된 다른 죄에 대한 형에 산입할 수 있는지 여부(소극)

[2] 컴퓨터 디스켓에 담긴 문건의 증거능력

【판결요지】

[1] 형법 제37조 후단의 경합범의 경우 확정판결 전후의 각 죄는 각 별개로 심리·판단되고, 분리하여 확정되는 관계에 있으므로, 위 각 죄에 대하여 원심이 각 별개의 유죄판결을 선고하고 이에 대하여 피고인이 상고를 하였는데, 대법원이 그중 일부에 대한 상고만을 이유 있는 것으로 받아들여 이를 파기환송하고, 나머지 부분에 대한 상고를 기각한 경우에는 위 상고가 기각된 유죄 부분은 분리·확정되고, 환송을 받은 원심의 심판범위는 위 파기된 부분에 한정된다. 그 경우 당초 환송 전 원심이 1심판결 선고 전의 미결구금일수 중 일부를 파기된 유죄부분에 대한 형에 산입하였으나, 환송 후의 절차에서 그 부분에 대하여 무죄를 선고함으로써 위 미결구금일수를 산입할 본형이 남아 있지 않게 되더라도 형사소송법 제321조 제2항이 판결 선고 전 구금일수의 산입은 형의 선고와 동시에 판결로써 선고하도록 규정하고 있는 이상 이를 이미 분리되어 확정된 위 유죄 부분에 대한 형에 산입할 수 있는 것도 아니다.

[2] 컴퓨터 디스켓에 담긴 문건이 증거로 사용되는 경우 그 기재 내용의 진실성에 관하여는 전문법칙이 적용된다 할 것이고, 따라서 피고인 또는 피고인 아닌 자가 작성하거나 또는 그 진술을 기재한 문건의 경우 원칙적으로 형사소송법 제313조 제1항 본문에 의하여 그 작성자 또는 진술자의 진술에 의하여 그 성립의 진정함이 인정된 때에 이를 증거로 사용할 수 있다.

【전문】

【환송판결】

대법원 1999.9.3. 선고 99도2318 판결

【주문】

상고를 모두 기각한다.

【판결이유】

상고이유를 본다.

1. 피고인 2의 상고이유에 관하여 판단한다.

형법 제37조 후단의 경합범의 경우 확정판결 전후의 각 죄는 각 별개로 심리·판단되고, 분리하여 확정되는 관계에 있으므로, 위 각 죄에 대하여 원심이 각 별개의 유죄판결을 선고하고 이에 대하여 피고인이 상고를 하였는데, 대법원이 그중 일부에 대한 상고만을 이유 있는 것으로 받아들여 이를 파기환송하고, 나머지 부분에 대한 상고를 기각한 경우에는 위 상고가 기각된 유죄 부분은 분리·확정되고, 환송을 받은 원심의 심판범위는 위 파기된 부분에 한정된다.

그 경우 당초 환송 전 원심이 1심판결 선고 전의 미결구금일수 중 일부를 파기된 유죄부분에 대한 형에 산입하였으나, 환송 후의 절차에서 그 부분에 대하여 무죄를 선고함으로써 위 미결구금일수를 산입할 본형이 남아 있지 않게 되더라도 형사소송법 제321조 제2항이 판결 선고 전 구금일수의 산입은 형의 선고와 동시에 판결로써 선고하도록 규정하고 있는 이상 이를 이미 분리되어 확정된 위 유죄부분에 대한 형에 산입할 수 있는 것도 아니다.

같은 취지에서 환송 후의 심판범위를 피고인 2에 대한 주위적 공소사실인 반국가단체 가입죄 부분 및 예비적 공소사실인 이적단체가입죄 부분에 한정된다고 보고, 위 공소사실에 대하여 무죄의 선고를 하면서 별도로 1심판결 선고 전의 미결구금일수를 분리되어 확정된 종전의 형에 산입하지 아니한 원심의 조치는 정당하고, 거기에 상고이유에 주장하는 바와 같이 환송 후 항소심의 심판의 범위 및 미결구금일수 산입에 관한 법리를 오해하거나 판단을 유탈한 위법이 없다.

상고이유의 주장은 받아들이지 않는다.

2. 검사의 상고이유에 관하여 판단한다.

가. 컴퓨터 디스켓에 담긴 문건의 증거능력에 대하여

컴퓨터 디스켓에 담긴 문건이 증거로 사용되는 경우 그 기재 내용의 진실성에 관하여는 전문법칙이 적용된다 할 것이고, 따라서 피고인 또는 피고인 아닌 자가 작성하거나 또는 그 진술을 기재한 문건의 경우 원칙적으로 형사소송법 제313조 제1항 본문에 의하여 그 작성자 또는 진술자의 진술에 의하여 그 성립의 진정함이 인정된 때에 이를 증거로 사용할 수 있다고 할 것이다.

원심의 판단은 대법원 환송판결의 취지에 따른 것으로 정당하고, 거기에 압수된 컴퓨터 디스켓의 증거능력에 관한 법리를 오해하거나 증거능력에 관한 판단을 유탈한 잘못이 없다.

논지는 이 사건 컴퓨터 디스켓에 담긴 문건의 경우 형사소송법 제313조 제1항 단서 또는 제314조, 제315조에 의하여 증거능력이 있다는 것이나, 위 문건들은 그 작성자조차가 명료하지 않은 것들로서 위 각 형사소송법의 규정에 따라 증거능력이 부여될 수 있는 것이 아니다.

상고이유의 주장은 받아들이지 않는다.

나. 나머지 상고이유에 대하여

원심은 그 밖에 공소사실에 부합하는 증거들 중 일부에 대하여 증거능력을 부정하고, 나머지 증거들만으로는 공소사실을 인정하기에 부족하다는 이유로 피고인들에 대하여 각 무죄를 선고하였는바, 원심판결 이유를 기록 및 대법원 환송판결의 취지에 비추어 살펴보면, 원심의 위와 같은 판단 및 조치는 정당하고 거기에 증거능력에 관한 법리를 오해하여 채증법칙을 위반하거나 증거가치에 관한 판단을 그르친 잘못이 없다.

이 부분에 관한 상고이유의 주장도 받아들이지 않는다.

3. 그러므로 상고를 모두 기각하기로 하여 관여 법관의 일치된 의견으로 주문과 같이 판결한다.

대법관 송진훈(재판장) 윤재식 이규홍(주심) 손지열

압수된 디지털 저장매체로부터 출력한 법률의견서 문건의
전문법칙 적용과 증거능력
(법률의견서 사건)

[대법원, 2009도6788, 2012.5.17.]

【판시사항】

[1] 증인이 형사소송법에서 정한 바에 따라 정당하게 증언거부권을 행사하여 증언을 거부한 경우가 형사소송법 제314조의 '그 밖에 이에 준하는 사유로 인하여 진술할 수 없는 때'에 해당하는지 여부(소극)

[2] 甲 주식회사 및 그 직원인 피고인들이 정비사업전문관리업자의 임원에게 甲 회사가 주택재개발사업 시공사로 선정되게 해 달라는 청탁을 하면서 금원을 제공하였다고 하여 구 건설산업기본법 위반으로 기소되었는데, **변호사가 작성하여 甲 회사 측에 전송한 전자문서를 출력한 '법률의견서'에 대하여 피고인들이 증거로 함에 동의하지 아니하고, 변호사가 그에 관한 증언을 거부한 사안에서, 위 의견서의 증거능력을 부정하고 무죄를 인정한 원심의 결론을 정당하다고** 한 사례

【판결요지】

[1] [다수의견] 형사소송법 제314조는 "제312조 또는 제313조의 경우에 공판준비 또는 공판기일에 진술을 요하는 자가 사망·질병·외국거주·소재불명, 그 밖에 이에 준하는 사유로 인하여 진술할 수 없는 때에는 그 조서 및 그 밖의 서류를 증거로 할 수 있다. 다만, 그 진술 또는 작성이 특히 신빙할 수 있는 상태하에서 행하여졌음이 증명된 때에 한한다."라고 정함으로써, 원진술자 등의 진술에 의하여 진정성립이 증명되지 아니하는 전문증거에 대하여 예외적으로 증거능력이 인정될 수 있는 사유로 '사망·질병·외국거주·소재불명, 그 밖에 이에 준하는 사유로 인하여 진술할 수 없는 때'를 들고 있다. 위 증거능력에 대한 예외사유로 1995.12.29. 법률 제5054호로 개정되기 전의 구 형사소송법 제314조가 '사망, 질병 기타 사유로 인하여 진술할 수 없는 때', 2007.6.1. 법률 제8496호로 개정되기 전의 구 형사소송법 제314조가 '사망, 질병, 외국거주 기타 사유로 인하여 진술할 수 없는 때'라고 각 규정한 것에 비하여 현행 형사소송법은 그 예외사유의 범위를 더욱 엄격하게 제한하고 있는데, 이는 직접심리주의와 공판중심주의의 요소를 강화하려는 취지가 반영된 것이다. 한편 형사소송법은 누구든지 자기 또는 친족 등이 형사소추 또는 공소제기를 당하거나 유죄판결을 받을 사실이 발로될 염려가 있는 증언을 거부할 수 있도록 하고(제148조), 또한 변호사, 변리사, 공증인, 공인회계사, 세무사, 대서업자, 의사, 한의사, 치과의사, 약사, 약종상, 조산사, 간호사, 종교의 직에 있는 자 또는

이러한 직에 있던 사람은 그 업무상 위탁을 받은 관계로 알게 된 사실로서 타인의 비밀에 관한 것은 증언을 거부할 수 있도록 규정하여(제149조 본문), 증인에게 일정한 사유가 있는 경우 증언을 거부할 수 있는 권리를 보장하고 있다. 위와 같은 현행 형사소송법 제314조의 문언과 개정 취지, 증언거부권 관련 규정의 내용 등에 비추어 보면, 법정에 출석한 증인이 형사소송법 제148조, 제149조 등에서 정한 바에 따라 정당하게 증언거부권을 행사하여 증언을 거부한 경우는 형사소송법 제314조의 '그 밖에 이에 준하는 사유로 인하여 진술할 수 없는 때'에 해당하지 아니한다.

[대법관 안대희의 반대의견] 형사소송법 제314조는 작성자 또는 원진술자의 법정진술에 의하여 진정성립이 증명되지 아니한 서류라도 일정한 경우 증거로 할 수 있도록 허용한 규정으로서, 전문증거의 증거능력을 지나치게 엄격하게 제한함으로써 형사소송의 지도이념인 실체적 진실발견을 방해하여서는 아니 된다는 데 그 목적과 취지가 있다. 따라서 위 규정의 '진술을 요하는 자가 사망·질병·외국거주·소재불명, 그 밖에 이에 준하는 사유로 인하여 진술할 수 없는 때'라 함은 서류의 작성자 또는 원진술자가 공판준비 또는 공판기일에 출석할 수 없는 경우는 물론이고 법정에 출석하더라도 그로부터 해당 서류의 진정성립에 관한 진술을 들을 수 없는 경우도 널리 포함한다고 해석하여야 한다. 증인이 사망·질병·외국거주·소재불명 등인 때와 법정에 출석한 증인이 증언거부권을 행사한 때는 모두 증거신청자인 검사의 책임 없이 해당 서류의 진정성립을 증명할 수 없게 된 경우로서 실체적 진실발견을 위하여 전문법칙의 예외를 인정할 필요성의 정도에서 차이가 없다.

[2] 甲 주식회사 및 그 직원인 피고인들이 정비사업전문관리업자의 임원에게 甲 회사가 주택재개발사업 시공사로 선정되게 해 달라는 청탁을 하면서 금원을 제공하였다고 하여 구 건설산업기본법(2011.5.24. 법률 제10719호로 개정되기 전의 것) 위반으로 기소되었는데, 변호사가 법률자문 과정에 작성하여 甲 회사 측에 전송한 전자문서를 출력한 '법률의견서'에 대하여 피고인들이 증거로 함에 동의하지 아니하고, 변호사가 원심 공판기일에 증인으로 출석하였으나 증언할 내용이 甲 회사로부터 업무상 위탁을 받은 관계로 알게 된 타인의 비밀에 관한 것임을 소명한 후 증언을 거부한 사안에서, 위 법률의견서는 압수된 디지털 저장매체로부터 출력한 문건으로서 실질에 있어서 형사소송법 제313조 제1항에 규정된 '피고인 아닌 자가 작성한 진술서나 그 진술을 기재한 서류'에 해당하는데, 공판준비 또는 공판기일에서 작성자 또는 진술자인 변호사의 진술에 의하여 성립의 진정함이 증명되지 아니하였으므로 위 규정에 의하여 증거능력을 인정할 수 없고, 나아가 원심 공판기일에 출석한 변호사가 그 진정성립 등에 관하여 진술하지 아니한 것은 형사소송법 제149조에서 정한 바에 따라 정당하게 증언거부권을 행사한 경우에 해당하므로 형사소송법 제314조에 의하여 증거능력을 인정할 수도 없다는 이유로, 원심이 이른바 변호인·의뢰인 특권에 근거하여 위 의견서의 증거능력을 부정한 것은 적절

하다고 할 수 없으나, 위 의견서의 증거능력을 부정하고 나머지 증거들만으로 유죄를 인정하기 어렵다고 본 결론은 정당하다고 한 사례.

【전문】

【원심판결】

서울고법 2009.6.26. 선고 2008노2778 판결

【주문】

상고를 모두 기각한다.

【판결이유】

상고이유를 판단한다.

1. 건설산업기본법 위반의 점에 관한 검사의 상고이유에 대하여

    가. 이 사건 법률의견서의 증거능력에 관한 법리오해의 점

    (1) 형사소송법 제314조는 "제312조 또는 제313조의 경우에 공판준비 또는 공판 기일에 진술을 요하는 자가 사망·질병·외국거주·소재불명, 그 밖에 이에 준하는 사유로 인하여 진술할 수 없는 때에는 그 조서 및 그 밖의 서류를 증거로 할 수 있다. 다만, 그 진술 또는 작성이 특히 신빙할 수 있는 상태하에서 행하여졌음이 증명된 때에 한한다"라고 정함으로써, 원진술자 등의 진술에 의하여 진정성립이 증명되지 아니하는 전문증거에 대하여 예외적으로 증거능력이 인정될 수 있는 사유로 '사망·질병·외국거주·소재불명, 그 밖에 이에 준하는 사유로 인하여 진술할 수 없는 때'를 들고 있다. 위 증거능력에 대한 예외사유로 1995.12.29. 법률 제5054호로 개정되기 전의 구 형사소송법 제314조가 '사망, 질병 기타 사유로 인하여 진술할 수 없는 때', 2007.6.1. 법률 제8496호로 개정되기 전의 구 형사소송법 제314조가 '사망, 질병, 외국거주 기타 사유로 인하여 진술할 수 없는 때'라고 각 규정한 것에 비하여 현행 형사소송법은 그 예외사유의 범위를 더욱 엄격하게 제한하고 있는데, 이는 직접심리주의와 공판중심주의의 요소를 강화하려는 취지가 반영된 것이다.

    한편 형사소송법은 누구든지 자기 또는 친족 등이 형사소추 또는 공소제기를 당하거나 유죄판결을 받을 사실이 발로될 염려가 있는 증언을 거부할 수 있도록 하고(제148조), 또한 변호사, 변리사, 공증인, 공인회계사, 세무사, 대서업자, 의사, 한의사, 치과의사, 약사, 약종상, 조산사, 간호사, 종교의 직에 있는 자 또는 이러한 직에 있던 사람은 그 업무상 위탁을 받은 관계로 알게 된 사실로서 타인의 비밀에 관한 것은 증언을 거부할 수 있도록 규정하여(제149조 본문), 증인에게 일정한 사유가 있는 경우 증언을 거부할 수 있는 권리를 보장하고 있다.

위와 같은 현행 형사소송법 제314조의 문언과 개정 취지, 증언거부권 관련 규정의 내용 등에 비추어 보면, 법정에 출석한 증인이 형사소송법 제148조, 제149조 등에서 정한 바에 따라 정당하게 증언거부권을 행사하여 증언을 거부한 경우는 형사소송법 제314조의 '그 밖에 이에 준하는 사유로 인하여 진술할 수 없는 때'에 해당하지 아니한다고 할 것이다 .

(2) 원심은, 피고인 5 주식회사(이하 '피고인 5 회사'라고 한다)가 판시 법무법인 소속 변호사로부터 법률자문을 받은 내용이 기재된 이 사건 법률의견서의 증거능력을 부정한 제1심의 판단을 그대로 유지하면서, 비록 현행법상 명문의 규정은 없으나 헌법 제12조 제4항에 의하여 인정되는 변호인의 조력을 받을 권리 중 하나로서 변호인과 의뢰인 사이에서 법률자문을 목적으로 비밀리에 이루어진 의사교환에 대하여 의뢰인은 그 공개를 거부할 수 있는 특권을 가진다고 전제하였다. 이에 따라 원심은, 이 사건 법률의견서는 법정에서 작성자인 변호사에 의하여 그 성립의 진정이 인정되지 아니한 이상 증거능력이 없을 뿐만 아니라, 그 성립의 진정이 인정된다고 하더라도 위 법리에 따라 압수절차의 위법 여부와 관계없이 변호인-의뢰인 특권에 의하여 의뢰인인 피고인 5 회사 및 피고인 1, 2에 대한 범죄사실을 인정할 증거로 사용할 수 없다고 판단하였다.

(3) 헌법 제12조 제4항 본문은 "누구든지 체포 또는 구속을 당한 때에는 즉시 변호인의 조력을 받을 권리를 가진다"라고 규정하고 있고, 이와 관련하여 형사소송법 제34조는 변호인 또는 변호인이 되려는 사람에 대하여 신체구속을 당한 피고인 또는 피의자와 제한 없이 접견하고 서류 또는 물건을 수수할 수 있도록 허용하고 있다. 한편 형사소송법은 변호사 등이 그 업무상 위탁을 받아 소지 또는 보관하는 물건으로 타인의 비밀에 관한 것은 압수를 거부할 수 있고(제112조 본문, 제219조), 그 업무상 위탁을 받은 관계로 알게 된 사실로서 타인의 비밀에 관한 것은 증언을 거부할 수 있도록 규정하여(제149조 본문), 변호사와 의뢰인 사이의 법률자문 또는 법률상담의 비밀을 일정한 범위에서 보호하고 있다.

위와 같은 변호인의 조력을 받을 권리, 변호사와 의뢰인 사이의 비밀보호 범위 등에 관한 헌법과 형사소송법 규정의 내용과 취지 등에 비추어 볼 때, 아직 수사나 공판 등 형사절차가 개시되지 아니하여 피의자 또는 피고인에 해당한다고 볼 수 없는 사람이 일상적 생활관계에서 변호사와 상담한 법률자문에 대하여도 변호인의 조력을 받을 권리의 내용으로서 그 비밀의 공개를 거부할 수 있는 의뢰인의 특권을 도출할 수 있다거나, 위 특권에 의하여 의뢰인의 동의가 없는 관련 압수물은 압수절차의 위법 여부와 관계없이 형사재판의 증거로 사용할 수 없다는 견해는 받아들일 수 없다고 하겠다. 원심이 이 사건 법률의견서의 증거능력을 부정하는 이유를 설시함에 있어 위와 같은 이른바 변호인-의뢰인 특권을 근거로 내세운 것은 적절하다고 할 수 없다.

(4) 그러나 원심이 이 사건 법률의견서의 증거능력을 부정하고 이를 증거로 채택하지 아니한 결론은 다음과 같은 이유에서 정당하다고 할 것이다.

압수된 디지털 저장매체로부터 출력한 문건을 진술증거로 사용하는 경우 그 기재 내용의 진실성에 관하여는 전문법칙이 적용되므로 형사소송법에 따라 그 작성자 또는 진술자의 진술에 의하여 그 성립의 진정함이 증명된 때에 한하여 이를 증거로 사용할 수 있다(대법원 1999.9.3. 선고 99도2317 판결, 대법원 2007.12.13. 선고 2007도7257 판결 등 참조).

원심판결 이유 및 기록에 의하면, 이 사건 법률의견서는 판시 법무법인 소속 변호사가 작성한 후 전자우편으로 피고인 5 회사 측에 전송한 전자문서를 검사가 컴퓨터 등 디지털 저장매체의 압수를 통하여 취득한 다음 이를 출력하여 증거로 신청한 서류로서, 피고인 1, 2, 피고인 5 회사가 이를 증거로 함에 동의하지 아니한 사실, 위 변호사는 원심 제6회 공판기일에 증인으로 출석하였으나 증언하여야 할 내용이 피고인 5 회사로부터 업무상 위탁을 받은 관계로 알게 된 타인의 비밀에 관한 것임을 소명한 후 재판장으로부터 증언을 거부할 수 있다는 설명을 듣고 증언을 거부한 사실을 알 수 있다.

위 사실관계를 앞서 본 법리에 비추어 살펴보면, 이 사건 법률의견서는 압수된 디지털 저장매체로부터 출력한 문건으로서 그 실질에 있어서 형사소송법 제313조 제1항에 규정된 '피고인 아닌 자가 작성한 진술서나 그 진술을 기재한 서류'에 해당한다고 할 것인데, 공판준비 또는 공판기일에서 그 작성자 또는 진술자인 위 변호사의 진술에 의하여 그 성립의 진정함이 증명되지 아니하였으므로 위 규정에 의하여 이 사건 법률의견서의 증거능력을 인정할 수는 없다. 나아가 원심 공판기일에 출석한 위 변호사가 이 사건 법률의견서의 진정성립 등에 관하여 진술하지 아니한 것은 형사소송법 제149조에서 정한 바에 따라 정당하게 증언거부권을 행사한 경우에 해당하므로, 앞서 본 법리에 따라 형사소송법 제314조에 의하여 이 사건 법률의견서의 증거능력을 인정할 수도 없다.

따라서 원심의 이유설시에 앞서 본 것과 같은 잘못이 있기는 하나 이 사건 법률의견서의 증거능력을 배척한 원심의 결론이 정당한 이상, 이로 인하여 판결 결과에 영향을 미쳤다고 할 수 없다. 이 부분 상고이유의 주장은 받아들일 수 없다.

나. 증거채택에 관한 법령위반 및 채증법칙위반의 점

(1) 압수물인 디지털 저장매체로부터 출력한 문건을 증거로 사용하려면 디지털 저장매체 원본에 저장된 내용과 출력한 문건의 동일성이 인정되어야 하고, 이를 위하여는 디지털 저장매체 원본이 압수된 이후 문건 출력에 이르기까지 변경되지

아니하였음이 담보되어야 한다(대법원 2007.12.13. 선고 2007도7257 판결 등 참조).

기록에 의하면 원심은, 검사가 증거로 신청한 회계자료, 품의서목록 등은 디지털 저장매체를 원본으로 하여 출력한 문건으로서 그 기재된 내용이 증거자료가 되는 증거서류, 즉 진술증거에 해당하는데, 디지털 저장매체 원본에 저장된 원래 내용과의 동일성이 인정되지 아니할 뿐만 아니라 형사소송법의 규정에 따라 그 성립의 진정함이 증명되지도 아니하였다는 등의 이유로 이를 증거로 채택하지 아니하였음을 알 수 있다.

앞서 본 법리에 비추어 보면 원심의 위와 같은 조치는 정당하고, 거기에 상고이유의 주장과 같은 증거채택에 관한 법령위반의 잘못이 없다.

(2) 원심판결 이유에 의하면, 원심은 그 판시와 같은 이유를 들어 검사가 제출한 증거만으로는 피고인 1, 2가 공소사실과 같은 건설산업기본법 위반의 범행에 가담하거나 공모하였음을 인정하기 어렵다고 판단하여 위 피고인들과 피고인 5 회사에 대한 이 부분 공소사실에 관하여 무죄를 선고한 제1심판결을 그대로 유지하였다.

원심판결 이유를 기록에 비추어 살펴보면, 원심의 위와 같은 판단은 정당한 것으로 수긍할 수 있고, 거기에 상고이유의 주장과 같이 논리와 경험의 법칙에 위배하여 자유심증주의의 한계를 벗어난 위법이 없다.

2. 장위1구역 재개발 관련 뇌물공여 및 '특정범죄 가중처벌 등에 관한 법률' 위반(뇌물)의 점에 관한 검사의 상고이유에 대하여

가. 기록에 의하면, 원심은, 검사가 이 부분 공소사실에 관하여 증거로 신청한 신규시공권확보추진 현황, 집행품의 현황 등 디지털 저장매체로부터 출력한 문건에 대하여, 위 증거들은 진술증거로서 디지털 저장매체 원본에 저장된 원래 내용과의 동일성이 인정되지 아니하고 형사소송법의 규정에 따라 그 성립의 진정함이 증명되지도 아니하였다는 등의 이유에서 이를 증거로 채택하지 아니하였음을 알 수 있다.

앞서 본 법리에 비추어 보면 원심의 위와 같은 조치는 정당하고, 거기에 상고이유의 주장과 같은 증거채택에 관한 법령위반의 잘못이 없다.

나. 원심판결 이유에 의하면, 원심은 그 판시와 같은 이유를 들어 검사가 제출한 증거만으로는 피고인 1, 2, 3이 공소사실과 같이 시공사 선정에 관한 청탁 명목으로 금원을 교부 또는 수수하였음을 인정하기 부족하다고 판단하여, 위 피고인들의 이 부분 공소사실에 대하여 무죄를 선고한 제1심판결을 유지하였다.

원심판결 이유를 기록에 비추어 살펴보면, 원심의 위와 같은 판단은 정당한 것으로 수긍할 수 있고, 거기에 상고이유의 주장과 같이 논리와 경험의 법칙에 위배하여 자유심증주의의 한계를 벗어난 위법이 없다.

3. 장위3구역 재개발 관련 뇌물공여 및 '특정범죄 가중처벌 등에 관한 법률' 위반(뇌물)의 점에 관한 피고인 2, 4와 검사의 각 상고이유에 대하여

가. 공무원이 얻는 어떤 이익이 직무와 대가관계가 있는 부당한 이익으로서 뇌물에 해당하는지 여부는 당해 공무원의 직무의 내용, 직무와 이익제공자와의 관계, 쌍방 간에 특수한 사적인 친분관계가 존재하는지의 여부, 이익의 다과, 이익을 수수한 경위와 시기 등의 제반 사정을 참작하여 결정하여야 한다. 이는 '도시 및 주거환경정비법'에 의하여 공무원으로 의제되는 정비사업전문관리업자의 임직원의 경우도 마찬가지이고, 이때 정비사업전문관리업자가 반드시 정비조합이나 조합설립추진위원회와 특정 재건축 또는 재개발 정비사업에 관하여 구체적인 업무위탁계약을 체결하고 그 직무에 관하여 이익을 취득하여야만 그 임직원이 얻는 어떤 이익이 직무와 대가관계가 있는 부당한 이익으로서 뇌물에 해당하는 것은 아니다(대법원 2008.9.25. 선고 2008도2590 판결 등 참조).

한편 형법 제129조 제1항의 뇌물수수죄는 공무원이 그 직무에 관하여 뇌물을 수수한 때에 적용되는 것으로서, 공무원이 직접 뇌물을 받지 아니하고 증뢰자로 하여금 다른 사람에게 뇌물을 공여하도록 한 경우라 하더라도 그 다른 사람이 공무원의 사자 또는 대리인으로서 뇌물을 받은 경우 등과 같이 사회통념상 그 다른 사람이 뇌물을 받은 것을 공무원이 직접 받은 것과 같이 평가할 수 있는 관계가 있는 경우에는 형법 제129조 제1항의 뇌물수수죄가 성립하고, 이러한 법리는 공무원으로 의제되는 정비사업전문관리업자의 임직원이 직무에 관하여 자신이 아닌 정비사업전문관리업자 등에게 뇌물을 공여하게 하는 경우에도 마찬가지라고 할 것이다(대법원 2011.11.24. 선고 2011도9585 판결 등 참조).

원심판결 이유에 의하면, 원심은, 그 채택증거에 의하여 피고인 2가 정비사업전문관리업자인 공소외 1 주식회사의 대표이사로서 공무원으로 의제되는 피고인 4에게 재개발공사 시공자 선정과 관련한 청탁을 하면서 그 대가로 3억 3천만 원의 자금을 위 회사에 1년간 무상으로 대여하여 그로 말미암은 금융이익 상당액을 제공한 사실을 인정하였다. 이어서 원심은, 그 판시와 같은 사정을 종합하여 위 회사에 위와 같은 재산상 이익을 제공한 것은 사회통념상 피고인 4에게 직접 이를 공여한 것과 같이 평가할 수 있다고 판단하여, 피고인 2, 4에 대하여 위 금융이익 상당액에 관한 뇌물공여 및 뇌물수수의 범죄사실을 유죄로 인정하였다.

원심판결 이유를 앞서 본 법리와 원심이 적법하게 채택한 증거들에 비추어 살펴보면 원심의 위와 같은 판단은 정당하고, 거기에 피고인 2, 4의 주장과 같이 논리와 경험의 법칙에 위배하여 자유심증주의의 한계를 벗어나거나 뇌물수수죄의 주체 또는 직무관련성에 관한 법리를 오해한 위법이 없다.

나. 원심판결 이유에 의하면, 원심은, 피고인 1, 2, 4가 위와 같은 청탁의 대가로 3억 3천

만 원 전액을 뇌물로 공여하고 수수하였다는 이 부분 공소사실과 관련하여, 그 판시와 같은 사정을 들어 제1심판결이 피고인 1에 대하여는 검사가 제출한 증거만으로 위 범행의 공모 또는 가담사실을 인정하기 어렵다는 이유로 공소사실 전부에 대하여, 피고인 2, 4에 대하여는 반환의사 없이 위 금액을 주고받았음을 인정하기 어렵다는 이유로 위 금융이익 상당액의 뇌물을 초과하는 범위의 공소사실에 대하여 각 무죄라고 판단한 조치를 그대로 유지하였다.

원심판결 이유를 기록에 비추어 살펴보면 원심의 위와 같은 판단은 정당하고, 거기에 검사의 상고이유 주장과 같이 논리와 경험의 법칙에 위배하여 자유심증주의의 한계를 벗어난 위법이 없다.

4. 결론

그러므로 상고를 모두 기각하기로 하여 주문과 같이 판결한다. 이 판결에는 건설산업기본법 위반 부분 등에 대한 대법관 안대희의 반대의견이 있는 외에는 관여 법관의 의견이 일치되었다.

5. 대법관 안대희의 반대의견은 다음과 같다.

가. 다수의견은, 이 사건 법률의견서는 그 실질에 있어 형사소송법 제313조 제1항의 전문증거로서 위 규정 또는 같은 법 제314조에 의하여 그 증거능력이 인정되지 아니하므로, 이 사건 법률의견서의 증거능력을 인정하지 아니한 원심의 결론이 정당하다고 한다. 그러나 다음에서 보는 바와 같이 이 사건 법률의견서의 증거능력을 배척한 원심의 판단은 위법하다고 할 것이므로, 다수의견에 동의할 수 없다.

(1) 먼저 다수의견이 이른바 변호인-의뢰인 특권을 내세워 이 사건 법률의견서의 증거능력을 배척한 원심의 설시내용이 적절하지 아니하다고 지적한 것은 타당하다. 형사소송절차에서의 증거사용의 범위와 제한의 문제는 원칙적으로 입법의 재량 또는 선택의 영역에 속하는 것으로서 이를 존중하여야 하는바, 법률의 규정에 의하지 않고 헌법으로부터 직접 증거사용을 제한하려는 시도는 가능한 지양하여야 할 것이다. 그리고 형사소송법 제112조, 제219조 등에 의하면, 변호사가 의뢰인과의 법률자문에 관하여 작성한 법률의견서 등을 의뢰인이 소지 또는 보관하는 경우 그에 대한 압수 또는 증거사용이 특별히 제한되지 아니함이 분명하다고 할 것이다.

(2) 그러나 다수의견이 이 사건 법률의견서를 형사소송법 제313조 제1항의 전문증거로 보고 그 증거능력이 인정되지 아니한다고 판단한 데 대해서는 다음과 같은 이유로 동의할 수 없다.

(가) 우선 이 사건 법률의견서가 형사소송법 제313조 제1항의 전문증거에 해당한다는 다수의견의 전제에 찬성할 수 없다는 뜻을 밝히고자 한다.

전문증거는 공판준비 또는 공판기일에서의 진술에 대신하여 진술을 기재한 서류나 공판준비 또는 공판기일 외에서의 타인의 진술을 내용으로 하는 진술로서(형사소송법 제310조의2), 원진술의 내용이 된 사실 자체의 존부가 요증사실을 이루는 증거를 의미한다. 그러므로 형사소송법 제313조 제1항의 전문증거로서 '피고인이 아닌 자가 작성한 진술서'는 요증사실을 직접 체험한 사람이 그 내용을 기재한 서류를 말하고, 요증사실을 체험한 내용과 관계없이 단지 자기의 의견을 표명하는 것에 불과한 서면은 위 규정의 전문증거라고 볼 수 없어 전문증거법칙에 의하여 그 증거능력을 제한할 수 없다고 할 것이다.

원심판결 이유 및 기록에 의하면, 이 사건 법률의견서는 피고인 5 회사 측의 자문의뢰에 따라 판시 법무법인 소속 변호사가 밝힌 법적 의견을 그 내용으로 하는 서면으로서, 작성자인 위 변호사가 요증사실을 직접 체험하여 그 내용을 기재한 서류가 아님을 알 수 있다. 그러므로 이 사건 법률의견서를 형사소송법 제313조 제1항 등의 전문증거로 보고 그 증거능력을 제한하는 것은 타당하다고 할 수 없다.

(나) 설령 이 사건 법률의견서가 형사소송법 제313조 제1항의 전문증거에 해당한다고 보더라도, 다수의견의 해석론과 달리 같은 법 제314조의 '그 밖에 이에 준하는 사유로 인하여 진술할 수 없는 때'에는 그 서류의 작성자 또는 원진술자가 법정에 출석하여 증언거부권을 행사한 경우도 포함된다고 할 것이므로, 이 사건 법률의견서는 여전히 증거능력이 인정될 수 있다.

첫째, 형사소송법 제314조는 작성자 또는 원진술자의 법정진술에 의하여 진정성립이 증명되지 아니한 서류라도 일정한 경우 증거로 할 수 있도록 허용한 규정으로서, 전문증거의 증거능력을 지나치게 엄격하게 제한함으로써 형사소송의 지도이념인 실체적 진실발견을 방해하여서는 아니 된다는 데 그 목적과 취지가 있다. 따라서 위 규정의 '진술을 요하는 자가 사망·질병·외국거주·소재불명, 그 밖에 이에 준하는 사유로 인하여 진술할 수 없는 때'라 함은 서류의 작성자 또는 원진술자가 공판준비 또는 공판기일에 출석할 수 없는 경우는 물론이고 법정에 출석하더라도 그로부터 해당 서류의 진정성립에 관한 진술을 들을 수 없는 경우도 널리 포함한다고 해석하여야 한다. 증인이 사망·질병·외국거주·소재불명 등인 때와 법정에 출석한 증인이 증언거부권을 행사한 때는 모두 증거신청자인 검사의 책임 없이 해당 서류의 진정성립을 증명할 수 없게 된 경우로서 실체적 진실발견을 위하여 전문법칙의 예외를 인정할 필요성의 정도에서 차이가 없다 .

그동안 대법원은 법정에 출석한 증인이 증언거부권을 행사하여 증언을 거절한 경우는 형사소송법 제314조의 예외사유에 해당한다고 일관하여 왔는 바(대법원 1992.8.14. 선고 92도1211 판결, 대법원 1992.8.18. 선고 92도1244 판결, 대법원 2006.5.25. 선고 2004도3619 판결 등), 이는 위 규정의 목적과 취지를 통찰한 해석론으로서 전적으로 타당하다. 다수의견은 구 형사소송법(2007.6.1. 법률 제8496호 등으로 개정되기 전의 것)의 '기타 사유로 인하여 진술할 수 없는 때'라는 문언과 달리 현행 형사소송법 제314조는 '그 밖에 이에 준하는 사유로 인하여 진술할 수 없는 때'라고 규정함으로써 전문법칙의 예외사유를 더욱 엄격하게 제한하였다고 해석하나, 이는 법문의 정비 과정에서 나타난 일부 표현상의 차이에 불과할 뿐 실질적인 의미가 변경된 것으로 볼 수는 없다. 따라서 개정 전후의 사소한 표현상 차이를 이유로 종전의 판례와 전혀 다른 해석론을 펼치는 다수의견에는 찬성할 수 없다.

둘째, 변호사 등의 증언거부권을 규정한 형사소송법 제149조는 변호사 등의 비밀유지의무를 보장하기 위한 것으로서, 위 규정에 따라 변호사 등에게 업무를 위탁한 의뢰인의 비밀이 보호되는 측면이 있다고 하더라도 이는 변호사 등의 증언거부권 행사에 따른 간접적·부수적 효과임을 유의할 필요가 있다. 이 점은 변호사 등에게는 증언거부의 권리가 있을 뿐 그 의무가 있다고 할 수는 없어, 증언거부권을 행사하지 않고 증언한 경우 그 진술의 증거능력에 아무런 문제가 없다는 데서도 알 수 있다. 따라서 다수의견이 형사소송법 제149조의 증언거부권 행사로써 변호사 등이 작성하거나 그 진술을 기재한 서류의 증거능력이 부정된다고 단정하는 것은 위 규정의 목적 또는 취지에 맞는 해석이라고 할 수 없다.

원심판결 이유에 의하면, 이 사건 법률의견서의 작성자인 변호사가 원심 공판기일에 증인으로 출석하였으나 그 진정성립 등에 관한 증언을 거부한 사실을 알 수 있는바, 원심으로서는 설령 이 사건 법률의견서가 형사소송법 제313조 제1항의 전문증거에 해당하고 위 규정에 의하여 그 진정성립이 증명되지 아니한다고 하더라도 그 작성이 특히 신빙할 수 있는 상태하에서 행하여졌는지를 살펴 같은 법 제314조에 의하여 이를 증거로 할 수 있는지를 더 심리·판단하였어야 할 것이다.

나. 그러므로 원심으로서는 이 사건 법률의견서를 증거로 할 수 있는지 더 심리하여 증거능력이 인정되는 경우 이를 증거로 채택한 후 그 증거조사결과도 종합하여 이 부분 공소사실의 인정 여부를 판단하였어야 한다. 그럼에도 원심은 이러한 심리·판단에 이르지 아니한 채 이 사건 법률의견서의 증거능력을 배척하고 나머지 증거들만으로 이 부분 공소사실을 인정하기 어렵다는 이유로 이에 대하여 무죄를 선고한 제1심을 유지하였으니, 위와 같은 원심의 판단에는 이 사건 법률의견서의 증거능력에 관한

법리를 오해하여 판결에 영향을 미친 위법이 있고, 이를 지적하는 검사의 상고이유 주장은 이유 있다.

따라서 원심판결 중 건설산업기본법 위반 부분은 이에 대한 검사의 나머지 상고이 유를 더 살필 필요 없이 파기되어야 하고, 또한 피고인 2의 피고인 4에 대한 뇌물공 여 부분은 위 피고인의 건설산업기본법 위반 부분과 형법 제37조 전단의 경합범 관 계에 있으므로 함께 파기되어야 할 것이다.

다. 한편 상고이유로 주장된 것은 아니지만, 공소외 2, 3에 대한 각 검찰 진술조서의 증 거능력에 관한 원심의 판단에 대해서도 아래와 같이 의견을 밝히고자 한다.

원심은, 위 각 진술조서는 수사기관이 이 사건 법률의견서의 내용을 확인한 후 그 작 성 경위와 기재 내용에 관하여 신문한 것으로서 변호인-의뢰인 특권을 인정하는 취 지에 비추어 이 역시 증거로 할 수 없다고 판단하였다.

그러나 앞서 본 바와 같이 이 사건 법률의견서의 증거능력을 부정하는 것은 타당하 지 아니하고, 설령 다수의견과 같이 전문증거법칙에 의하여 그 증거능력이 제한된 다고 하더라도 이는 판사가 발부한 압수수색영장에 의하여 수사기관이 적법한 절차 에 따라 그 내용을 취득한 것으로서 위법하게 수집한 증거에 해당한다고 볼 여지는 없다고 할 것이다. 그럼에도 원심은 위 각 진술조서가 이 사건 법률의견서의 작성 경 위 등을 내용으로 한다는 이유만으로 곧바로 그 증거능력을 부정하였는바, 이러한 원심의 조치는 적법하게 압수한 물건에 대한 수사기관의 정당한 신문까지 근거 없이 제한하는 결과가 되어 타당하다고 할 수 없다.

그러므로 사건이 파기환송될 경우 원심으로서는 위 각 진술조서의 증거능력에 대해 서도 다시 심리·판단하여야 한다는 점을 지적하고자 한다.

이상과 같이 다수의견에 대하여 반대하는 취지를 밝힌다.

대법원장 양승태(재판장) 박일환 김능환 전수안 안대희
양창수(주심) 신영철 민일영 이인복 이상훈 박병대 김용덕 박보영

제4절 디지털 증거의 증거능력 요건

1. 디지털 증거의 원본성 문제

디지털 증거의 원본성과 관련, 최량증거원칙(The Best Evidence Rule)이란 개념이 있다. 미국에서 확립된 이 원칙은 문서나 녹음, 사진 등의 내용을 증명하기 위해서는 가능하면 최량의 증거 원본을 제출함으로써 입증되어야 하며, 구두진술은 원본이 더 이상 존재하지 않을 때 채택한다는 원칙으로 원본문서원칙(original document rule)으로도 불린다.[6]

디지털 증거는 주로 파일 형태로 되어 있어 눈에 보이지 않고(비가시적) 바로 읽을 수 없는 비가독성의 특성을 띠고 있는 데다 대용량성의 특성도 가지고 있다. 이렇다 보니 이것의 원본성을 증명하기 위해서 법정에 가독성이 있는 형태로 변환시켜 제출되어야 할 것인데 이렇게 될 때 증거의 원본성을 충족할 수 있을 것인가가 문제가 된다.

현행 형사소송규칙은 제134조의7(컴퓨터 디스크 등에 기억된 문자정보 등에 대한 증거조사)[7]에서 디지털 증거의 제출방법에 대하여 읽을 수 있도록 출력하여 제출하도록 하는 등 원본성의 문제를 입법적으로 해결하고 있다.

이러한 원본성과 관련, 대법원 2002.8.23. 선고 2000다66133 판결은 "원본의 존재 및 원본의 성립의 진정에 관하여 다툼이 있고 사본을 원본의 대용으로 하는 데 대하여 상대방으로부터 이의가 있는 경우에는 사본으로써 원본을 대신할 수 없으며, 반면에 사본

---

6 최량증거원칙(출처: 위키백과).

7 형사소송규칙[시행 2016.12.1.] 제134조의7(컴퓨터용 디스크 등에 기억된 문자정보 등에 대한 증거조사) ① 컴퓨터용 디스크 그 밖에 이와 비슷한 정보저장매체(다음부터 이 조문 안에서 이 모두를 "컴퓨터 디스크 등"이라 한다)에 기억된 문자정보를 증거자료로 하는 경우에는 읽을 수 있도록 출력하여 인증한 등본을 낼 수 있다. ② 컴퓨터 디스크 등에 기억된 문자정보를 증거로 하는 경우에 증거조사를 신청한 당사자는 법원이 명하거나 상대방이 요구한 때에는 컴퓨터 디스크 등에 입력한 사람과 입력한 일시, 출력한 사람과 출력한 일시를 밝혀야 한다. ③ 컴퓨터 디스크 등에 기억된 정보가 도면·사진 등에 관한 것인 때에는 제1항과 제2항의 규정을 준용한다.

을 원본으로서 제출하는 경우에는 그 사본이 독립한 서증이 되는 것이나 그 대신 이에 의하여 원본이 제출된 것으로 되지는 아니하고, 이때에는 증거에 의하여 사본과 같은 원본이 존재하고 또 그 원본이 진정하게 성립하였음이 인정되지 않는 한 그와 같은 내용의 사본이 존재한다는 것 이상의 증거가치는 없다"라고 판시했다. (표5 참조)

사건명: 서증의 증거능력 및 신용장 거래 독립성 사건
사건번호: 대법원 2000다66133 (2002. 8. 23. 선고)

1. 문제의 쟁점
- 이 사건의 주요 쟁점은 **서증(書證)의 증거능력**과 **신용장 거래의 독립성 원칙**에 대한 법적 판단임. 특히 **원본 제출의 중요성**과 매입은행의 신용장 매입 여부가 쟁점이 되었음.

2. 사건 개요
- 매입은행은 수익자의 요청에 따라 마스터신용장을 기반으로 백투백신용장을 개설하고, 이를 통해 **대금 결제**를 위한 자금을 대출하면서 **마스터신용장 관련 서류를 담보**로 받았음.
- 이후 매입은행은 마스터신용장의 매입이 이루어졌다고 주장하며, 대금 지급을 청구함.

3. 대법원의 판단 요지
  가. 서증의 증거력 판단 순서:
   - 서증은 작성자의 의사에 기하여 작성된 것임이 입증되어야 하며, 이러한 **형식적 증거력**이 인정된 후에야 **실질적 증명력**을 판단할 수 있다고 하였음.
  나. 사본 제출과 증거능력:
   - 문서 제출은 **원본, 정본, 또는 인증등본**으로 해야 하며, **단순한 사본 제출은 원칙적으로 부적법**. 다만, **원본의 존재와 성립의 진정에 다툼이 없고 상대방이 이의하지 않는 경우**에는 사본 제출이 허용될 수 있다고 판시함.
  다. 신용장 거래의 독립성:
   - 매입은행이 **수익자에게 백투백신용장을 개설**해주고, 그 대금 결제를 위해 자금을 대출하며 마스터신용장 관련 서류를 받았다 해도, 이를 **매입은행의 마스터신용장 매입이 이루어진 것**으로 볼 수 없다고 판단함.
   - 이는 신용장통일규칙에서 규정한 **신용장 거래의 독립성 원칙**에 따른 것임.

4. 판결의 결론
- 대법원은 매입은행의 **마스터신용장 매입 주장**을 받아들이지 않았으며, **서증의 증거능력** 판단에 있어서 **원본 제출의 중요성**과 **신용장 거래의 독립성 원칙**을 재확인하였음.
- 이에 따라 **원심 판결을 유지**하고 매입은행의 주장을 기각함.

5. 의의 및 시사점
- 이번 판결은 **서증의 증거능력** 판단에서 **원본 제출의 중요성**을 강조하며, 법정에서의 증거 **제출 방식**에 대한 기준을 명확히 제시한 판례임.

- 또한, **신용장 거래**에서 각 **거래의 독립성 원칙**을 명확히 하여, **금융 거래의 투명성과 신뢰성**을 높이기 위한 법적 기준을 제시함.
- 이는 **신용장통일규칙(UCP)**에 따라 **신용장 거래의 독립성과 각 거래의 자율성**을 강화하고, 금융기관들이 거래 과정에서 **절차적 엄격성**을 지킬 필요성을 강조한 판례임.

[표5] 서증의 증거능력 및 신용장 거래 독립성 사건

원본의 존재 및 원본 성립의 진정에 관하여 다툼이 있는 경우 서증으로서 사본 제출의 효과

(신용장 사건)

[대법원, 2000다66133, 2002.8.23.]

【판시사항】

[1] 서증에 있어서 형식적 증거력과 실질적 증명력의 판단 순서

[2] 사본만에 의한 서증의 제출과 책문권의 상실

[3] 원본의 존재 및 원본의 성립의 진정에 관하여 다툼이 있는 경우 서증으로서 사본 제출의 효과

[4] 서증 제출에 있어 원본제출이 요구되지 않는 경우와 그 주장·입증책임의 소재

[5] 민사소송상의 변론주의의 적용 범위

[6] 매입은행이 수익자에게 마스터신용장에 터잡아 백투백신용장을 개설해 주고 그 백투백신용장의 대금결제를 위한 자금을 대출하면서 그 대출금의 담보를 위하여 마스터신용장 관련 서류를 교부받은 경우, 신용장통일규칙상 마스터신용장의 매입이 이루어졌다고 볼 수 없다고 한 사례

【판결요지】

[1] 서증은 문서에 표현된 작성자의 의사를 증거자료로 하여 요증사실을 증명하려는 증거방법이므로 우선 그 문서가 증거신청당사자에 의하여 작성자로 주장되는 자의 의사에 기하여 작성된 것임이 밝혀져야 하고, 이러한 형식적 증거력이 인정된 다음 비로소 작성자의 의사가 요증사실의 증거로서 얼마나 유용하느냐에 관한 실질적 증명력을 판단하여야 한다.

[2] 문서의 제출 또는 송부는 원본, 정본 또는 인증등본으로 하여야 하는 것이므로, 원본, 정본 또는 인증등본이 아니고 단순한 사본만에 의한 증거의 제출은 정확성의 보증이 없어 원칙적으로 부적법하며, 다만 이러한 사본의 경우에도 동일한 내용인 원본의 존재와 원본의 성립의 진정에 관하여 다툼이 없고 그 정확성에 문제가 없기 때문에 사본을 원본의 대용으로 하는 데 관하여 상대방으로부터 이의가 없는 경우에는, 구 민사소송법(2002.1.26. 법률 제6626호로 전문 개정되기 전의 것) 제326조 제1항 위반사유에 관한 책문권이 포기 혹은 상실되어 사본만의 제출에 의한 증거의 신청도 허용된다.

[3] 원본의 존재 및 원본의 성립의 진정에 관하여 다툼이 있고 사본을 원본의 대용으로 하는데 대하여 상대방으로부터 이의가 있는 경우에는 사본으로써 원본을 대신할 수 없으

며, 반면에 사본을 원본으로서 제출하는 경우에는 그 사본이 독립한 서증이 되는 것이나 그 대신 이에 의하여 원본이 제출된 것으로 되지는 아니하고, 이때에는 증거에 의하여 사본과 같은 원본이 존재하고 또 그 원본이 진정하게 성립하였음이 인정되지 않는 한 그와 같은 내용의 사본이 존재한다는 것 이상의 증거가치는 없다.

[4] 서증사본의 신청당사자가 문서 원본을 분실하였다든가, 선의로 이를 훼손한 경우, 또는 문서제출명령에 응할 의무가 없는 제3자가 해당 문서의 원본을 소지하고 있는 경우, 원본이 방대한 양의 문서인 경우 등 원본 문서의 제출이 불가능하거나 비실제적인 상황에서는 원본의 제출이 요구되지 아니한다고 할 것이지만, 그와 같은 경우라면 해당 서증의 신청당사자가 원본 부제출에 대한 정당성이 되는 구체적 사유를 주장·입증하여야 할 것이다.

[5] 민사소송상 변론주의는 권리의 발생, 소멸이라는 법률효과 판단의 요건이 되는 주요사실에 대한 주장·입증에 관한 것으로서 그 주요사실의 존부를 확인하는 데 있어 도움이 됨에 그치는 간접사실이나 그의 증빙자료에 대하여는 적용되지 아니한다.

[6] 일람출급 신용장인 마스터신용장(Master Letter of Credit)의 매입은행이 중계무역업자인 수익자의 요청에 따라 마스터신용장에 터 잡아 백투백신용장(Back-to-Back Letter of Credit)을 개설해 준 후 그 수익자에게 백투백신용장 대금결제를 위한 자금을 대출하고 그 대출금의 담보를 위하여 마스터신용장 서류를 교부받은 경우, 매입은행의 백투백신용장의 개설이나 그 대금결제를 위한 대출행위는 그 매입은행이 대출금에 대한 이자 등 수익을 얻기 위하여 자신의 책임과 위험부담 아래 행하는 별개의 거래로서 제4차 신용장통일규칙 제3조의 신용장 독립의 원칙상 마스터신용장의 법률관계는 그 백투백신용장 거래와 무관하여 구속받지 않는 것으로서, 매입은행이 수익자에게 마스터신용장에 터 잡아 백투백신용장을 개설해주고 그 백투백신용장의 대금결제를 위한 자금을 대출하면서 그 대출금의 담보를 위하여 마스터신용장 관련 서류를 교부받았다 하더라도 그 사정만으로써는 그 교부 당시 매입은행에 의한 마스터신용장의 매입이 이루어졌다고 볼 수 없다고 한 사례.

【전문】

【원심판결】

서울고법 2000.10.24. 선고 99나5196 판결

【주문】

상고를 기각한다. 상고비용을 원고의 부담으로 한다.

【판결이유】

1. 원심 판단의 요지

원고가 청구원인으로서, 피고 은행이 소외 신한인터내셔날 주식회사(다음부터 '신한'이라 쓴다)의 의뢰에 따라 1991.12.6. 소외 뉴루츠 엘티디(Newroots Ltd, 다음부터 '뉴루츠'라 쓴다)를 수익자로 하는 마스터신용장(Master Letter of Credit)을 개설하였고, 피고 은행이 같은 날 원고 은행 서울지점(다음부터 '서울지점'이라 쓴다)과의 사이에서 이 사건 확인약정을 체결하였으며, 서울지점은 1992.1.9. 원고 은행 홍콩지점(다음부터 '홍콩지점'이라 쓴다)으로부터 그 마스터신용장의 조건에 부합하는 선적서류가 첨부된 각 환어음에 기한 상환청구를 받고 이를 피고 은행에게 송부하였으나 피고 은행이 그 대금의 지급을 거절하여, 같은 달 17일 홍콩지점에게 미국 소재 필라델피아은행을 통하여 그 마스터신용장의 매입대금으로 미화 3,871,315.79달러를 상환하였으므로 마스터신용장의 개설은행인 피고 은행은 매입은행인 홍콩지점에 대하여 그 대금을 상환한 확인은행인 서울지점에게 그 대금을 지급할 의무가 있다고 주장하였음에 대하여 원심은, 신용장 매입은행인 홍콩지점에 의한 매입 사실은 원고의 청구원인인 요건사실이어서 홍콩지점이 서울지점에 대하여 상환을 청구한 1992.1.9. 이전에는 이 사건 마스터신용장을 매입한 사실이 인정되어야 할 것인데, 원고가 그 매입일로서 주장하는 1991.12.27.에 홍콩지점이 이 사건 마스터신용장의 필요서류를 교부받고 뉴루츠에게 그 대금상당 금원을 지급한 것은 이 사건 백투백신용장(Back-to-Back Letter of Credit) 대금의 지급처리를 위하여 뉴루츠에게 대출한 금액이고 홍콩지점이 이에 대하여 이자도 지급받아 온 이상 이는 이 사건 마스터신용장대금의 선급이나 그 대가에 해당한다고 볼 수는 없다는 이유로 그 주장을 받아들이지 않았다.

그리고 원고가 예비적으로 홍콩지점이 1992.1.7. 마스터신용장대금을 뉴루츠의 계좌에 입금함으로써 마스터신용장을 매입하였다고 주장한 것에 대하여 원심은 그 주장사실에 부합하는 증거로 원고가 제출한 갑 제23, 24호증의 각 1, 2, 갑 제25호증, 갑 제34호증의 1, 2, 갑 제36 내지 38호증, 갑 제40호증의 6, 7, 12 내지 14, 갑 제41호증의 3, 4, 갑 제42호증의 3 내지 13, 갑 제44, 45호증의 각 1, 2, 3, 4, 갑 제46호증의 1, 2, 갑 제47호증의 2 내지 5, 갑 제48호증의 1 내지 4, 갑 제49호증의 1, 2, 갑 제50호증의 2, 갑 제57호증의 2 내지 11, 갑 제58호증의 3, 갑 제59호증의 2 내지 13, 갑 제63호증의 2 등의 각 서증은 모두 사본인데 피고가 각 그 원본의 존재와 진정성립을 부인하고 있으며, 갑 제28, 29, 40, 41, 42, 47, 50, 57, 58, 59, 63호증의 각 1 및 갑 제76호증의 각 기재만으로는 위의 각 서증의 원본이 존재하고 각 그 원본이 진정하게 성립하였다고 인정하기에는 부족하고 달리 그 점을 인정할 아무런 증거가 없으므로, 결국 그 각 서증은 원고의 주장사실을 인정하는 증거로 쓸 수가 없다고 판단하였고, 원고가 제출한 갑 제28, 29, 40, 41, 42, 47, 50, 57, 58, 59, 63호증의 각 1 및 갑 제74 내지 76호증의 각 일부 기재들은 고객티알대장,

대출기장표 등의 반대증거에 비추어 믿기 어렵거나 그 증거들만으로는 원고주장사실을 인정하기에 부족하다고 판단하였으며, 아울러 그 반대증거들에 의하여 홍콩지점이 신한의 지급정지 바로 전날 한꺼번에 1,800만 달러나 되는 고액의 신용장 등의 매입을 하였으면서도 그 매입시간이 불명확한 사실, 그 매입거래는 홍콩지점으로서는 불이익한 것이며 또 그 지점의 여신한도를 초과하는데도 홍콩지점은 매입하였다는 날로부터 하루가 지난 뒤에 상환청구를 하고 이틀이 지난 뒤에 서울지점에 선적서류를 송부하였던 사실들이 인정된다는 취지로 판시하였다.

2. 상고이유주장의 요지

원고는 원심판결이 서증의 형식적 증거력에 관한 법리를 오해하고 변론주의의 원칙 및 채증법칙에 위배하여 요건사실을 잘못되게 인정함으로써 신용장매입 및 무역금융거래에 관한 법리를 오해한 나머지 대법원이 동일한 사실관계에 관하여 내린 판단에 위반하였다는 요지의 주장을 한다.

3. 이 법원의 판단

가. 증거력 법리오해, 증거법칙 위반 주장에 관하여

(1) 증거력 법리오해 주장 부분

(가) 서증은 문서에 표현된 작성자의 의사를 증거자료로 하여 요증사실을 증명하려는 증거방법이므로 우선 그 문서가 증거신청당사자에 의하여 작성자로 주장되는 자의 의사에 기하여 작성된 것임이 밝혀져야 하고, 이러한 형식적 증거력이 인정된 다음 비로소 작성자의 의사가 요증사실의 증거로서 얼마나 유용하느냐에 관한 실질적 증명력을 판단하여야 하는 것이고(대법원 1997.4.11. 선고 96다50520 판결 참조), 문서의 제출 또는 송부는 원본, 정본 또는 인증등본으로 하여야 하는 것이므로, 원본, 정본 또는 인증등본이 아니고 단순한 사본만에 의한 증거의 제출은 정확성의 보증이 없어 원칙적으로 부적법하며, 다만 이러한 사본의 경우에도 동일한 내용인 원본의 존재와 원본의 성립의 진정에 관하여 다툼이 없고 그 정확성에 문제가 없기 때문에 사본을 원본의 대용으로 하는 데 관하여 상대방으로부터 이의가 없는 경우에는, 구 민사소송법(법률 제5809호로 개정된 것, 아래에서도 같다) 제326조 제1항 위반 사유에 관한 책문권이 포기 혹은 상실되어 사본만의 제출에 의한 증거의 신청도 허용된다고 할 것이나, 원본의 존재 및 원본의 성립의 진정에 관하여 다툼이 있고 사본을 원본의 대용으로 하는 데 대하여 상대방으로부터 이의가 있는 경우에는 사본으로써 원본을 대신할 수 없으며(대법원 1996.3.8. 선고 95다48667 판결 참조), 반면에 사본을 원본으로서 제출하는 경우에는 그 사본이 독립한 서증이 되는 것이나 그 대신 이에 의하여 원본이 제출된 것으로 되지는 아니하고, 이때에는 증거에 의하여 사본과 같은 원본이 존재하고 또 그 원

본이 진정하게 성립하였음이 인정되지 않는 한 그와 같은 내용의 사본이 존재한다는 것 이상의 증거가치는 없다고 할 것이다(대법원 1999.11.12. 선고 99다38224 판결 참조).

다만, 서증사본의 신청당사자가 문서 원본을 분실하였다든가, 선의로 이를 훼손한 경우, 또는 문서제출명령에 응할 의무가 없는 제3자가 해당 문서의 원본을 소지하고 있는 경우, 원본이 방대한 양의 문서인 경우 등 원본 문서의 제출이 불가능하거나 비실제적인 상황에서는 원본의 제출이 요구되지 아니한다고 할 것이지만, 그와 같은 경우라면 해당 서증의 신청당사자가 원본 부제출에 대한 정당성이 되는 구체적 사유를 주장·입증하여야 할 것이다.

(나) 이 사건 기록에 따르니, 1심 이래 원심변론종결에 이르기까지 피고는 원고가 제출한 위의 각 서증 사본에 대하여 그의 원본의 존재를 부인하고, 사후 조작 가능성을 제기하면서 그 원본의 제출을 요구하였는데, 원고는 그 각 자료는 원고의 청구원인사실과 무관하다거나 이미 다른 서증에 의하여 매입사실은 모두 증명되었다고 주장하면서 피고의 그와 같은 문서제출요구는 위법하고, 원고에게는 해당 문서원본의 제출의무도 없으며, 서울지점의 경우 피고가 요구하는 해당 문서를 소지하고 있지 않을 뿐 아니라 홍콩지점이 소지하는 문서의 제출을 요구하는 것은 홍콩의 사법주권침해라는 등의 이유를 들어 거부하면서 원심법원의 매입자료의 추가적인 제출에 대한 석명준비명령에 대하여도 추가 제출자료가 없다고 답하였고, 나아가 원고는 원고 제출의 각 서증 사본은 홍콩 공증인의 인증과 주홍콩총영사관 영사의 인증, 국제민사사법공조에 의한 홍콩법원에 대한 서증조사촉탁 등에 의하여 그 형식적 증거력이 인정된다고 주장하였음을 알 수 있다.

(다) 원고가 그 원본을 제출하지 못하는 정당한 사유라고 하는 위의 주장들은 사본을 서증으로서 제출한 당사자로서 원본을 제출하지 못하는 데에 대한 정당한 사유에 해당한다고 볼 수 없으며, 그 밖에 원고에게 원본을 제출하지 못하는 정당한 사유가 있음을 인정할 자료가 기록상 드러나지 않는다.

한편, 앞서 본 사본인 서증들에 첨부된 홍콩주재 한국영사관 영사의 인증부분은 공문서로서 그의 진정성립이 추정되며 그 인증에 의하여 홍콩공증인의 인증부분이 그 공증인에 의하여 진정하게 작성된 사실은 추정된다고 할 것이지만 그러한 사정으로써 그 공증인의 인증내용인 그 사본과 동일한 원본이 존재하며 그 원본이 그 사본의 기재일시에 그의 내용대로 진정하게 성립한 것이라는 사실까지 추정 또는 인정되는 것이라고 할 수는 없다.

원고가 내세우는 대법원 1992.7.28. 선고 91다35816 판결에서 공증인이 인증한 사서증서의 진정성립이 추정된다고 하는 취지는 우리나라 공증인이 작성한 문서는 공문서로서 구 민사소송법 제327조 제1항에 의하여 그의 진정성립이 추정될 뿐만 아니라 사서증서에 대한 공증인의 인증제도는 우리나라 공증인법의 규정(제3조, 제12조, 제13조, 제57조 내지 제61조)에 따라 자격을 갖춰 임명된 공증인이 그의 면전에서 사서증서 원본에 서명날인토록 시키거나 이미 서명날인된 사서증서의 경우에는 서명날인한 촉탁인의 확인이나 대리촉탁인의 확인 및 그의 대리권의 증명 등의 소정절차를 거쳐서 이루어지는 엄격성에 기하여 원본인 사서증서의 진정성립이 추정되게 하는 것이어서, 홍콩공증인이 인증한 서증사본의 인증에 의한 원본의 성립인부에 위의 법리가 적용될 수 있다는 근거에 관하여 아무런 주장입증이 없는 이 사건에서 우리나라 공증인의 사문서 인증에서의 증거력 법리를 마찬가지로 적용시킬 수는 없을 뿐만 아니라, 가령 그 법리에 의한다 하더라도 공증인이 인증한 서증사본 자체의 진정성립 추정은 별론으로 하더라도 그 사본 원본의 존재와 그의 진정성립까지 추정될 수는 없다고 할 것이다.

원고는 또한, 홍콩법원에 의한 서증조사가 이루어졌으므로 위의 서증사본이 형식적 증거력을 갖추었다고도 주장하는바, 기록 중의 증거에 따르니, 그 서증조사 절차에 의하여 조사된 문서는 쟁점이 되는 이 사건 매입사실에 관한 전체문서가 아닐 뿐더러 홍콩지점 소속직원이 조사될 일부 문서의 사본을 법원에 가져와 그것이 원본과 같다는 요지로 선서하는 방식으로 이루어졌을 따름이며 그 법원에 의하여 직접 그 원본 전체가 확인된 것이 아니었음을 알 수 있으므로 그 절차에 의하여 이 사건 서증사본에 대한 원본의 존재와 진정성립이 입증되었다고 볼 수도 없다.

㈃ 그 밖에 이 사건 기록상 그 사본서증의 원본의 존재와 그 원본이 그의 작성일자로 기재된 시기에 사본과 같은 내용으로 진정하게 성립된 것이라는 사실을 인정할 만한 증거가 달리 없으니, 그 사본서증의 형식적 증거력과 실질적 증명력을 부정한다는 취지가 포함된 원심의 인정·판단의 결론은 옳고 거기에 증거력 관련 법리를 오해한 위법사유는 없다.

⑵ 증거법칙 위반 주장 부분

기록 중의 증거들과 대조하여 본즉, 증거로 채용되지 않았던 위의 사본서증과 믿지 아니한 증거 외에는 홍콩지점에 의한 1992.1.7.의 신용장서류 매입사실을 인정할 만한 증거가 부족하며, 오히려 고객티알대장, 대출기장표 등의 관련 증거들에 의하여 앞서 본 반대정황이 인정된다고 본 원심의 증거판단은 정당한 것으로 수긍되고, 거기에는 필요한 심리를 다하지 아니하였다거나 증거법칙을 위반하였다는 등으로 사실을 오인한 위법사유가 없다.

나. 변론주의 원칙 위배주장에 관하여

민사소송상 변론주의는 권리의 발생, 소멸이라는 법률효과 판단의 요건이 되는 주요 사실에 대한 주장·입증에 관한 것으로서 그 주요사실의 존부를 확인하는 데 있어 도움이 됨에 그치는 간접사실이나 그의 증빙자료에 대하여는 적용되지 아니하는 것인바(대법원 1987.2.24. 선고 86다카1625 판결, 1994.10.11. 선고 94다24626 판결 등 참조), 기록과 대조하여 본즉, 같은 전제에서 나온 원심의 이 사건 요건사실에 관한 인정·판단은 옳고 거기에서 변론주의 원칙에 위반된 증거취사의 위법사유를 찾아 볼 수 없다.

다. 법리오해 주장에 관하여

일람출급 신용장인 마스터신용장의 매입은행이 중계무역업자인 수익자의 요청에 따라 마스터신용장에 터 잡아 백투백신용장을 개설해 준 후 그 수익자에게 백투백신용장 대금결제를 위한 자금을 대출하고 그 대출금의 담보를 위하여 마스터신용장 서류를 교부받은 경우, 매입은행의 백투백신용장의 개설이나 그 대금결제를 위한 대출행위는 그 매입은행이 대출금에 대한 이자 등 수익을 얻기 위하여 자신의 책임과 위험부담 아래 행하는 별개의 거래로서 제4차 신용장통일규칙 제3조의 신용장 독립의 원칙상 마스터신용장의 법률관계는 그 백투백신용장 거래와 무관하여 구속받지 않는 것이다(대법원 1997.8.29. 선고 96다43713 판결 참조).

이 사건에서 볼 때, 매입은행인 홍콩지점이 수익자인 뉴루츠에게 마스터신용장에 터 잡아 백투백신용장을 개설해주고 그 백투백신용장의 대금결제를 위한 자금을 대출하면서 그 대출금의 담보를 위하여 마스터신용장 관련 서류를 교부받았다 하더라도 그 사정만으로써는 그 교부 당시 홍콩지점에 의한 마스터신용장의 매입이 이루어졌다고 볼 수 없다 할 것이다.

따라서 앞서 본 이 사건 사실관계에 터 잡아 같은 법리를 전제로 하여 나온 원심의 판단은 정당하고 그 판단에는 신용장매입과 국제무역금융거래에 관한 법리를 오해한 위법사유가 없다.

라. 대법원 선례에 위반되었다는 주장에 관하여

대법원 1997.8.29. 선고 96다37897 판결은 이 사건에서와 같은 원고에 의하여 제기되고 이 사건과 유사한 내용의 사안에 관한 것이기는 하지만 양 당사자의 입증내용에서 이 사건과는 차이가 있는 사건에 관한 것이어서 이 사건에 원용하기에 적절하지 않기에 그 사건의 증거판단이나 사실인정 또는 그에 따른 법률판단은 이 사건 사실심법원을 기속할 수는 없는 것이다.

같은 취지가 전제된 것으로 보이는 원심 판단의 결론은 옳고 거기에는 유사 사건에 관한 대법원판례의 취지를 위반한 잘못이 없다.

4. 결론

상고이유의 주장들을 모두 받아들이지 아니한다.

그러므로 원고의 상고를 기각하고, 상고비용을 원고의 부담으로 하기로 관여 대법관들의 의견이 일치되어 주문에 쓴 바와 같이 판결한다.

대법관 강신욱(재판장) 조무제(주심) 유지담 손지열

2. 디지털 증거의 무결성, 동일성 입증방법

2007년 대법원은 국가보안법위반(간첩·잠입·탈출) 등(이하 '일심회' 사건)사건에서 디지털 증거와 관련된 획기적인 판결을 하였다. 그동안 디지털 증거 관련 판결은 주로 전문증거와 관련된 내용이었으나 2007년 일심회 판결을 계기로 '하드카피', '이미징' 등의 용어가 판례에 등장하는 등 디지털 증거의 무결성, 동일성 등에 대한 요건을 다루면서 본격적으로 디지털 증거와 관련된 판례들이 나오기 시작했다.

대법원은 디지털 증거의 원본성과 동일성의 인정 요건에 대해 판시하면서 동일성을 입증하는 방법으로 첫째, 컴퓨터의 기계적 정확성, 둘째, 프로그램의 신뢰성, 셋째, 입력·처리·출력의 각 단계에서 조작자의 전문적인 기술 능력과 정확성 담보라는 3가지 원칙을 제시하였다.

이와 관련, 소위 일심회 판결에서 대법원 2007.12.13. 선고 2007도7257 판결은 "압수물인 디지털 저장매체로부터 출력된 문건이 증거로 사용되기 위해서는 디지털 저장매체 원본에 저장된 내용과 출력된 문건의 동일성이 인정되어야 할 것인데, 그 동일성을 인정하기 위해서는 디지털 저장매체 원본이 압수된 이후 문건 출력에 이르기까지 변경되지 않았음이 담보되어야 하고 특히 디지털 저장매체 원본에 변화가 일어나는 것을 방지하기 위해 디지털 저장매체 원본을 대신하여 디지털 저장매체에 저장된 자료를 '하드카피'·'이미징'한 매체로부터 문건이 출력된 경우에는 디지털 저장매체 원본과 '하드카피'·'이미징'한 매체 사이에 자료의 동일성도 인정되어야 한다. 나아가 법원 감정을 통해 디지털 저장매체 원본 혹은 '하드카피'·'이미징'한 매체에 저장된 내용과 출력된 문건의 동일성을 확인하는 과정에서 이용된 컴퓨터의 기계적 정확성, 프로그램의 신뢰성, 입력·처리·출력의 각 단계에서 조작자의 전문적인 기술능력과 정확성이 담보되어야 한다. 그리고 압수된 디지털 저장매체로부터 출력된 문건이 진술증거로 사용되는 경우에는 그 기재 내용의 진실성에 관하여 전문법칙이 적용되므로, 형사소송법 제313조 제1항에 의하여 그 작성자 또는 진술자의 진술에 의하여 그 성립의 진정함이 증명된 때에 한하여 이를 증거로 사용"할 수 있다고 판결했다. (표6 참조)

사건명: 디지털 저장 매체 증거능력 사건(일명 일심회 사건)
사건번호: 대법원 2007도7257 (2007. 12. 13. 선고)

1. 문제의 쟁점

• 이 사건의 주요 쟁점은 **압수된 디지털 저장 매체로부터 출력한 문건의 증거능력**과, 이를 법적 증거로 인정하기 위한 절차적 요건이 제대로 충족되었는지 여부였음. 특히, **디지털 저장 매체의 이미징 및 하드카피 절차의 적법성**에 대한 검토가 핵심 쟁점이었음.

2. 사건 개요

• 피고인들은 **국가보안법 위반 혐의**로 기소되었으며, 수사기관은 피고인들이 사용한 디지털 저장 매체(하드디스크)를 압수함.
• 압수된 디지털 저장 매체의 데이터를 이미징(imaging)하여 복제본을 만든 후, 해당 이미징 데이터를 분석하여 **문건을 출력**하고 이를 증거로 제출하였음.
• 피고인 측은 수사기관이 **디지털 저장 매체의 데이터 수집 과정**에서 절차적 하자를 일으켰으며, **출력된 문건의 증거능력**을 인정할 수 없다고 주장하였음.

3. 대법원의 판단 요지

• 대법원은 디지털 저장 매체에서 출력된 문건의 **증거능력 인정 요건**에 대해 다음과 같은 기준을 제시하였음:

   가. 이미징(imaging) 및 하드카피(hard copy) 절차의 신뢰성:
   - **이미징**은 디지털 저장 매체의 **원본 데이터를 그대로 복제**하는 작업으로, 데이터의 **무결성**을 보장해야 함.
   - **하드카피**는 출력물의 형태로 데이터를 확인하는 작업으로, 해당 과정에서 **원본과 동일한 내용이 출력되었음**이 보장되어야 함.

   나. 원본과 출력물의 동일성 보장:
   - 압수된 저장 매체의 데이터가 **이미징된 후 분석되었을 때, 원본과 복제본 간의 데이터가 동일하다는 점**이 보장되어야 함.
   - 이를 위해, **압수 시부터 출력 시까지 원본이 변경되지 않았음**을 증명해야 하며, 이를 입증하기 위한 적절한 절차와 장치가 필요함.

   다. 출력 과정의 신뢰성:
   - **출력 과정**에서 사용된 컴퓨터의 **정확성, 프로그램의 신뢰성** 그리고 **조작자의 전문성**이 확보되어야 함.
   - 수사기관이 **전문적인 절차와 도구**를 사용하여 데이터를 처리하였고, **데이터의 무결성**을 유지한 상태에서 증거가 제출되었는지 확인해야 함.
   - 대법원은 이러한 요건들이 충족되지 않으면 **디지털 저장 매체에서 출력된 문건의 증거능력**은 인정될 수 없다고 판단하였음.

4. 판결의 결론

• 대법원은 **디지털 저장 매체에서 출력된 문건의 증거능력**을 인정하기 위해 **절차적 엄격성과 데이터 무결성 보장**이 필수적임을 강조함.
• 수사기관이 압수한 **디지털 저장 매체의 데이터 수집 및 분석** 과정에서 **절차적 요건**을 충족하지 못한 경우, 해당 출력물의 증거능력을 인정할 수 없다는 이유로 **원심의 유죄 판결을 파기**하고 사건을 **환송**하였음.

[표6] 디지털 저장 매체 증거능력 사건(일명 일심회 사건)

특히 대법원은 2013년 국가보안법 위반(반국가단체의 구성 등) 등 사건(이하 '왕재산' 사건)에서 압수된 정보저장매체에서 출력된 문건 등의 무결성·동일성 입증 방법에 대해 판결하였다. 대법원 2013.7.26. 선고 2013도2511 판결은 "출력 문건과 정보저장매체에 저장된 자료가 동일하고 정보저장매체 원본이 문건 출력 시까지 변경되지 않았다는 점은, 피압수·수색 당사자가 정보저장매체 원본과 '하드카피' 또는 '이미징'한 매체의 해시(Hash) 값이 동일하다는 취지로 서명한 확인서면을 교부받아 법원에 제출하는 방법에 의하여 증명하는 것이 원칙이나, 그와 같은 방법에 의한 증명이 불가능하거나 현저히 곤란한 경우에는, 정보저장매체 원본에 대한 압수, 봉인, 봉인해제, '하드카피' 또는 '이미징' 등 일련의 절차에 참여한 수사관이나 전문가 등의 증언에 의해 정보저장매체 원본과 '하드카피' 또는 '이미징'한 매체 사이의 해시 값이 동일하다거나 정보저장매체 원본이 최초 압수 시부터 밀봉되어 증거 제출 시까지 전혀 변경되지 않았다는 등의 사정을 증명하는 방법 또는 법원이 그 원본에 저장된 자료와 증거로 제출된 출력 문건을 대조하는 방법 등으로도 그와 같은 무결성·동일성을 인정할 수 있으며, 반드시 압수·수색 과정을 촬영한 영상녹화물 재생 등의 방법으로만 증명하여야 한다고 볼 것은 아니다"라고 판시했다. (표7 참조)

사건명: 왕재산 사건
사건번호: 대법원 2013도2511 (2013. 7. 26. 선고)

1. 문제의 쟁점

- 이 사건의 주요 쟁점은 **압수된 디지털 저장 매체에서 추출한 자료의 증거능력 인정 요건**과 국가 기밀의 정의와 적용 범위에 관한 것이었음.

2. 사건 개요

가. 사건 배경

- 피고인들은 북한의 지령을 받아 국내에서 **반국가단체**를 조직하고 활동한 혐의로 기소됨.
- 수사 과정에서 피고인들이 사용한 **컴퓨터 등 디지털 저장 매체**가 압수되었고, 해당 저장 매체에서 **자료를 추출**하여 증거로 제출하였음.

나. 주요 쟁점 사항

- **디지털 증거의 무결성**: 압수된 디지털 저장 매체에서 추출한 자료가 **무결성** 및 **동일성**을 확보하고 있는지 여부.
- **국가 기밀의 판단 기준**: 피고인들이 취득한 정보가 국가보안법상 **'국가 기밀'**에 해당하는지 여부.

3. 대법원의 판단 요지

가. 디지털 증거의 증거능력 인정 요건

- **무결성 확보와 동일성 보장**:
  - 압수된 디지털 저장 매체의 데이터는 **압수 시부터 분석 및 문건 출력 시까지 변경되지 않았음**이 입증되어야 함. 이를 위해 디지털 저장 매체의 무결성을 유지하는 조치가 필수적임.
- **해시(Hash)값 검증**:
  - 해시값은 디지털 저장 매체의 데이터를 변경 없이 유지하고 있음을 보증하는 중요한 요소임.
  - 수사기관은 **원본 디지털 저장 매체**와 이를 **이미징(imaging)한 복제본**의 해시값이 동일함을 통해 데이터의 **동일성**을 보장해야 함.
- **이미징 및 하드카피 절차의 신뢰성**:
  - 디지털 저장 매체의 데이터는 **이미징** 과정을 통해 복제본을 생성한 후 분석되며, 원본의 무결성을 보장해야 함.
  - **하드카피(hard copy)**, 즉 출력물을 통해 자료를 증거로 제출할 때는 해당 출력 과정에서 사용된 **컴퓨터 장비의 정확성, 프로그램의 신뢰성** 그리고 **조작자의 전문성**이 확보되어야 함.
  - 이러한 조건들이 충족되지 않는다면 디지털 저장 매체에서 추출된 자료의 **증거능력**은 인정될 수 없다고 판단함.

나. 국가 기밀의 정의와 적용 범위

- **국가 기밀의 요건**:
  - 해당 정보가 **반국가단체**에 **비밀**로 유지되어야 하며, 그 누설이 **국가의 안전에 위험**을 초래할 우려가 있는 경우에 한해 '국가 기밀'로 인정될 수 있음.
- **공개된 정보의 제외**:
  - 이미 **일반에 공개된 정보**는 '국가 기밀'로 인정되지 않으며, 이 경우 해당 정보에 대해 국가보안법을 적용하기 어렵다고 보았음.

4. 판결의 결론

- 대법원은 **디지털 증거의 증거능력**을 인정하기 위해서 **엄격한 절차적 요건**이 충족되어야 한다고 강조하였음.

- 압수된 디지털 저장 매체에서 추출한 증거는 해시값 검증을 통해 **동일성이 보장**되어야 하며, **이미징**과 **하드카피 절차의 신뢰성**을 확보해야 함.
- 이번 사건에서는 **증거 수집 과정에서 절차적 요건의 충족 여부**가 명확하지 않다는 이유로, 피고인들의 일부 혐의에 대해 **증거능력을 부정**하고 **원심을 파기하고 사건을 환송**하였음.
- 그러나 **국가 기밀과 관련된 혐의**에 대해서는 일부 유죄를 인정함으로써 **반국가단체와의 관련성**을 법적으로 확인하였음.

5. 의의 및 시사점
- 이 판결은 **디지털 증거**를 법정에서 증거로 채택하기 위해 **엄격한 요건**과 **절차적 신뢰성**을 요구하는 중요성을 강조하였음.
- 특히 **해시값 검증**과 **이미징 절차의 정확성** 등 디지털 포렌식 절차의 기술적 요소가 법적 증거능력에 얼마나 중요한 역할을 하는지를 명확히 하였음.
- 또한, **국가 기밀**의 정의와 관련해 정보의 비밀성 여부와 **국가 안전에 미치는 영향**을 종합적으로 고려하여 국가보안법 적용에 있어 구체적 판단 기준을 제시하였음.
- 이 판결은 디지털 포렌식 절차의 중요성과 피고인의 권리 보호를 동시에 고려한 판례로서, **공정한 재판 절차**를 위해 디지털 증거의 처리 및 사용에서 **엄격한 법적 기준**을 요구하고 있음을 시사함.

[표7] 일명 왕재산 사건

압수물인 디지털 저장매체로부터 출력된 문건의 증거능력 및
디지털 저장매체 원본에 저장된 내용과 출력된 문건의 동일성 인정 요건 판결
(일심회 사건)

[대법원, 2007도7257, 2007.12.13.]

【판시사항】

[1] 디지털 저장매체로부터 출력한 문건의 증거능력

[2] 대한민국 주중국 대사관 영사가 작성한 사실확인서 중 공인 부분을 제외한 나머지 부분이 공적인 증명보다는 상급자 등에 대한 보고를 목적으로 작성된 것인 경우, 형사소송법 제315조 제1호 또는 제3호의 문서에 해당하지 아니하여 증거능력이 없다고 한 사례

[3] 소위 '일심회'는 이적성은 인정되나 국가보안법 제7조 제3항이 요구하는 정도의 조직적 결합체에는 이르지 못하였으므로, 국가보안법상 이적단체에 해당하지 않는다고 한 사례

【판결요지】

[1] 압수물인 디지털 저장매체로부터 출력한 문건을 증거로 사용하기 위해서는 디지털 저장매체 원본에 저장된 내용과 출력한 문건의 동일성이 인정되어야 하고, 이를 위해서는 디지털 저장매체 원본이 압수 시부터 문건 출력 시까지 변경되지 않았음이 담보되어야 한다. 특히 디지털 저장매체 원본을 대신하여 저장매체에 저장된 자료를 '하드카피' 또는 '이미징'한 매체로부터 출력한 문건의 경우에는 디지털 저장매체 원본과 '하드카피' 또는 '이미징'한 매체 사이에 자료의 동일성도 인정되어야 할 뿐만 아니라, 이를 확인하는 과정에서 이용한 컴퓨터의 기계적 정확성, 프로그램의 신뢰성, 입력·처리·출력의 각 단계에서 조작자의 전문적인 기술능력과 정확성이 담보되어야 한다. 그리고 압수된 디지털 저장매체로부터 출력한 문건을 진술증거로 사용하는 경우, 그 기재 내용의 진실성에 관하여는 전문법칙이 적용되므로 형사소송법 제313조 제1항에 따라 그 작성자 또는 진술자의 진술에 의하여 그 성립의 진정함이 증명된 때에 한하여 이를 증거로 사용할 수 있다.

[2] 대한민국 주중국 대사관 영사가 작성한 사실확인서 중 공인 부분을 제외한 나머지 부분이 비록 영사의 공무수행 과정 중 작성되었지만 공적인 증명보다는 상급자 등에 대한 보고를 목적으로 하는 것인 경우, 형사소송법 제315조 제1호의 '공무원의 직무상 증명할 수 있는 사항에 관하여 작성한 문서' 또는 제3호의 '기타 특히 신뢰할 만한 정황에

의하여 작성된 문서'라고 볼 수 없으므로 증거능력이 없다고 한 사례.

[3] 소위 '일심회'에 대하여, 반국가단체인 북한의 활동을 찬양·고무·선전하거나 동조하는 행위를 목적으로 하는 결합체로서 이적성이 인정되나, 그 구성원의 수, 조직결성의 태양, 활동방식과 활동내역에 비추어 단체의 내부질서를 유지하고 단체를 주도하기 위한 체계를 갖추는 등 조직적 결합체에는 이르지 못하였다고 보아, 국가보안법상 이적단체에 해당하지 않는다고 한 사례.

【전문】

【원심판결】

서울고법 2007.8.16. 선고 2007노929 판결

【주문】

각 상고를 모두 기각한다.

【판결이유】

상고이유를 판단한다.

1. 피고인들의 상고이유에 대한 판단

가. '북한'이 국가보안법상 반국가단체인지에 대하여

비록 남북 사이에 정상회담이 개최되고 그 결과로서 공동선언이 발표되는 등 평화와 화해를 위한 획기적인 전기가 마련되고 있다 하더라도, 그에 따라 남북관계가 더욱 진전되어 남북 사이에 화해와 평화적 공존의 구도가 정착됨으로써 앞으로 북한의 반국가단체성이 소멸되는 것은 별론으로 하고, 지금의 현실로는 북한이 여전히 우리나라와 대치하면서 우리나라의 자유민주주의 체제를 전복하고자 하는 적화통일노선을 완전히 포기하였다는 명백한 징후를 보이지 않고 있고, 그들 내부에 뚜렷한 민주적 변화도 보이지 않고 있는 이상, 북한은 조국의 평화적 통일을 위한 대화와 협력의 동반자임과 동시에 적화통일노선을 고수하면서 우리의 자유민주주의 체제를 전복하고자 획책하는 반국가단체라는 성격도 아울러 가지고 있다고 보아야 하고, 남북 사이에 정상회담이 개최되고 남·북한 사이의 교류와 협력이 이루어지고 있다고 하여 바로 북한의 반국가단체성이 소멸하였다거나 대한민국의 안전을 위태롭게 하는 반국가활동을 규제함으로써 국가의 안전과 국민의 생존 및 자유를 확보함을 목적으로 하는 국가보안법의 규범력이 상실되었다고 볼 수 없다는 것이 대법원의 확립된 견해이다(대법원 2003.9.23. 선고 2001도4328 판결, 대법원 2004.8.30. 선고 2004도3212 판결 등 참조).

원심이 같은 취지에서 북한이 국가보안법상의 반국가단체에 해당한다고 한 조치는

정당하고, 그 판단에 상고이유에서 주장하는 바와 같은 국가보안법상 반국가단체에 관한 법리오해의 위법이 없다.

나. 국가보안법이 위헌적인 법률인지에 대하여

우리 헌법이 전문과 제4조, 제5조에서 천명한 국제평화주의와 평화통일의 원칙은 자유민주주의적 기본질서라는 우리 헌법의 대전제를 해치지 않는 것을 전제로 하는 것이므로, 아직도 북한이 막강한 군사력으로 우리와 대치하면서 우리 사회의 자유민주적 기본질서를 전복할 것을 포기하였다는 명백한 징후가 보이지 아니하고 있어 우리의 자유민주적 기본질서에 위협이 되고 있음이 분명한 상황에서, 국가의 안전을 위태롭게 하는 반국가활동을 규제함으로써 국가의 안전과 국민의 생존 및 자유를 확보함을 목적으로 하는 국가보안법이 헌법에 위배되는 법률이라고 할 수 없고, 국가보안법의 규정을 그 법률의 목적에 비추어 합리적으로 해석하는 한 국가보안법이 정하는 각 범죄의 구성요건의 개념이 애매모호하고 광범위하여 죄형법정주의의 본질적 내용을 침해하는 것이라고 볼 수 없으며, 양심의 자유, 언론·출판의 자유 등은 우리 헌법이 보장하는 기본적인 권리이기는 하지만 아무런 제한이 없는 것은 아니고, 헌법 제37조 제2항에 의하여 국가의 안전보장, 질서유지 또는 공공복리를 위하여 필요한 경우에는 그 자유와 권리의 본질적인 내용을 침해하지 아니하는 범위 내에서 제한할 수 있는 것이므로, 국가보안법의 입법목적과 적용한계를 위와 같이 자유와 권리의 본질적인 내용을 침해하지 아니하는 한도 내에서 이를 제한하는 데에 있는 것으로 해석하는 한 위헌이라고 볼 수 없다(대법원 1997.7.16. 선고 97도985 전원합의체 판결, 대법원 1999.12.28. 선고 99도4027 판결 등 참조).

원심이 같은 취지에서 국가보안법이 위헌임을 전제로 한 피고인들의 주장을 받아들이지 아니한 것은 정당하고, 그 판단에 국가보안법의 위헌성에 관한 법리를 오해한 잘못이 없다.

다. **압수물인 디지털 저장매체로부터 출력된 문건의 증거능력에 대하여**(이 점에 대한 검사의 상고이유를 함께 판단한다)

(1) 압수물인 디지털 저장매체로부터 출력된 문건이 증거로 사용되기 위해서는 디지털 저장매체 원본에 저장된 내용과 출력된 문건의 동일성이 인정되어야 할 것인데, 그 동일성을 인정하기 위해서는 디지털 저장매체 원본이 압수된 이후 문건 출력에 이르기까지 변경되지 않았음이 담보되어야 하고 특히 디지털 저장매체 원본에 변화가 일어나는 것을 방지하기 위해 디지털 저장매체 원본을 대신하여 디지털 저장매체에 저장된 자료를 '하드카피'·'이미징'한 매체로부터 문건이 출력된 경우에는 디지털 저장매체 원본과 '하드카피'·'이미징'한 매체 사이에 자료의 동일성도 인정되어야 한다. 나아가 법원 감정을 통해 디지털 저장매체 원본 혹은 '하드카피'·'이미징'한 매체에 저장된 내용과 출력된 문건의 동일성을 확인하는 과정에

서 이용된 컴퓨터의 기계적 정확성, 프로그램의 신뢰성, 입력·처리·출력의 각 단계에서 조작자의 전문적인 기술능력과 정확성이 담보되어야 한다.

그리고 압수된 디지털 저장매체로부터 출력된 문건이 진술증거로 사용되는 경우에는 그 기재 내용의 진실성에 관하여 전문법칙이 적용되므로, 형사소송법 제313조 제1항에 의하여 그 작성자 또는 진술자의 진술에 의하여 그 성립의 진정함이 증명된 때에 한하여 이를 증거로 사용할 수 있다(대법원 1999.9.3. 선고 99도2317 판결 참조).

(2) 기록에 의하여 살펴보면, 국가정보원에서 피고인들 혹은 가족, 직원이 입회한 상태에서 원심 판시 각 디지털 저장매체를 압수한 다음 입회자의 서명을 받아 봉인하였고, 국가정보원에서 각 디지털 저장매체에 저장된 자료를 조사할 때 피고인들 입회하에 피고인들의 서명무인을 받아 봉인 상태 확인, 봉인 해제, 재봉인하였으며, 이러한 전 과정을 모두 녹화한 사실, 각 디지털 저장매체가 봉인된 상태에서 서울중앙지방검찰청에 송치된 후 피고인들이 입회한 상태에서 봉인을 풀고 세계적으로 인정받는 프로그램을 이용하여 이미징 작업을 하였는데, 디지털 저장매체 원본의 해시(Hash) 값과 이미징 작업을 통해 생성된 파일의 해시 값이 동일한 사실, 제1심법원은 피고인들 및 검사, 변호인이 모두 참여한 가운데 검증을 실시하여 이미징 작업을 통해 생성된 파일의 내용과 출력된 문건에 기재된 내용이 동일함을 확인한 사실을 알 수 있는바, 그렇다면 출력된 문건은 압수된 디지털 저장매체 원본에 저장되었던 내용과 동일한 것으로 인정할 수 있어 증거로 사용할 수 있고, 같은 취지의 원심의 판단은 정당하다.

그리고 원심은, 판시와 같은 이유로 국가정보원에서 피고인들에게 진술거부권을 고지하지 않은 상태에서 강압적인 방법을 사용하여 디지털 저장매체의 암호를 획득하였다는 피고인들의 주장을 배척하였는바, 기록에 의하여 살펴보면 원심의 이러한 판단은 정당하다.

(3) 원심은 나아가, 검사가 디지털 저장매체에서 출력하여 증거로 제출한 문건 중에서 판시 53개의 문건은 그 작성자가 제1심에서 그 성립의 진정함을 인정하였으므로 이를 증거로 할 수 있으나, 그 밖의 문건은 그 작성자에 의하여 성립의 진정함이 증명되지 않았거나 작성자가 불분명하다는 이유로 그 문건의 내용을 증거로 사용할 수 없다고 판단하였는바, 위 법리와 기록에 비추어 보면 원심의 이러한 판단은 정당하고, 그 판단에 피고인들과 검사가 상고이유로 주장하는 증거법칙 위배나 판단유탈 등의 위법이 없다.

그리고 이 사건 디지털 저장매체로부터 출력된 문건의 경우 논지와 같은 정황자료만으로 진정 성립을 인정할 수 있다거나 형사소송법 제314조, 제315조에 의하여 증거능력이 부여되어야 한다는 검사의 상고이유 주장은, 위에서 본 법리에 배치되거나 형사소송법 제314조, 제315조의 요건을 오해한 주장으로 받아들일 수 없다.

라. 검사 작성의 피고인들에 대한 피의자신문조서의 증거능력 및 증명력에 대하여(이 점에 대한 검사의 상고이유를 함께 판단한다)

(1) 헌법 제12조 제4항은 신체자유에 관한 기본권의 하나로 누구든지 체포 또는 구속을 당한 때에는 변호인의 조력을 받을 권리가 있음을 명시하고 있고, 이에 따라 형사소송법 제30조 및 제34조는 피고인 또는 피의자는 변호인을 선임할 수 있는 권리와 신체구속을 당한 경우에 변호인 또는 변호인이 되려는 자와 접견교통할 수 있는 권리가 있음을 규정하고 있다. 이와 같은 변호인과의 접견교통권은 헌법상 보장된 변호인의 조력을 받을 권리의 중핵을 이루는 것으로서 변호인과의 접견교통이 위법하게 제한된 상태에서는 실질적인 변호인의 조력을 기대할 수 없으므로 위와 같은 변호인의 접견교통권 제한은 헌법이 보장한 기본권을 침해하는 것으로서 그러한 위법한 상태에서 얻어진 피의자의 자백은 그 증거능력을 부인하여 유죄의 증거에서 배제하여야 하며, 이러한 위법증거의 배제는 실질적이고 완전하게 증거에서 제외함을 뜻하는 것이다(대법원 1990.9.25. 선고 90도1586 판결 등 참조).

원심은 이 사건 각 접견불허처분 이후 피고인들이 다른 변호인들과 접견교통을 하기 이전에 작성된 피고인 2에 대한 제8회 피의자신문조서와 피고인 3에 대한 제10회 피의자신문조서, 피고인 5에 대한 제8회 피의자신문조서는 변호인과의 접견교통이 위법하게 제한된 상태에서 피의자신문이 이루어졌다는 이유로 증거능력을 부인하고, 그 후 작성된 피의자신문조서는 다른 변호인들과의 접견교통을 실시함으로써 실질적인 변호인의 조력을 받았다고 봄이 상당하다는 이유로 그 증거능력을 부인할 수 없다고 판단하였는바, 기록에 비추어 살펴보면, 원심의 위와 같은 사실인정과 판단은 위 법리에 따른 것으로 정당하고, 그 판단에 변호인의 접견교통권이나 그 접견교통권이 제한 또는 금지된 상태에서 작성된 검사 작성의 피의자신문조서의 증거능력에 관한 법리를 오해하는 등의 위법이 없다. 이 부분 피고인들과 검사의 상고이유 주장은 모두 이유 없다.

(2) 피고인이 피의자신문조서에 기재된 피고인 진술의 임의성을 다투면서 그것이 허위진술이라고 다투는 경우, 법원은 구체적인 사건에 따라 피고인의 학력, 경력, 직업, 사회적 지위, 지능정도, 진술의 내용, 피의자신문조서의 경우 그 조서의 형식 등 제반 사정을 참작하여 자유로운 심증으로 위 진술이 임의로 된 것인지의 여부를 판단하면 된다(대법원 2003.5.30. 선고 2003도705 판결 등 참조).

원심은 피고인들의 각 법정 진술, 학력, 경력, 직업, 사회적 지위를 비롯하여 피고인들의 검찰에서의 각 진술 내용 등에 비추어 보면 검사 앞에서의 피고인들의 진술은 임의성이 인정된다고 판단하였는바, 앞서 본 법리에 따라 기록을 살펴보면, 원심의 위와 같은 판단은 정당하고, 그 판단에 검사 작성의 피의자신문조서의 임의성에 관한 법리를 오해한 위법이 없다.

그리고 검사 앞에서의 피고인들의 진술의 신빙성을 다투는 상고이유의 주장은 결국, 증거의 취사선택과 사실인정을 다투는 취지라고 보아야 할 것인데, 이는 사실심의 전권사항으로 적법한 상고이유가 되지 못한다.

따라서 이 부분 피고인들의 상고이유 주장은 이유 없다.

마. 이적표현물 제작·소지·반포의 점에 대하여

국가보안법 제7조 제5항 표현물은 그 내용이 국가보안법의 보호법익인 대한민국의 존립·안전과 자유민주주의 체제를 위협하는 적극적이고 공격적인 것으로서 표현의 자유의 한계를 벗어난 것을 말한다. 표현물이 이에 해당하는지 여부는 표현물의 전체적인 내용뿐만 아니라 그 작성의 동기는 물론 표현행위 자체의 태양 및 외부와의 관련사항, 표현행위 당시의 정황 등 모든 사정을 종합하여 결정하여야 하고, 표현물의 내용이 일반인에게 공개된 서적이나 인터넷사이트 등에서 수집·인용되었다는 이유만으로 그에 대한 평가가 달라져야 하는 것은 아니다(대법원 1993.9.28. 선고 93도1730 판결, 대법원 2006.6.16. 선고 2004도851 판결 등 참조).

원심이 유지한 제1심이 적법하게 채택한 증거들에 의하면, 피고인 2, 4, 5가 소지하고, 피고인 4가 제작·반포한 판시 문건들은 모두 주체사상·선군사상을 찬양하거나 우리나라를 미국의 식민지로 규정하고 민족자주정권을 수립한 후 연방제 방식의 통일을 주장하는 북한의 선전내용을 담고 있음을 알 수 있는바, 앞서 본 법리에 의하면, 위 피고인들이 국가보안법 제7조 제5항이 정한 목적으로 판시 문건을 소지·제작·반포한 사실을 인정할 수 있으므로, 위 피고인들에 대하여 국가보안법 제7조 제5항의 죄책을 인정한 원심판결은 정당하고, 그 판단에 상고이유에서 주장하는 바와 같은 채증법칙 위반이나 국가보안법 제7조 제5항에 대한 법리오해 등의 위법이 없다.

자유민주주의하에서 표현의 자유, 사상과 양심의 자유는 기본적 권리이기는 하나 무제한의 것이 아니라 국가의 안전보장, 질서유지 또는 공공복리를 위하여 필요한 경우에는 그 자유의 본질적인 내용을 침해하지 않는 한도 내에서 제한할 수 있는바, 피고인 4가 판시 "대망의 새 세기 주체 91년을 맞아 21세기의 태양이신 위대한 영도자 김정일 장군께 열렬한 경모의 마음을 담아 충성의 새해인사를 드립니다"라고 시작하는 문건과 "민족의 운명을 가늠하는 미사일 정국의 본질"이라는 제목의 문건에서 주장하는 내용은 모두 반국가단체인 북한의 활동에 동조하는 것으로서 헌법이 보장하는 자유의 한계를 벗어난 것이라고 보아야 한다. 같은 취지의 원심판단은 옳고 주장과 같은 위법이 없다.

바. 피고인들 상호간의 회합의 점, 잠입·탈출·회합 및 각 교사의 점에 대하여

이 부분 상고이유 주장은 사실심인 원심의 전권에 속하는 증거의 취사선택과 사실인 정을 탓하는 취지의 것으로서 적법한 상고이유가 될 수 없을 뿐 아니라, 기록에 의하 면, 피고인 4, 3, 5의 판시 각 회합의 점, 피고인 4, 5의 잠입·탈출·회합의 점, 피고인 3의 잠입·탈출·회합·교사의 점에 대한 공소사실을 모두 유죄로 인정한 원심의 판 단은 타당하다.

사. 국가기밀 탐지·수집·전달의 점에 대하여(이 점에 대한 검사의 상고이유를 함께 판단한다)

(1) 국가보안법 제4조 제1항 제2호 (나)목에 정한 기밀을 해석함에 있어서 그 기밀은 정치, 경제, 사회, 문화 등 각 방면에 관하여 반국가단체에 대하여 비밀로 하거나 확인되지 아니함이 대한민국의 이익이 되는 모든 사실, 물건 또는 지식으로서, 그 것들이 국내에서의 적법한 절차 등을 거쳐 이미 일반인에게 널리 알려진 공지의 사실, 물건 또는 지식에 속하지 아니한 것이어야 하고, 또 그 내용이 누설되는 경 우 국가의 안전에 위험을 초래할 우려가 있어 기밀로 보호할 실질가치를 갖춘 것 이어야 한다.

다만, 국가보안법 제4조(목적수행)가 반국가단체의 구성원 또는 그 지령을 받은 자의 목적수행행위를 처벌하는 규정이므로 그것들이 공지된 것인지 여부는 신 문, 방송 등 대중매체나 통신수단 등의 발달 정도, 독자 및 청취의 범위, 공표의 주체 등 여러 사정에 비추어 보아 반국가단체 또는 그 지령을 받은 자가 더 이상 탐지·수집이나 확인·확증의 필요가 없는 것이라고 판단되는 경우인지에 따라 판단하여야 하고, 누설할 경우 실질적 위험성이 있는지 여부는 그 기밀을 수집할 당시의 대한민국과 북한 또는 기타 반국가단체와의 대치현황과 안보사항 등이 고려되는 건전한 상식과 사회통념에 따라 판단하여야 하며, 그 기밀이 사소한 것 이라 하더라도 누설될 경우 반국가단체에는 이익이 되고 대한민국에는 불이익을 초래할 위험성이 명백하다면 이에 해당한다(대법원 1997.7.16. 선고 97도985 전원합의 체 판결 등 참조).

원심이 이러한 법리에 따라 피고인 3이 피고인 5로부터 건네받은 판시 각 문건의 내용 혹은 이를 토대로 피고인 3이 작성한 판시 문건의 내용을 국가보안법 제4조 제1항 제2호 (나)목에 정한 국가기밀에 해당한다고 판단하는 한편, 나머지 문건 들에 대하여는 그 작성자에 의하여 성립의 진정함이 증명되지 않아 그 기재 내 용을 증거로 할 수 없고, 또 그 내용이 피고인들의 주관적인 평가, 계획 등에 불 과하여 기밀로서 보호할 실질가치를 갖추었다고 보기 어렵거나 이미 언론 보도 를 통하여 대외적으로 공포된 이른바 공지의 사실 또는 지식이라는 등의 이유로 국가기밀에 해당하지 않는다고 판단한 것은 옳고, 그 판단에 피고인 3과 검사가 상고이유에서 주장하는 채증법칙 위배로 인한 사실오인, 심리미진 내지 법리오

해, 대법원판례 위반 등의 위법이 없다.

(2) 기록에 의하면, 검사는 피고인 3에 대한 공소사실 16. 나. 항에서, 피고인 3이 2005.5.경 피고인 5로부터 '6.15. 공동행사에 대한 민주노동당 실무팀의 판단'이라는 제목의 문건을 전달받아 국가의 존립·안전이나 자유민주적 기본질서를 위태롭게 한다는 정을 알면서 반국가단체 구성원으로부터 지령을 받은 자와 회합하였다고 기소한 사실, 제1심은 이 부분 공소사실에 대하여, 피고인 5가 2005.5.경 반국가단체로부터 지령을 받았다고 인정할 증거가 없고, 피고인 3이 피고인 5로부터 위 문건을 전달받았다고 하더라도 피고인 3과 피고인 5와의 회합을 국가보안법 위반(회합·통신)죄로 의율할 수는 없다고 판단하여 무죄 선고한 사실, 한편 검사는, 피고인 장○○이 피고인 3으로부터 위 문건을 건네받아 대북보고한 행위에 대하여 국가기밀을 탐지·수집·전달하였다고 기소하였고, 제1심은 이를 모두 유죄로 인정하였으며, 원심도 이 부분 제1심의 판단을 유지한 사실을 알 수 있는바, 피고인 3이 상고이유에서 위 문건과 관련하여 기소되지 않은 국가기밀 탐지·수집의 범죄사실을 유죄로 인정하였다고 주장하는 것은 피고인 장○○에 대한 범죄사실과 혼동한데서 비롯된 주장임이 명백하다.

아. 양형부당 주장에 대하여(검사의 상고이유를 함께 판단한다)

피고인 2, 3, 4 및 검사는 원심의 양형이 부당하다는 취지로 주장하나 10년 미만의 징역형 및 자격정지가 선고된 이 사건에서 양형부당은 적법한 상고이유가 되지 못한다.

2. 검사의 상고이유에 대한 판단

가. 영사증명서의 증거능력에 대하여

기록에 의하면, 대한민국 주중국 대사관 영사 공소외 1 작성의 사실확인서 중 공인 부분을 제외한 나머지 부분은 북한 조선상명무역공사 북경대표처 지사장 공소외 2가 사용 중인 승용차의 소유주가 공소외 3이라는 것과 공소외 3의 신원 및 공소외 3이 대표로 있는 (상호 생략)무역공사의 실체에 관한 내용, 위 공소외 2가 거주 중인 북경시 조양구 소재 주택이 북한 대남공작조직의 공작아지트로 활용되고 있다는 내용, 피고인 3이 2006.6.24.경 북경에서 만난 공소외 4가 북한공작원이라는 취지의 내용으로, 비록 영사 공소외 1이 공무를 수행하는 과정에서 작성된 것이지만 그 목적이 공적인 증명에 있다기보다는 상급자 등에 대한 보고에 있는 것으로서 엄격한 증빙서류를 바탕으로 하여 작성된 것이라고 할 수 없으므로, 위와 같은 내용의 각 사실 확인 부분은 형사소송법 제315조 제1호에서 규정한 호적의 등본 또는 초본, 공정증서 등본 기타 공무원 또는 외국공무원의 직무상 증명할 수 있는 사항에 관하여 작성한 문서라고 볼 수 없고, 또한 같은 조 제3호에서 규정한 기타 특히 신용할 만한 정황에 의하여 작성된 문서에 해당하여 당연히 증거능력이 있는 서류라고 할 수 없다.

한편, 형사소송법 제314조에 의하여 형사소송법 제313조의 진술서 등을 증거로 하기 위해서는 진술을 요할 자가 사망, 질병, 외국 거주 기타 사유로 인하여 공판정에 출석하여 진술을 할 수 없는 경우이어야 하고, 그 진술 또는 서류의 작성이 특히 신빙할 수 있는 상태하에서 행해진 것이라야 한다는 두 가지 요건이 갖추어져야 하는 바, 첫째 요건과 관련하여 '외국 거주'란 진술을 요할 자가 외국에 있다는 것만으로는 부족하고, 가능하고 상당한 수단을 다하더라도 그 진술을 요할 자를 법정에 출석하게 할 수 없는 사정이 있어야 예외적으로 그 적용이 있을 것인데(대법원 2002.3.26. 선고 2001도5666 판결 참조), 이 사건에서 가능하고 상당한 수단을 다하더라도 공소외 1을 법정에 출석하게 할 수 없는 사정이 있다고 볼 자료가 없고, 위 사실확인서의 작성이 특히 신빙할 수 있는 상태하에서 행하여진 것이라고 볼 자료도 없다.

원심이 같은 취지에서 위 사실확인서의 증거능력을 배척한 것은 옳고, 그 판단에 영사증명서의 증거능력에 관한 법리를 오해하는 등의 위법이 없다.

나. 이적단체 구성 및 가입의 점에 대하여

국가보안법 제7조 제3항에 규정된 이른바 '이적단체'란 국가보안법 제2조 소정의 반국가단체 등의 활동을 찬양·고무·선전 또는 이에 동조하거나 국가의 변란을 선전·선동하는 행위를 하는 것을 그 목적으로 하여 특정 다수인에 의하여 결성된 계속적이고 독자적인 결합체를 가리키는데, 이러한 이적단체를 인정할 때에는 국가보안법 제1조에서 규정하고 있는 위 법의 목적과 유추해석이나 확대해석을 금지하는 죄형법정주의의 기본정신에 비추어서 그 구성요건을 엄격히 제한하여 해석하여야 한다(대법원 1999.10.8. 선고 99도2437 판결, 대법원 2003.12.12. 선고 2001도1099 판결, 대법원 2004.7.9. 선고 2000도987 판결, 대법원 2004.7.22. 선고 2002도539 판결 등 참조).

제1심은 그 채용 증거들을 종합하여 판시와 같은 사실을 인정한 다음, 피고인 장○○이 결성한 사회적 결합체는 반국가단체인 북한의 활동을 찬양·고무·선전하거나 적어도 이에 동조하는 행위를 목적으로 하였으므로 그 '이적성'은 충분히 인정된다고 판단하고, 이어서 소위 '일심회'는 그 구성원이 피고인 장○○, 피고인 2, 3, 4 등 4명 정도에 불과한 점, 피고인들은 조직 목표, 이념, 강령, 조직체계, 조직운영방식 등을 확정하는 조직 결성식 등을 거치지 아니한 채 개별적으로 활동해 온 것으로 보이고, 피고인 장○○의 진술에 의하더라도 피고인들은 개별적으로 한민전 강령을 일심회의 강령으로 원용하기로 한 다음 각자 인터넷을 통해 이를 읽어보기로 하였을 뿐 자체 강령, 규율 등을 별도로 규정하지는 않았던 것으로 보이는 점, 특히 피고인 장○○을 제외한 나머지 피고인들은 조직의 명칭과 서로의 활동 내용뿐만 아니라 서로가 같은 조직의 구성원이라는 사실 자체도 몰랐던 점, 피고인들이 2002.1.경 '일심회'라는 이적단체를 구성하였다고 볼 만한 외부적 징표나 특별한 행위태양을 발견할 수 없고, 게다가 2002.1.경을 전후하여 피고인들의 상호관계에 별다른 변동이 있었다고 볼 만한 아무런 자료도 없는 점, 또한 피고인들이 조직의 구성이나 가입에 관한 특별한 절차를 거치지 않아 이적단체의 구성에 관한 의사합치에까지 이르렀다고 보기도 어려운 점 등에 비추어 보면, '일심회'의 경우 단체의 내부질서를 유지하고 그 단체를 주도하기 위하여 일정한 위계 및 분담 등의 체계를 갖추는 등 조직적 결합체에까지 이르렀다고 보기는 어렵다고 판단하였고, 원심도 제1심의 판단을 유지하였다.

국가보안법상 이적단체의 인정에 있어서 그 구성요건을 엄격히 제한하여 해석하여야 한다는 법리를 토대로 기록을 살펴보면, 위와 같은 제1심의 판단과 이를 유지한 원심의 판단은 정당하고, 그 판단에 검사가 상고이유로 주장하는 국가보안법상 이적단체에 관한 법리를 오해하는 등의 위법이 없다.

다. 그 밖에 채증법칙 위반 주장에 대하여

원심판결 이유를 기록에 비추어 살펴보면, 원심이 피고인들 상호간의 판시 회합의 점, 피고인 장○○의 판시 대북 통신의 점, 피고인 4의 금품 수수의 점에 대하여 이를 인정할 증거가 없다는 이유로 무죄라고 판단한 것은 옳고, 그 판단에 채증법칙을 위배하여 사실을 오인하는 등의 위법이 없다.

3. 결론

그러므로 각 상고를 모두 기각하기로 관여 대법관의 의견이 일치되어 주문과 같이 판결한다.

대법관 이흥훈(재판장) 김영란(주심) 김황식 안대희

압수된 정보저장매체에서 출력된 문건 등의 무결성·동일성 입증 방법

(왕재산 사건)

[대법원, 2013도2511, 2013.7.26.]

【판시사항】

[1] 공개금지사유가 없음에도 공개금지결정에 따라 비공개로 진행된 증인신문절차에 의하여 이루어진 증언의 증거능력 유무(소극) 및 공개금지결정의 선고가 없는 등으로 공개금지결정의 사유를 알 수 없는 경우에도 같은 법리가 적용되는지 여부(적극)

[2] 정보저장매체에 기억된 문자정보 또는 그 출력물을 증거로 사용하기 위한 요건 및 정보저장매체 원본을 대신하여 저장매체에 저장된 자료를 '하드카피' 또는 '이미징'한 매체로부터 출력한 문건의 경우, 그 출력 문건과 정보저장매체에 저장된 자료가 동일하고 정보저장매체 원본이 문건 출력 시까지 변경되지 않았다는 점에 대한 증명 방법

[3] '증거물인 서면'의 증거조사 방식

[4] 국가보안법 제4조 제1항 제2호 (나)목에서 정한 '국가기밀'의 의미 및 위 규정이 명확성의 원칙, 책임주의 원칙, 평등원칙 등에 위배되는지 여부(소극)

【판결요지】

[1] 헌법 제27조 제3항 후문, 제109조와 법원조직법 제57조 제1항, 제2항의 취지에 비추어 보면, 헌법 제109조, 법원조직법 제57조 제1항에서 정한 공개금지사유가 없음에도 불구하고 재판의 심리에 관한 공개를 금지하기로 결정하였다면 그러한 공개금지결정은 피고인의 공개재판을 받을 권리를 침해한 것으로서 그 절차에 의하여 이루어진 증인의 증언은 증거능력이 없고, 변호인의 반대신문권이 보장되었더라도 달리 볼 수 없으며, 이러한 법리는 공개금지결정의 선고가 없는 등으로 공개금지결정의 사유를 알 수 없는 경우에도 마찬가지이다.

[2] 압수물인 컴퓨터용 디스크, 그 밖에 이와 비슷한 정보저장매체(이하 '정보저장매체'라고만 한다)에 입력하여 기억된 문자정보 또는 그 출력물(이하 '출력 문건'이라 한다)을 증거로 사용하기 위해서는 정보저장매체 원본에 저장된 내용과 출력 문건의 동일성이 인정되어야 하고, 이를 위해서는 정보저장매체 원본이 압수 시부터 문건 출력 시까지 변경되지 않았다는 사정, 즉 무결성이 담보되어야 한다. 특히 정보저장매체 원본을 대신하여 저장매체에 저장된 자료를 '하드카피' 또는 '이미징'한 매체로부터 출력한 문건의 경우에는 정보저장매체 원본과 '하드카피' 또는 '이미징'한 매체 사이에 자료의 동일성도 인정되어야 할 뿐만 아니라, 이를 확인하는 과정에서 이용한 컴퓨터의 기계적 정확성, 프

로그램의 신뢰성, 입력·처리·출력의 각 단계에서 조작자의 전문적인 기술능력과 정확성이 담보되어야 한다. 이 경우 출력 문건과 정보저장매체에 저장된 자료가 동일하고 정보저장매체 원본이 문건 출력 시까지 변경되지 않았다는 점은, 피압수·수색 당사자가 정보저장매체 원본과 '하드카피' 또는 '이미징'한 매체의 해시(Hash) 값이 동일하다는 취지로 서명한 확인서면을 교부받아 법원에 제출하는 방법에 의하여 증명하는 것이 원칙이나, 그와 같은 방법에 의한 증명이 불가능하거나 현저히 곤란한 경우에는, 정보저장매체 원본에 대한 압수, 봉인, 봉인해제, '하드카피' 또는 '이미징' 등 일련의 절차에 참여한 수사관이나 전문가 등의 증언에 의해 정보저장매체 원본과 '하드카피' 또는 '이미징'한 매체 사이의 해시 값이 동일하다거나 정보저장매체 원본이 최초 압수 시부터 밀봉되어 증거 제출 시까지 전혀 변경되지 않았다는 등의 사정을 증명하는 방법 또는 법원이 그 원본에 저장된 자료와 증거로 제출된 출력 문건을 대조하는 방법 등으로도 그와 같은 무결성·동일성을 인정할 수 있으며, 반드시 압수·수색 과정을 촬영한 영상녹화물 재생 등의 방법으로만 증명하여야 한다고 볼 것은 아니다.

[3] 형사소송법 제292조, 제292조의2 제1항, 형사소송규칙 제134조의6의 취지에 비추어 보면, 본래 증거물이지만 증거서류의 성질도 가지고 있는 이른바 '증거물인 서면'을 조사하기 위해서는 증거서류의 조사방식인 낭독·내용고지 또는 열람의 절차와 증거물의 조사방식인 제시의 절차가 함께 이루어져야 하므로, 원칙적으로 증거신청인으로 하여금 그 서면을 제시하면서 낭독하게 하거나 이에 갈음하여 그 내용을 고지 또는 열람하도록 하여야 한다.

[4] 국가보안법 제4조 제1항 제2호 (나)목에 규정된 '국가기밀'은 '그 기밀이 정치, 경제, 사회, 문화 등 각 방면에서 반국가단체에 대하여 비밀로 하거나 확인되지 아니함이 대한민국의 이익이 되는 모든 사실, 물건 또는 지식으로서, 그것들이 국내에서 적법한 절차 등을 거쳐 이미 일반인에게 널리 알려진 공지의 사실, 물건 또는 지식에 속하지 아니한 것이어야 하고, 또 그 내용이 누설되는 경우 국가의 안전에 위험을 초래할 우려가 있어 기밀로 보호할 실질가치를 갖춘 것'일 경우에 한정된다고 보는 것이 대법원 1997.9.16. 선고 97도985 전원합의체 판결 이래 대법원의 확립된 견해이다. '국가기밀'의 일반적 의미를 위와 같이 제한적으로 해석하는 한편, 위 규정이 그 행위주체를 '반국가단체의 구성원 또는 그 지령을 받은 자'로 한정하고 있을 뿐만 아니라 그 행위가 '반국가단체의 목적수행을 위한 행위'일 것을 그 구성요건으로 하고 있어 행위주체와 행위태양의 면에서 제한을 하고 있는 점 등에 비추어 보면, 위 규정이 헌법에 위배된다고 할 정도로 죄형법정주의가 요구하는 명확성의 원칙에 반한다고 할 수 없다. 한편 군사기밀 보호법 제11조가 군사기밀 탐지·수집행위의 법정형을 10년 이하의 징역으로 규정하고 있는 것과 달리 국가보안법 제4조 제1항 제2호 (나)목의 법정형이 사형·무기 또는 7년 이상의 징역으로 규정되어 있다는 등의 사정만으로 위 조항이 지나치게 무거운 형벌을 규정하여

책임주의 원칙에 반한다거나 법정형이 형벌체계상 균형을 상실하여 평등원칙에 위배되는 조항이라고 할 수 없으며, 법관의 양형 판단 및 결정권을 중대하게 침해하는 것이라고 볼 수도 없다.

【원심판결】

서울고법 2013.2.8. 선고 2012노805 판결

【주문】

상고를 모두 기각한다.

【판결이유】

상고이유(상고이유서 제출기간이 경과한 후에 제출된 피고인들의 각 상고이유보충서 기재는 상고이유를 보충하는 범위 내에서)에 대하여 판단한다.

1. 피고인들의 상고이유 및 이와 관련된 검사의 상고이유에 대한 판단

가. 공소장일본주의 관련 주장에 대하여

검사가 공소를 제기할 때에는 공소장에 사건에 관하여 법원에 예단을 생기게 할 수 있는 서류 기타 물건을 첨부하거나 그 내용을 인용하여서는 아니 됨이 원칙이다(형사소송규칙 제118조 제2항). 다만 이러한 공소장일본주의의 위배 여부는 공소사실로 기재된 범죄의 유형과 내용 등에 비추어 볼 때 공소장에 첨부 또는 인용된 서류 기타 물건의 내용, 그리고 법령이 요구하는 사항 이외에 공소장에 기재된 사실이 법관에게 예단을 생기게 하여 법관이 범죄사실의 실체를 파악하는 데 장애가 될 수 있는지 여부를 기준으로 당해 사건에서 구체적으로 판단하여야 한다(대법원 2009.10.22. 선고 2009도7436 전원합의체 판결 참조).

원심은, 이 사건 공소장에 증거로 제출될 서면이나 사진 등이 인용되어 있으나, 이는 이 사건 각 국가보안법 위반죄의 공소사실을 특정하거나 객관적·주관적 구성요건 요소의 일부 내용에 관한 것으로서, 그 인용된 부분으로 인하여 피고인들의 방어권 행사에 장애를 가져온다거나 법관에게 예단을 생기게 하여 법관이 범죄사실의 실체를 파악하는 데 장애가 되는 것이 아니어서 공소장일본주의에 위반되는 것으로 볼 수 없다고 판단하였다.

원심판결 이유를 위 법리와 기록에 비추어 살펴보면, 원심의 위와 같은 판단은 정당하고 거기에 상고이유 주장과 같이 공소장일본주의에 관한 법리를 오해한 위법이 없다.

나. 압수·수색 집행절차의 위법성과 이에 따른 증거능력 관련 주장에 대하여

(1) 원심은, 그 판시와 같은 사정들을 종합하여 국가정보원 수사관의 공소외 1 주식

회사(이하 '공소외 1 회사'라 한다) 사무실에 대한 압수·수색영장 집행 당시 피고인들이 사실상 구금된 상태에 있었다고 볼 수 없다고 판단하였다. 원심판결 이유를 기록에 비추어 살펴보면, 원심의 위와 같은 사실인정과 판단은 정당하고, 거기에 상고이유 주장과 같이 필요한 사항에 대한 판단을 누락하거나 압수·수색영장 집행에 대한 참여권 보장 또는 그 집행의 적법성 등에 관한 법리를 오해한 위법이 없다.

(2) 또한 원심은, 이 사건 압수·수색·검증영장의 '압수·수색·검증할 장소 및 신체'란에 피고인 1의 주거지와 피고인 1의 신체 등이 기재되어 있으므로, 비록 위 영장이 제시되어 피고인 1의 신체에 대한 압수·수색이 종료되었다고 하더라도 피고인 1의 주거지에 대한 압수·수색은 아직 집행에 착수하였다고 볼 수 없다는 등 그 판시와 같은 이유로, 국가정보원 수사관들이 위 영장에 의하여 피고인 1의 주거지에 대한 압수·수색을 집행한 조치는 위법한 것이 아니라고 판단하였다. 기록에 비추어 살펴보면 위와 같은 원심의 판단은 정당한 것으로 수긍할 수 있고, 거기에 상고이유 주장과 같이 영장주의 등에 관한 법리를 오해한 위법이 없다.

(3) 그리고 원심은, 피고인 3의 주거지에 대한 압수·수색 당시 담당 수사관이 피고인 3의 아내이자 그 압수·수색영장에 공동피의자로 기재되어 있었던 공소외 2에게 영장 집행사실을 통지한 후 영장을 제시하였고, 그 집행 당시 피고인 3이 공동으로 운영하는 공소외 1 회사 사무실에 대한 압수·수색이 동시에 이루어져서 피고인 3이 그 사무실의 압수·수색에 참여하였던 사정 등을 종합하여, 그 주거지의 압수·수색에 대한 피고인 3의 참여권 등이 실질적으로 침해된 것으로 볼 수 없다고 판단하였다. 기록에 비추어 살펴보면, 위와 같은 원심의 판단은 정당한 것으로 수긍할 수 있고, 거기에 상고이유 주장과 같이 영장주의 등에 관한 법리를 오해한 위법이 없다.

(4) 나아가 원심은, 제1심법원이 검증한 '이메일에 대한 통신제한조치 집행결과'는 법원의 통신제한조치허가서에 의하여 피고인 1이 송·수신하는 전자우편을 실시간으로 지득·채록한 내용을 그 대상으로 한 것으로서, 그 허가서의 집행절차에 영장의 집행과 책임자의 참여에 관한 형사소송법 제219조, 제123조가 적용될 것은 아니고, 제1심법원이 그 검증절차에서 전자우편 원본에 대하여 직접 그 출력물과의 동일성 여부를 검증하였다는 등의 이유로 그 검증결과의 증거능력이 인정된다고 판단하였다. 관련 법리와 기록에 비추어 살펴보면, 위와 같은 원심의 판단은 정당한 것으로 수긍할 수 있고, 거기에 상고이유 주장과 같이 전자우편에 대한 통신제한조치의 법적 성격이나 전자증거의 동일성 등에 관한 법리를 오해한 위법이 없다.

다. 공개재판권 침해 관련 주장 및 이와 관련된 검사의 상고이유 주장에 대하여

(1) 헌법 제27조 제3항 후문은 "형사피고인은 상당한 이유가 없는 한 지체 없이 공개재판을 받을 권리를 가진다"고 규정하여 형사피고인에게 공개재판을 받을 권리가 기본권으로 보장됨을 선언하고 있고, 헌법 제109조와 법원조직법 제57조 제1항은 재판의 심리와 판결은 공개하되, 다만 심리는 국가의 안전보장·안녕질서 또는 선량한 풍속을 해할 우려가 있는 때에는 결정으로 이를 공개하지 아니할 수 있다고 규정하고 있으며, 법원조직법 제57조 제2항은 재판의 심리에 관한 공개금지결정은 이유를 개시(開示)하여 선고한다고 규정하고 있다. 위 규정들의 취지에 비추어 보면, 헌법 제109조, 법원조직법 제57조 제1항이 정한 공개금지사유가 없음에도 불구하고 재판의 심리에 관한 공개를 금지하기로 결정하였다면 그러한 공개금지결정은 피고인의 공개재판을 받을 권리를 침해한 것으로서 그 절차에 의하여 이루어진 증인의 증언은 증거능력이 없다고 할 것이고, 변호인의 반대신문권이 보장되었더라도 달리 볼 수 없으며(대법원 2005.10.28. 선고 2005도5854 판결 참조), 이러한 법리는 공개금지결정의 선고가 없는 등으로 공개금지결정의 사유를 알 수 없는 경우에도 마찬가지라 할 것이다.

기록에 의하면, 제1심 제4회 공판기일에 제1심법원이 공개금지결정을 선고하지 않은 채 공소외 3에 대한 증인신문절차를 진행하였고, 그 신문절차는 공개되지 않은 상태에서 진행된 사실을 알 수 있다. 이를 앞서 본 법리에 비추어 보면, 공소외 3에 대한 증인신문절차에는 피고인들의 공개재판을 받을 권리를 침해한 절차적 위법이 있다고 할 것이므로, 그 절차에서 수집된 증거인 공소외 3에 대한 증인신문조서는 피고인들에 대한 유죄의 증거로 쓸 수 없다고 할 것이다.

따라서 이와 달리 공소외 3에 대한 증인신문조서를 유죄의 증거로 든 제1심판결을 그대로 유지한 원심의 조치에는 공개재판주의와 증거능력에 관한 법리를 오해한 잘못이 있다고 할 것이다. 그러나 관련 증거를 기록에 비추어 살펴보면, 증거능력이 없는 공소외 3에 대한 증인신문조서를 제외하더라도 원심이 채용한 나머지 증거들, 즉 '조직현황보고'를 비롯한 각종 문건, 증인 공소외 4, 공소외 5 및 국가정보원 수사관들의 각 법정진술, 각 현장 촬영사진의 영상, 피고인 1, 피고인 2, 피고인 5의 각 출입국내역 등만으로도 이 사건 공소사실 중 원심이 유죄로 인정한 목적수행 간첩, 특수잠입·탈출 등의 점을 넉넉히 인정할 수 있으므로, 이 부분 공소사실을 유죄로 인정한 원심의 결론은 정당하고, 결국 위와 같은 원심의 잘못은 판결에 영향을 미쳤다고 볼 수 없다.

(2) 한편 형사소송법 제56조는 "공판기일의 소송절차로서 공판조서에 기재된 것은 그 조서만으로써 증명한다"고 규정하고 있으므로, 제1심 제26회 공판조서에 제1심법원이 공개금지결정을 선고한 후 위 수사관들에 대하여 비공개 상태에서 증

인신문절차를 진행한 것으로 기재된 이상 그 공개금지결정 선고 여부에 대하여
공판조서 이외의 다른 방법에 의한 증명이나 반증은 허용되지 않는다고 할 것이
다. 같은 취지에서 원심이 위 증인들의 각 법정진술에 증거능력이 있다는 취지로
판단한 조치는 정당하고, 거기에 상고이유 주장과 같이 공개재판주의에 관한 법
리를 오해한 위법이 있다고 할 수 없다.

(3) 나아가 원심은, 공판조서에 의하여 제1심 제4회 공판기일에서의 공소외 6에 대
한 증인신문절차, 제5회 공판기일에서의 공소외 7에 대한 일부 증인신문절차 및
공소외 8에 대한 증인신문절차에서 공개금지결정을 선고하지 않은 채 그 증인신
문을 비공개로 진행한 사실을 인정하고 그와 같은 증인들의 법정진술은 증거능
력이 없다고 판단하였다. 이 부분 원심의 판단은 앞서 본 법리에 따른 것으로서
정당하고, 거기에 검사의 상고이유 주장과 같이 필요한 심리를 다하지 않은 위법
등이 있다고 할 수 없다.

라. 압수된 정보저장매체에서 출력된 문건 등의 무결성·동일성 관련 주장 및 이와 관련
된 검사의 상고이유 주장에 대하여

(1) 압수물인 컴퓨터용 디스크 그 밖에 이와 비슷한 정보저장매체(이하 '정보저장매체'
라고만 한다)에 입력하여 기억된 문자정보 또는 그 출력물(이하 '출력 문건'이라 한다)
을 증거로 사용하기 위해서는 정보저장매체 원본에 저장된 내용과 출력 문건의
동일성이 인정되어야 하고, 이를 위해서는 정보저장매체 원본이 압수 시부터 문
건 출력 시까지 변경되지 않았다는 사정, 즉 무결성이 담보되어야 한다. 특히 정
보저장매체 원본을 대신하여 저장매체에 저장된 자료를 '하드카피' 또는 '이미징'
한 매체로부터 출력한 문건의 경우에는 정보저장매체 원본과 '하드카피' 또는 '이
미징'한 매체 사이에 자료의 동일성도 인정되어야 할 뿐만 아니라, 이를 확인하는
과정에서 이용한 컴퓨터의 기계적 정확성, 프로그램의 신뢰성, 입력·처리·출력
의 각 단계에서 조작자의 전문적인 기술능력과 정확성이 담보되어야 한다(대법원
2007.12.13. 선고 2007도7257 판결 등 참조). 이 경우 출력 문건과 정보저장매체에 저장
된 자료가 동일하고 정보저장매체 원본이 문건 출력 시까지 변경되지 않았다는
점은, 피압수·수색 당사자가 정보저장매체 원본과 '하드카피' 또는 '이미징'한 매
체의 해시(Hash) 값이 동일하다는 취지로 서명한 확인서면을 교부받아 법원에 제
출하는 방법에 의하여 증명하는 것이 원칙이나, 그와 같은 방법에 의한 증명이 불
가능하거나 현저히 곤란한 경우에는, 정보저장매체 원본에 대한 압수, 봉인, 봉인
해제, '하드카피' 또는 '이미징' 등 일련의 절차에 참여한 수사관이나 전문가 등의
증언에 의해 정보저장매체 원본과 '하드카피' 또는 '이미징'한 매체 사이의 해시
값이 동일하다거나 정보저장매체 원본이 최초 압수 시부터 밀봉되어 증거 제출
시까지 전혀 변경되지 않았다는 등의 사정을 증명하는 방법 또는 법원이 그 원본

에 저장된 자료와 증거로 제출된 출력 문건을 대조하는 방법 등으로도 그와 같은 무결성·동일성을 인정할 수 있다고 할 것이며, 반드시 압수·수색 과정을 촬영한 영상녹화물 재생 등의 방법으로만 증명하여야 한다고 볼 것은 아니다.

(2) 원심판결 이유에 의하면, 원심은 공소외 1 회사 사무실 또는 피고인들의 주거지에 대한 압수·수색을 집행하였던 국가정보원 수사관들, 국가정보원 사무실에서의 '이미징' 절차에 참여하였던 전문가들의 각 증언 등에 의하여 인정되는 다음과 같은 사정들, 즉 국가정보원 수사관들은 피고인들 혹은 가족, 직원이 참여한 상태에서 원심 판시 각 정보저장매체를 압수한 다음 참여자의 서명을 받아 봉인하였고, 국가정보원에서 일부 정보저장매체에 저장된 자료를 '이미징' 방식으로 복제할 때 피고인들 또는 위 전문가들로부터 서명을 받아 봉인상태 확인, 봉인 해제, 재봉인하였으며, 이들은 정보저장매체 원본의 해시 값과 '이미징' 작업을 통해 생성된 파일의 해시 값이 동일하다는 취지로 서명하였던 사정들과 함께, 제1심법원이 피고인들 및 검사, 변호인이 모두 참여한 가운데 검증을 실시하여 그 검증과정에서 산출한 해시 값과 압수·수색 당시 쓰기방지장치를 부착하여 '이미징' 작업을 하면서 산출한 해시 값을 대조하여 그 해시 값이 동일함을 확인하거나, '이미징' 작업을 통해 생성된 파일의 문자정보와 그 출력 문건이 동일함을 확인하였던 사정, 일부 정보저장매체의 경우 원심에서 시행한 검증결과 부분의 봉인봉투 안에 전자정보에 관한 전문가로서 '이미징' 과정에 참여하였던 전문가가 서명한 것으로 보이는 이전의 봉인해제 봉투가 존재하는 사실을 확인한 사정 등을 종합하면, 원심 판시와 같이 증거로 제출된 출력 문건들은 압수된 정보저장매체 원본에 저장되었던 내용과 동일한 것일 뿐만 아니라, 정보저장매체 원본이 문건 출력 시까지 변경되지 않았다고 인정할 수 있으므로 그 출력 문건들을 증거로 사용할 수 있다고 판단하였다.

원심판결 이유를 위 법리와 기록에 비추어 살펴보면, 원심의 이러한 판단은 정당한 것으로 수긍할 수 있고, 거기에 전자증거의 무결성·동일성 그리고 신뢰성에 대한 입증 방법이나 그 입증의 정도 등에 관한 법리를 오해한 위법이 없으며, 나아가 위와 같은 정보저장매체 등이 수사기관에 의하여 조작되었다거나 피고인들이 그 정보저장매체를 소유 내지 소지한 것이 아니라는 취지의 주장을 배척한 원심의 조치에도 상고이유에서 주장하는 바와 같은 위법이 있다고 할 수 없다.

(3) 한편 원심은 피고인 2의 이적표현물 소지로 인한 찬양·고무의 점에 관한 증거로 제출된 MP3 파일의 경우, 제1심법원 검증결과에 의할 때 압수·수색이 개시된 이후 시점에 위 MP3 파일이 저장된 하드디스크에 접속한 흔적이 나타나 있고, 당시 압수·수색을 담당한 국가정보원 수사관의 증언 등에 의하더라도 그 접속 경위에 관하여 납득할 만한 사정이 밝혀지지 않았다는 등의 이유를 들어, 정보저장

매체 원본이 문건 출력 시까지 변경되지 않은 것으로 단정할 수 없다고 하여 위 파일을 증거로 사용할 수 없다고 판단하고 이 부분 공소사실에 대하여 무죄를 선고하였다.

원심판결 이유를 기록에 비추어 살펴보면, 이러한 원심의 판단은 정당한 것으로 수긍할 수 있고, 거기에 검사의 상고이유 주장과 같이 증거능력에 관한 법리를 오해하거나 자유심증주의의 한계를 벗어난 위법이 있다고 할 수 없다.

마. 전문법칙의 적용에 대하여

(1) 피고인 또는 피고인 아닌 사람이 정보저장매체에 입력하여 기억된 문자정보 또는 그 출력물을 증거로 사용하는 경우, 이는 실질에 있어서 피고인 또는 피고인 아닌 사람이 작성한 진술서나 그 진술을 기재한 서류와 크게 다를 바 없고, 압수 후의 보관 및 출력과정에 조작의 가능성이 있으며, 기본적으로 반대신문의 기회가 보장되지 않는 점 등에 비추어 그 내용의 진실성에 관하여는 전문법칙이 적용되고, 따라서 원칙적으로 형사소송법 제313조 제1항에 의하여 그 작성자 또는 진술자의 진술에 의하여 성립의 진정함이 증명된 때에 한하여 이를 증거로 사용할 수 있다. 다만 정보저장매체에 기억된 문자정보의 내용의 진실성이 아닌 그와 같은 내용의 문자정보가 존재하는 것 자체가 증거로 되는 경우에는 전문법칙이 적용되지 아니한다(대법원 1999.9.3. 선고 99도2317 판결, 대법원 2013.2.15. 선고 2010도3504 판결 등 참조). 나아가 어떤 진술을 범죄사실에 대한 직접증거로 사용할 때에는 그 진술이 전문증거가 된다고 하더라도 그와 같은 진술을 하였다는 것 자체 또는 그 진술의 진실성과 관계없는 간접사실에 대한 정황증거로 사용할 때에는 반드시 전문증거가 되는 것은 아니다(대법원 2000.2.25. 선고 99도1252 판결 등 참조).

(2) 원심판결 이유에 의하면, 원심은 반국가단체의 구성원과 문건을 주고받는 방법으로 통신을 한 경우, 반국가단체로부터 지령을 받고 국가기밀을 탐지·수집하였다는 공소사실과 관련하여 수령한 지령 및 탐지·수집하여 취득한 국가기밀이 문건의 형태로 존재하는 경우나 편의제공의 목적물이 문건인 경우 등에는, 문건 내용의 진실성이 문제 되는 것이 아니라 그러한 내용의 문건이 존재하는 것 자체가 증거가 되는 것으로서, 위와 같은 공소사실에 대하여는 전문법칙이 적용되지 않는다고 보아 해당 부분의 공소사실에 관한 증거로 제출된 출력 문건들의 증거능력이 인정된다고 판단하였다.

원심판결 이유를 앞서 본 법리와 기록에 비추어 살펴보면, 이 부분 공소사실에 대한 증거로 제출된 출력 문건들의 내용 대부분은 그 요증사실과의 관계에서 문건 기재 내용이 진실한지가 문제 되는 것이 아니라 그러한 내용의 문자정보가 존재하는 것 자체가 증거가 되는 경우에 해당하는 것이므로, 원심의 위와 같은 판단은 그 범위 내에서 정당한 것으로 수긍할 수 있다.

다만 위 출력 문건들의 내용 중에는 '○○○(피고인 5)이 ○○당 선거대책위원회 위원장 아래에서 정무특보 등으로 활동 중임'이라는 내용을 비롯하여 피고인들이 스스로 경험·활동한 내역을 보고하는 내용이 일부 포함되어 있는데, 이 경우에는 요증사실인 국가기밀의 '탐지·수집'에 대한 관계에서 피고인들이 실제로 그와 같은 경험·활동을 하였는지, 즉 그 문건 내용이 진실한지가 문제 되어 전문법칙이 적용될 여지가 있으므로, 원심이 전체 출력 문건의 내용 중 피고인들이 스스로 경험·활동한 내용을 기재한 부분에 대하여도 일괄하여 전문법칙이 적용되지 않는다고 단정한 것은 잘못이라 할 것이다. 그러나 이 부분의 문건 내용은 증거로 제출된 전체 문건의 내용 중 극히 일부분에 불과하고, 원심이 전문법칙이 적용되지 않는다고 적절하게 판단한 대부분의 문건 내용과 함께 제1심이 적법하게 채택한 증인 공소외 4의 법정진술 등의 증거에 의하면 출력 문건 중 피고인들이 실제로 경험·활동한 내용에 관한 부분을 유죄의 증거에서 제외하더라도 이 부분 공소사실을 유죄로 인정하기에 충분하므로, 이 부분 각 공소사실을 유죄로 인정한 원심의 결론은 정당한 것으로 수긍할 수 있다. 따라서 원심의 위와 같은 잘못은 판결 결과에 영향을 미쳤다고 볼 수 없다.

(3) 한편 원심판결 이유에 의하면, 원심은 피고인 1, 피고인 2, 피고인 5의 특수잠입·탈출, 회합의 점에 관하여, '공소외 9 선생앞: 2011년 면담은 1월 30일 ~ 2월 1일까지 공소외 9와 ○○선생과 함께 북경에서 하였으면 하는 의견입니다'라는 등의 내용이 담겨져 있는 파일들이 피고인 1의 컴퓨터에 '저장'되어 있었던 사실을 유죄 인정의 근거가 되는 간접사실 중 하나로 들고 있음을 알 수 있다.

이를 앞서 본 법리에 비추어 살펴보면, 그 내용과 같이 피고인 1, 피고인 5가 북한 공작원들과 그 일시경 실제로 회합하였음을 증명하려고 하는 경우에는 문건 내용이 진실한지가 문제 되므로 전문법칙이 적용된다고 할 것이지만, 그와 같은 내용이 담긴 파일이 피고인 1의 컴퓨터에 저장되어 있다는 사실 자체는 그 기재 내용의 진실성과 관계없는 것으로서 이 부분 공소사실을 입증하기 위한 간접사실에 해당한다고 할 것이므로, 이러한 경우까지 전문법칙이 적용된다고 할 수 없다. 같은 취지의 원심판단은 정당하고, 거기에 상고이유 주장과 같이 전문법칙이나 증거능력 부여 등에 관한 법리를 오해한 위법이 있다고 할 수 없다.

바. 해외촬영 사진의 증거능력에 관하여

(1) 누구든지 자기의 얼굴이나 모습을 함부로 촬영당하지 않을 자유를 가지나, 이러한 자유도 무제한으로 보장되는 것은 아니고 국가의 안전보장·질서유지·공공복리를 위하여 필요한 경우에는 그 범위 내에서 상당한 제한이 있을 수 있으며, 수사기관이 범죄를 수사함에 있어 현재 범행이 행하여지고 있거나 행하여진 직후이고, 증거보전의 필요성 및 긴급성이 있으며, 일반적으로 허용되는 상당한 방법으

로 촬영한 경우라면 위 촬영이 영장 없이 이루어졌다 하여 이를 위법하다고 단정할 수 없다(대법원 1999.9.3. 선고 99도2317 판결 참조).

원심판결 이유와 원심이 적법하게 채택한 증거들에 의하면, 피고인 1, 피고인 2, 피고인 5가 일본 또는 중국에서 북한 공작원들과 회합하는 모습을 동영상으로 촬영한 것은 위 피고인들이 회합한 증거를 보전할 필요가 있어서 이루어진 것이고, 피고인들이 반국가단체의 구성원과 회합 중이거나 회합하기 직전 또는 직후의 모습을 촬영한 것으로 그 촬영 장소도 차량이 통행하는 도로 또는 식당 앞길, 호텔 프런트 등 공개적인 장소인 점 등을 알 수 있으므로, 이러한 촬영이 일반적으로 허용되는 상당성을 벗어난 방법으로 이루어졌다거나, 영장 없는 강제처분에 해당하여 위법하다고 볼 수 없다. 따라서 위와 같은 사정 아래서 원심이 위 촬영행위가 위법하지 않다고 판단하고 그 판시와 같은 6㎜ 테이프 동영상을 캡처한 사진들의 증거능력을 인정한 조치는 정당한 것으로 수긍할 수 있고, 거기에 상고이유 주장과 같이 영장주의의 적용 범위나 초상권의 법리 등을 오해한 위법이 없다.

(2) 한편 원심판결 이유에 의하면, 원심은 위 동영상 캡처 사진들이 국제법상 마땅히 보장되어야 하는 외국의 영토주권을 침해하고 국제형사사법 공조절차를 위반한 위법수집증거로서 그 증거능력이 부정되어야 한다는 피고인들의 주장을 배척하고 이를 유죄의 증거로 삼았음을 알 수 있다.

비록 위 동영상의 촬영행위가 증거수집을 위한 수사행위에 해당하고 그 촬영 장소가 우리나라가 아닌 일본이나 중국의 영역에 속한다는 사정은 있으나, 촬영의 상대방이 우리나라 국민이고 앞서 본 바와 같이 공개된 장소에서 일반적으로 허용되는 상당한 방법으로 이루어진 촬영으로서 강제처분이라고 단정할 수 없는 점 등을 고려하여 보면, 위와 같은 사정은 그 촬영행위에 의하여 취득된 증거의 증거능력을 부정할 사유는 되지 못한다. 결국 위 사진들의 증거능력을 인정한 원심의 조치는 정당하고, 거기에 상고이유 주장과 같이 위법수집증거배제법칙의 적용 범위에 관한 법리를 오해한 등의 위법이 있다고 할 수 없다.

사. 형사소송법 제314조에서 정한 '외국거주' 요건 관련 주장에 대하여

형사소송법 제314조에서의 '외국거주'는 진술을 하여야 할 사람이 단순히 외국에 있다는 것만으로는 부족하고, 가능하고 상당한 수단을 다하더라도 그 사람을 법정에 출석하게 할 수 없는 사정이 있어야 예외적으로 그 요건이 충족될 수 있다고 할 것인데(대법원 2008.2.28. 선고 2007도10004 판결, 대법원 2011.7.14. 선고 2011도1013 판결 등 참조), 통상적으로 그 요건이 충족되었는지는 소재의 확인, 소환장의 발송과 같은 절차를 거쳐 확정되는 것이기는 하지만 항상 그러한 절차를 거쳐야만 되는 것은 아니고, 경우에 따라서는 비록 그러한 절차를 거치지 않더라도 법원이 그 사람을 법정에서 신문하는 것을 기대하기 어려운 사정이 있다고 인정할 수 있다면, 그 요건은 충족된다

고 보아야 한다(대법원 2002.3.26. 선고 2001도5666 판결 등 참조).

원심판결 이유와 기록에 의하면, 공소외 10은 대남공작업무를 담당하는 북한 225국의 전신인 대외연락부 공작원으로 활동하다가 북한을 이탈한 사람으로서 2011.6.15. 국가정보원에서 자신이 공작원으로 활동하던 당시의 경험 등에 관하여 진술한 후 2011.7.22.경 일본으로 이주한 이래 전자우편에 의한 연락 이외에 그 주거지나 거소 등이 파악되지 않는 상태이고, 국가정보원에서의 진술 당시 이사할 계획을 밝히기는 하였지만 이사 후 자신의 진술과 관련된 자료를 찾아 제출하겠다고 진술하기도 하였으며, 수사기관은 공소외 10의 출국사실을 확인한 후 입국 시 통보조치와 함께 유일한 연락처인 그의 전자우편 주소로 증인 출석을 수차례 권유하였으나 공소외 10은 자필진술서를 통하여 그 증언을 거부할 뜻을 명확히 표시하였음을 알 수 있다.

아울러 우리나라와 일본 사이에 체결된 형사사법 공조조약에 의하더라도 공소외 10을 강제로 이 사건 법정에 구인하는 것이 불가능하다는 사정 등을 종합하여 보면, 공소외 10의 소재를 확인하여 소환장을 발송하더라도 그가 법정에 증인으로 출석할 것을 기대하기는 어렵다고 할 것이므로, 설령 그의 일본 주소 등을 확인하여 증인소환장을 발송하는 등의 조치를 다하지 않았다 하더라도 형사소송법 제314조에 정한 '외국거주' 요건은 충족되었다고 보아야 할 것이다. 같은 취지에서 공소외 10에 대한 진술조서가 '외국거주' 요건을 충족하였을 뿐 아니라, 그 판시와 같은 사정들에 의하여 그 진술이 특히 신빙할 수 있는 상태하에서 행하여졌음이 증명된 것으로 보아 그 진술조서의 증거능력을 인정한 원심의 판단은 정당한 것으로 수긍할 수 있고, 거기에 상고이유 주장과 같이 형사소송법 제314조에서 정한 증거능력 부여 요건에 관한 법리를 오해하여 필요한 심리를 다하지 아니한 위법이 있다고 할 수 없다.

아. 차폐시설 설치 관련 주장에 대하여

국가정보원직원법 제17조에 의하면 국가정보원 직원은 직무상 알게 된 비밀을 누설하여서는 아니 될 의무가 있고(제1항), 직원이 법령에 따른 증인으로서 직무상의 비밀에 관한 사항을 증언하려는 경우에는 미리 국가정보원장의 허가를 받아야 하며(제2항), 국가정보원장이 제2항에 따른 증언을 허가한 경우 법원은 공무상 비밀 보호 등을 위한 비공개 증언 등 적절한 조치를 할 수 있다(제6항).

기록과 원심판결 이유에 의하면, 제1심 제26회 공판기일에 국가정보원 수사관들에 대한 각 증인신문 당시 제1심법원은 증인들의 인적 사항 및 신문절차를 비공개로 진행한다는 결정을 선고하고, 피고인들이나 그 변호인이 국가정보원 직원들인 증인들의 모습을 볼 수 없고 재판부만 그 모습을 볼 수 있도록 차폐시설을 설치한 상태에서 증인신문을 진행한 사실을 알 수 있다. 위 규정들의 취지에 비추어 볼 때, 그 증언의 내용은 증인들이 중국이나 일본에서 피고인 1 등과 북한 공작원이 회합하는 모습을 촬영한 경위 등에 관한 것으로서 국가정보원 직원의 직무상 비밀에 관한 사항이라 할 것이므로, 제1심법원이 그 비밀 보장을 위하여 차폐시설을 설치한 조치는 '공무상 비밀 보호를 위한 적절한 조치'의 일환으로 보아야 할 것이다.

나아가 그와 같은 차폐시설 설치에 의하여 변호인의 반대신문 시 변호인이 증인의 모습을 볼 수 없었다 하더라도, 위와 같은 촬영 경위 등에 관하여 상세한 반대신문이 이루어졌고 위 증인들이 일부 공무상 비밀과 관련이 있는 부분을 제외한 나머지 부분에 대하여 비교적 자세히 답변을 한 사정 등에 비추어 보면, 이로 인하여 변호인의 변호권이 본질적으로 침해되고 판결의 정당성마저 인정하기 어렵다고 볼 정도에 이르렀다고 할 수 없으므로 이를 판결에 영향을 미친 위법이라고 할 수 없다(대법원 2007.6.1. 선고 2006도3983 판결 참조). 같은 취지의 원심판단은 정당한 것으로 수긍할 수 있고, 거기에 상고이유 주장과 같이 변호인의 반대신문권 보장, 직접심리주의 원칙이나 위법수집증거배제법칙의 적용 범위 등에 관한 법리를 오해한 위법이 없다.

자. 증거서류의 조사방식 관련 주장에 대하여

형사소송법 제292조, 형사소송규칙 제134조의6에 의하면 증거서류를 조사하는 때에는 신청인이 이를 낭독함을 원칙으로 하되 재판장이 필요하다고 인정하는 때에는 이에 갈음하여 그 요지를 진술하게 할 수 있고 열람이 다른 방법보다 적절하다고 인정하는 때에는 증거서류를 제시하여 열람하게 하는 방법으로 조사할 수 있다. 한편 형사소송법 제292조의2 제1항에 의하면 증거물을 조사하는 때에는 신청인이 이를 제시하여야 한다.

위와 같은 규정들의 취지에 비추어 보면, 본래 증거물이지만 증거서류의 성질도 가지고 있는 이른바 '증거물인 서면'을 조사하기 위해서는 증거서류의 조사방식인 낭독·내용고지 또는 열람의 절차와 증거물의 조사방식인 제시의 절차가 함께 이루어져야 하므로, 원칙적으로 증거신청인으로 하여금 그 서면을 제시하면서 낭독하게 하거나 이에 갈음하여 그 내용을 고지 또는 열람하도록 하여야 한다.

원심은 제1심법원이 피고인 1, 피고인 3이 이적표현물로 소지하였다는 책자들을 증거로 채택하였고, 위 책자들에 대한 제시, 내용 고지의 방식에 의하여 증거조사를 실시한 사정 등에 비추어 그 조사방식이 위법하다거나 위 책자들의 증거능력을 부인할 수 없다고 판단하였다. 위와 같은 원심의 사실인정 및 판단은 정당한 것으로 수긍할 수 있고, 거기에 상고이유 주장과 같이 증거능력 인정 범위 등에 관한 법리를 오해한 위법이 없다.

차. 목적수행(간첩)의 점 관련 주장 및 이와 관련된 검사의 상고이유 주장에 대하여

(1) 국가보안법 제4조 제1항 제2호 나목에 규정된 '국가기밀'은 '그 기밀이 정치, 경제, 사회, 문화 등 각 방면에서 반국가단체에 대하여 비밀로 하거나 확인되지 아니함이 대한민국의 이익이 되는 모든 사실, 물건 또는 지식으로서, 그것들이 국내

에서 적법한 절차 등을 거쳐 이미 일반인에게 널리 알려진 공지의 사실, 물건 또는 지식에 속하지 아니한 것이어야 하고, 또 그 내용이 누설되는 경우 국가의 안전에 위험을 초래할 우려가 있어 기밀로 보호할 실질가치를 갖춘 것'일 경우에 한정된다고 보는 것이 대법원 1997.9.16. 선고 97도985 전원합의체 판결 이래 대법원의 확립된 견해이다. '국가기밀'의 일반적 의미를 위와 같이 제한적으로 해석하는 한편, 위 규정이 그 행위주체를 '반국가단체의 구성원 또는 그 지령을 받은 자'로 한정하고 있을 뿐만 아니라 그 행위가 '반국가단체의 목적수행을 위한 행위'일 것을 그 구성요건으로 하고 있어 행위주체와 행위태양의 면에서 제한을 하고 있는 점 등에 비추어 보면, 위 규정이 헌법에 위반된다고 할 정도로 죄형법정주의가 요구하는 명확성의 원칙에 반한다고 할 수 없다.

한편 어떤 범죄를 어떻게 처벌할 것인가 하는 문제, 즉 법정형의 종류와 범위의 선택은 그 범죄의 죄질과 보호법익에 대한 고려뿐만 아니라 우리의 역사와 문화, 입법 당시의 시대적 상황, 국민 일반의 가치관 내지 법감정, 그리고 범죄예방을 위한 형사정책적 측면 등 여러 가지 요소를 종합적으로 고려하여 입법자가 결정할 사항으로서 광범위한 입법재량 내지 형성의 자유가 인정되어야 할 분야이다. 따라서 어느 범죄에 대한 법정형이 그 범죄의 죄질 및 이에 따른 행위자의 책임에 비하여 지나치게 가혹한 것이어서 현저히 형벌체계상의 균형을 잃고 있다거나 그 범죄에 대한 형벌 본래의 목적과 기능을 달성함에 있어 필요한 정도를 일탈하였다는 등 평등의 원칙이나 비례의 원칙 등에 명백히 위배되는 경우가 아닌 한, 쉽사리 헌법에 위배된다고 단정하여서는 아니 된다(대법원 2012.9.27. 선고 2012노4637 판결, 대법원 2012.10.25. 선고 2009도13197 판결 등 참조).

이와 같은 법리에 비추어 살펴보면, 군사기밀 보호법 제11조가 군사기밀 탐지·수집행위의 법정형을 10년 이하의 징역으로 규정하고 있는 것과 달리 이 사건 처벌 규정인 국가보안법 제4조 제1항 제2호 나목의 법정형이 사형·무기 또는 7년 이상의 징역으로 규정되어 있다는 등의 사정만으로 위 조항이 지나치게 무거운 형벌을 규정하여 책임주의 원칙에 반한다거나 법정형이 형벌체계상 균형을 상실하여 평등원칙에 위배되는 조항이라고 할 수 없으며, 법관의 양형 판단 및 결정권을 중대하게 침해하는 것이라고 볼 수도 없다.

(2) 나아가 위 법조의 '국가기밀'에 해당하기 위해서는 앞서 본 바와 같이 해당 정보가 공지의 사실, 물건 또는 지식에 속하지 아니한 것이어야 하는데, 그것들이 공지된 것인지는 신문, 방송 등 대중매체나 통신수단 등의 발달 정도, 독자 및 청취의 범위, 공표의 주체 등 여러 사정에 비추어 보아 반국가단체 또는 그 지령을 받은 자가 더 이상 탐지·수집하거나 확인·확증할 필요가 없는 것이라고 판단되는지 등을 기준으로 판단하여야 할 것이다. 그리고 누설할 경우 실질적 위험성이 있

는지 여부는 그 기밀을 수집할 당시의 대한민국과 북한 또는 기타 반국가단체와의 대치현황과 안보사항 등이 고려되는 건전한 상식과 사회통념에 따라 판단하여야 한다(대법원 1997.9.16. 선고 97도985 전원합의체 판결 등 참조).

원심은 이러한 법리에 따라 그 판시와 같은 이유를 들어, 제1심판결에서 유죄로 인정한 부분을 그대로 유지한 공소사실 부분에 관하여는 해당 문건들의 내용이 대외적으로 알려지지 않은 사실 또는 지식으로서 이를 누설할 경우 국가의 안전에 위험을 초래할 우려가 있어 '국가기밀'에 해당함을 전제로 피고인 1, 피고인 3, 피고인 5가 '반국가단체의 구성원 또는 그 지령을 받은 자'로서 이를 '탐지·수집'한 것으로 인정하는 한편, 제1심판결의 무죄 부분을 유지하거나 제1심판결의 유죄 부분을 파기하고 무죄로 인정한 공소사실 부분에 관하여는 그 해당 문건들의 내용이 탐지·수집 당시 이미 언론보도 등을 통하여 대외적으로 알려진 사실 또는 지식이거나 이를 기초로 한 주관적인 예상, 의견에 불과하다는 등의 이유로 '국가기밀'에 해당하지 않는다고 판단하였다.

원심판결 이유를 앞서 본 법리와 기록에 비추어 살펴보면, 이러한 원심의 판단은 정당한 것으로 수긍할 수 있고, 거기에 위 피고인들과 검사의 각 상고이유 주장과 같이 '국가기밀' 또는 '탐지·수집'의 범위에 관한 법리를 오해하거나 자유심증주의의 한계를 벗어난 위법이 있다고 할 수 없다.

카. 피고인 4의 편의제공의 점(유죄 부분)에 대하여

구 남북교류협력에 관한 법률(2005.5.31. 법률 제7539호로 개정되기 전의 것) 제3조는 "남한과 북한과의 왕래·교역·협력사업 및 통신역무의 제공 등 남북교류와 협력을 목적으로 하는 행위에 관하여는 정당하다고 인정되는 범위 안에서 다른 법률에 우선하여 이 법을 적용한다"고 규정하고 있다. 여기에서의 '다른 법률'에는 국가보안법도 포함되지만, 그 우선 적용을 위해서는 남한의 주민이 북한의 주민과 회합·통신, 그 밖의 방법으로 접촉하는 행위가 '남북교류와 협력을 목적으로 하는 행위'로서 '정당하다고 인정'되거나 '위 법률의 목적 범위 안'에 있어야 하며, 이에 해당하는지 여부는 그와 같은 행위를 하게 된 경위, 같은 법이 정하는 바에 따라 신고 등을 하였는지 여부, 행위 전후의 행적 등을 종합적으로 고려하여 객관적으로 판단하여야 한다(대법원 2012.10.25. 선고 2010도6310 판결 참조).

원심은 그 채택 증거를 종합하여, 피고인 4가 주도하여 2005.6.경 반국가단체인 조총련 산하조직인 조선메디아에 인터넷 조선언론정보기지(KPM) 사이트를 제작하여 제공해 준 행위에 대한민국의 존립·안전이나 자유민주적 기본질서를 위태롭게 할 위험이 있고, 피고인 4가 종전에 통일부로부터 주민접촉 승인을 받은 사실이 있다는 사정만으로는 그의 행위를 위 법률에 의한 정당한 행위로 볼 수 없다고 보아 이 부분 공소사실을 유죄로 판단한 제1심판결을 그대로 유지하였다.

원심판결 이유를 위 법리와 기록에 비추어 살펴보면, 원심의 위와 같은 사실인정과 판단은 정당하고, 거기에 상고이유 주장과 같이 자유심증주의의 한계를 벗어나거나 편의제공죄의 성립 범위 등에 관한 법리를 오해한 위법이 없다.

타. 금품수수의 점, 특수잠입·탈출, 회합·통신연락, 이적표현물 소지·반포, 편의제공의 점(각 유죄 부분)에 대하여

원심판결 이유를 원심이 인용한 제1심판결의 채택 증거들(다만 앞에서 본 공소외 3에 대한 증인신문조서를 제외한다)과 기록에 비추어 살펴보면, 원심이 그 판시와 같은 이유를 들어 이 부분 각 공소사실이 모두 유죄로 인정된다고 판단한 것은 정당하고, 거기에 상고이유에서 주장하는 바와 같은 법리를 오해하여 필요한 심리를 다하지 아니하거나, 증거능력 부여의 범위 등에 관한 법리를 오해하고 자유심증주의의 한계를 벗어난 위법이 있다고 할 수 없다.

파. 나머지 상고이유에 대하여

피고인들의 나머지 상고이유는 판결 결과에 영향이 없는 법령 위반에 관한 것이거나, 증거의 취사선택과 사실인정을 다투는 취지 또는 항소이유로 삼은 바가 없는 것을 상고이유에서 비로소 주장하는 것들로서 적법한 상고이유가 되지 못할 뿐 아니라, 직권으로 살펴보아도 원심판결에 상고이유의 주장과 같은 위법이 보이지 아니한다.

2. 검사의 상고이유에 대한 판단

가. 반국가단체 구성의 점, 특수잠입·탈출 및 회합의 점(무죄 부분)에 대하여

원심은, 반국가단체의 구성이나 특수잠입·탈출 및 회합이 요증사실인 경우에는 그 문건에 기재된 내용의 진실성이 문제 되는 것이므로 작성자에 의하여 성립의 진정이 증명되지 않은 출력 문건의 기재 내용이 해당 공소사실을 직접 증명하는 증거로 사용될 수 없다는 전제에서, 그 문건들의 현존이나 증인 공소외 4의 법정진술, 피고인들의 출입국 사실에 관한 기록 등의 관련 증거만으로는 이 부분 각 공소사실에 대한 범죄의 증명이 부족하다고 보아 무죄를 선고한 제1심판결을 그대로 유지하였다.

원심판결 이유를 앞서 본 법리와 기록에 비추어 살펴보면, 원심의 위와 같은 판단은 정당한 것으로 수긍할 수 있고, 거기에 상고이유 주장과 같이 논리와 경험칙을 위배하여 자유심증주의의 한계를 벗어난 등의 위법이 있다고 할 수 없다.

나. 이적표현물 소지·반포 및 편의제공의 점(각 무죄 부분)에 대하여

국가보안법 제7조 제5항에서 정한 이적표현물로 인정되기 위하여는 그 표현물의 내용이 국가보안법의 보호법익인 국가의 존립·안전과 자유민주적 기본질서를 위협하는 적극적이고 공격적인 것이어야 하고, 표현물에 이와 같은 이적성이 있는지 여부는 표현물의 전체적인 내용뿐만 아니라 그 작성의 동기는 물론 표현행위 자체의 태양 및 외부와의 관련 사항, 표현행위 당시의 정황 등 제반 사정을 종합하여 결정하여

야 한다(대법원 2010.7.23. 선고 2010도1189 전원합의체 판결, 대법원 2012.10.11. 선고 2012도7455 판결 등 참조).

원심은, 피고인 1, 피고인 4가 소지·반포하거나 피고인 4가 게시한 그 판시와 같은 표현물들이 북한의 주장·주의에 동조하는 문구를 사용하지 않은 영상들이거나 국내 언론자료를 인용하여 게시된 것이라는 등의 사정을 종합하여, 이는 국가의 존립·안전과 자유민주적 기본질서를 위협하는 적극적이고 공격적인 것이라 볼 수 없고, 피고인 4의 이 부분 행위에 이적행위의 목적이 있다고 볼 수도 없다는 등의 이유로 이 부분 각 공소사실을 모두 무죄로 판단하였다.

원심판결 이유를 위 법리와 기록에 비추어 살펴보면, 원심의 위와 같은 판단은 정당한 것으로 수긍할 수 있고, 거기에 상고이유 주장과 같이 국가보안법상 이적표현물이나 이적 목적에 관한 법리를 오해하거나 논리와 경험법칙에 반하여 자유심증주의의 한계를 벗어난 위법이 없다.

다. 이적동조의 점에 대하여

국가보안법 제7조 제1항의 반국가단체 등 활동 선전·동조죄의 구성요건으로서 '동조'는 반국가단체 등의 선전·선동 및 그 활동과 동일한 내용의 주장을 하거나 이에 합치되는 행위를 하여 반국가단체 등의 활동에 호응·가세하는 것을 의미하며, 이때 '동조'행위는 국가의 존립·안전이나 자유민주적 기본질서에 실질적 해악을 끼칠 명백한 위험성이 있는 정도에 이르러야 한다(대법원 2008.4.17. 선고 2003도758 전원합의체 판결, 대법원 2013.2.15. 선고 2010도3504 판결 등 참조).

원심은, 피고인 3이 참여하였다는 그 판시와 같은 선언의 요지 및 선언 당시의 사회적 논의, 정황 등의 사정에 비추어 볼 때, 피고인 3이 그 무렵 국가기밀 탐지·수집행위를 하였다는 사정만으로 피고인 3의 위 선언 참여행위가 반국가단체 등의 활동을 찬양·고무·선전하는 것과 같이 평가될 정도로 국가의 존립·안전이나 자유민주적 기본질서에 실질적 해악을 끼칠 명백한 위험성이 있다고 할 수 없다는 등의 이유로 이 부분 공소사실을 무죄로 판단한 제1심판결을 그대로 유지하였다.

원심판결 이유를 위 법리와 기록에 비추어 살펴보면, 원심의 위와 같은 판단은 정당한 것으로 수긍할 수 있고, 거기에 상고이유 주장과 같이 이적동조에 관한 법리를 오해하거나 논리와 경험법칙에 반하여 자유심증주의의 한계를 벗어난 위법이 없다.

라. 통신연락의 점(무죄 부분)에 대하여

국가보안법 제8조 제1항에서 정한 회합·통신 등의 죄는 국가의 존립·안전이나 자유민주적 기본질서를 위태롭게 한다는 정을 알면서 반국가단체의 구성원 또는 그 지령을 받은 자와 회합·통신 기타의 방법으로 연락을 하고, 그 회합 등의 행위가 국가의 존립·안전이나 자유민주적 기본질서에 실질적 해악을 끼칠 명백한 위험성이 있을 때 성립한다(대법원 2008.4.17. 선고 2003도758 전원합의체 판결, 대법원 2012.10.25. 선고 2010도6310 판결 등 참조).

원심은 이 부분 판시와 같은 문건들이 반국가단체 구성원으로부터 수수한 차량번호 영상인식 시스템의 핵심기술이나 대한민국의 경제·군사·외교 등에 관련된 자료라고 볼 수 없다는 등의 사정을 종합하여, 피고인 1이 그와 같은 내용의 문건을 주고받은 행위에 대한민국의 존립·안전이나 자유민주적 기본질서를 위태롭게 할 위험이 인정되지 않는다는 등의 이유로 이 부분 공소사실을 무죄로 판단하였다.

원심판결 이유를 위 법리와 기록에 비추어 살펴보면, 원심의 위와 같은 판단은 정당하고, 거기에 상고이유 주장과 같이 통신연락에 관한 법리를 오해하거나 논리와 경험법칙에 반하여 자유심증주의의 한계를 벗어난 위법이 없다.

마. 나머지 상고이유에 대하여

원심은 이른바 해외촬영 사진들 중 일부에 대하여는 그 증거능력을 인정하고 나머지 사진들에 대하여는 그 증거능력을 부정한 다음, 그와 같이 증거능력이 없는 증거를 제외하더라도 그 판시와 같은 다른 증거들을 종합하면 관련 범죄사실을 인정하기에 충분하다는 등의 이유로 특수잠입·탈출 및 회합 부분에 관한 일부 공소사실을 유죄로 인정한 제1심판결을 그대로 유지하였다. 따라서 위 사진들의 증거능력에 대한 원심의 판단을 다투는 검사의 상고이유는 판결 결과에 영향을 미치지 않는 사항에 관한 것으로서 적법한 상고이유가 될 수 없다.

한편 형사소송법 제383조 제4호의 해석상 검사는 원심의 형의 양정이 가볍다거나 피고인의 이익에 반하여 양형의 전제사실의 인정에 있어 원심에 채증법칙을 위반한 위법이 있다는 사유를 상고이유로 주장할 수 없으므로, 이 역시 적법한 상고이유가 되지 못한다(대법원 2005.9.15. 선고 2005도1952 판결 등 참조).

3. 결론

그러므로 피고인들의 상고와 검사의 상고를 모두 기각하기로 하여 관여 대법관의 일치된 의견으로 주문과 같이 판결한다.

대법관 김신(재판장) 민일영 이인복(주심) 박보영

3. 디지털 증거의 진정성 문제

디지털 증거의 진정성이란 디지털 증거의 원본성 및 성립의 진정을 증명해 주는 법적요건이라고 할 수 있겠다. 무결성과 혼재하여 쓰이고 있으며 학자에 따라서는 무결성에 진정성이 포함되는 개념으로 보기도 한다. 일반적으로 디지털 증거는 데이터의 대량성과 삭제·변경의 용이성을 가지고 있고 누구나 쉽게 복사·복제할 수 있기 때문에 디지털 증거를 수집하고 분석, 보존할 때에는 훼손이나 조작 가능성을 방지하여야 할 필요성이 제기된다.

프로그램 조작자의 고의적인 훼손, 조작뿐만 아니라 경우에 따라서는 분석 과정이나 이송 과정에 있어서 담당자의 부주의로 인한 증거의 훼손도 발생할 수 있으며, 특히 디지털 포렌식의 특성상 삭제된 데이터를 복구하였을 때 법정에서 이에 대한 동일성, 원본성 내지 진정성을 문제 삼을 경우 이는 증거능력의 선결요건으로 중요한 쟁점이 될 수 있다. 디지털 증거는 매체독립성, 비가시성, 무한복제성, 취약성, 대량성, 전문성, 익명성 등 그 고유한 특성과 관련하여 증거능력의 인정 여부 판단 시 다양한 문제가 제기될 수 있다.

특히 일반 문서와는 달리 컴퓨터나 네트워크상에 있는 정보들은 작성자의 서명 등에 의한 확인이 불가능한 것이 대부분이다. 따라서 누구에 의하여 만들어진 정보인지 확인할 수 없어 증거능력을 인정받는 데에 어려움이 따르는 경우가 많다. 예컨대 전자우편의 경우 표면상 작성자(ID 소지자)가 실제로 해당 전자우편을 작성하여 보내지 않았을 가능성이 있고, 특히 사용된 컴퓨터가 소유자 개인뿐만 아니라 타인의 사용이 용이한 상태에 있는 경우에 타인이 해당 기기를 사용하여 작성한 정보이거나 타인의 아이디를 이용하여 인터넷 게시판에 명예훼손이나 음란물을 게재한 경우 등이 그러하다.[8]

이러한 디지털 증거의 익명성이란 특징은 증거법상 진정성의 문제로 연결된다. 이처럼 일반 물리적 증거물과는 다른 매체독립성, 취약성, 전문성 등의 특성으로 말미암아 기존의 물리적 증거물에서는 생각할 수 없는 진정성, 무결성, 신뢰성, 원본성 등의 문제가 증거능력 인정의 선결요건으로 대두된다. 따라서 이와 같은 문제가 먼저 해결되지 않으면 그 증거능력을 인정받을 수 없다.

---

8 손지영·김주석, 『디지털증거의 증거능력 판단에 관한 연구』, 사법정책연구원, 2015, P.30.

특히 최근에는 디지털 증거의 선별압수가 보편화되면서 원본과 압수본 간 동일성을 어떻게 입증할 수 있는가에 대한 문제가 되고 있다. 선별압수 후 디지털 증거의 원본성과 무결성 보장을 위한 법적 및 기술적 기준에 대한 연구와 법원에서 이를 인정받기 위한 체계적 방법을 모색하는 연구들이 늘어나고 있다.

이와 관련, 디지털 증거의 진정성, 신뢰성, 무결성의 체계적 지위는 법원에서 디지털 증거의 증거능력과 관련, 중요하게 다뤄지고 있다. 디지털 증거는 그 특성상 원본과 복제본 간의 차이를 기술적으로 검증하기 어렵기 때문에 법적 증거로서 채택되기 위해서는 진정성, 신뢰성, 무결성이 확보되어야 한다.

진정성은 수집된 증거가 원본과 동일하다는 것을 의미하며, 이를 입증하기 위해 수집 과정의 투명성 및 보관 절차의 일관성이 요구된다. 신뢰성은 증거가 위·변조 없이 유지되었음을 의미하며, 무결성은 증거 수집 이후 외부적 개입 없이 원본의 상태를 유지하고 있음을 의미한다고 볼 수 있다. 이 두 요소를 확보하기 위해 증거 수집부터 제출까지 모든 과정에서 명확한 절차와 검증 시스템이 필요하다.

그렇다면, 디지털 증거의 원본의 동일성 입증 방법은 어떻게 해야 하는가?

디지털 증거의 원본성을 입증하기 위해 해시 알고리즘을 활용하여 원본의 해시값을 생성하고, 이를 이후 단계에서 동일하게 유지되는지 검증함으로써 증거의 동일성을 입증할 수 있다. 즉, 해시값(Hash Value) 생성 및 검증이다. 또한 전문적인 디지털 포렌식 절차를 통해 압수된 디지털 기기 및 데이터의 변경 가능성을 분석하고, 이를 통해 압수 시점부터 법원에 제출될 때까지 원본의 상태가 유지되었음을 증명하는 것이다. 마지막으로, 디지털 증거에 대한 전자 서명 및 로그 기록을 통해 해당 증거가 위·변조되지 않았음을 입증하는 방법이 있다. 압수 당시 현장에서 확인한 당사자의 서명은 원본임을 입증할 수 있는 중요한 기초 자료이며, 이러한 것들은 특히 선별압수 시 원본과 복사본 간의 동일성을 입증하는 데 효과적이다.

제5절 적법절차의 기준

대한민국 헌법과 형사소송법, 형사소송규칙 등에는 적법절차조항을 명문으로 규정하고 있으며 이러한 절차에 위반할 경우에는 위법수집증거배제법칙을 적용해 증거능력을 부정하고 있다. 이것은 형사법의 대원칙이다. 그러나 우리 대법원은 일관되게 수사기관의 증거수집 과정에서 다소 위법사항이 있더라도 실체적 진실 규명과 형사사법 정의 차원에서 유죄의 인정 증거로 사용할 수 있다고 보았다.

그러나 2007년 대법원은 일명 제주지사 사건을 통해 위법수집증거와 관련된 중요한 판례를 변경하였다. 대법원은 그전까지 일관되게 유지해 오던 수사기관의 증거 수집 과정에서 이루어진 위법사항이 있더라도 그러한 것이 실체적 진실 규명과 형사사법 정의를 실현하려는 취지에 반하지 않는 것이라면 법원은 그 증거를 유죄 인정의 증거로 사용할 수 있다는 종래의 판례를 변경하여 적법절차 위반에 대해 엄격하게 다루기 시작했다.

이와 관련, 대법원 2007.11.15. 선고 2007도3061 판결에서 우리 헌법은 "누구든지 법률에 의하지 아니하고는 … 압수·수색 … 을 받지 아니하며", "체포·구속·압수 또는 수색을 할 때에는 적법한 절차에 따라 검사의 신청에 의하여 법관이 발부한 영장을 제시하여야 한다. 다만, 현행범인인 경우와 장기 3년 이상의 형에 해당하는 죄를 범하고 도피 또는 증거인멸의 염려가 있을 때에는 사후에 영장을 청구할 수 있다"라고 정하여 압수수색에 관한 적법절차와 영장주의의 근간을 선언하고 있다.

또한 대법원은 "이를 이어받아 압수수색에 관한 적법절차와 영장주의를 구체화한 형사소송법과 형사소송규칙은 수사기관의 압수수색에 관한 상세한 절차 조항을 마련하고 있다. 이에 의하면, 수사기관의 압수수색은 법관이 발부한 압수수색영장에 의하여야 하는 것이 원칙이고, 그 영장에는 피의자의 성명, 압수할 물건, 수색할 장소·신체·물건과 압수수색의 사유 등이 특정되어야 하며, 영장은 처분을 받는 자에게 반드시 제시되어야 하고, 피의자 아닌 자의 신체 또는 물건은 압수할 물건이 있음을 인정할 수 있는 경우에 한하여 수색할 수 있다. 또한, 영장 집행은 피의자 등 참여권자에게 미리 통지하여야 하고, 집행 장소가 공무소일 때에는 그 책임자에게 참여할 것을 통지하여야 하며, 공무원이 소지하는 물건에 관하여 직무상의 비밀에 관한 것이라는 신고가 있으면 그 소속 공무소 등의 승낙 없이는 압수하지 못하고, 압수물을 압수한 경우에는 목록을 작성하여 소유자, 소지자 등에게 교부하여야 한다"라고 하였다.

특히 대법원은 "그동안 수사기관의 증거 수집과정에서 이루어진 위법사항과 관련하여 수사기관의 증거 수집 과정에서 이루어진 절차 위반행위와 관련된 모든 사정, 즉 절차 조항의 취지와 그 위반의 내용 및 정도, 구체적인 위반 경위와 회피가능성, 절차 조항이 보호하고자 하는 권리 또는 법익의 성질과 침해 정도 및 피고인과의 관련성, 절차 위반행위와 증거수집 사이의 인과관계 등 관련성의 정도, 수사기관의 인식과 의도 등을 전체적·종합적으로 살펴볼 때, 수사기관의 절차 위반행위가 적법절차의 실질적인 내용을 침해하는 경우에 해당하지 아니하고, 오히려 그 증거의 증거능력을 배제하는 것이 헌법과 형사소송법이 형사소송에 관한 절차 조항을 마련하여 적법절차의 원칙과 실체적 진실 규명의 조화를 도모하고 이를 통하여 형사 사법 정의를 실현하려 한 취지에 반하는 결과를 초래하는 것으로 평가되는 예외적인 경우라면, 법원은 그 증거를 유죄 인정의 증거로 사용할 수 있다고 보아야 한다"라고 하면서 "이는 적법한 절차에 따르지 아니하고 수집한 증거를 기초로 하여 획득한 2차적 증거의 경우에도 마찬가지여서, 절차에 따르지 아니한 증거 수집과 2차적 증거 수집 사이 인과관계의 희석 또는 단절 여부를 중심으로 2차적 증거 수집과 관련된 모든 사정을 전체적·종합적으로 고려하여 예외적인 경우에는 유죄 인정의 증거로 사용할 수 있다"라고 판단하였다.

그러나 대법원은 "압수물은 그 압수절차가 위법이라 하더라도 물건 자체의 성질, 형상에 변경을 가져오는 것은 아니므로 그 형상 등에 관한 증거가치에는 변함이 없다 할 것이므로 증거능력이 있다는 취지로 판시한 대법원 1968.9.17. 선고 68도932 판결, 대법원 1987.6.23. 선고 87도705 판결, 대법원 1994.2.8. 선고 93도3318 판결, 대법원 1996.5.14. 자 96초88 결정, 대법원 2002.11.26. 선고 2000도1513 판결, 대법원 2006.7.27. 선고 2006

도3194 판결 등은 이 판결의 견해에 배치되는 범위 안에서 이를 변경하기로 한다"라며 종래의 판결을 변경하였다.

사건명: 제주지사실 압수수색 사건
사건번호: 대법원 2007도3061 (2007. 11. 15. 선고)

1. 문제의 쟁점

- 이 사건의 주요 쟁점은 **위법수집증거배제법칙** 적용 여부와 **공무원이 선거운동 기획에 참여한 행위가 공직선거법** 위반에 해당하는지에 대한 것이었음.

2. 사건 개요

가. 사건 배경

- 피고인들은 **제주도지사 선거**와 관련하여, 제주도 소속 **공무원들이 현직 제주도지사 후보자의 방송사 토론회 대담자료**를 작성하고 **예행연습**을 진행한 혐의로 기소됨.

나. 주요 쟁점 사항

- **압수수색의 적법성**: 검사가 제주지사실에 대한 압수수색을 진행하는 과정에서 **절차적 위법**이 있었는지 여부.
- **증거능력 인정 여부**: 압수수색 과정에서 수집된 증거물의 증거능력을 인정할 수 있는지 여부.
- **공무원의 선거운동 기획 참여**: 공무원들이 선거운동의 기획에 참여한 행위가 **공직선거법 제86조 제1항 제2호**에 위반되는지 여부.

3. 대법원 판단 요지

가. 위법수집증거배제법칙 적용 기준

- 대법원은 헌법과 형사소송법에서 정한 **적법 절차를 위반하여 수집된 증거**는 원칙적으로 증거능력이 **없다고 보아야 한다**고 판단함.
- 그러나 수사기관의 절차 위반 행위가 적법 절차의 실질적인 내용을 침해하지 않은 경우 또는 **증거능력을 배제**하는 것이 형사사법 정의 실현에 반하는 예외적인 경우에는 해당 증거를 예외적으로 인정할 수 있다고 명시함.
- 이번 사건에서 대법원은 **압수수색 절차의 적법성**을 충분히 고려하지 않은 원심의 판단이 문제가 있다고 보고, 이를 **철저히 심리해야 할 필요성**을 강조함.

나. 공무원의 선거운동 기획 참여에 대한 판단

- 제주도 소속 공무원들이 후보자의 방송사 토론회 대담자료를 작성하고 예행연습을 수행한 행위는 공직선거법에서 금지된 '선거운동 기획 참여'에 해당한다고 판단하였음.

4. 판결의 결론

- 대법원은 압수수색 과정에서 절차적 위법이 있었는지 여부를 충분히 심리하지 않은 **원심의 판단에 위법이 있다**고 보아, 원심 판결을 파기하고 사건을 **환송**하였음.
- 또한, 제주도 소속 공무원들이 선거운동의 기획에 참여한 행위는 공직선거법 위반에 해당한다고 판시하며, 이들의 행위가 **정치적 중립을 위반**하고 **공무원의 선거 개입을 엄격히 금지**한 법적 취지에 반하는 행위로 보았음.

5. 의의 및 시사점

- 이번 판결은 **위법수집증거배제법칙**의 적용 기준을 명확히 하여, 수사기관이 **압수수색 절차**를 진행할 때 반드시 **적법 절차**를 준수해야 함을 재확인하였음.
- 특히 **디지털 및 물리적 증거의 압수 과정**에서 절차적 위법이 발생할 경우, **증거능력이 배제**될 수 있다는 점을 명확히 하여, **수사기관의 절차적 엄격성**을 강조한 판례임.
- 이 판결은 **적법 절차의 중요성**과 **공직자의 정치적 중립성**을 동시에 보호하려는 의의를 지니며, 수사기관과 공직자 모두에게 **법적 준수의 중요성**을 강조한 판례로 평가됨.

[표8] 제주지사실 압수수색 사건

적법 절차 기준 제시 판례
(공직선거법 위반 제주지사 사건)

[대법원, 2007도3061, 2007.11.15.]

【판시사항】

[1] 헌법과 형사소송법이 정한 절차를 위반하여 수집한 압수물과 이를 기초로 획득한 2차적 증거의 증거능력 유무(원칙적 소극) 및 그 판단 기준

[2] 피고인 측에서 검사의 압수수색이 적법절차를 위반하였다고 다투고 있음에도 불구하고 주장된 위법사유가 적법절차의 실질적인 내용을 침해하였는지 여부 등에 관하여 충분히 심리하지 아니한 채, 압수절차가 위법하더라도 압수물의 증거능력은 인정된다는 이유만으로 압수물의 증거능력을 인정한 것은 위법하다고 한 사례

[3] 제주지사 선거와 관련하여 제주도 소속 공무원들이 선거에 출마한 현직 제주도지사인 후보자의 방송사 토론회 대답자료를 작성하고 예행연습을 한 행위가 공직선거법 제86조 제1항 제2호에서 금지하는 '선거운동의 기획에 참여한 행위'에 해당한다고 한 사례

[4] 공무원이 자신을 위한 선거운동의 기획에 다른 공무원이 참여하는 행위를 단순히 묵인하거나 소극적으로 이익을 누린 경우, 공직선거법 제86조 제1항 제2호, 제255조 제1항 제10호 위반죄의 처벌대상이 되는지 여부(소극)

【판결요지】

[1] [다수의견] (가) 기본적 인권 보장을 위하여 압수수색에 관한 적법절차와 영장주의의 근간을 선언한 헌법과 이를 이어받아 실체적 진실 규명과 개인의 권리보호 이념을 조화롭게 실현할 수 있도록 압수수색절차에 관한 구체적 기준을 마련하고 있는 형사소송법의 규범력은 확고히 유지되어야 한다. 그러므로 헌법과 형사소송법이 정한 절차에 따르지 아니하고 수집한 증거는 기본적 인권 보장을 위해 마련된 적법한 절차에 따르지 않은 것으로서 원칙적으로 유죄 인정의 증거로 삼을 수 없다. 수사기관의 위법한 압수수색을 억제하고 재발을 방지하는 가장 효과적이고 확실한 대응책은 이를 통하여 수집한 증거는 물론 이를 기초로 하여 획득한 2차적 증거를 유죄 인정의 증거로 삼을 수 없도록 하는 것이다. (나) 다만, 법이 정한 절차에 따르지 아니하고 수집한 압수물의 증거능력 인정 여부를 최종적으로 판단함에 있어서는, 실체적 진실 규명을 통한 정당한 형벌권의 실현도 헌법과 형사소송법이 형사소송 절차를 통하여 달성하려는 중요한 목표이자 이념이므로, 형식적으로 보아 정해진 절차에 따르지 아니하고 수집한 증거라는 이유만을 내세워 획일적으로 그 증거의 증거능력을 부정하는 것 역시 헌법과 형사소송법이 형사소송에 관한 절차 조항을 마련한 취지에 맞는다고 볼 수 없다. 따라서 수사기관

의 증거 수집 과정에서 이루어진 절차 위반행위와 관련된 모든 사정 즉, 절차 조항의 취지와 그 위반의 내용 및 정도, 구체적인 위반 경위와 회피가능성, 절차 조항이 보호하고자 하는 권리 또는 법익의 성질과 침해 정도 및 피고인과의 관련성, 절차 위반행위와 증거수집 사이의 인과관계 등 관련성의 정도, 수사기관의 인식과 의도 등을 전체적·종합적으로 살펴 볼 때, 수사기관의 절차 위반행위가 적법절차의 실질적인 내용을 침해하는 경우에 해당하지 아니하고, 오히려 그 증거의 증거능력을 배제하는 것이 헌법과 형사소송법이 형사소송에 관한 절차 조항을 마련하여 적법절차의 원칙과 실체적 진실 규명의 조화를 도모하고 이를 통하여 형사 사법 정의를 실현하려 한 취지에 반하는 결과를 초래하는 것으로 평가되는 예외적인 경우라면, 법원은 그 증거를 유죄 인정의 증거로 사용할 수 있다고 보아야 한다. 이는 적법한 절차에 따르지 아니하고 수집한 증거를 기초로 하여 획득한 2차적 증거의 경우에도 마찬가지여서, 절차에 따르지 아니한 증거 수집과 2차적 증거 수집 사이 인과관계의 희석 또는 단절 여부를 중심으로 2차적 증거 수집과 관련된 모든 사정을 전체적·종합적으로 고려하여 예외적인 경우에는 유죄 인정의 증거로 사용할 수 있다.

[대법관 양승태, 김능환, 안대희의 별개의견] 법이 정한 절차에 따르지 아니하고 수집한 압수물의 증거능력 유무를 판단함에 있어서는 적법절차의 요청과 실체적 진실규명의 요청을 조화시키는 균형이 유지되어야 한다. 그런데 다수의견이 제시하는 기준은 그 취지가 분명하지 아니할 뿐 아니라, 지나치게 엄격한 기준으로 위법수집증거의 배제원칙을 선언함으로써 자칫 실체적 진실 규명을 통한 형벌권의 적정한 행사라는 형사 사법의 또다른 목표의 달성을 불가능하게 하거나 지나치게 어렵게 만들 우려가 있다. 그러므로 수집절차에 위법이 있는 압수물의 증거능력은, 법원이 그 증거수집 절차와 관련된 모든 사정, 즉 절차조항의 취지와 그 위반의 내용 및 정도, 구체적인 위반 경위와 회피가능성, 절차 조항이 보호하고자 하는 권리 또는 법익의 성질과 침해 정도, 수사기관의 인식과 의도 등을 전체적·종합적으로 고려하여 볼 때 그 증거수집 절차의 위법사유가 영장주의의 정신과 취지를 몰각하는 것으로서 그 증거의 증거능력을 부정해야 할 만큼 중대한 것이라고 인정될 경우에는 그 증거능력을 부정하여야 하고, 그 위법 사유가 이 정도에 이르지 아니하는 경우에는 그 압수물의 증거능력을 부정하여서는 아니 된다.

[2] 피고인 측에서 검사가 제주지사실에 대한 압수수색 결과 수집한 증거물이 적법절차를 위반하여 수집한 것으로 증거능력이 없다고 다투고 있음에도 불구하고, 주장된 위법사유 중 영장에 압수할 물건으로 기재되지 않은 물건의 압수, 영장 제시 절차의 누락, 압수목록 작성·교부 절차의 현저한 지연 등으로 적법절차의 실질적인 내용을 침해하였는지 여부 등에 관하여 충분히 심리하지 아니한 채 압수절차가 위법하더라도 압수물의 증거능력은 인정된다는 이유만으로 압수물의 증거능력을 인정한 것은 위법하다고 한

사례.

[3] 제주지사 선거와 관련하여 제주도 소속 공무원들이 선거에 출마한 현직 제주도지사인 후보자의 방송사 토론회 대담자료를 작성하고 예행연습을 한 행위가 공직선거법 제86조 제1항 제2호에서 금지하는 '선거운동의 기획에 참여한 행위'에 해당한다고 한 사례.

[4] 공직선거법 제86조 제1항 제2호는 공무원 등 공적 지위에 있는 자들이 선거운동의 기획에 참여하거나 그 기획의 실시에 관여하는 행위를 금지하고, 제255조 제1항 제10호는 '제86조 제1항 제2호에 위반한 행위를 하거나 하게 한 자'를 처벌하고 있는바, 공무원이 자신을 위한 선거운동의 기획에 다른 공무원이 참여하는 행위를 단순히 묵인하였다거나 소극적으로 이익을 누린 사실만으로는 위 조항에 의한 처벌대상이 되지 않는다.

【전문】

【원심판결】

광주고법 2007.4.12. 선고 2007노85 판결

【주문】

원심판결 중 피고인 김ㅇㅇ, 피고인 2, 4, 6, 7, 9에 대한 유죄 부분 및 피고인 김ㅇㅇ에 대한 피고인 6의 유력인사 30명 전화자료 관련 부분, 피고인 2, 9에 대한 중문동 지역책임자 추천 관련 부분을 모두 파기하고, 이 부분 사건을 광주고등법원에 환송한다. 피고인 3, 8 및 검사의 상고는 모두 기각한다.

【판결이유】

상고이유(상고이유서 제출기간이 경과한 후에 제출된 상고이유보충서 등의 기재는 상고이유를 보충하는 범위 내에서)를 판단한다.

1. 피고인 김ㅇㅇ, 피고인 2, 4, 6, 7, 9의 상고이유에 대하여

  가. 우리 헌법은 "누구든지 법률에 의하지 아니하고는 … 압수·수색 … 을 받지 아니하며"(헌법 제12조 제1항 후문), "체포·구속·압수 또는 수색을 할 때에는 적법한 절차에 따라 검사의 신청에 의하여 법관이 발부한 영장을 제시하여야 한다. 다만, 현행범인인 경우와 장기 3년 이상의 형에 해당하는 죄를 범하고 도피 또는 증거인멸의 염려가 있을 때에는 사후에 영장을 청구할 수 있다"(같은 조 제3항)라고 정하여 압수수색에 관한 적법절차와 영장주의의 근간을 선언하고 있다.

  이를 이어받아 압수수색에 관한 적법절차와 영장주의를 구체화한 형사소송법과 형사소송규칙은 수사기관의 압수수색에 관한 상세한 절차 조항을 마련하고 있다. 이에 의하면, 수사기관의 압수수색은 법관이 발부한 압수수색영장에 의하여야 하는 것이 원칙이고, 그 영장에는 피의자의 성명, 압수할 물건, 수색할 장소·신체·물건과 압수

수색의 사유 등이 특정되어야 하며(형사소송법 제215조, 제219조, 제114조 제1항, 형사소송 규칙 제58조), 영장은 처분을 받는 자에게 반드시 제시되어야 하고, 피의자 아닌 자의 신체 또는 물건은 압수할 물건이 있음을 인정할 수 있는 경우에 한하여 수색할 수 있다(형사소송법 제219조, 제109조 제2항, 제118조). 또한, 영장 집행은 피의자 등 참여권자에게 미리 통지하여야 하고, 집행 장소가 공무소일 때에는 그 책임자에게 참여할 것을 통지하여야 하며, 공무원이 소지하는 물건에 관하여 직무상의 비밀에 관한 것이라는 신고가 있으면 그 소속 공무소 등의 승낙 없이는 압수하지 못하고(같은 법 제219조, 제111조 제1항, 제121조, 제122조, 제123조 제1항), 압수물을 압수한 경우에는 목록을 작성하여 소유자, 소지자 등에게 교부하여야 한다(같은 법 제219조, 제129조, 제133조).

위와 같이 기본적 인권 보장을 위하여 압수수색에 관한 적법절차와 영장주의의 근간을 선언한 헌법과 이를 이어받아 실체적 진실 규명과 개인의 권리보호 이념을 조화롭게 실현할 수 있도록 압수수색절차에 관한 구체적 기준을 마련하고 있는 형사소송법의 규범력은 확고히 유지되어야 한다. 그러므로 헌법과 형사소송법이 정한 절차에 따르지 아니하고 수집된 증거는 기본적 인권 보장을 위해 마련된 적법한 절차에 따르지 않은 것으로서 원칙적으로 유죄 인정의 증거로 삼을 수 없다 할 것이다.

무릇 수사기관의 강제처분인 압수수색은 그 과정에서 관련자들의 권리나 법익을 침해할 가능성이 적지 않으므로 엄격히 헌법과 형사소송법이 정한 절차를 준수하여 이루어져야 한다. 절차 조항에 따르지 않는 수사기관의 압수수색을 억제하고 재발을 방지하는 가장 효과적이고 확실한 대응책은 이를 통하여 수집한 증거는 물론 이를 기초로 하여 획득한 2차적 증거를 유죄 인정의 증거로 삼을 수 없도록 하는 것이다.

이와 달리, 압수물은 그 압수절차가 위법이라 하더라도 물건 자체의 성질, 형상에 변경을 가져오는 것은 아니므로 그 형상 등에 관한 증거가치에는 변함이 없다 할 것이므로 증거능력이 있다는 취지로 판시한 대법원 1968.9.17. 선고 68도932 판결, 대법원 1987.6.23. 선고 87도705 판결, 대법원 1994.2.8. 선고 93도3318 판결, 대법원 1996.5.14.자 96초88 결정, 대법원 2002.11.26. 선고 2000도1513 판결, 대법원 2006.7.27. 선고 2006도3194 판결 등은 이 판결의 견해에 배치되는 범위 안에서 이를 변경하기로 한다.

다만, 법이 정한 절차에 따르지 아니하고 수집된 압수물의 증거능력 인정 여부를 최종적으로 판단함에 있어서는, 실체적 진실 규명을 통한 정당한 형벌권의 실현도 헌법과 형사소송법이 형사소송 절차를 통하여 달성하려는 중요한 목표이자 이념이므로, 형식적으로 보아 정해진 절차에 따르지 아니하고 수집된 증거라는 이유만을 내세워 획일적으로 그 증거의 증거능력을 부정하는 것 역시 헌법과 형사소송법이 형사소송에 관한 절차 조항을 마련한 취지에 맞는다고 볼 수 없다는 것을 고려해야 한다. 따라서 수사기관의 증거 수집 과정에서 이루어진 절차 위반행위와 관련된 모든 사정, 즉 절차 조항의 취지와 그 위반의 내용 및 정도, 구체적인 위반 경위와 회피가능성, 절차 조항이 보호하고자 하는 권리 또는 법익의 성질과 침해 정도 및 피고인과의 관련성, 절차 위반행위와 증거수집 사이의 인과관계 등 관련성의 정도, 수사기관의 인식과 의도 등을 전체적·종합적으로 살펴볼 때, 수사기관의 절차 위반행위가 적법절차의 실질적인 내용을 침해하는 경우에 해당하지 아니하고, 오히려 그 증거의 증거능력을 배제하는 것이 헌법과 형사소송법이 형사소송에 관한 절차 조항을 마련하여 적법절차의 원칙과 실체적 진실 규명의 조화를 도모하고 이를 통하여 형사 사법 정의를 실현하려 한 취지에 반하는 결과를 초래하는 것으로 평가되는 예외적인 경우라면, 법원은 그 증거를 유죄 인정의 증거로 사용할 수 있다고 보아야 할 것이다. 이는 적법한 절차에 따르지 아니하고 수집된 증거를 기초로 하여 획득된 2차적 증거의 경우에도 마찬가지여서, 절차에 따르지 아니한 증거 수집과 2차적 증거 수집 사이의 인과관계 희석 또는 단절 여부를 중심으로 2차적 증거 수집과 관련된 모든 사정을 전체적·종합적으로 고려하여 예외적인 경우에는 유죄 인정의 증거로 사용할 수 있는 것이다.

나. 이 사건에서, 피고인 김○○, 피고인 2, 4, 6, 7, 9는 공소제기 직후부터 일관하여 검사가 실시한 압수수색은 압수수색영장의 효력이 미치는 범위, 영장의 제시 및 집행에 관한 사전통지와 참여, 압수목록 작성·교부 등에 관하여 법이 정한 여러 절차 조항을 따르지 않은 위법한 것이어서 이를 통하여 수집된 이 사건 압수물을 유죄 인정의 증거로 삼아서는 안 된다고 주장하고 있고, 이에 따라 압수물의 수집 과정에서 헌법 및 형사소송법이 정한 절차 조항을 위반한 위법이 있었는지, 그로 인하여 이 사건 압수물을 유죄 인정의 증거로 삼을 수 없는 것인지가 이 사건의 가장 핵심적인 쟁점이 되어 있다.

그렇다면 원심으로서는 검사가 이 사건 압수물을 수집하는 과정에서 실제로 위 피고인들이 주장하는 바와 같은 헌법 및 형사소송법이 정한 절차 조항을 위반한 위법이 있는지를 확인해 보았어야 할 것이고, 특히 주장된 구체적 위법사유 중 영장에 압수할 물건으로 기재되지 않은 물건의 압수, 영장 제시 절차의 누락, 압수목록 작성·교부 절차의 현저한 지연 등으로 적법절차의 실질적인 내용을 침해한 점이 있는지 여부 등을 심리해 보았어야 할 것이다. 그럼에도 불구하고, 원심이 이 점에 관하여 충분히 심리하지 아니한 채 그냥 압수절차가 위법하더라도 압수물의 증거능력은 인정된다는 이유만으로 이 사건 압수물의 증거능력을 인정하고 이를 유죄 인정의 유력한 증거로 채택하여 위 피고인들에 대한 이 사건 공소사실 중 유죄 부분에 대하여 죄책을 인정한 것은, 적법한 절차에 따르지 아니하고 수집한 증거의 증거능력에 관한 법리오해, 채증법칙 위반 등의 위법을 범한 것으로, 이는 판결에 영향을 미쳤음이 분명하다.

그러므로 피고인 김ㅇㅇ, 피고인 2, 4, 6, 7, 9의 나머지 상고이유에 대하여 더 나아가 살필 필요 없이, 원심판결 중 위 피고인들에 대한 유죄 부분은 모두 그대로 유지될 수 없다.

2. 피고인 3, 8의 상고이유에 대하여

공직선거법 제86조는 공무원 등 공적 지위에 있는 자들에 대하여 선거운동에 이르지 아니하여도 선거에 영향을 미칠 우려가 있는 행위를 금지하면서, '선거운동'보다 개념이 넓은 '선거에 영향을 미치는 행위' 유형을 예시하여 규정하고 있는바, 공직선거법 제86조 제1항 제2호의 '선거운동의 기획에 참여하는 행위'라 함은 선거운동의 효율적 수행을 위하여 이루어지는 일체의 계획 수립에 참여하는 것이라고 해석함이 상당하다(대법원 2004.3.25. 선고 2003도2932 판결, 헌법재판소 2005.6.30. 선고 2004헌바33 결정 참조).

원심이 같은 취지에서, 공무원인 피고인 3, 8이 입후보예정자를 초청하여 개최하는 방송사 토론회에 참석할 예정인 제주도 도지사 피고인 김ㅇㅇ을 위하여 토론회에서 논의될 것으로 예상되는 문제들에 대한 대답자료를 작성하거나 예행연습을 한 행위는 모두 피고인 김ㅇㅇ의 선거운동의 효율적 수행을 위한 계획 수립에 활용되어 선거에 영향을 미치게 될 것이어서 공직선거법 제86조 제1항 제2호에서 정한 '선거운동의 기획에 참여'한 것이라고 판단한 것은 정당하고, 거기에 상고이유에서 주장하는 바와 같은 법리오해 등의 위법이 없다.

또한, 원심이 적법하게 채택한 증거들에 의하여 인정되는 제반 사정들을 종합하면, 위 피고인들의 선거운동 기획 참여행위가 정당행위에 해당한다고 볼 수도 없다. 위 피고인들의 상고이유는 모두 받아들이지 아니한다.

3. 검사의 상고이유에 대하여

가. 형사소송법 제312조 제1항, 제313조 제1항은 위 조항에서 정한 서류는 원진술자 또는 작성자의 진술에 의하여 그 성립의 진정함이 인정 또는 증명된 때에 증거로 할 수 있다고 정하고 있고, 여기서 성립의 진정이라 함은 간인·서명·날인 등 형식적인 진정성립과 그 서류의 내용이 원진술자가 진술한 그대로 또는 작성자가 작성한 그대로 기재된 것이라는 실질적인 진정성립을 모두 의미하는 것이므로, 원진술자 또는 작성자가 위 서류에 대하여 그 서류의 내용이 원진술자가 진술한 그대로 또는 작성자가 작성한 그대로 기재된 것이 아니라고 주장하는 경우에는 이를 증거로 사용할 수 없는 것이다(대법원 2004.12.16. 선고 2002도537 전원합의체 판결 참조).

한편, 수 개의 범죄행위를 포괄하여 하나의 죄로 인정하기 위하여는 범의의 단일성 외에도 각 범죄행위 사이에 시간적·장소적 연관성이 있고 범행의 방법 사이에서도 동일성이 인정되는 등 수 개의 범죄행위를 하나의 범죄로 평가할 수 있는 경우에 해당하여야 한다(대법원 2005.9.15. 선고 2005도1952 판결 등 참조).

같은 취지에서, 원진술자 또는 작성자인 일부 피고인들이 그 진정성립을 부인하고 있는 형사소송법 제312조 제1항, 제313조 제1항에 정한 서류들의 증거능력을 배척하고, 서로 하나의 범죄로 평가할 수 있는 범위 내에서 포괄일죄로 인정하고 그 범위를 벗어나는 행위에 대하여는 실체적 경합범으로 판단한 원심의 조치는 정당하고, 거기에 상고이유에 주장하는 바와 같은 법리오해 등의 위법은 없다. 상고이유에서 지적하고 있는 대법원판결들은 이 사건과 사안을 달리하는 것이므로 이 사건에 원용하기에 적절하지 아니하다.

나. 공직선거법 제86조 제1항 제2호는 공무원 등 공적 지위에 있는 자들이 선거운동의 기획에 참여하거나 그 기획의 실시에 관여하는 행위를 금지하고, 제255조 제1항 제10호는 '제86조 제1항 제2호에 위반한 행위를 하거나 하게 한 자'를 처벌하고 있는바, 공무원이 자신을 위한 선거운동의 기획에 다른 공무원이 참여하는 행위를 단순히 묵인하였다거나 소극적으로 이익을 누린 사실만으로는 위 조항에 의한 처벌대상이 된다고 볼 수 없다. 이와 같은 취지의 원심 판단은 정당하고, 거기에 상고이유에서 지적하는 바와 같은 위법은 없다.

다. 검사의 나머지 상고이유 주장은 결국 사실심인 원심의 전권에 속하는 증거의 취사선택과 사실의 인정을 탓하는 취지의 것으로서 모두 받아들일 수 없고, 달리 원심판결에 채증법칙 위반 등의 위법은 보이지 않는다. 검사의 상고이유는 모두 받아들이지 않는다.

4. 결론

그렇다면 원심판결 중 피고인 김○○, 피고인 2, 4, 6, 7, 9에 대한 유죄 부분은 파기를 면할 수 없다 할 것이고, 피고인 김○○에 대한 피고인 6의 유력인사 30명 전화자료 관련 무죄 판단 부분은 피고인 6의 유력 인사 7명 전화자료 관련 유죄 부분과 피고인 2, 9에 대한 중문동 지역책임자 추천 관련 무죄 판단 부분은 산남 지역책임자 추천문서 관련 유죄 부분과 각각 포괄일죄의 관계에 있으므로, 위 유죄 부분과 무죄 판단 부분을 함께 파기하고, 이 부분 사건을 다시 심리·판단하게 하기 위하여 원심법원에 환송하기로 하며, 피고인 3, 8 및 검사의 상고는 모두 기각하기로 하여, 주문과 같이 판결한다. 이 판결에는 피고인 김○○, 피고인 2, 4, 6, 7, 9의 상고이유에 관하여 대법관 양승태, 대법관 김능환, 대법관 안대희의 별개의견이 있는 외에 관여 법관의 의견이 일치되었다.

5. 대법관 양승태, 대법관 김능환, 대법관 안대희의 별개의견

가. 헌법과 형사소송법이 정한 절차에 따르지 아니하고 수집된 증거에 대하여 증거능력을 제한하여야 한다는 다수의견에 기본적으로 찬성하나, 다만 다수의견이 위법하게 수집된 증거는 원칙적으로 유죄의 증거로 삼을 수 없고 예외적인 경우에 한하여 증거능력을 인정할 수 있다고 하면서, 그 예외 인정 기준과 관련하여 절차 위반행위와 관련된 모든 사정을 전체적·종합적으로 살펴볼 때 수사기관의 절차 위반행위가 적

법절차의 실질적인 내용을 침해하는 경우에 해당하지 아니하고 오히려 그 증거능력을 배제하는 것이 헌법과 형사소송법이 형사소송에 관한 절차조항을 마련하여 적법절차의 원칙과 실체적 진실 규명의 조화를 도모하고 이를 통하여 형사 사법 정의를 실현하려 한 취지에 반하는 결과를 초래하는 것으로 평가되는 예외적인 경우에는 그 증거를 유죄인정의 증거로 사용할 수 있다고 판단한 부분에 대하여는 다음과 같은 이유로 찬성할 수 없다.

나. 먼저 다수의견이 말하는 예외적으로 증거능력이 인정될 수 있는 기준의 하나로 들고 있는 '수사기관의 절차위반행위가 적법절차의 실질적인 내용을 침해하는 경우에 해당하지 아니한다'는 것이 구체적으로 어떤 의미·내용인지 알기 어렵다. 또한, 수집절차에 위법이 있는 압수물의 증거능력을 배제하는 것이 실체적 진실 규명을 통한 형사 사법 정의의 실현에 반하는 결과를 초래하는 것인지 여부를 판단하기 위해서는, 필연적으로 그 압수물의 증거능력이 인정되는 것으로 가정했을 때의 결론과 그 증거능력이 인정되지 아니하는 것으로 가정했을 때의 결론을 상호 비교·검토할 수밖에 없다고 할 것인데, 이는 본말이 전도된 것이라고 하지 않을 수 없다.

보다 근본적으로 볼 때, 헌법과 형사소송법이 영장주의 원칙과 증거능력의 제한에 관한 것을 비롯하여 형사 사건의 수사와 재판에 관한 상세한 절차 조항을 마련한 근본 취지는, 기본적 인권 침해 방지를 위한 적법절차를 보장하려는 데에 있으므로 그 절차는 엄격히 준수되어야 할 것이고, 이 점은 다수의견이 강조하는 바와 같다. 그러나 다른 한편, 다수의견도 인정하는 바와 같이, 실체적 진실을 규명하여 사안의 진상을 파악하고 그에 합당하게 형벌권을 행사함으로써 개인의 법익을 보호하고 공공의 안녕과 질서를 유지, 확보하는 것 또한 형사사법이 추구하여야 할 목표이자 이념이다. 압수물의 수집절차에 위법이 있는 경우에 그 압수물의 증거능력을 인정할 것인지 여부는 이러한 헌법 및 형사소송법의 취지와 형사사법의 목표 및 이념을 아울러 고려하여 결정되어야 한다. 압수물의 형상과 성질의 불변성만을 중시하여 그 수집절차의 위법 여부와는 관계없이 언제나 그 증거능력을 인정하게 되면 위법수사를 통한 개인의 기본권 침해를 용인하고 사법의 염결성을 훼손하는 결과를 초래할 위험이 있는 반면에, 그 수집절차에 어떠한 위법이라도 있기만 하면 그 증거능력이 부정되어야 하는 것으로 보는 경우에는 실체적 진실규명을 통한 적정한 형벌권의 행사가 불가능해질 수 있기 때문이다. 따라서 법이 정한 절차에 따르지 아니하고 수집된 압수물의 증거능력 유무를 판단함에 있어서는 적법절차의 요청과 실체적 진실규명의 요청을 조화시키는 균형이 유지되어야 할 것이다. 그런데 다수의견이 제시하는 기준은 그 취지가 분명하지 아니할 뿐 아니라, 지나치게 엄격한 기준으로 위법수집증거의 배제원칙을 선언함으로써 자칫 실체적 진실 규명을 통한 형벌권의 적정한 행사라는 형사 사법의 또 다른 목표의 달성을 불가능하게 하거나 지나치게 어렵게 만들 우려가 있다고 하지 않을 수 없다.

다. 그러므로 수집절차에 위법이 있는 압수물의 증거능력은, 법원이 그 증거수집 절차
   와 관련된 모든 사정 즉, 절차조항의 취지와 그 위반의 내용 및 정도, 구체적인 위반
   경위와 회피가능성, 절차 조항이 보호하고자 하는 권리 또는 법익의 성질과 침해 정
   도, 수사기관의 인식과 의도 등을 전체적·종합적으로 고려하여 볼 때 그 증거수집
   절차의 위법사유가 영장주의의 정신과 취지를 몰각하는 것으로서 그 증거의 증거능
   력을 부정해야 할 만큼 중대한 것이라고 인정될 경우에는 그 증거능력이 부정되는
   것으로 볼 것이고, 그 위법 사유가 이 정도에 이르지 아니하는 경우에는 그 압수물의
   증거능력이 부정되지 아니하는 것으로 보아야 할 것이다.

   종래 대법원은 이러한 점에 대한 고려 없이, 압수된 증거물의 성질 및 형상불변론에
   터 잡아 그 수집절차의 위법 유무나 그 위법의 정도 여하를 불문하고 언제나 그 증
   거능력이 있다는 견해를 취하여 왔는바, 이는 위법수사를 통한 개인의 기본권 침해
   를 용인하고 사법의 염결성을 훼손할 위험성을 내포하고 있는 것으로서 더 이상 그
   대로 유지할 수 없고, 위와 같이 변경되어야 할 것이다.

   이상과 같은 이유로 법이 정한 절차에 따르지 아니하고, 수집된 압수물의 증거능력
   을 배제하는 기준에 관하여 별개의견을 밝혀 두는 바이다.

대법원장 이용훈(재판장) 고현철 김용담 김영란 양승태
박시환 김지형 이홍훈 박일환(주심) 김능환 전수안 안대희

제6절 별건수사를 통해 영장 없이 압수한 증거물

　　대법원은 별건수사를 통해 영장 없이 압수한 디지털 증거는 위법한 수집행위에 의한 것으로 보아 증거능력이 없다고 하였다.

　　약사법 위반 관련, 준항고 인용결정에 대한 재항고 사건으로 유명한 일명 종근당 사건은 별건수사에 대한 명확한 기준을 제시했다는 점에서 의의가 있다. 대법원 2015.7.16.자 2011모1839 판결은 "검사가 압수·수색영장을 발부받아 甲 주식회사 빌딩 내 乙의 사무실을 압수·수색하였는데, 저장매체에 범죄혐의와 관련된 정보(이하 '유관정보'라 한다)와 범죄혐의와 무관한 정보(이하 '무관정보'라 한다)가 혼재된 것으로 판단하여 甲 회사의 동의를 받아 저장매체를 수사기관 사무실로 반출한 다음 乙 측의 참여하에 저장매체에 저장된 전자정보파일 전부를 '이미징'의 방법으로 다른 저장매체로 복제(이하 '제1처분'이라 한다)하고, 乙 측의 참여 없이 이미징한 복제본을 외장 하드디스크에 재복제(이하 '제2처분'이라 한다)하였으며, 乙 측의 참여 없이 하드디스크에서 유관정보를 탐색하는 과정에서 甲 회사의 별건 범죄혐의와 관련된 전자정보 등 무관한 정보도 함께 출력(이하 '제3처분'이라 한다)한 사안에서, 제1처분은 위법하다고 볼 수 없으나, 제2·3처분은 제1처분 후 피압수·수색 당사자에게 계속적인 참여권을 보장하는 등의 조치가 이루어지지 아니한 채 유관정보는 물론 무관정보까지 재복제·출력한 것으로서 영장이 허용한 범위를 벗어나고 적법절차를 위반한 위법한 처분이며, 제2·3처분에 해당하는 전자정보의 복제·출력 과정은 증거물을 획득하는 행위로서 압수·수색의 목적에 해당하는 중요한 과정인 점 등 위법의 중대성에 비추어 위 영장에 기한 압수·수색이 전체적으로 취소되어야 한다"고 판결하였다. (표9 참조)

사건명: 전자 정보에 대한 압수·수색 사건 (일명 종근당 사건)
사건번호: 대법원 2011모1839 (2015. 7. 16.)

---

1. 문제의 쟁점

- **별건수사의 위법성:** 수사기관이 특정 범죄 혐의로 압수·수색하는 과정에서 우연히 발견한 다른 범죄 혐의와 관련된 전자 정보를 별도의 영장 없이 수집·활용하는 것이 적법한지 여부.

2. 사건 개요

가. 사건 배경

- 검사는 甲 주식회사 빌딩 내 乙의 사무실에 대해 특정 범죄 혐의로 압수·수색 영장을 발부받아 집행하였음.

나. 주요 사실관계

- **저장 매체 반출 및 복제:** 수사기관은 저장 매체에 범죄 혐의와 관련된 정보(유관정보)와 무관한 정보(무관정보)가 혼재되어 있다고 판단하여, 甲 회사의 동의를 받아 저장 매체를 수사기관 사무실로 반출한 후, 乙 측의 참여하에 저장 매체의 전자 정보 파일 전부를 '이미징' 방식으로 복제함.
- **별건 정보 발견 및 활용:** 이후 乙 측의 참여 없이 이미징한 복제본을 외장 하드디스크에 재복제하고, 혐의사실과 관련된 정보를 탐색하던 중 우연히 甲 회사의 별건 범죄 혐의와 관련된 전자 정보(별건정보)를 발견하여 문서로 출력함.
- **추가 영장 발부 및 집행:** 그 후 乙 측에 참여권 등을 보장하지 않은 채, 다른 검사가 별건정보를 소명자료로 제출하여 별건 범죄 혐의에 대한 압수·수색 영장을 발부받아 외장 하드디스크에서 별건정보를 탐색·출력함.

3. 대법원 판단 요지

가. 별건수사의 위법성 판단 기준

- **우연한 발견의 요건:** 전자 정보에 대한 압수·수색이 종료되기 전에, 혐의사실과 관련된 전자 정보를 적법하게 탐색하는 과정에서 별도의 범죄 혐의와 관련된 전자 정보를 우연히 발견한 경우, 수사기관은 추가 탐색을 중단하고 법원으로부터 별도의 범죄 혐의에 대한 압수·수색 영장을 발부받은 경우에 한하여 그러한 정보에 대해 적법하게 압수·수색할 수 있음.
- **절차적 적법성의 중요성:** 이 과정에서 피압수·수색 당사자에게 참여권을 보장하고, 압수한 전자 정보 목록을 교부하는 등 피압수자의 이익을 보호하기 위한 적절한 조치가 이루어져야 함.

나. 본 사건에 대한 적용

- **절차 위반의 중대성:** 수사기관이 乙 측의 참여 없이 이미징한 복제본을 재복제하고, 혐의사실과 관련된 정보를 탐색하던 중 별건정보를 발견하여 문서로 출력한 행위는 절차적 위법성이 중대하다고 판단함.
- **별건 영장의 효력 부정:** 이후 별건정보를 소명자료로 제출하여 발부받은 별건 범죄 혐의에 대한 압수·수색 영장에 기한 압수·수색 역시 절차적 위법성이 중대하여 전체적으로 위법하다고 판단함.

4. 판결의 결론

- 대법원은 수사기관이 별건 범죄 혐의와 관련된 전자 정보를 우연히 발견한 경우, 추가 탐색을 중단하고 별도의 영장을 발부받아야 하며, 이 과정에서 피압수자의 참여권 보장 등 절차적 적법성을 준수해야 한다고 판시함. 본 사건에서 이러한 절차적 요건을 위반한 수사기관의 행위는 위법하다고 판단하여, 해당 압수·수색 처분을 취소함.

[표9] 전자 정보에 대한 압수·수색 사건 (일명 종근당 사건)

또한 공직선거법 및 정치자금법 위반 사건 관련, 대법원은 특정인에 대해 발부받은 영장의 집행과정에서 제3자인 타인의 범죄사실을 발견한 사안에서 별도의 영장을 받지 않았다면 위법한 것으로 판단하였다. 이와 관련, 대법원 2014.1.16. 선고 2013도7101 판결은 "수사기관이 피의자 甲의 공직선거법 위반 범행을 영장 범죄사실로 하여 발부받은 압수·수색영장의 집행 과정에서 乙, 丙 사이의 대화가 녹음된 녹음파일(이하 '녹음파일'이라 한다)을 압수하여 乙, 丙의 공직선거법 위반 혐의사실을 발견한 사안에서, 압수·수색영장에 기재된 '피의자'인 甲이 녹음파일에 의하여 의심되는 혐의사실과 무관한 이상, 수사기관이 별도의 압수·수색영장을 발부받지 아니한 채 압수한 녹음파일은 형사소송법 제219조에 의하여 수사기관의 압수에 준용되는 형사소송법 제106조 제1항이 규정하는 '피고사건' 내지 같은 법 제215조 제1항이 규정하는 '해당 사건'과 '관계가 있다고 인정할 수 있는 것'에 해당하지 않으며, 이와 같은 압수에는 헌법 제12조 제1항 후문, 제3항 본문이 규정하는 영장주의를 위반한 절차적 위법이 있으므로, 녹음파일은 형사소송법 제308조의2에서 정한 '적법한 절차에 따르지 아니하고 수집한 증거'로서 증거로 쓸 수 없고, 그 절차적 위법은 헌법상 영장주의 내지 적법절차의 실질적 내용을 침해하는 중대한 위법에 해당하여 예외적으로 증거능력을 인정할 수도 없다"고 한 사례로서 별건수사는 위법한 것으로 증거능력을 부정하였다. (표10 참조)

사건명: 공직선거법 위반 사건
사건번호: 대법원 2013도7101 (2014. 1. 16. 선고)

1. 문제의 쟁점

- 이 사건의 주요 쟁점은 **별건수사의 위법성**과 관련하여, 수사기관이 특정 범죄 혐의로 압수한 전자 정보를 별도의 **영장 없이** 다른 범죄 수사에 활용하는 것이 적법한지 여부에 관한 것이었음.

2. 사건 개요

가. 사건 배경
- 수사기관은 피의자 D의 **공직선거법 위반 혐의**와 관련하여 **압수·수색 영장**을 발부받아 D의 **휴대 전화를 압수**하였음.

나. 주요 사실관계
- 압수된 휴대 전화에서 D와 D7 간의 대화가 녹음된 파일을 발견하였으며, 이는 D와 D7의 **공직선거법 위반 혐의**와 관련된 정보였음.
- 수사기관은 별도의 압수·수색 절차 없이 해당 녹음파일을 근거로 D와 D7에 대한 **별건 수사**를 진행하였음.
- **법정에서 D와 D7은 녹음파일을 전제로 한 신문에 답변**하였으며, 이 진술은 공소사실의 일부에 부합하였음.

3. 대법원 판단 요지

가. 별건수사의 위법성 판단
- 헌법 제12조 제1항 후문과 제3항 본문에 따르면, 압수·수색 영장 없이 피의자의 신체나 소유물을 압수하는 것은 **영장주의를 위반**한 것으로 볼 수 있음.
- 수사기관이 D의 휴대 전화를 압수하면서 발견된 **별건 정보**에 대해 추가적인 압수·수색 절차 없이 수집한 것은 **절차적 위법**이며, 이는 헌법상 **적법 절차 원칙**을 중대하게 침해한 행위임.

나. 증거능력 부정
- 형사소송법 제308조의2에 따르면, **적법한 절차 없이 수집된 증거**는 원칙적으로 **증거능력을 인정할 수 없음**.
- 이번 사건에서 수사기관은 절차적 위법성을 가진 상태에서 별건 정보를 수집하였기 때문에, 해당 녹음 파일은 **증거능력이 부정**되었음.
- 또한, 위법하게 수집된 녹음 파일을 바탕으로 피고인들이 법정에서 한 진술 역시 절차적 위법과의 인과관계가 인정되므로 **증거능력을 부정**함.

4. 판결의 결론

- 대법원은 수사기관이 **별건 범죄 혐의**와 관련된 증거를 발견한 경우, 추가적인 탐색을 중단하고 별도의 영장을 **발부받아야** 한다고 판단하였음.
- 본 사건에서 **별도의 압수·수색 절차 없이 수집된 증거**는 절차적 위법성으로 인해 **증거능력이 부정**되었으며, 이를 바탕으로 한 피고인들의 법정 진술도 **증거로 사용할 수 없다**고 판시함.
- 이에 따라, 원심의 일부 판결을 파기하고 사건을 **환송**하였음.

5. 의의 및 시사점

- 이번 판결은 **별건수사의 한계를 명확히 규정**하며, 수사기관의 절차적 적법성 준수를 엄격히 요구하였음.
- 영장주의와 적법 절차 원칙을 강조하여, **수사기관의 압수·수색 과정에서의 절차적 위반이 있을 경우, 증거능력이**

인정되지 않는다는 점을 재확인하였음.

- **피압수자의 참여권 보장** 등 **인권 보호를 위한 절차적 요건**의 중요성을 강조하며, 수사기관이 절차적 엄격성을 준수해야 하는 중요한 판례로 평가됨.

[표10] 공직선거법 위반 사건

참여기회 미보장, 혐의사실과 무관한 전자정보의 임의적인 복제 등을 막기 위한 적절한 조치가 취해지지 않은 경우, 압수·수색의 적법 여부 및 별건수사 판례

(준항고인용결정에 대한 재항고, 종근당 사건)

[대법원, 2011모1839, 2015.7.16.]

【판시사항】

[1] 전자정보에 대한 압수·수색이 저장매체 또는 복제본을 수사기관 사무실 등 외부로 반출하는 방식으로 허용되는 예외적인 경우 및 수사기관 사무실 등으로 반출된 저장매체 또는 복제본에서 혐의사실 관련성에 대한 구분 없이 임의로 저장된 전자정보를 문서로 출력하거나 파일로 복제하는 행위가 영장주의 원칙에 반하는 위법한 압수인지 여부(원칙적 적극)

[2] 전자정보가 담긴 저장매체 또는 복제본을 수사기관 사무실 등으로 옮겨 복제·탐색·출력하는 일련의 과정에서, 피압수·수색 당사자나 변호인에게 참여의 기회를 보장하고 혐의사실과 무관한 전자정보의 임의적인 복제 등을 막기 위한 적절한 조치가 취해지지 않은 경우, 압수·수색의 적법 여부(원칙적 소극) 및 수사기관이 저장매체 또는 복제본에서 혐의사실과 관련된 전자정보만을 복제·출력하였더라도 마찬가지인지 여부(적극)

[3] 전자정보에 대한 압수·수색 과정에서 이루어진 현장에서의 저장매체 압수·이미징·탐색·복제 및 출력행위 등 일련의 행위가 모두 진행되어 압수·수색이 종료된 후 전체 압수·수색 과정을 단계적·개별적으로 구분하여 각 단계의 개별 처분의 취소를 구하는 준항고가 있는 경우, 당해 압수·수색 과정 전체를 하나의 절차로 파악하여 그 과정에서 나타난 위법이 압수·수색 절차 전체를 위법하게 할 정도로 중대한지 여부에 따라 전체적으로 압수·수색 처분을 취소할 것인지를 가려야 하는지 여부(원칙적 적극) 및 이때 위법의 중대성을 판단하는 기준

[4] 검사가 압수·수색영장을 발부받아 甲 주식회사 빌딩 내 乙의 사무실을 압수·수색하였는데, 저장매체에 범죄혐의와 관련된 정보(유관정보)와 범죄혐의와 무관한 정보(무관정보)가 혼재된 것으로 판단하여 甲 회사의 동의를 받아 저장매체를 수사기관 사무실로 반출한 다음 乙 측의 참여하에 저장매체에 저장된 전자정보파일 전부를 '이미징'의 방법으로 다른 저장매체로 복제(제1처분)하고, 乙 측의 참여 없이 이미징한 복제본을 외장 하드디스크에 재복제(제2처분)하였으며, 乙 측의 참여 없이 하드디스크에서 유관정보를 탐색하는 과정에서 甲 회사의 별건 범죄혐의와 관련된 전자정보 등 무관정보도 함께 출력(제3처분)한 사안에서, 제1처분은 위법하다고 볼 수 없으나, 제2·3처분의 위법의 중대성에 비추어 위 영장에 기한 압수·수색이 전체적으로 취소되어야 한다고 한 사례

[5] 전자정보에 대한 압수·수색이 종료되기 전에 혐의사실과 관련된 전자정보를 적법하게

탐색하는 과정에서 별도의 범죄혐의와 관련된 전자정보를 우연히 발견한 경우, 수사기관이 적법하게 압수·수색하기 위한 요건 / 이 경우 피압수·수색 당사자에게 참여권을 보장하고 압수한 전자정보 목록을 교부하는 등 피압수자의 이익을 보호하기 위한 적절한 조치가 이루어져야 하는지 여부(원칙적 적극)

[6] 검사가 압수·수색영장(제1영장)을 발부받아 甲 주식회사 빌딩 내 乙의 사무실을 압수·수색하였는데, 저장매체에 범죄혐의와 관련된 정보(유관정보)와 범죄혐의와 무관한 정보(무관정보)가 혼재된 것으로 판단하여 甲 회사의 동의를 받아 저장매체를 수사기관 사무실로 반출한 다음 乙 측의 참여하에 저장매체에 저장된 전자정보파일 전부를 '이미징'의 방법으로 다른 저장매체로 복제하고, 乙 측의 참여 없이 이미징한 복제본을 외장 하드디스크에 재복제하였으며, 乙 측의 참여 없이 하드디스크에서 유관정보를 탐색하던 중 우연히 乙 등의 별건 범죄혐의와 관련된 전자정보(별건 정보)를 발견하고 문서로 출력하였고, 그 후 乙 측에 참여권 등을 보장하지 않은 채 다른 검사가 별건 정보를 소명자료로 제출하면서 압수·수색영장(제2영장)을 발부받아 외장 하드디스크에서 별건 정보를 탐색·출력한 사안에서, 제2영장 청구 당시 압수할 물건으로 삼은 정보는 그 자체가 위법한 압수물이어서 별건 정보에 대한 영장청구 요건을 충족하지 못하였고, 제2영장에 기한 압수·수색 당시 乙 측에 압수·수색 과정에 참여할 기회를 보장하지 않았으므로, 제2영장에 기한 압수·수색은 전체적으로 위법하다고 한 사례

【판결요지】

[1] 수사기관의 전자정보에 대한 압수·수색은 원칙적으로 영장 발부의 사유로 된 범죄 혐의사실과 관련된 부분만을 문서 출력물로 수집하거나 수사기관이 휴대한 저장매체에 해당 파일을 복제하는 방식으로 이루어져야 하고, 저장매체 자체를 직접 반출하거나 저장매체에 들어 있는 전자파일 전부를 하드카피나 이미징 등 형태(이하 '복제본'이라 한다)로 수사기관 사무실 등 외부로 반출하는 방식으로 압수·수색하는 것은 현장의 사정이나 전자정보의 대량성으로 관련 정보 획득에 긴 시간이 소요되거나 전문 인력에 의한 기술적 조치가 필요한 경우 등 범위를 정하여 출력 또는 복제하는 방법이 불가능하거나 압수의 목적을 달성하기에 현저히 곤란하다고 인정되는 때에 한하여 예외적으로 허용될 수 있을 뿐이다. 이처럼 저장매체 자체 또는 적법하게 획득한 복제본을 탐색하여 혐의사실과 관련된 전자정보를 문서로 출력하거나 파일로 복제하는 일련의 과정 역시 전체적으로 하나의 영장에 기한 압수·수색의 일환에 해당하므로, 그러한 경우의 문서출력 또는 파일복제의 대상 역시 저장매체 소재지에서의 압수·수색과 마찬가지로 혐의사실과 관련된 부분으로 한정되어야 함은 헌법 제12조 제1항, 제3항과 형사소송법 제114조, 제215조의 적법절차 및 영장주의 원칙이나 비례의 원칙에 비추어 당연하다. 따라서 수사기관 사무실 등으로 반출된 저장매체 또는 복제본에서 혐의사실 관련성에 대한 구

분 없이 임의로 저장된 전자정보를 문서로 출력하거나 파일로 복제하는 행위는 원칙적으로 영장주의 원칙에 반하는 위법한 압수가 된다.

[2] 저장매체에 대한 압수·수색 과정에서 범위를 정하여 출력 또는 복제하는 방법이 불가능하거나 압수의 목적을 달성하기에 현저히 곤란한 예외적인 사정이 인정되어 전자정보가 담긴 저장매체 또는 하드카피나 이미징 등 형태(이하 '복제본'이라 한다)를 수사기관 사무실 등으로 옮겨 복제·탐색·출력하는 경우에도, 그와 같은 일련의 과정에서 형사소송법 제219조, 제121조에서 규정하는 피압수·수색 당사자(이하 '피압수자'라 한다)나 변호인에게 참여의 기회를 보장하고 혐의사실과 무관한 전자정보의 임의적인 복제 등을 막기 위한 적절한 조치를 취하는 등 영장주의 원칙과 적법절차를 준수하여야 한다. 만약 그러한 조치가 취해지지 않았다면 피압수자 측이 참여하지 아니한다는 의사를 명시적으로 표시하였거나 절차 위반행위가 이루어진 과정의 성질과 내용 등에 비추어 피압수자 측에 절차 참여를 보장한 취지가 실질적으로 침해되었다고 볼 수 없을 정도에 해당한다는 등의 특별한 사정이 없는 이상 압수·수색이 적법하다고 평가할 수 없고, 비록 수사기관이 저장매체 또는 복제본에서 혐의사실과 관련된 전자정보만을 복제·출력하였다 하더라도 달리 볼 것은 아니다.

[3] [다수의견] 전자정보에 대한 압수·수색 과정에서 이루어진 현장에서의 저장매체 압수·이미징·탐색·복제 및 출력행위 등 수사기관의 처분은 하나의 영장에 의한 압수·수색 과정에서 이루어진다. 그러한 일련의 행위가 모두 진행되어 압수·수색이 종료된 이후에는 특정단계의 처분만을 취소하더라도 그 이후의 압수·수색을 저지한다는 것을 상정할 수 없고 수사기관에게 압수·수색의 결과물을 보유하도록 할 것인지가 문제 될 뿐이다. 그러므로 이 경우에는 준항고인이 전체 압수·수색 과정을 단계적·개별적으로 구분하여 각 단계의 개별 처분의 취소를 구하더라도 준항고법원은 특별한 사정이 없는 한 구분된 개별 처분의 위법이나 취소 여부를 판단할 것이 아니라 당해 압수·수색 과정 전체를 하나의 절차로 파악하여 그 과정에서 나타난 위법이 압수·수색 절차 전체를 위법하게 할 정도로 중대한지 여부에 따라 전체적으로 압수·수색 처분을 취소할 것인지를 가려야 한다. 여기서 위법의 중대성은 위반한 절차조항의 취지, 전체과정 중에서 위반행위가 발생한 과정의 중요도, 위반사항에 의한 법익침해 가능성의 경중 등을 종합하여 판단하여야 한다.

[제1처분에 관한 대법관 김용덕의 별개의견] 컴퓨터용 디스크나 그 밖에 이와 비슷한 정보저장매체(이하 '저장매체'라 한다)에 관한 압수 절차가 현장에서의 압수 및 복제·탐색·출력과 같은 일련의 단계를 거쳐 이루어지고 각 단계의 개별 처분이 구분될 수 있어 개별 처분별로 위법 여부를 가릴 수 있는 이상, 그에 관한 취소 여부도 개별적으로 판단할 수 있으며, 이는 영장에 의한 압수·수색 과정이 모두 종료된 경우에도 마찬가지이다. 준항고법원은 수사기관의 압수·수색 과정에서 이루어진 절차 위반행위와 관

련된 모든 사정을 전체적·종합적으로 고려하여, 해당 압수·수색을 취소할 것인지 여부 및 취소한다면 어느 범위에서 취소할 것인지를 형사법적 관점에서 독자적으로 판단할 수 있으며, 결국 구체적인 사안에서 이루어진 일련의 압수·수색 과정에 관하여 위법 여부를 가린 후 결과에 따라 압수·수색 과정 전부를 취소할 수도 있고 또는 압수·수색 과정을 단계적·개별적으로 구분하여 일부만을 취소할 수도 있다.

[제1·2·3처분에 관한 대법관 김창석, 대법관 박상옥의 반대의견] 전자정보에 대한 압수·수색은 일련의 과정을 거쳐 이루어지게 되므로, 압수·수색을 구성하는 일련의 과정에서 이루어진 저장매체 압수, 이미징, 탐색, 복제 또는 출력 등의 행위를 개별적으로 나누어 처분의 적법성을 판단하는 것은 타당하다고 할 수 없으나, 처분의 적법성은 압수의 대상이 된 전자정보별로 달리 평가될 수 있다. 즉, 하나의 압수·수색영장에 기한 압수·수색이 외형상으로는 1개만 존재한다고 하더라도 관념적으로는 대상별로 수개의 압수·수색이 존재하고, 하나의 압수·수색만이 존재하는 것으로 보아야 한다 하더라도 압수 대상 전자정보별로 가분적인 것이다. 따라서 압수·수색의 적법성은 '대상별'로 전체적으로 판단되어야 한다.

[제1처분에 관한 대법관 권순일의 반대의견] 일련의 과정을 거쳐 단계적으로 이루어지는 압수·수색 과정에 여러 개의 처분이 있을 경우 전체를 하나의 절차로 파악하여 위법 여부를 판단하여야 한다는 다수의견의 해석론은 형사소송법 제417조에서 곧바로 도출되는 것이라고 보기 어려울 뿐만 아니라 형사소송절차의 실제에서도 검사는 적법한 압수처분에 기하여 수집된 증거를 사용할 수 있는 것이므로, 압수처분 이후에 이루어진 다른 압수처분에 어떠한 잘못이 있다고 해서 적법하게 수집된 증거의 효력까지 소급하여 부정할 것은 아니다.

[4] [다수의견] 검사가 압수·수색영장을 발부받아 甲 주식회사 빌딩 내 乙의 사무실을 압수·수색하였는데, 저장매체에 범죄혐의와 관련된 정보(이하 '유관정보'라 한다)와 범죄혐의와 무관한 정보(이하 '무관정보'라 한다)가 혼재된 것으로 판단하여 甲 회사의 동의를 받아 저장매체를 수사기관 사무실로 반출한 다음 乙 측의 참여하에 저장매체에 저장된 전자정보파일 전부를 '이미징'의 방법으로 다른 저장매체로 복제(이하 '제1처분'이라 한다)하고, 乙 측의 참여 없이 이미징한 복제본을 외장 하드디스크에 재복제(이하 '제2처분'이라 한다)하였으며, 乙 측의 참여 없이 하드디스크에서 유관정보를 탐색하는 과정에서 甲 회사의 별건 범죄혐의와 관련된 전자정보 등 무관정보도 함께 출력(이하 '제3처분'이라 한다)한 사안에서, 제1처분은 위법하다고 볼 수 없으나, 제2·3처분은 제1처분 후 피압수·수색 당사자에게 계속적인 참여권을 보장하는 등의 조치가 이루어지지 아니한 채 유관정보는 물론 무관정보까지 재복제·출력한 것으로서 영장이 허용한 범위를 벗어나고 적법절차를 위반한 위법한 처분이며, 제2·3처분에 해당하는 전자정보의 복제·출력 과정은 증거물을 획득하는 행위로서 압수·수색의 목적에 해당하는 중요한 과정인 점

등 위법의 중대성에 비추어 위 영장에 기한 압수·수색이 전체적으로 취소되어야 한다고 한 사례.

[제1처분에 관한 대법관 김용덕의 별개의견] 위 사안에서, 위법한 제2·3처분 외에 제1처분까지 취소한 원심의 결론은 수긍할 수 있으나, 그 이유는 압수·수색이 종료된 이후에는 전체 압수·수색 과정을 하나의 절차로 파악하여야 함에 따라 제2·3처분의 중대한 위법으로 인하여 절차적으로 적법하였던 제1처분까지 함께 취소되어야 하기 때문이 아니고, 영장에서 정한 압수의 목적 내지 필요성의 범위를 벗어나는 제1처분의 결과물을 더 이상 수사기관이 보유할 수 없음에 따라 제1처분이 취소되어야 한다고 한 사례.

[제1·2·3처분에 관한 대법관 김창석, 대법관 박상옥의 반대의견] 위 사안에서, 제2·3처분 당시 참여권이 보장되지 않았더라도 가장 중요한 절차라고 할 수 있는 현장압수 및 제1처분 당시 참여권이 보장된 점, 유관정보에 대하여는 참여권 보장이 가지는 의미가 상대적으로 적은 점 등 제반 사정에 비추어 볼 때, 압수·수색 중 유관정보에 대한 압수·수색이 영장주의 원칙의 본질적 부분을 침해한 것으로 평가될 수 있는 경우에 해당하거나 증거로서의 사용 가능성을 원천적으로 배제하여야 할 만큼 절차적 위법이 중대한 경우에 해당한다고 볼 수 없어 취소할 수 없다고 한 사례.

[제1처분에 관한 대법관 권순일의 반대의견] 위 사안에서, 검사가 당사자를 참여시키지도 아니한 채 이미징한 복제본을 자신이 소지한 외장 하드디스크에 재복제한 제2처분 및 하드디스크에서 영장 기재 범죄사실과 무관한 정보까지 함께 출력한 제3처분 등은 압수·수색에 관한 실체적·절차적 요건을 갖추지 못한 것으로서 위법하여 취소되어야 하지만, 그렇다고 적법하게 이루어진 제1처분까지 소급하여 모두 위법하게 되는 것은 아니므로 취소의 대상이 되지 않는다고 한 사례.

[5] 전자정보에 대한 압수·수색에 있어 저장매체 자체를 외부로 반출하거나 하드카피·이미징 등의 형태로 복제본을 만들어 외부에서 저장매체나 복제본에 대하여 압수·수색이 허용되는 예외적인 경우에도 혐의사실과 관련된 전자정보 이외에 이와 무관한 전자정보를 탐색·복제·출력하는 것은 원칙적으로 위법한 압수·수색에 해당하므로 허용될 수 없다. 그러나 전자정보에 대한 압수·수색이 종료되기 전에 혐의사실과 관련된 전자정보를 적법하게 탐색하는 과정에서 별도의 범죄혐의와 관련된 전자정보를 우연히 발견한 경우라면, 수사기관은 더 이상의 추가 탐색을 중단하고 법원에서 별도의 범죄혐의에 대한 압수·수색영장을 발부받은 경우에 한하여 그러한 정보에 대하여도 적법하게 압수·수색을 할 수 있다. 나아가 이러한 경우에도 별도의 압수·수색 절차는 최초의 압수·수색 절차와 구별되는 별개의 절차이고, 별도 범죄혐의와 관련된 전자정보는 최초의 압수·수색영장에 의한 압수·수색의 대상이 아니어서 저장매체의 원래 소재지에서 별도의 압수·수색영장에 기해 압수·수색을 진행하는 경우와 마찬가지로 피압수·수색

당사자(이하 '피압수자'라 한다)는 최초의 압수·수색 이전부터 해당 전자정보를 관리하고 있던 자라 할 것이므로, 특별한 사정이 없는 한 피압수자에게 형사소송법 제219조, 제121조, 제129조에 따라 참여권을 보장하고 압수한 전자정보 목록을 교부하는 등 피압수자의 이익을 보호하기 위한 적절한 조치가 이루어져야 한다.

[6] 검사가 압수·수색영장(이하 '제1영장'이라 한다)을 발부받아 甲 주식회사 빌딩 내 乙의 사무실을 압수·수색하였는데, 저장매체에 범죄혐의와 관련된 정보(이하 '유관정보'라 한다)와 범죄혐의와 무관한 정보(무관정보)가 혼재된 것으로 판단하여 甲 회사의 동의를 받아 저장매체를 수사기관 사무실로 반출한 다음 乙 측의 참여하에 저장매체에 저장된 전자정보파일 전부를 '이미징'의 방법으로 다른 저장매체로 복제하고, 乙 측의 참여 없이 이미징한 복제본을 외장 하드디스크에 재복제하였으며, 乙 측의 참여 없이 하드디스크에서 유관정보를 탐색하던 중 우연히 乙 등의 별건 범죄혐의와 관련된 전자정보(이하 '별건정보'라 한다)를 발견하고 문서로 출력하였고, 그 후 乙 측에 참여권 등을 보장하지 않은 채 다른 검사가 별건 정보를 소명자료로 제출하면서 압수·수색영장(이하 '제2영장'이라 한다)을 발부받아 외장 하드디스크에서 별건 정보를 탐색·출력한 사안에서, 제2영장 청구 당시 압수할 물건으로 삼은 정보는 제1영장의 피압수·수색 당사자에게 참여의 기회를 부여하지 않은 채 임의로 재복제한 외장 하드디스크에 저장된 정보로서 그 자체가 위법한 압수물이어서 별건 정보에 대한 영장청구 요건을 충족하지 못하였고, 나아가 제2영장에 기한 압수·수색 당시 乙 측에 압수·수색 과정에 참여할 기회를 보장하지 않았으므로, 제2영장에 기한 압수·수색은 전체적으로 위법하다고 한 사례.

【전문】

【원심결정】

수원지법 2011.10.31.자 2011보2 결정

【주문】

재항고를 기각한다.

【판결이유】

재항고이유를 판단한다.

1. 2011.4.25.자 압수·수색영장에 기한 압수·수색 부분에 대하여

가.

(1) 오늘날 기업 또는 개인의 업무는 컴퓨터나 서버 등 정보처리시스템 없이 유지되기 어려우며, 전자정보가 저장된 저장매체는 대부분 대용량이어서 압수·수색영장 발부의 사유로 된 범죄혐의와 관련이 없는 개인의 일상생활이나 기업경영에 관한 정보가 광범위하게 포함되어 있다. 이러한 전자정보에 대한 압수·수색은 사

생활의 비밀과 자유, 정보에 대한 자기결정권, 재산권 등을 침해할 우려가 크므로 포괄적으로 이루어져서는 아니 되고 비례의 원칙에 따라 필요한 최소한의 범위 내에서 이루어져야 한다.

따라서 수사기관의 전자정보에 대한 압수·수색은 원칙적으로 영장 발부의 사유로 된 범죄 혐의사실과 관련된 부분만을 문서 출력물로 수집하거나 수사기관이 휴대한 저장매체에 해당 파일을 복제하는 방식으로 이루어져야 하고, 저장매체 자체를 직접 반출하거나 그 저장매체에 들어 있는 전자파일 전부를 하드카피나 이미징 등 형태(이하 '복제본'이라 한다)로 수사기관 사무실 등 외부로 반출하는 방식으로 압수·수색하는 것은 현장의 사정이나 전자정보의 대량성으로 인하여 관련 정보 획득에 긴 시간이 소요되거나 전문 인력에 의한 기술적 조치가 필요한 경우 등 범위를 정하여 출력 또는 복제하는 방법이 불가능하거나 압수의 목적을 달성하기에 현저히 곤란하다고 인정되는 때에 한하여 예외적으로 허용될 수 있을 뿐이다.

이처럼 저장매체 자체 또는 적법하게 획득한 복제본을 탐색하여 혐의사실과 관련된 전자정보를 문서로 출력하거나 파일로 복제하는 일련의 과정 역시 전체적으로 하나의 영장에 기한 압수·수색의 일환에 해당한다 할 것이므로, 그러한 경우의 문서출력 또는 파일복제의 대상 역시 저장매체 소재지에서의 압수·수색과 마찬가지로 혐의사실과 관련된 부분으로 한정되어야 함은 헌법 제12조 제1항, 제3항과 형사소송법 제114조, 제215조의 적법절차 및 영장주의 원칙이나 앞서 본 비례의 원칙에 비추어 당연하다. 따라서 수사기관 사무실 등으로 반출된 저장매체 또는 복제본에서 혐의사실 관련성에 대한 구분 없이 임의로 저장된 전자정보를 문서로 출력하거나 파일로 복제하는 행위는 원칙적으로 영장주의 원칙에 반하는 위법한 압수가 된다.

(2) 전자정보는 복제가 용이하여 전자정보가 수록된 저장매체 또는 복제본이 압수·수색 과정에서 외부로 반출되면 압수·수색이 종료한 후에도 복제본이 남아 있을 가능성을 배제할 수 없고, 그 경우 혐의사실과 무관한 전자정보가 수사기관에 의해 다른 범죄의 수사의 단서 내지 증거로 위법하게 사용되는 등 새로운 법익침해를 초래할 가능성이 있으므로, 혐의사실 관련성에 대한 구분 없이 이루어지는 복제·탐색·출력을 막는 절차적 조치가 중요성을 가지게 된다.

따라서 저장매체에 대한 압수·수색 과정에서 범위를 정하여 출력 또는 복제하는 방법이 불가능하거나 압수의 목적을 달성하기에 현저히 곤란한 예외적인 사정이 인정되어 전자정보가 담긴 저장매체 또는 복제본을 수사기관 사무실 등으로 옮겨 이를 복제·탐색·출력하는 경우에도, 그와 같은 일련의 과정에서 형사소송법 제219조, 제121조에서 규정하는 피압수·수색 당사자(이하 '피압수자'라 한다)

나 그 변호인에게 참여의 기회를 보장하고 혐의사실과 무관한 전자정보의 임의적인 복제 등을 막기 위한 적절한 조치를 취하는 등 영장주의 원칙과 적법절차를 준수하여야 한다. 만약 그러한 조치가 취해지지 않았다면 피압수자 측이 참여하지 아니한다는 의사를 명시적으로 표시하였거나 절차 위반행위가 이루어진 과정의 성질과 내용 등에 비추어 피압수자 측에 절차 참여를 보장한 취지가 실질적으로 침해되었다고 볼 수 없을 정도에 해당한다는 등의 특별한 사정이 없는 이상 압수·수색이 적법하다고 평가할 수 없고(대법원 2011.5.26.자 2009모1190 결정 등 참조), 비록 수사기관이 저장매체 또는 복제본에서 혐의사실과 관련된 전자정보만을 복제·출력하였다 하더라도 달리 볼 것은 아니다.

(3) 전자정보에 대한 압수·수색 과정에서 이루어진 현장에서의 저장매체 압수·이미징·탐색·복제 및 출력행위 등 수사기관의 처분은 하나의 영장에 의한 압수·수색 과정에서 이루어지는 것이다. 그러한 일련의 행위가 모두 진행되어 압수·수색이 종료된 이후에는 특정단계의 처분만을 취소하더라도 그 이후의 압수·수색을 저지한다는 것을 상정할 수 없고 수사기관으로 하여금 압수·수색의 결과물을 보유하도록 할 것인지가 문제 될 뿐이다. 그러므로 이 경우에는 준항고인이 전체 압수·수색 과정을 단계적·개별적으로 구분하여 각 단계의 개별 처분의 취소를 구하더라도 준항고법원으로서는 특별한 사정이 없는 한 그 구분된 개별 처분의 위법이나 취소 여부를 판단할 것이 아니라 당해 압수·수색 과정 전체를 하나의 절차로 파악하여 그 과정에서 나타난 위법이 압수·수색 절차 전체를 위법하게 할 정도로 중대한지 여부에 따라 전체적으로 그 압수·수색 처분을 취소할 것인지를 가려야 할 것이다. 여기서 위법의 중대성은 위반한 절차조항의 취지, 전체과정 중에서 위반행위가 발생한 과정의 중요도, 그 위반사항에 의한 법익침해 가능성의 경중 등을 종합하여 판단하여야 한다.

나.

(1) 원심은, 수원지방검찰청 강력부 검사가 2011.4.25. 준항고인 1의 배임 혐의와 관련된 압수·수색영장(이하 '제1영장'이라 한다)을 발부받아 압수·수색을 진행함에 있어 준항고인 1 측의 참여가 이루어지지 않은 가운데 제1영장의 혐의사실과 무관한 전자정보에 대하여까지 무차별적으로 복제·출력하였다는 등의 이유로 이 부분 각 압수처분을 취소하였다.

(2) 원심결정 이유 및 기록에 의하면, 제1영장에는 압수의 방법으로 "컴퓨터 전자장치에 저장된 정보 중 범죄사실과 직접 관련된 전자정보와 직접 관련되지 않은 전자정보가 혼재된 전자정보장치는 피의자나 그 소유자, 소지자 또는 간수자가 동의하지 않는 한 그 전부를 사본하거나 이미징하여 압수할 수 없고, 이 경우 범죄사실과 관련된 전자정보는 피압수자 또는 형사소송법 제123조에 정한 참여인의

확인을 받아 수사기관이 휴대한 저장장치에 하드카피·이미징하거나, 문서로 출력할 수 있는 경우 그 출력물을 수집하는 방법으로 압수함. 다만, 해당 컴퓨터 저장장치가 몰수 대상물이거나 하드카피·이미징 또는 문서의 출력을 할 수 없거나 상당히 곤란한 경우에는 컴퓨터 저장장치 자체를 압수할 수 있고, 이 경우에는 수사에 필요한 상당한 기간이 경과한 후 지체 없이 반환하여야 함"이라고 기재되어 있는 사실, 강력부 검사는 2011.4.25. 수원지방법원으로부터 제1영장을 발부받은 당일 준항고인 2(이하 '준항고인 2'라 한다) 빌딩 내 준항고인 1의 사무실에 임하여 압수·수색을 개시하였는데, 그곳에서의 압수 당시 제1 영장에 기재된 바와 같이 이 사건 저장매체에 혐의사실과 관련된 정보와 관련되지 않은 전자정보가 혼재된 것으로 판단하여 준항고인 2의 동의를 받아 이 사건 저장매체 자체를 봉인하여 영장 기재 집행 장소에서 자신의 사무실로 반출한 사실, 강력부 검사는 2011.4.26.경 이 사건 저장매체를 대검찰청 디지털포렌식센터에 인계하여 그곳에서 저장매체에 저장되어 있는 전자정보파일 전부를 '이미징'의 방법으로 다른 저장매체로 복제(이하 '제1처분'이라 한다)하도록 하였는데, 준항고인 1 측은 검사의 통보에 따라 2011.4.27. 위 저장매체의 봉인이 해제되고 위 전자정보파일이 대검찰청 디지털포렌식센터의 원격디지털공조시스템에 복제되는 과정을 참관하다가 임의로 그곳에서 퇴거하였던 사실, 강력부 검사는 제1 처분이 완료된 후 이 사건 저장매체를 준항고인 2에게 반환한 다음, 위와 같이 이미징한 복제본을 2011.5.3.부터 같은 달 6일까지 자신이 소지한 외장 하드디스크에 재복제(이하 '제2처분'이라 한다)하고, 같은 달 9일부터 같은 달 20일까지 외장 하드디스크를 통하여 제1영장 기재 범죄혐의와 관련된 전자정보를 탐색하였는데, 그 과정에서 준항고인 2의 약사법 위반·조세범처벌법 위반 혐의와 관련된 전자정보 등 제1영장에 기재된 혐의사실과 무관한 정보들도 함께 출력(이하 '제3처분'이라 한다)하였던 사실, 제2·3처분 당시에는 준항고인 1 측이 그 절차에 참여할 기회를 부여받지 못하였고, 실제로 참여하지도 않았던 사실 등을 알 수 있다.

위와 같은 사실관계를 앞서 본 법리에 비추어 보면, 강력부 검사가 이 사건 저장매체에 저장되어 있는 전자정보를 압수·수색함에 있어 저장매체 자체를 자신의 사무실로 반출한 조치는 제1영장이 예외적으로 허용한 부득이한 사유의 발생에 따른 것이고, 제1처분 또한 준항고인들에게 저장매체 원본을 가능한 한 조속히 반환하기 위한 목적에서 이루어진 조치로서 준항고인들이 묵시적으로나마 이에 동의하였다고 볼 수 있을 뿐만 아니라 그 복제 과정에도 참여하였다고 평가할 수 있으므로 제1처분은 위법하다고 볼 수 없다.

그러나 **제2·3 처분은 제1처분 후 피압수자에게 계속적인 참여권을 보장하는 등의 조치가 이루어지지 아니한 채 제1영장 기재 혐의사실과 관련된 정보는 물론**

그와 무관한 정보까지 재복제·출력한 것으로서 영장이 허용한 범위를 벗어나고 적법절차를 위반한 위법한 처분이라 하지 않을 수 없다.

(3) 기록에 의하면 제1영장에 기한 압수·수색이 이미 종료되었음을 알 수 있으므로, 원심이 제1영장에 기한 압수·수색의 적법성을 전체적으로 판단하지 아니하고 이를 단계별로 구분하여 취소한 것은 앞서 본 법리에 비추어 적절하다고 할 수 없다.

그러나 제2·3처분에 해당하는 전자정보의 복제·출력 과정은 증거물을 획득하는 행위로서 압수·수색의 목적에 해당하는 중요한 과정인 점, 이 과정에서 혐의사실과 무관한 정보가 수사기관에 남겨지게 되면 피압수자의 다른 법익이 침해될 가능성이 한층 커지게 되므로 피압수자에게 참여권을 보장하는 것이 그러한 위험을 방지하기 위한 핵심절차인데도 그 과정에 참여권을 보장하지 않은 점, 더구나 혐의사실과 무관한 정보까지 출력한 점 등 위법의 중대성에 비추어 볼 때, 비록 제1처분까지의 압수·수색 과정이 적법하다고 하더라도 전체적으로 제1영장에 기한 압수·수색은 취소되어야 할 것인바, 그 단계별 처분을 모두 취소한 원심의 판단은 결국 준항고인들이 신청한 범위 내에서 제1영장에 기한 압수·수색을 전체적으로 취소한 것과 동일한 결과이어서 정당한 것으로 수긍할 수 있다. 따라서 원심의 판단에 압수·수색 방법의 적법성이나 영장주의의 적용 범위에 관한 법리를 오해한 위법이 있다는 재항고인의 주장은 이유 없다.

2. 2011.5.26.자 압수·수색영장에 기한 압수·수색 부분에 대하여

가. 전자정보에 대한 압수·수색에 있어 그 저장매체 자체를 외부로 반출하거나 하드카피·이미징 등의 형태로 복제본을 만들어 외부에서 그 저장매체나 복제본에 대하여 압수·수색이 허용되는 예외적인 경우에도 혐의사실과 관련된 전자정보 이외에 이와 무관한 전자정보를 탐색·복제·출력하는 것은 원칙적으로 위법한 압수·수색에 해당하므로 허용될 수 없다. 그러나 전자정보에 대한 압수·수색이 종료되기 전에 혐의사실과 관련된 전자정보를 적법하게 탐색하는 과정에서 별도의 범죄혐의와 관련된 전자정보를 우연히 발견한 경우라면, 수사기관으로서는 더 이상의 추가 탐색을 중단하고 법원으로부터 별도의 범죄혐의에 대한 압수·수색영장을 발부받은 경우에 한하여 그러한 정보에 대하여도 적법하게 압수·수색을 할 수 있다고 할 것이다.

나아가 이러한 경우에도 별도의 압수·수색 절차는 최초의 압수·수색 절차와 구별되는 별개의 절차이고, 별도 범죄혐의와 관련된 전자정보는 최초의 압수·수색영장에 의한 압수·수색의 대상이 아니어서 저장매체의 원래 소재지에서 별도의 압수·수색영장에 기해 압수·수색을 진행하는 경우와 마찬가지로 피압수자는 최초의 압수·수색 이전부터 해당 전자정보를 관리하고 있던 자라 할 것이므로, 특별한 사정이 없는 한 그 피압수자에게 형사소송법 제219조, 제121조, 제129조에 따라 참여

권을 보장하고 압수한 전자정보 목록을 교부하는 등 피압수자의 이익을 보호하기 위한 적절한 조치가 이루어져야 할 것이다.

나. 원심결정 이유와 기록에 의하면, 강력부 검사는 앞서 본 바와 같이 자신이 임의로 이미징 복제본을 재복제해 둔 외장 하드디스크에서 제1영장 기재 혐의사실인 준항고인 1의 배임 혐의와 관련된 전자정보를 탐색하던 중 우연히 준항고인 1 등의 약사법 위반·조세범처벌법 위반 혐의에 관련된 전자정보(이하 '별건 정보'라 한다)를 발견하고 이를 문서로 출력하였던 사실, 강력부 검사는 이 사실을 수원지방검찰청 특별수사부에 통보하여 특별수사부 검사가 2011.5.26.경 별건 정보를 소명자료로 제출하면서 다시 압수·수색영장을 청구하여 수원지방법원으로부터 별도의 압수·수색영장(이하 '제2영장'이라 한다)을 발부받아 외장 하드디스크에서 별건 정보를 탐색·출력하는 방식으로 압수·수색을 한 사실, 이때 특별수사부 검사는 준항고인 측에 압수·수색 과정에 참여할 수 있는 기회를 부여하지 않았을 뿐만 아니라 압수한 전자정보 목록을 교부하지도 않은 사실 등을 알 수 있다.

위와 같은 사실관계를 앞서 본 법리에 비추어 살펴보면, 제1영장에서 예외적으로나마 저장매체 자체의 반출이나 그 전자정보 전부의 복제가 허용되어 있으나, 제2영장 청구 당시 압수할 물건으로 삼은 정보는 제1영장의 피압수자에게 참여의 기회를 부여하지 않은 상태에서 임의로 재복제한 외장 하드디스크에 저장된 정보로서 그 자체가 위법한 압수물이어서 앞서 본 별건 정보에 대한 영장청구 요건을 충족하지 못한 것이므로, 비록 제2영장이 발부되었다고 하더라도 그 압수·수색은 영장주의의 원칙에 반하는 것으로서 위법하다고 하지 않을 수 없다.

나아가 제2영장에 기한 압수·수색 당시 준항고인 1 등에게 압수·수색 과정에 참여할 기회를 전혀 보장하지 않았으므로 이 점에 비추어 보더라도 제2영장에 기한 압수·수색은 전체적으로 위법하다고 평가함이 상당하다.

원심의 이유설시 중 제2영장에 기한 압수·수색이 종료되었음에도 불구하고 일련의 과정을 구성하는 개별적인 행위를 단계별로 구분하여 그 적법 여부를 판단한 부분은 앞서 본 법리에 비추어 적절하다고 할 수 없으나, 준항고인들이 구하는 제2영장에 기한 처분을 모두 취소한 원심의 판단은 결국 제2영장에 기한 압수·수색 처분 전체를 취소한 것과 동일한 결과이어서 정당하고, 거기에 재항고이유에서 주장하는 바와 같은 영장주의의 적용 범위 등에 관한 법리를 오해하는 등의 위법이 있다고 할 수 없다.

3. 결론

그러므로 재항고를 기각하기로 하여 주문과 같이 결정한다. 이 결정에는 제1 처분에 관한 대법관 김용덕의 별개의견과 제1·2·3처분에 관한 대법관 김창석, 대법관 박상옥의 반대의견 및 제1처분에 관한 대법관 권순일의 반대의견이 있는 외에는 관여 법관의 의견이 일치되었고, 제1·2·3처분에 관하여 다수의견에 대한 대법관 이인복, 대법관 이상훈, 대법관 김소영의 보충의견과 반대의견에 대한 대법관 김창석의 보충의견이 있다.

4. 제1처분에 관한 대법관 김용덕의 별개의견은 다음과 같다.

　　가. 다수의견은, 압수·수색 과정이 종료된 이후에는 준항고인이 전체 압수·수색 과정을 단계적·개별적으로 구분하여 각 단계의 개별 처분의 취소를 구하더라도 준항고법원으로서는 특별한 사정이 없는 한 그 구분된 개별 처분의 위법이나 취소 여부를 판단할 것이 아니라 당해 압수·수색 과정 전체를 하나의 절차로 파악하여 그 과정에서 나타난 위법이 압수·수색 절차 전체를 위법하게 할 정도로 중대한지 여부에 따라 전체적으로 그 압수·수색 처분을 취소할 것인지를 가려야 한다고 보고 있다. 이에 따라 이 사건에서 제1영장에 기한 압수·수색이 이미 종료되었으므로 제1영장에 의한 압수·수색의 적법성 여부는 전체적으로 판단하여야 한다는 전제에서, 비록 제1처분까지의 압수·수색 과정이 위법하지 않다고 하더라도 이 사건에서 제2·3처분이 가지는 위법의 중대성에 비추어 볼 때에 제1영장에 기한 압수·수색은 전체적으로 취소되어야 한다고 판단하고 있다.

　　나. 그러나 다수의견에서 설시된 것과 같이 **컴퓨터용 디스크나 그 밖에 이와 비슷한 정보저장매체**(이하 '저장매체'라 한다)**에 관한 압수 절차가 현장에서의 압수 및 복제·탐색·출력과 같은 일련의 단계를 거쳐 이루어지고 각 단계의 개별 처분이 구분될 수 있어 그 개별 처분별로 위법 여부를 가릴 수 있는 이상, 그에 관한 취소 여부도 개별적으로 판단할 수 있다고 봄이 타당하며, 이는 영장에 의한 압수·수색 과정이 모두 종료된 경우에도 마찬가지라 할 것이다.** 준항고법원은 수사기관의 압수·수색 과정에서 이루어진 절차 위반행위와 관련된 모든 사정을 전체적·종합적으로 고려하여, 해당 압수·수색을 취소할 것인지 여부 및 취소한다면 어느 범위에서 취소할 것인지를 형사법적 관점에서 독자적으로 판단할 수 있다고 보아야 하며, 결국 구체적인 사안에서 이루어진 일련의 압수·수색 과정에 관하여 위법 여부를 가린 후 그 결과에 따라 압수·수색 과정 전부를 취소할 수도 있고 또는 압수·수색 과정을 단계적·개별적으로 구분하여 그 일부만을 취소할 수도 있다 할 것이다.

　　예를 들어 압수·수색 과정 중 어느 단계의 처분이 적법하고 그에 기초하여 이루어진 다음 단계의 여러 처분 중에서 일부는 적법한 반면 일부는 부적법한 경우에, 다음 단계에서 이루어진 부적법한 개별 처분만을 취소하면 압수·수색 과정의 위법성이 해소될 수 있으므로 그 부적법한 개별 처분을 취소하면 충분할 것이다.

　　그럼에도 불구하고, 다수의견과 같이 압수·수색 과정이 모두 종료되었다는 이유만으로 그 적법·위법을 전체적으로만 판단하여야 한다면, 전체적으로 적법하다는 결론을 택하여 위법한 개별 처분을 취소하지 아니할 경우에는 위법한 개별 처분임에도 마치 적법한 것처럼 압수·수색의 일부로 존속하게 되며, 반대로 전체적으로 위법하다는 결론을 택하여 적법한 개별 처분마저 취소할 경우에는 적법한 개별 처분에 의하여 얻어진 압수물의 절차적 기초를 상실시켜 공판절차에서 그 증거능력이 문제될 수 있으므로, 어느 모로 보나 불합리한 결과를 낳게 된다.

이와 같이 압수·수색이 모두 종료되었다는 이유만으로 그 압수·수색의 적법성 여부를 전체적으로 판단하여야 한다는 다수의견이 타당하지 아니하다는 점에서는 권순일 대법관의 반대의견과 그 취지가 같으므로, 그 논거를 원용하기로 하고 더 이상의 논의는 줄인다.

다.

(1) 한편 형사소송법 제417조의 준항고는 검사 또는 사법경찰관의 구금, 압수 또는 압수물의 환부에 관한 처분 등에 대하여 불복이 있는 경우에 그 처분의 취소 또는 변경을 청구할 수 있는 절차로서, 그 대상인 처분의 적법성 여부나 취소사유의 존부는 준항고 결정 시를 기준으로 판단하여야 한다.

검사 또는 사법경찰관의 압수·수색은 범죄수사에 필요한 때에 해당 사건과 관계가 있다고 인정할 수 있는 것에 한정하여 지방법원 판사에게 청구하여 발부받은 영장에 의하여 할 수 있다(형사소송법 제215조). 그리고 압수의 목적물이 저장매체인 경우에도, 마찬가지로 해당 사건과 관계가 있다고 인정할 수 있는 것에 한정하여 기억된 정보의 범위를 정하여 출력하거나 복제하여 제출받아야 한다(형사소송법 제219조, 제106조 제3항 본문). 다만 해당 사건과 관계가 있다고 인정할 수 있는 정보의 범위를 정하여 출력 또는 복제하는 방법이 불가능하거나 압수의 목적을 달성하기에 현저히 곤란하다고 인정되는 때에는 저장매체를 압수할 수 있으나(형사소송법 제106조 제3항 단서), 이는 위와 같이 해당 사건과 관계가 있다고 인정할 수 있는 범위 내에서 해당 기억된 정보를 출력하거나 복제함을 전제로 하여 허용된다. 또한, 검사 또는 사법경찰관이 압수한 위와 같은 압수물에 대하여 압수를 계속할 필요가 없다고 인정되는 경우에 소유자 등의 청구가 있는 때에는 환부나 가환부를 하여야 한다(형사소송법 제218조의2).

이러한 규정들을 종합하여 보면, 비록 적법한 압수·수색영장에 의하여 저장매체에 대하여 압수가 이루어졌다 하더라도 해당 사건과 관계가 있는 정보를 발견하지 못하였고 그 후 준항고 결정 시까지의 사정에 비추어 향후에도 그 발견 가능성이 인정되지 아니하는 경우이거나, 해당 사건과 관계가 있는 정보가 수록되어 있기는 하지만 이를 해당 사건의 증거로 사용하기에는 부족하여 범죄수사를 위하여 저장매체를 압수할 필요 없음이 밝혀진 경우에는, 그 저장매체에 대한 압수처분은 영장에서 정한 압수·수색의 목적이나 필요성의 범위를 벗어나 이루어진 것으로서 실질적으로 위법하거나 적어도 더 이상 이를 유지시킬 필요가 없다고 할 것이다.

(2) 다수의견이 설시한 것처럼 제1영장에 의한 압수·수색 과정에서 이 사건 저장매체 자체를 봉인하여 한 현장 압수 및 그에 수록된 전자정보파일 전부를 '이미징'의 방법으로 다른 저장매체로 복제한 제1처분의 절차 자체에는 별다른 위법이 없다. 그렇지만 기록에 의하면, 검사는 제1처분 후 이 사건 저장매체에 수록된 전자정보파일 중에서 제1영장 기재 혐의사실과 관련한 증거를 발견하기는 하였으나 이미 확보하고 있는 다른 증거들과 중복되는 등 증명력이 미약한 것으로 판단하여 제1영장 기재 혐의사실과 관련하여 준항고인 1 등이 배임으로 기소된 사건에서 검사가 제1영장에 기한 압수·수색으로 취득한 증거를 제출하지 않았음을 자인하고 있으며, 오히려 원심결정 이후 제1영장 기재 혐의사실과 관련하여 무죄가 선고되어 확정되었음을 알 수 있다. 그리고 제1영장에는 '압수의 방법'으로 '범죄사실과 직접 관련된 전자정보와 직접 관련되지 않은 전자정보가 혼재된 전자정보장치는 그 소유자 등이 동의하지 않는 한 그 전부를 사본하거나 이미징하여 압수할 수 없고, 범죄사실과 관련된 전자정보는 참여인의 확인을 받아 하드카피·이미징하거나 출력물을 수집하는 방법으로 압수함(다만 하드카피·이미징 또는 문서의 출력을 할 수 없거나 상당히 곤란한 경우에는 컴퓨터 저장장치 자체를 압수할 수 있고, 이 경우에는 수사에 필요한 상당한 기간이 경과한 후에 지체 없이 반환하여야 함)'이라는 취지가 기재되어 있는데, 이는 범죄수사에 필요한 범위 내에서 압수·수색할 수 있음을 전제로 하여 범죄사실과 직접 관련된 전자정보가 아니라면 압수할 수 없음을 정한 것으로서 범죄수사에 필요 없는 컴퓨터 저장장치 자체가 압수되었다면 제1영장에 따라 지체 없이 반환하여야 할 것이다.

이러한 사정을 앞서 본 법리에 비추어 보면, 비록 제1영장 기재 혐의사실과 관계가 있는 전자정보파일을 탐색·출력하기 위하여 필요하다고 인정하여 이 사건 저장매체 자체를 압수하였고 검사가 제1처분 후 이 사건 저장매체에 수록된 전자정보파일 중에서 위 혐의사실과 관련한 전자정보파일을 일부 발견하였다고 하더라도, 그 전자정보파일을 증거로 사용하기에 부족하여 결국 위 혐의사실 수사를 위하여 위 전자정보파일이나 이를 수록한 이 사건 저장매체를 압수할 필요가 없음이 밝혀진 이상, 수사기관은 더 이상 제1처분으로 인하여 취득한 이 사건 저장매체에 관한 이미징 복제본을 보유할 수 없고 오히려 이를 삭제·폐기하는 등의 방법으로 피압수자에게 반환하여야 할 것이다. 결국, 이 사건 저장매체에 관하여 이루어진 제1처분은 제1영장에서 정한 압수의 목적 내지 필요성의 범위를 벗어나 이루어진 것으로서 위법하다고 볼 수 있고, 더 이상 이를 유지시킬 필요가 없어 취소함이 타당하다.

따라서 원심결정의 이유설시에 적절하지 않은 부분이 있으나, 위법한 제2·3처분 외에 제1처분까지 취소한 원심의 결론은 수긍할 수 있다.

라. 위에서 살핀 것과 같이 제1처분에 관한 재항고를 기각하여야 한다는 점에서 다수의 견과 결론이 같다.

그렇지만 그 이유는, 다수의견과 같이 제1영장에 의한 압수·수색이 종료된 이후에 는 전체 압수·수색 과정을 하나의 절차로 파악하여야 함에 따라 제2·3처분의 중대 한 위법으로 인하여 절차적으로 적법하였던 제1처분까지 함께 취소되어야 하기 때 문은 아니다. 제2·3처분이 위법하다는 다수의견의 견해는 타당하지만, 다수의견과 달리 제1처분의 취소 여부는 제2·3처분과 독립적으로 판단되어야 하며, 다만 이 사 건에서는 위에서 본 것과 같은 사유로 제1영장에서 정한 압수의 목적 내지 필요성의 범위를 벗어나는 제1처분의 결과물을 더 이상 수사기관이 보유할 수 없음에 따라 제 1처분이 취소되어야 한다.

이상과 같이 제1 처분에 관한 다수의견의 결론에는 찬성하나 그 이유는 달리함이 타 당하므로, 별개의견으로 이를 밝혀둔다.

5. 제1·2·3처분에 관한 대법관 김창석, 대법관 박상옥의 반대의견은 다음과 같다.

가. 기본적 인권 보장을 위하여 압수·수색에 관한 적법절차와 영장주의의 근간을 선언 한 헌법과 이를 이어받아 실체적 진실 규명과 개인의 권리보호 이념을 조화롭게 실 현할 수 있도록 압수·수색 절차에 관한 구체적 기준을 마련하고 있는 형사소송법의 규범력은 확고히 유지되어야 한다. 그러므로 헌법과 형사소송법이 정한 절차에 따르 지 아니하고 수집한 증거는 기본적 인권 보장을 위해 마련된 적법한 절차에 따르지 않은 것으로서 원칙적으로 유죄 인정의 증거로 삼을 수 없다.

다만, 법이 정한 절차에 따르지 아니하고 수집한 압수물의 증거능력 인정 여부를 최 종적으로 판단함에 있어서는, 실체적 진실 규명을 통한 정당한 형벌권의 실현도 헌 법과 형사소송법이 형사소송 절차를 통하여 달성하려는 중요한 목표이자 이념이므 로, 형식적으로 보아 정해진 절차에 따르지 아니하고 수집한 증거라는 이유만을 내 세워 획일적으로 그 증거의 증거능력을 부정하는 것 역시 헌법과 형사소송법이 형 사소송에 관한 절차 조항을 마련한 취지에 맞는다고 볼 수 없다. 따라서 수사기관 의 증거 수집 과정에서 이루어진 절차 위반행위와 관련된 모든 사정, 즉 절차 조항 의 취지와 그 위반의 내용 및 정도, 구체적인 위반 경위와 회피 가능성, 절차 조항이 보호하고자 하는 권리 또는 법익의 성질과 침해 정도 및 피고인과의 관련성, 절차 위 반행위와 증거수집 사이의 인과관계 등 관련성의 정도, 수사기관의 인식과 의도 등 을 전체적·종합적으로 살펴볼 때, 수사기관의 절차 위반행위가 적법절차의 실질적 인 내용을 침해하는 경우에 해당하지 아니하고, 오히려 그 증거의 증거능력을 배제 하는 것이 헌법과 형사소송법이 형사소송에 관한 절차 조항을 마련하여 적법절차의 원칙과 실체적 진실 규명의 조화를 도모하고 이를 통하여 형사 사법 정의를 실현하 려 한 취지에 반하는 결과를 초래하는 것으로 평가되는 예외적인 경우라면, 법원은 그 증거를 유죄 인정의 증거로 사용할 수 있다고 보아야 한다(대법원 2007.11.15. 선고 2007도3061 전원합의체 판결 참조).

나. 이러한 판례의 법리에 따르면, 법이 정한 압수·수색 절차에 따르지 아니하고 수집한 증거라 하더라도 그 점만으로 곧바로 유죄 인정의 증거로 삼을 수 없다고 단정할 것은 아니고, 그 증거의 증거능력을 배제하는 것이 헌법과 형사소송법이 형사소송에 관한 절차 조항을 마련하여 적법절차의 원칙과 실체적 진실 규명의 조화를 도모하고 이를 통하여 형사 사법 정의를 실현하려 한 취지에 반하는 결과를 초래하는 것으로 평가되는 예외적인 경우인지 여부를 살펴본 다음, 증거능력을 인정할지 여부를 최종적으로 판단하여야 한다. 따라서 위법하게 수집한 증거라는 이유만으로 증거능력이 배제된다는 필연적인 결론이 도출되는 것은 아니다.

이처럼 법이 정한 압수·수색 절차에 따르지 아니하고 수집한 증거라는 이유만으로 증거능력이 배제된다고 볼 수 없는 이상, 압수·수색 절차에 위법한 점이 있다는 이유만으로 곧바로 압수·수색의 취소를 명할 수 없음도 분명하다. 위와 같이 예외적으로 증거능력이 인정될 수 있는 증거인지 여부는 결국 당해 사건의 공판과정에서 가려지게 될 것인데, 그 전 단계인 압수처분에 대한 준항고 절차에서 이를 판단하도록 하는 것은 적절하지도 않을뿐더러 자칫하면 장차 법정에서 증거능력이 인정되어 증거로 채택될 수 있는 압수물임에도 그 전 단계에서 증거로서의 사용 가능성이 원천적으로 배제되는 부당한 결과가 초래될 수 있기 때문이다. 요컨대 압수처분에 대한 준항고 절차에서는, 설령 그 압수·수색 절차에 위법이 있다고 하더라도 장차 그 압수물이 법정에서 증거능력이 부여될 수도 있다는 가능성을 염두에 두고, 절차위반의 정도가 중대하여 장차 증거로서의 사용 가능성을 원천적으로 배제하여야 할 정도에 이른 경우에 한하여 그 압수·수색의 취소를 명할 수 있다고 보아야 한다.

따라서 이 사건 제2·3처분 당시 피의자나 변호인을 참여시키지 않았다 하더라도 이 점만으로 곧바로 압수·수색의 취소를 명할 수는 없고, 그러한 위법의 정도가 중대하여 장차 법정에서 증거능력이 인정될 가능성조차도 없다고 볼 정도에 이르러야만 비로소 압수·수색을 취소할 수 있다 할 것이다. 그리고 이러한 압수·수색의 취소가 정당성을 얻기 위하여서는 압수·수색 과정에서의 피의자나 변호인의 참여권 침해가 영장주의 원칙의 본질적 부분을 침해한 것으로 평가될 수 있거나 실체적 진실 규명의 요청을 희생시켜서라도 반드시 관철되어야 할 정도의 중대한 절차위반이라는 점이 인정되어야 한다.

다. 그런데 다수의견은, 제1처분에는 별다른 위법이 없으나 제1처분 이후 피압수자 측에게 계속적인 참여권을 보장하는 등의 조치가 이루어지지 아니한 채 제1영장 기재 범죄혐의와 관련된 정보뿐만 아니라 그와 무관한 정보까지 임의로 재복제·출력한 제2·3처분은 위법하고, 이러한 제2·3처분의 위법이 중대하므로 제1영장에 기한 압수·수색은 모두 취소되어야 한다고 한다.

그러나 제1영장 기재 범죄혐의와 무관한 정보(이하 '무관정보'라 한다)와 제1 영장 기재 범죄혐의와 관련된 정보(이하 '유관정보'라 한다)를 구분하지 아니하고 무관정보에 대한 압수·수색만이 아니라 유관정보에 대한 압수·수색까지 취소하는 것이 타당하다는 다수의견의 결론은, 압수·수색에 있어 피의자나 변호인의 참여권을 보장하고 있는 형사소송법 제219조, 제121조의 취지와 그 위반의 효과를 잘못 이해하여, 절차적 적법성만을 지나치게 강조한 나머지 형사소송절차의 또 다른 이념인 실체적 진실 규명의 요청을 도외시한 것으로서 받아들이기 어렵다.

(1) 일반 물건에 대한 압수·수색의 경우와 마찬가지로 유관정보와 무관정보가 혼재되어 있는 저장매체에 대한 압수·수색에 있어 무관정보를 복제 또는 출력하는 행위가 위법함은 형사소송법 제215조가 규정하고 있는 영장주의 원칙에 비추어 당연하다. 이 점만으로도 무관정보에 관한 한 위법수집증거로서 증거능력이 부정되어야 하고, 따라서 무관정보를 복제 또는 출력한 행위 자체가 준항고 절차에서 취소될 수 있다 할 것이다.

또한, 피압수자 측의 참여권이 보장되지 않을 경우 수사기관으로서는 내부적으로 무관정보까지 임의로 탐색·복제·출력하고도 법원에는 유관정보만 증거로 제출하면 그만이고, 실제로 그와 같은 행위가 수사기관 내부에서 발생하는지 여부를 확인할 방법이 없으므로, 피압수자 측에게 압수·수색에 참여할 권리를 부여하여, 이들로 하여금 수사기관이 전자정보에 대한 압수·수색을 함에 있어 영장에서 허용된 범위를 넘어 무관정보를 임의로 복제 또는 출력하는지를 감시할 수 있도록 함으로써, 범죄혐의와 관계가 있다고 인정할 수 있는 것에 한정하여 압수를 허용하는 형사소송법 제219조, 제215조, 제106조 제1항의 규범력을 실효적으로 확보하고자 하는 절차적 보장 규정이 바로 형사소송법 제219조, 제121조가 규정하고 있는 피의자나 변호인의 참여권이다. 그러므로 무관정보의 복제 또는 출력 과정에서 피의자나 변호인의 참여권이 박탈된 것은 중대한 절차적 위법이라고 평가할 수 있으며, 이러한 절차를 통하여 취득된 무관정보는 이 점에서도 위법수집증거로서 증거능력이 부정될 수 있고, 따라서 무관증거를 복제 또는 출력한 행위 자체가 준항고 절차에서 취소될 수 있다.

그러나 유관정보에 대하여는 이와 달리 보아야 한다. 수사기관은 영장에 기재된 바에 따라 유관정보와 무관정보가 혼재되어 있는 저장매체에서 유관정보를 탐색하여 그 부분을 복제 또는 출력하는 형태로 유관정보를 적법하게 압수할 수 있는 것이므로, 유관정보의 압수에 대하여는 피의자나 변호인이 압수·수색 과정에서 어떠한 이의를 제기할 여지가 없고, 피의자나 변호인에게 참여권을 보장할 필요도 상대적으로 적다. 따라서 설령 참여권을 보장하지 않은 조치가 위법하다고 하더라도 그러한 사정만으로 곧바로 최종적으로 획득한 유관정보의 증거능력을 부정할 수는 없고, 유관정보에 대한 압수·수색 자체를 취소할 수도 없다 할 것이다.

(2) 다수의견은 참여권이 보장되지 않은 점과 유관정보뿐만 아니라 무관정보까지 복제·출력함으로써 영장주의를 위반한 점을 제1영장에 기한 제1·2·3처분의 취소를 정당화하는 사유로 들고 있는데, 무관정보를 복제·출력함으로써 영장주의를 위반한 점은 유관정보에 대한 압수·수색의 위법사유라고 볼 수 없으므로, 결과적으로 유관정보에 대한 압수·수색에 대하여는 참여권이 보장되지 않은 점만이 유일한 위법사유로 남게 된다. 그런데 앞서 본 예외적인 경우에 해당하는지 여부를 살펴보지 아니한 채 피압수자 측의 계속적인 참여 없이 복제·출력의 제2·3처분이 이루어진 이상 유관정보에 대한 압수·수색까지 모두 취소되어야 한다는 다수의견의 결론은, 압수·수색 과정에서 피의자나 변호인의 참여권 침해를 그 침해의 경위와 상황 및 내용 등에 관계없이 유관정보와 무관정보 전부에 대하여 무차별적으로 언제나 영장주의 원칙의 본질적 부분을 침해한 것으로 파악하거나 참여권 그 자체에 대하여 강력한 독자적인 적법절차로서의 지위를 부여하는 입장이라고 할 수 있다.

그러나 이는 이론적으로 근거가 없을 뿐만 아니라 실천적으로 타당하다고 할 수도 없다. 주로 무관정보가 영장 없이 임의로 복제·출력되는 것을 방지하기 위해 인정된 참여권이 보장되지 않았다고 하여 무관정보에 대한 압수·수색을 취소하는 것에서 나아가 유관정보에 대한 압수·수색까지 취소해야 한다고 보아야 할 근거는 형사소송법 어디에도 없다. 다수의견은 유관정보에 대한 압수·수색까지 취소하는 이유를 적법절차를 준수하지 아니한 수사기관에 대한 일종의 제재로 이해하고 있는 것으로 보이나, 이러한 이해는 적법절차의 원칙과 함께 추구되어야 하는 또 다른 형사소송의 이념인 실체적 진실 규명을 실질적으로 포기하는 결과에 이르게 된다. 이 점에서 다수의견은 균형과 조화를 잃은 해석이라고 볼 수밖에 없다.

예컨대 다수의견에 따르면, 수사기관이 살인 혐의와 관련된 전자정보를 압수·수색할 수 있는 영장을 발부받아 이 사건과 같은 절차로 영장이 집행되는 과정에서 살인의 혐의사실과는 전혀 무관한 절도 혐의와 관련된 정보 등을 복제·출력한 경우, 압수·수색 과정에 피압수자 측을 참여시키지 않았다고 하여 절도 혐의와 관련된 정보 등에 대한 압수·수색을 취소하는 것을 넘어서 살인 혐의와 관련된 정보에 대한 압수·수색까지 취소하여야 하는데, 이 같은 결론이 부당함은 이론의 여지가 없을 것이다.

나아가 수사기관이 살인 혐의와 관련된 전자정보를 압수·수색할 수 있는 영장을 발부받아 이 사건과 같은 절차로 영장이 집행되었다고 가정한 위의 예에서, 다수의견은 현장압수 및 저장매체에 저장되어 있는 전자정보파일 전부를 '이미징'의 방법으로 다른 저장매체로 복제한 제1처분에 아무런 위법이 없다는 점은 인정함에도, 그 이후의 압수·수색 과정에서 참여권이 보장되지 않은 이상, 이미징한 복제본을 외장 하드디스크에 재복제한 제2처분과 외장 하드디스크로부터 출력한 제3처분이 살인 혐의와 관련된 정보에 한정하여 이루어진 경우에도 그 압수·수색 처분은 모두 취소되어야 한다는 것으로 이해된다. 왜 이 같은 법리를 세워야 하는지 도무지 이해할 수가 없다.

(3) 만약 다수의견이 무관정보에 대한 압수·수색뿐만 아니라 유관정보에 대한 압수·수색도 함께 취소한 근거가 압수·수색영장에 기한 처분은 1개뿐임을 전제로 무관정보에 대한 압수·수색과 유관정보에 대한 압수·수색을 구분할 수 없다는 점을 근거로 삼고 있는 것이라면 이 또한 타당하다고 할 수 없다.

전자정보에 대한 압수·수색은 일련의 과정을 거쳐 이루어지게 되므로, 압수·수색을 구성하는 일련의 과정에서 이루어진 저장매체 압수, 이미징, 탐색, 복제 또는 출력 등의 행위를 개별적으로 나누어 그 처분의 적법성을 판단하는 것은 타당하다고 할 수 없으나, 그 처분의 적법성은 압수의 대상이 된 전자정보별로 달리 평가될 수 있다고 보아야 한다. 즉, 하나의 압수·수색영장에 기한 압수·수색이 외형상으로는 1개만 존재한다고 하더라도 관념적으로는 대상별로 수개의 압수·수색이 존재한다고 보아야 하고, 설령 하나의 압수·수색만이 존재하는 것으로 보아야 한다 하더라도 압수 대상 전자정보별로 가분적인 것으로 보아야 한다. 따라서 압수·수색의 적법성은 '대상별'로 전체적으로 판단되어야 하는 것이다.

예컨대, 하나의 압수·수색영장에 기하여 '갑' 물건과 '을' 물건이 압수되었는데, '갑' 물건은 영장 기재 혐의사실과 관련된 것이고 '을' 물건은 영장 기재 혐의사실과 전혀 무관한 것인 경우 법원이 준항고 절차에서 '을' 물건에 대한 압수·수색만을 취소할 수 있음은 당연하고, 이는 물건에 대한 압수·수색뿐만 아니라 전자정보에 대한 압수·수색에도 그대로 적용된다고 보아야 한다.

라. 이 사건에 돌아와 보건대, 설령 제2·3처분 당시 참여권이 보장되지 않았다고 하더라도 가장 중요한 절차라고 할 수 있는 현장압수 및 제1처분 당시 참여권이 보장되었다는 점, 유관정보에 대하여는 참여권 보장이 가지는 의미가 상대적으로 적은 점 등 제반 사정에 비추어 볼 때, 제1영장에 기한 압수·수색 중 유관정보에 대한 압수·수색이 영장주의 원칙의 본질적 부분을 침해한 것으로 평가될 수 있는 경우에 해당하거나 증거로서의 사용 가능성을 원천적으로 배제하여야 할 만큼 절차적 위법이 중대한 경우에 해당한다고 볼 수 없으므로, 결국 이를 취소할 만한 위법이 있다고 할 수 없다.

그럼에도 이와 다른 전제에서 제1영장에 기한 압수·수색 중 무관정보에 대한 압수·수색뿐만 아니라 유관정보에 대한 압수·수색까지 취소한 원심의 조치는 압수·수색의 적법성이나 영장주의의 적용 범위에 관한 법리를 오해하여 판단을 그르친 것이다.

따라서 원심으로서는 제1영장에 기한 압수·수색 중에서 취소되어야 할 무관정보가 무엇인지에 관하여 추가로 심리·판단하여야 한다. 결국 원심결정 중 제1영장에 기한 압수·수색 부분은 그 전부가 파기되어야 한다.

이상과 같은 이유로 제1·2·3처분에 관하여 다수의견에 반대하는 취지를 밝힌다.

6. 제1처분에 관한 대법관 권순일의 반대의견은 다음과 같다.

가. 다수의견은, 제1영장에 기한 제1처분은 적법하지만 제2·3처분에 중대한 위법이 있는 만큼 제1영장에 기한 압수·수색은 전체적으로 위법하다고 평가함이 상당하고, 따라서 제1·2·3처분을 모두 취소한 원심의 결론은 정당하다고 하나, 다음과 같은 이유로 제1처분까지 취소한 다수의견에 동의할 수 없다.

나. 형사소송법 제417조에서 규정하는 수사기관의 압수에 관한 처분의 취소를 구하는 준항고는 항고소송적 성질을 가지는 접견불허가처분에 대한 준항고 등과는 달리 수사기관에 의한 증거수집 과정의 절차적 적법성을 확보하고 이를 사법적으로 통제하기 위한 것이다. 따라서 준항고법원은 구체적인 사안에서 수사기관의 압수에 관한 처분을 취소할 것인지 여부 및 취소한다면 그 취소의 범위를 어떻게 정할 것인지를 수사기관의 증거수집 과정에 있어서 영장주의 등 절차적 적법성을 확보하고 국민의 기본권을 보장하여야 할 필요와 실체적 진실 규명의 요청을 비교 형량하여 형사법적 관점에서 독자적으로 판단하여야 한다.

수사기관이 수사상 행하는 처분인 압수·수색 등은 피의자나 대상자의 동의 등에 기하여 임의적으로 행해질 수도 있고, 그 의사에 반하여 또는 그 의사를 묻지 아니하고 강제적으로 행해질 수도 있는데, 강제적으로 행하여질 때에는 헌법 제12조 제3항, 형사소송법 제215조에 규정한 영장주의 원칙에 의하여 법관으로부터 영장을 발부받아 하여야 함은 당연하다. 피의자 등 관계자가 압수·수색에 동의하여 그 처분에 착수한 후에 동의를 철회하고 후속처분의 중지를 요구한 경우에는 영장주의의 취지에 비추어 영장을 발부받은 후에 후속처분을 행하여야 할 것이지만, 그렇다고 하여 임의제출 등에 의하여 이미 적법하게 행하여진 압수처분까지 소급하여 그 효력을 부인할 것은 아니다.

수사기관의 압수·수색은 압수할 물건을 찾기 위하여 사람의 신체, 물건 또는 주거 기타의 장소 등에서 대상을 찾는 행위로부터 시작하여 대상 물건의 점유를 취득하여 이를 반출·영치하는 일련의 과정으로 이루어지는데, 만약 압수할 물건이 저장매체인 경우에는 원칙적으로 기억된 정보의 범위를 정하여 출력하거나 복제하여 제출받아야 하고, 이러한 방법이 불가능하거나 압수의 목적을 달성하기에 현저히 곤란하다고 인정되는 때에 한하여 저장매체 등을 압수할 수 있다(형사소송법 제106조 제3항, 제219조). 압수한 저장매체 등으로부터 해당 사건과 관계가 있다고 인정되는 정보를 출력·복제하는 과정 또한 그 저장매체에 영장 기재 범죄사실과 관계가 있는 정보 외에 이와 무관한 다른 정보가 포함되어 있는지 여부, 저장매체에 저장되어 있는 정보의 양과 종류 및 그 속성, 피의자 등 관계자가 저장매체에 저장되어 있는 정보를 삭제하였거나 암호화하였는지 여부, 피압수자 측이 압수·수색에 협조적인지 여부 및 피압수자 측이 압수·수색 과정에 참여하였는지 여부 등 여러 사정에 따라 매우 다양한 방법으로 행하여진다. 이와 같이 수사기관이 압수·수색을 하는 과정에서 형사소송법 등에서 정한 제반 절차조항을 모두 따르지 못하는 경우가 실무상 적지 아니하고, 오히려 수사기관이 그 과정에서 행한 제반 처분이 적법한지 여부에 관하여 사후적으로 다툼이 발생할 가능성이 매우 크다. 그러므로 피의자 등 관계자가 수사기관이 행한 압수·수색에 관한 처분의 취소를 구하는 경우에 준항고법원으로서는 당해 처분이 과연 해당 사건과 관계가 있다고 인정할 수 있는지 여부('실체적 요건'이라 한다) 및 압수·수색 과정에 당사자나 그 변호인 등이 참여하였는지 여부 등('절차적 요건'이라 한다)을 종합적으로 살펴서 그 취소 여부를 결정하여야 한다.

다수의견은 일련의 행위가 모두 진행되어 압수·수색이 종료된 이후에는 특정단계의 처분만을 취소하더라도 그 이후의 압수·수색을 저지한다는 것을 상정할 수 없고 수사기관으로 하여금 압수·수색의 결과물을 보유하도록 할 것인지가 문제 될 뿐이므로, 준항고인이 일련의 과정을 단계적·개별적으로 구분하여 각 단계의 개별 처분의 취소를 구하더라도 준항고법원으로서는 그 구분된 개별 처분의 위법·취소 여부를 판단할 것이 아니라 일련의 압수·수색 과정 전체를 하나의 절차로 파악하여 전체적으로 압수·수색 처분을 취소할 것인지를 가려야 한다고 한다. 그러나 형사소송법 제417조는 "검사 또는 사법경찰관의 … 압수에 관한 처분 … 에 대하여 불복이 있으면 … 법원에 그 처분의 취소 또는 변경을 청구할 수 있다"고 규정하고 있을 뿐이므로, 일련의 과정을 거쳐 단계적으로 이루어지는 압수·수색 과정에 여러 개의 처분이 있을 경우 전체를 하나의 절차로 파악하여 위법 여부를 판단하여야 한다는 다수의견의 해석론은 형사소송법 제417조에서 곧바로 도출되는 것이라고 보기 어려울 뿐만 아니라 형사소송절차의 실제에서도 검사는 적법한 압수처분에 기하여 수집된 증거를 사용할 수 있는 것이므로, 그 압수처분 이후에 이루어진 다른 압수처분에 어떠한 잘못이 있다고 해서 적법하게 수집된 증거의 효력까지 소급하여 부정할 것은 아니라고 본다. 이 점은 피의자 등 관계자의 동의 아래 임의제출 등으로 적법하게 압수처분이 이루어진 뒤에 그 동의를 철회하고 후속처분의 중지를 요구받았다 하여 이미 이루어진 압수처분의 효력이 부정될 수 없는 것과 마찬가지이다.

다. 이 사건에 돌아와 보건대, 검사가 제1영장을 발부받아 이 사건 저장매체 자체를 관계자의 동의하에 압수하여 반출한 처분 자체는 준항고인들도 적법한 것으로 인정하고 있고, 검사는 그 저장매체를 '이미징' 방법으로 복제한 후에 준항고인들에게 반환하였음을 알 수 있다. 그리고 검사가 이 사건 저장매체를 이미징 방법으로 복제한 처분이 위법하다고 볼 수 없음은 다수의견도 인정하고 있다. 그럼에도 불구하고 다수의견이 그 이후에 이루어진 압수·수색에 어떠한 잘못이 있다는 이유로 적법하게 이루어진 이미징 복제 처분까지 취소하는 것은 아마도 검사로 하여금 이미징 복제본을 보유하지 못하도록 하기 위한 것으로 보인다. 그러나 검사가 보유하고 있는 이미징 복제본은 그곳에 저장되어 있는 전자정보 중에서 영장 기재 범죄사실과 관련 있는 정보를 탐색하고 이를 출력 또는 복제하는 과정이 모두 종료됨으로써 보전의 필요성이 없어진 때, 즉 압수·수색이 전체로서 종료된 때에는 삭제·폐기되어야 한다. 그런데 이 사건에서 제1영장에 기한 압수·수색이 모두 종료되어 검사가 이미징 복제본을 보전할 필요성은 이미 상실되었으므로, 이 사건 저장매체를 이미징의 방법으로 복제한 단계의 처분이 별도로 취소되지 않더라도 이미징 복제본은 당연히 삭제·폐기되어야 하고, 따라서 이미징 복제본을 삭제·폐기하도록 하기 위하여 다수의견과 같이 취소의 범위를 확대할 현실적인 이유는 없다고 본다.

결국, 검사가 당사자를 참여시키지도 아니한 채 위 복제본을 자신이 소지한 외장 하드디스크에 재복제한 처분 및 그 하드디스크로부터 제1영장 기재 범죄사실과 무관한 정보까지 함께 출력한 처분 등은 압수·수색에 관한 실체적·절차적 요건을 갖추지 못한 것으로서 위법하므로 취소되어야 마땅하지만, 그렇다고 하여 적법하게 이루어진 선행처분까지 소급하여 모두 위법하게 되는 것은 아니므로 취소의 대상이 된다고 볼 수 없다.

따라서 원심결정 중 검사가 이 사건 저장매체를 이미징 방법으로 복제한 처분까지 취소한 부분은 파기되어야 한다.

이상과 같은 이유로 위 부분에 대하여 다수의견에 반대하는 취지를 밝힌다.

7. 제1·2·3처분에 관한 다수의견에 대한 대법관 이인복, 대법관 이상훈, 대법관 김소영의 보충의견은 다음과 같다.

가. 우리 헌법은 제12조에서 "누구든지 법률에 의하지 아니하고는 … 압수·수색 … 을 받지 아니하며"(제1항), "… 압수 또는 수색을 할 때에는 적법한 절차에 따라 검사의 신청에 의하여 법관이 발부한 영장을 제시하여야 한다"(제3항)라고 정하여 압수·수색에 관한 적법절차와 영장주의의 원칙을 선언하고 있다. 이에 따라 압수·수색 여부를 수사기관의 전적인 재량에 맡기는 영장의 발부는 금지되고, 압수·수색영장에는 피의자의 성명, 죄명 외에도 압수할 물건, 수색할 장소, 신체, 물건, 발부연월일, 유효

기간, 압수·수색의 사유 등을 기재하여야 하며, 영장의 청구서에도 위 사항을 기재하여야 한다(형사소송법 제219조, 제114조 제1항, 형사소송규칙 제58조, 제107조). 뿐만 아니라 형사소송법은 압수·수색영장의 집행에 있어서도 영장의 제시(제219조, 제118조), 야간집행의 제한(제219조, 제125조), 당사자의 참여 및 참여권자에의 사전통지(제219조, 제121조, 제122조), 책임자의 참여(제219조, 제123조) 등 각종 절차적 제한규정을 두고 있는데, 이러한 절차는 영장주의에 의한 적법한 집행을 확보하고, 피압수자 측의 사생활의 비밀과 자유, 주거의 자유, 경제활동의 자유 등의 기본적 인권을 보호하기 위한 것이므로, 전자정보에 대한 압수·수색에서도 영장주의 원칙이 관철되어야 하고 수사기관의 자의적인 판단에 의한 압수·수색이 이루어져서는 아니 된다.

더욱이 압수의 목적물이 컴퓨터용 하드디스크나 휴대전화기 등 전자정보가 저장된 대용량의 저장매체일 경우, 그 안에는 수많은 문서, 동영상, 사진 등이 파일 형태로 저장되고, 그 파일을 작성한 시간, 인터넷 접속기록 등이 세세하게 기록되어 있으며, 향후 과학기술이 발전할수록 기존의 법률이 예상조차 할 수 없었던 엄청난 양의 정보가 담기게 될 가능성이 있다. 또한, 원격지 서버에 저장되어 있는 정보라도 영장에 기재된 수색장소에서 해당 서버 또는 웹사이트에 접속하여 범죄와 관련된 이메일 등 전자정보를 복제하거나 출력하는 방법으로 하는 압수·수색도 가능하다. 이러한 전자정보는 개인의 행동을 시간, 장소적으로 재구성할 수 있게 할 뿐만 아니라 개인의 내밀한 생각까지 포함하고 있는 경우가 많아 그 보유자가 대체로 타인과 공유하는 것을 원하지 않는 것인데도 그 정보의 무한 복제가 가능하다. 전자정보에 대한 압수·수색에 있어서 영장주의의 정신을 살리기 위해서는 전자정보의 이러한 특성에 비추어 보다 세심한 접근이 필요하고, 수사기관이 찾고자 하는 물건이 그 물건의 외적 특성을 통해 구별되거나 문서 사본의 존재가 유한한 종전의 일반적인 물건에 대한 압수·수색에 관한 제한 이론만으로는 개인이나 기업의 정보 대부분을 담고 있는 전자정보에 대한 부당한 압수·수색으로부터 헌법이 보장하는 국민의 기본적 인권을 보호하고 제대로 지켜 낼 수 없다.

나. 압수의 목적물인 전자정보가 대용량 저장매체에 무관정보들과 혼재되어 저장되어 있는 경우에 수사기관은 일정한 범위를 정해 탐색하는 등으로 유관정보를 선별하여 복제하거나 출력하는 방법으로 압수·수색하는 것이 원칙이고, 저장매체 또는 복제본을 그 소재지에서 외부로 반출하여 압수·수색하는 것은 예외적으로만 허용된다. 예외적 방법은 수사기관이 한정된 시간 내에 압수·수색 장소에서 유관정보 모두를 탐색하는 것이 현저히 곤란하다는 사정이 있기 때문에 허용되었을 뿐이고, 피압수자 측이 저장매체의 외부 반출에 동의한 경우라도 이는 수사 인력이 압수·수색 장소에서 장시간 체류하는 것에 대한 압박감, 수사를 받고 있는 상황에서 수사기관의 요구를 거부하는 것에 대한 부담감 때문이지 수사기관이 무관정보까지 샅샅이 탐색하여

압수하는 데 동의한 것이라고 볼 수는 없다. 물론 법관으로서도 그와 같은 무관정보까지 압수·수색할 수 있게 하기 위해 영장을 발부해 준 것은 아니다.

따라서 탐색 결과 무관정보를 압수한 것이 밝혀진 부분에 대해서는 그 자체로 영장주의에 위반하여 위법하게 되는 것이고, 영장이 압수를 허용한 유관정보 부분만이 참여권 보장 등 적법절차의 준수 여부를 따질 의미가 있는 것이다.

다. 대용량 저장매체는 저장된 정보의 양이 방대하고 어느 것이 범죄혐의와 관련된 것이고 어느 것이 범죄혐의와 관련되지 않은 것인지를 구별하기가 용이하지 아니하여 유관정보를 선별하기 위해서는 일정 부분 정보의 내용을 살펴볼 수밖에 없다. 이 국면에서 수사기관의 압수·수색에 피의자 또는 변호인, 책임자 등의 참여를 보장하는 형사소송법 제219조, 제121조, 제123조의 규정이 영장에 의한 적법한 압수·수색을 사전에 실효성 있게 확보하기 위한 제도적 수단으로서 중요하게 작용할 수 있다.

수사기관이 저장매체에 대한 압수·수색 과정에서 피압수자 측에게 참여의 기회를 주지 않게 되면 수사기관은 무관정보를 제한 없이 취득할 수 있게 되어 압수·수색의 대상을 유관정보에 한정한 영장의 적법한 집행을 확보할 수 없게 된다. 수사기관이 위법하게 취득한 무관정보를 별도의 범죄수사를 위한 단서로만 사용하고 그 별도의 범죄사건에 증거로 활용하지 않는 이상, 영장을 발부한 법관으로서는 사후에 이를 알아내거나 실질적으로 통제할 아무런 방법이 없다. 수사기관이 압수·수색 과정에 피압수자 측에게 참여의 기회를 주지 않았음에도 유관정보에 대한 압수가 적법하다고 하게 되면 어떠한 수사기관도 피압수자 측을 참여시키려고 하지 않을 것이고, 실제로는 아무 제한 없이 압수한 저장매체에 저장된 전자정보를 탐색하여 취득할 수 있는 권한을 수사기관에 주는 것과 마찬가지인 것이다. 이메일과 같은 전자정보는 통상 피의자 아닌 사람의 저장매체나 웹서버에도 동일한 내용의 전자문서가 존재하기 때문에 수사기관이 일단 범죄의 단서를 잡으면 다른 적법한 방법으로 동일 또는 유사한 내용의 증거물을 확보하는 것이 그다지 어렵지 않기도 하다.

법관이 헌법과 형사소송법의 규정에 의하여 유관정보에 한정하여 발부한 영장을 수사기관이 자의와 재량에 의하여 저장매체에 저장되어 있는 전자정보 전부를 압수·수색할 수 있는 영장으로 변모시켜서는 아니 되는 것이므로, 전자정보에 대한 압수·수색의 중요과정에 피압수자 측의 참여권을 전혀 보장하지 아니하는 것은 영장주의 원칙을 위반한 것과 동일한 정도의 적법절차 위반이 되어 그 위법의 정도가 중대하다고 보아야 한다.

그러므로 이 사건에서 제1처분에 별다른 위법이 없더라도 피압수자 측에게 참여권을 보장하지 아니한 채 임의로 전자정보를 재복제·탐색·출력한 제2·3처분은 무관정보를 출력한 부분을 제외하더라도 적법절차에 반하는 것이고, 그 절차적 위법은 앞서 본 헌법상 적법절차와 영장주의의 실질적 내용을 침해하는 중대한 위법에 해당한다고 보아야 한다.

라. 제1·2·3처분에 관한 반대의견은 압수의 대상이 되는 전자정보별로 압수·수색의 적법성을 달리 평가하여야 한다면서, 압수·수색 과정에서 피압수자 측의 참여권을 보장하지 않았더라도 이를 중대한 위법이라고 할 수 없으므로 유관정보에 대한 압수·수색을 취소할 수 없다고 주장한다.

그러나 법원이 유관정보에 대한 압수·수색만을 적법하다고 하기 위해서는 위 반대의견이 제시하는 바와 같이 압수·수색 처분 중에서 취소되어야 할 무관정보가 무엇인지를 일일이 심리·판단하여야 하는데, 이는 수사기관의 압수·수색에 중대한 위법으로 발생한 결과를 제거하기 위한 법원의 조치로서 적절한 것이라고 할 수 없다.

피압수자 측에 대한 참여권의 보장은 형사소송법 제219조, 제122조를 준용하여 피압수자 측에 통지하여 참여할 수 있는 기회를 부여하면 족하고, 통지가 불가능하거나 피압수자 측이 참여를 포기하면 수사기관이 단독으로 진행하면 될 것이다. 그리고 이때 참여 기회를 보장받아야 하는 사람은 피의자와 변호인, 책임자뿐만 아니라 그들로부터 위임을 받은 자 등도 포함한다고 해석할 수 있으므로, 압수·수색 현장에서 전자정보에 대한 탐색과 복제, 출력 등을 진행하는 본래의 압수·수색 방식과 비교하면 이러한 참여 기회의 보장이 비현실적이라거나 특별히 수사기관에 가중된 의무나 부담을 지우는 것이라 할 수 없다. 그럼에도 수사기관이 실제로 필요한 정보를 획득하게 되는 정보의 탐색·복제·출력 과정에서 피압수자 측에 참여의 기회조차 부여하지 않는 것은 특별한 사정이 없는 이상 절차적 위법이 중대하다고 보아야 한다.

마. 실체적 진실의 발견이 형사소송의 목표이자 중요한 이념임은 부인할 수 없다. 그러나 객관적 진실 규명이 저해되거나 불가능하게 되더라도 경우에 따라서는 우선하는 가치의 실현을 위하여 이를 포기하지 않으면 안 되는 경우가 있다. 실체적 진실의 발견은 기본적 인권의 보장을 위하여 헌법이 규정하고 있는 적법절차의 테두리 내에서만 빛날 수 있다.

저장매체에 저장되어 있는 일체의 전자정보는 개인이나 기업의 일생 내지 영업비밀 등 사업 전체를 드러내는 일기장과도 같다. 국가가 피의자에 대하여 어느 하나의 범죄혐의만을 소명하면 그로부터 압수한 전자정보 전체를 사실상 탐색·복제할 수 있다고 함으로 인하여 발생할 법익의 침해 가능성은 피의자가 저지른 범죄로 인하여 침해된 이익보다 결코 작지 않다. 과거에 국가에 의한 부당한 공권력의 행사로부터 신체의 자유가 소중하였듯이 정보화 사회에서 전자정보에 대한 자기결정권은 소중한 것이다. 나아가 불법적인 압수·수색으로부터의 자유, 사생활의 자유는 오랜 역사적 경험과 연원을 두고 우리 헌법이 보장하고 있는 중요한 헌법적 가치이기도 하다.

전자정보에 대한 개인 및 기업의 의존이 심화되고 그 분석기술 또한 발전하고 효율화될수록 수사기관은 영장주의나 다른 적법절차 규정을 잠탈하고서라도 범죄를 진압하고 사전에 예방하겠다는 강한 욕구를 느끼게 될 것이다. 과거 피의자의 진술이 가장 중요한 증거로 인식되던 시대에, 피의자의 진술거부권은 헌법이 보장하는 권리에 터 잡은 것이므로 수사기관이 피의자를 신문함에 있어 피의자에게 미리 진술거부권을 고지하지 않은 때에는 그 진술의 임의성이 인정되는 경우라도 위법하게 수집된 증거로서 증거능력이 부인되어야 한다고 한 판례의 정신은 오늘날과 같은 디지털 시대에 전자정보를 대상으로 한 압수·수색에 대하여 그대로 관철될 필요가 있다.

전자정보에 대한 압수·수색에 있어 참여권이 가진 중요성을 간과할 경우 사실상 수사기관의 별건 압수·수색이나 포괄적 압수·수색을 허용하는 결과를 초래하게 될 우려를 쉽게 놓을 수 없다. 형사소송법 제121조, 제123조에 의한 당사자의 참여권을 보장하지 아니한 일정한 경우에 유관정보에 대한 압수처분까지 취소하는 것은 수사기관을 제재하기 위한 것이 아니라 형사소송법이 정한 절차조항의 규범력을 확보함으로써 전자정보에 대한 압수·수색에도 헌법상 적법절차와 영장주의 원칙을 관철하기 위한 불가피한 수단인 것이다.

이상과 같이 다수의견에 대한 보충의견을 밝힌다.

8. 제1·2·3처분에 관한 반대의견에 대한 대법관 김창석의 보충의견은 다음과 같다.

　가. 다수의견에 대한 보충의견은 수사기관이 압수·수색 과정에 피의자나 변호인에게 참여의 기회를 주지 않았음에도 유관정보에 대한 압수처분이 적법하다고 하게 되면 수사기관이 피의자나 변호인을 참여시키려고 하지 않을 것이고 실제로는 아무런 제한 없이 압수한 저장매체에 저장된 전자정보를 탐색하여 취득할 수 있는 권한을 수사기관에게 주는 것과 마찬가지라고 주장한다.

그러나 대검 원격공조시스템에 복제·저장된 이미징 파일을 검사의 하드디스크에 재복제하여 저장하는 제2처분이나 검사의 하드디스크에 저장된 정보를 문서로 출력하는 제3처분의 과정에 피의자나 변호인을 참여시킴으로써 압수·수색의 절차적 적법성을 확보한다 하더라도 다수의견에 대한 보충의견이 주장하는 것과 같은 우려가 사라지는 것은 아니다. 왜냐하면 그와 같은 적법절차를 거쳐 압수·수색을 한다 하더라도 대검 원격공조시스템에 복제·저장된 이미징 파일이 남아있는 한 수사기관은 적법절차에 따라 행하여지는 압수·수색과는 별도로 저장된 전자정보를 탐색하여 취득할 수 있기 때문이다.

이 점으로부터 알 수 있는 것처럼 수사기관의 무관정보에 대한 탐색의 가능성을 제거하는 것은 피의자나 변호인의 참여를 통하여 달성할 수 있는 것이 아니고 저장매체 원본을 이미징의 방법으로 대검 원격공조시스템에 복제·저장하는 제1처분의 과정에서 유관정보 이외의 무관정보가 복제·저장되는 것을 막을 수 있는 조치를 강구할 때에만 가능하다고 할 수 있다. 또한, 이 사건에서와 같이 저장매체 원본의 압수 시점으로부터 출력에 이르는 시점까지 1개월 가까이 경과되기도 하는데 그 기간 동안 다른 특별한 조치를 취하지 아니한 상황에서 중단 없이 지속적으로 피의자나 변호인의 감시 상태에 두지 않는 한 수사기관의 임의 복제·출력의 가능성은 그대로 남게 된다. 이 같은 오랜 기간 동안 피의자나 변호인의 중단 없는 감시를 요구하는 것은 매우 비현실적인 것으로 보인다.

나. 이상에서 살펴본 것처럼 이 사건과 같이 압수·수색 과정이 이미 종료된 후에 압수·수색 과정에 피의자나 변호인을 참여시키지 않았음을 이유로 유관정보에 대한 압수처분까지 취소하는 것은 결코 무관정보에 대한 탐색이나 복제·출력을 방지하는 실효적인 방책이 될 수는 없다.

전자정보에 대한 압수처분의 취소는 저장매체 원본을 이미징의 방법으로 대검 원격 공조시스템에 복제·저장하는 제1처분의 과정에서 유관정보 이외의 무관정보가 복제·저장되는 것을 막는 금지 조치로서 구하는 부작위 청구권으로 행사되거나 이에 대한 조치가 행하여지지 아니한 채 제1처분이 이루어지거나 그 이후의 제2·3처분까지 이루어진 때에는 이미 지적한 것처럼 비현실적이기는 하지만 피의자나 변호인의 참여가 중단 없이 이루어진 경우에 한하여 그 압수·수색 처분의 위법상태를 제거하기 위한 원상회복 조치로서 구하는 작위 청구권으로 행사되어야 비로소 의미를 갖는다고 생각된다.

이 같은 조치 없이 압수·수색 과정이 진행되어 수사기관이 이미 무관정보를 취득한 상태라면 이러한 금지 조치나 원상회복 조치는 더 이상 청구할 실익이 없으므로 압수처분의 취소는 별다른 의미가 있다고 보기 어려우며, 수사기관이 무관정보를 증거로 제출할 경우 영장주의에 위반하여 수집한 위법수집증거로서 증거능력을 배제하는 것이 원칙적인 의미를 갖게 된다고 할 것이다.

다. 다수의견의 문제의식에는 전적으로 의견을 같이 한다. 그럼에도 다수의견의 논리에 함께할 수 없는 이유는 다수의견이 세운 법리가 가져오는 부작용은 매우 큰 반면, 의도하는 목적을 달성하는 데에는 그다지 효과가 없다는 점에 있다. 전자정보의 무분별한 압수·수색에 대한 사법적 통제는 전자정보의 압수·수색 절차가 갖는 특수성과 기술적 측면 등을 세밀하게 고려한 다음, 보다 정교한 입법이나 법리의 구축을 통하여 시도하여야 할 것으로 본다.

이상과 같이 반대의견에 대한 보충의견을 밝힌다.

대법원장 양승태(재판장) 민일영 이인복 이상훈 김용덕 박보영
고영한 김창석 김신 김소영(주심) 조희대 권순일 박상옥

별도 영장 없이 대화가 녹음된 녹음파일 압수는
위법수집증거로서 증거능력 부정
(별건수사)

[대법원, 2013도7101, 2014.1.16.]

【판시사항】

수사기관이 피의자 甲의 공직선거법 위반 범행을 영장 범죄사실로 하여 발부받은 압수·수색영장의 집행 과정에서 乙, 丙 사이의 대화가 녹음된 녹음파일을 압수하여 乙, 丙의 공직선거법 위반 혐의사실을 발견한 사안에서, 별도의 압수·수색영장을 발부받지 않고 압수한 위 녹음파일은 위법수집증거로서 증거능력이 없다고 한 사례

【판결요지】

수사기관이 피의자 甲의 공직선거법 위반 범행을 영장 범죄사실로 하여 발부받은 압수·수색영장의 집행 과정에서 乙, 丙 사이의 대화가 녹음된 녹음파일(이하 '녹음파일'이라 한다)을 압수하여 乙, 丙의 공직선거법 위반 혐의사실을 발견한 사안에서, 압수·수색영장에 기재된 '피의자'인 甲이 녹음파일에 의하여 의심되는 혐의사실과 무관한 이상, 수사기관이 별도의 압수·수색영장을 발부받지 아니한 채 압수한 녹음파일은 형사소송법 제219조에 의하여 수사기관의 압수에 준용되는 형사소송법 제106조 제1항이 규정하는 '피고사건' 내지 같은 법 제215조 제1항이 규정하는 '해당 사건'과 '관계가 있다고 인정할 수 있는 것'에 해당하지 않으며, 이와 같은 압수에는 헌법 제12조 제1항 후문, 제3항 본문이 규정하는 영장주의를 위반한 절차적 위법이 있으므로, 녹음파일은 형사소송법 제308조의2에서 정한 '적법한 절차에 따르지 아니하고 수집한 증거'로서 증거로 쓸 수 없고, 그 절차적 위법은 헌법상 영장주의 내지 적법절차의 실질적 내용을 침해하는 중대한 위법에 해당하여 예외적으로 증거능력을 인정할 수도 없다고 한 사례.

【전문】

【원심판결】

부산고법 2013.6.5. 선고 2012노667 판결

【주문】

피고인 1, 2, 3, 4, 5의 상고와 검사의 상고를 모두 기각한다.

【판결이유】

피고인들의 상고이유(상고이유서 제출기간이 지난 후에 제출된 피고인 2, 1의 각 상고이유보충서 기재

는 상고이유를 보충하는 범위 내에서)와 검사의 상고이유를 함께 판단한다.

1. 피고인 2·1·3·5·4·6의 공소사실에 관한 상고이유에 대하여(피고인 1에 대한 2012.2.22.자 정당후보자 추천 관련 금품제공 요구·선거운동 관련 금품제공 요구의 점은 각 제외)

가. 피고인 2·1의 정당후보자 추천 관련 금품수수로 인한 공직선거법 위반의 점에 대하여

원심은, 피고인 1이 검찰 피의자신문 단계에서 공소외 1을 통하여 피고인 2로부터 수령하였다는 돈의 액수가 500만 원이라고 진술하다가 2012.8.17.경 그 액수가 5,000만 원이라는 취지의 진술서를 작성하여 검찰에 제출한 후 그때부터의 피의자신문 과정에서는 위 진술서와 동일한 내용으로 진술하였는데, 그와 같은 진술 번복의 경위에 임의성을 인정할 수 있고, 그 진술 번복의 경위 등에 관한 피고인 1의 설명, 피고인 2와 피고인 1 사이의 통화내역이나 피고인 1이 피고인 4에게 보낸 문자메시지의 내용, 피고인 1의 현금인출 내역이나 기타 통화내역 등에 비추어 위 진술의 신빙성을 인정할 수 있다고 판단하였다. 나아가 원심은, 공소외 1이 피고인 2로부터 돈이 든 쇼핑백을 전달받아 이를 피고인 1에게 전달한 경위 및 상황 등에 관하여 구체적으로 진술하였고, 공소외 1이 금전수수 당일에 촬영한 쇼핑백 사진과 제1심·원심에서 그 쇼핑백에 5,000만 원을 넣었을 때의 형상이 크게 차이가 나지 않았던 사정 등을 종합하여 공소외 1의 이 부분 진술의 신빙성을 인정하면서, 피고인 2·1의 판시와 같은 각 범행 사실을 유죄로 인정한 제1심판결을 그대로 유지하였다.

원심판결 이유를 원심이 적법하게 채택한 증거들에 비추어 살펴보면, 원심의 위와 같은 사실인정과 판단은 정당한 것으로 수긍할 수 있고, 거기에 필요한 심리를 다하지 아니하거나 논리와 경험의 법칙을 위반하여 자유심증주의의 한계를 벗어나 사실을 잘못 인정한 위법이 있다고 할 수 없으며, 나아가 피고인 2·1의 상고이유 주장과 같이 자백에 대한 보강증거나 공소사실의 특정에 관한 법리, '정당이 특정인을 후보자로 추천하는 일'과의 관련성이나 그 '제공' 여부 등에 관한 법리를 오해하는 등의 위법도 없다.

나. 피고인 2의 선거사무장 수당·실비 법정한도 초과 지급으로 인한 공직선거법 위반의 점에 대하여

원심은 그 판시와 같은 사정을 종합하여 공소외 1이 피고인 2의 선거사무장으로 등록되었기는 하나 피고인 2의 운전기사로서의 역할이 그 주된 업무였다는 전제하에, 공소사실 기재와 같이 피고인 2가 공소외 1에게 지급한 급여액 내지 수당액 중 피고인 2가 예비후보자로 등록하기 이전의 급여액과 그 등록 이후 위와 같이 운전기사 역할을 수행한 데에 대한 보수 상당액, 그리고 공소외 1이 받았다는 실비 중 공직선거법 제120조 제6호에 의하여 '선거비용'에서 제외되는 자동차의 운영비용이 공제되어야 한다고 판단하면서, 공소외 1이 운전기사로서 근무한 대가 및 자동차 운영비용에 대한 구체적 입증이 없는 이상 이를 공제한 나머지 액수가 공직선거법에 의한 법

별도 영장 없이 대화가 녹음된 녹음파일 압수는 위법수집증거로서 증거능력 부정(별건수사)

정한도액을 초과하였다고 단정할 수 없다는 이유로 이 부분 공소사실에 대하여 무죄를 선고하였다.

원심판결 이유를 기록에 비추어 살펴보면, 원심의 위와 같은 판단은 정당한 것으로 수긍이 가고, 거기에 검사의 상고이유 주장과 같이 필요한 심리를 다하지 아니하여 자유심증주의의 한계를 벗어나거나 공직선거법 제135조 제3항에서 정하는 '금품 기타 이익'의 범위에 관한 법리를 오해하는 등의 위법이 없다.

다. 피고인 2의 각 기부행위금지 내지 방송·신문 등의 불법이용을 위한 매수로 인한 각 공직선거법 위반의 점에 대하여

(1) 교회·사찰에 대한 각 기부행위금지 위반의 점에 관하여

기록에 의하면, 이 부분 각 공소사실 중 피고인 2가 '현금 10만 원'을 기부행위에 제공하였다고 공소가 제기된 부분에 대하여 제1심법원은 '현금 2만 원'을 제공하였다는 범위 내에서 유죄로 인정하였는데, 피고인 2는 이에 대하여 항소심에서 그러한 사실인정이 기본적 사실관계의 동일성을 벗어난 것이라는 취지의 항소이유를 제출하지 아니하였음을 알 수 있다. 그렇다면 원심이 불고불리의 원칙을 위반하였다는 취지의 이 부분 상고이유는 당심에 이르러 비로소 제기된 것으로서 적법한 상고이유가 될 수 없다고 할 것이다.

나아가 피고인의 방어권 행사에 실질적인 불이익을 초래할 염려가 없는 경우에는 공소사실과 기본적 사실이 동일한 범위 내에서 법원이 공소장변경절차를 거치지 아니하고 다르게 사실을 인정하였다고 할지라도 불고불리의 원칙에 위배되지 아니한다(대법원 2003.6.13. 선고 2003도1060 판결 참조)고 할 것인데, 피고인 2는 제1심에서 '방문하는 사찰이나 교회마다 시주 또는 헌금을 하였고, 법당에 들어가면 2~3만 원 정도를 부처님 앞에 놓거나 봉헌함에 넣었으며, 교회를 방문하면 2~5만 원 정도를 헌금하였다'는 취지로 진술한 바 있으므로, 그와 같은 진술 등에 터 잡아 위와 같은 이 부분 각 공소사실 중 그와 기본적 사실이 동일한 범위 내에서 유죄로 인정한 제1심법원의 판단이 피고인들의 방어권 행사에 실질적인 불이익을 초래한 것이라고 볼 수도 없다.

(2) 선거사무소 관계자, ○○○당 부산 지역구 국회의원 선거사무소 등에 대한 각 기부행위금지 위반의 점에 관하여

공직선거법상 기부행위의 구성요건에 해당하는 행위라 하더라도 그것이 지극히 정상적인 생활형태의 하나로서 역사적으로 생성된 사회질서의 범위 안에 있는 것이라고 볼 수 있는 경우에는 일종의 의례적 행위나 직무상의 행위로서 사회상규에 위배되지 아니하여 위법성이 조각되는 경우가 있을 수 있지만 그와 같은 사유로 위법성의 조각을 인정할 때에는 신중을 요한다(대법원 2004.3.12. 선고 2003도

3570 판결 등 참조).

원심은 피고인 2가 기부행위를 한 시점, 각 기부행위의 규모, 당시 피고인 2의 신분이나 음식물을 제공받은 사람들의 역할과 지위 등에 비추어, 그것이 지극히 정상적인 생활형태의 하나로서 역사적으로 생성된 사회질서의 범위 안에 있는 의례적 행위나 직무상 행위에 해당하여 사회상규에 위배되지 아니한다고 보기는 어렵다는 이유로 이 부분 각 공소사실을 유죄로 인정한 제1심판결을 그대로 유지하였다.

앞서 본 법리와 기록에 비추어 살펴보면 원심의 위와 같은 판단은 정당한 것으로 수긍할 수 있고 거기에 상고이유 주장과 같이 위법성조각사유의 법리를 오해한 위법이 없으며, 그 밖에 위법성의 인식이나 공직선거법상 제공이 허용되는 음식물의 범위 등에 대하여 법리를 오해한 잘못도 발견할 수 없다.

(3) 공소외 2 후보 선거사무소에 대한 기부행위금지 위반의 점에 관하여

원심은, 공소외 1이 공소외 2 후보 선거사무소의 선거사무장인 공소외 3으로부터 그 판시와 같은 유니폼대금을 지원해 달라는 요청을 받고 이를 피고인 2에게 보고하여 그로부터 5만 원권 10장이 든 편지봉투를 받아 이를 공소외 3에게 전달하였다고 진술한 점, 공소외 3도 그와 같이 공소외 1에게 필요한 금액을 말하였다는 취지로 진술한 점, 그 밖에 피고인 2의 일부 검찰 진술과 공소외 4의 진술 등을 종합하여 이 부분 공소사실을 유죄로 인정한 제1심판결을 그대로 유지하였다.

원심판결 이유를 원심이 적법하게 채택한 증거들에 비추어 살펴보면, 원심의 위와 같은 사실인정 및 판단은 정당하고, 거기에 논리와 경험의 법칙을 위반하여 자유심증주의의 한계를 벗어나 사실을 잘못 인정하는 등의 위법이 없다.

(4) ○○○당 국회의원 등에 대한 기부행위금지 위반의 점에 관하여

원심은, ○○○당 국회의원이던 공소외 5, 6로부터 밥을 사라는 말을 들은 피고인 2가 공소외 1에게 돈을 주면서 ○○횟집에서의 저녁식사 대금을 계산하라고 하여 공소외 1이 이를 지급하였다는 취지의 공소외 1의 진술과 ○○횟집 종업원의 이에 부합하는 진술, 당시 식사를 제공받은 사람들의 지위와 역할 등의 사정을 종합하여 이 부분 공소사실을 유죄로 인정한 제1심판결을 그대로 유지하였다. 원심판결 이유를 원심이 적법하게 채택한 증거들에 비추어 살펴보면, 원심의 위와 같은 사실인정 및 판단은 정당하고, 거기에 논리와 경험의 법칙을 위반하여 자유심증주의의 한계를 벗어나 사실을 잘못 인정하거나 기부행위에 관한 법리를 오해하는 등의 위법이 없다.

(5) 방송·신문 등의 불법이용을 위한 매수로 인한 공직선거법 위반의 점에 관하여

형사소송법에 의하면 항소심은 사후심적 성격이 가미된 속심이라고 할 것이므

로, 공소장변경은 항소심에서도 할 수 있다(대법원 1987.7.21. 선고 87도1101, 87감도92 판결, 대법원 2002.12.3.자 2002모265 결정 등 참조).

기록에 의하면, 검사는 원심 제2회 공판기일에 이르러 공직선거법 제97조 제1항의 규정을 인용하는 형태로 기재되어 있던 이 부분 공소사실을 공직선거법 제97조 제2항의 규정 내용과 같이 "후보자 등은 선거에 관한 보도·논평이나 대담·토론과 관련하여 당해 방송·신문·통신·잡지 기타 간행물을 경영·관리하거나 편집·취재·집필·보도하는 자 또는 그 보조자에게 금품·향응 기타 이익을 제공하거나 제공할 의사의 표시 또는 그 제공을 약속할 수 없다"고 변경하는 내용의 공소장변경허가신청서를 제출하였고, 원심은 그와 같은 공소장변경을 허가하는 결정을 한 후 변경된 공소사실에 따라 이를 유죄로 인정하였음을 알 수 있다.

위와 같은 법리에 비추어 살펴보면 원심의 위와 같은 조치는 정당한 것으로 수긍할 수 있고, 거기에 공소장변경의 한계나 헌법상 재판을 받을 권리에 대한 법리를 오해하는 등의 위법이 없다.

라. 피고인 2의 선거운동 관련 금전제공 의사표시로 인한 공직선거법 위반의 점에 대하여

원심은 그 채택 증거들에 의하여 피고인 2가 피고인 1을 통하여 지급할 의사를 표시하였다는 500만 원 중 공소외 1에 대한 운전기사 보수에 해당하는 불상액은 공직선거법상 그 제공이 금지되는 금액이라 볼 수 없다고 판단하여 이를 공제한 금액의 범위에 한하여 유죄로 인정하고, 그 금액을 초과한 나머지 금액에 대해서는 무죄로 판단하였다.

원심판결 이유를 원심이 적법하게 채택한 증거들 및 기록에 비추어 살펴보면, 위와 같은 원심의 판단은 정당한 것으로 수긍할 수 있고, 피고인 2의 상고이유 주장과 같이 '금품 기타 이익'의 가액이 특정되지 아니하는 경우 이를 유죄로 인정하는 것이 무죄추정의 원칙에 반한다고 볼 수 없으며, 나아가 검사의 상고이유 주장과 같이 공직선거법 제135조 제3항에 정한 '금품 기타 이익'의 범위에 관한 법리를 오해하는 등의 위법도 없다.

마. 피고인 2의 유사기관 설치금지 위반으로 인한 공직선거법 위반의 점에 대하여

원심은, 피고인 2의 선거운동 명목으로 ○○빌딩 10층에 들어가 피고인 2의 홈페이지, 블로그, X(구 트위터) 등을 운영·관리하였다는 공소외 7의 진술 내용 등 그 판시와 같은 사정들을 종합하여, 공소외 7 등이 행하였던 홍보활동은 실질적으로 피고인 2를 위한 선거운동에 해당한다고 판단하면서 이 부분 공소사실을 유죄로 인정한 제1심판결을 유지하였다.

원심의 위와 같은 판단은 정당한 것으로 수긍할 수 있고, 거기에 구 공직선거법 제89조 제1항의 '유사기관'의 의미 내지 그 범위에 관한 법리를 오해하는 등의 위법이

없다.

바. 피고인 2의 지위 이용 선거운동금지 위반으로 인한 공직선거법 위반의 점에 대하여

공직선거법 제85조 제2항은 교육적·종교적 또는 직업적인 기관·단체 등의 조직 내에서의 직무상 행위를 이용하여 그 구성원에 대하여 선거운동을 하는 것을 금지하고 있는데, 구체적으로 어떠한 행위가 조직 내에서의 직무상 행위를 이용한 것인지를 판단함에 있어서는, 그 조직에서 차지하고 있는 지위에 기하여 취급하는 직무의 내용은 물론 그 행위가 행하여지는 시기·장소·방법 등 여러 사정을 종합적으로 관찰하여 직무와 관련된 행위인지 여부를 판단하여야 한다(대법원 2011.4.28. 선고 2011도 1925 판결 참조).

원심은, 피고인 2의 개인 비서 역할을 하던 공소외 8이 피고인 2의 지시에 의하여 선거사무소에서 일하게 된 경위 등에 비추어 피고인 2가 자신의 선거운동을 위하여 자신의 피고용인이었던 공소외 8로 하여금 선거운동을 하게 한 것은 공직선거법 제85조 제2항에서 금지하는 '지위를 이용한 선거운동'에 해당한다고 판단하고, 이 부분 공소사실을 유죄로 인정한 제1심판결을 유지하였다. 원심판결 이유를 원심이 적법하게 채택한 증거들 및 위 법리에 비추어 살펴보면, 이러한 원심의 판단은 정당한 것으로 수긍이 가고, 거기에 상고이유 주장과 같이 공직선거법 제85조 제2항의 '조직' 내지 '지위 이용'에 관한 법리를 오해하는 등의 위법이 없다.

사. 피고인 2의 선거비용 지출방법 위반으로 인한 정치자금법 위반의 점에 대하여

원심은 그 채택 증거들을 종합하여, 피고인 2가 공소외 1에게 지급하였던 급여 내지 활동비의 경우에는 공소외 1이 운전기사로서 근무한 대가와 자동차 운영비용을 공제한 나머지 불상액에 한하여 정치자금법 제49조 제1항이 정하는 선거비용 관련 위반행위의 대상이 된다고 보아 이를 초과하는 나머지 금액에 대하여는 무죄로 판단하는 한편, 피고인 2의 회계책임자 공소외 9에게 지급된 수당 및 자원봉사자인 피고인 5, 4에게 지급된 대가는 모두 위 법률이 정하는 선거비용에 해당한다고 판단하여 이 부분 공소사실을 유죄로 인정하였다.

원심판결 이유를 원심이 적법하게 채택한 증거들 및 기록에 비추어 살펴보면, 원심의 위와 같은 판단은 정당한 것으로 수긍할 수 있고, 거기에 피고인 2의 상고이유 주장과 같이 무죄추정의 원칙에 관한 법리 위반 또는 자유심증주의의 한계를 벗어나 사실을 잘못 인정하거나 검사의 상고이유 주장과 같이 위 법률이 정하는 '선거비용'의 범위에 관한 법리를 오해하는 등의 위법이 없다.

아. 피고인 2의 정치자금 지출방법 위반으로 인한 정치자금법 위반의 점에 대하여

원심은 그 채택 증거들을 종합하여, 피고인 2의 회계책임자인 공소외 9에 의하지 아니하고 공소외 1과 공소외 8이 피고인 2의 정치활동과 관련하여 지출한 금액으로

인정되는 그 판시와 같은 금액은 정치자금법 제47조 제1항, 제36조 제1항이 정하는 '정치자금'에 해당하고, 피고인 2가 ○○○당 지역구에 관한 정당후보자 추천 절차에서 탈락한 이후에도 그 예비후보자의 지위를 유지하고 있었던 사정 등에 비추어 피고인 2가 그 이후에도 여전히 '후보자·예비후보자'의 지위를 가진다고 판단하여, 이 부분 공소사실을 유죄로 인정한 제1심판결을 그대로 유지하였다.

원심판결 이유를 원심이 적법하게 채택한 증거들에 비추어 살펴보면, 위와 같은 원심의 판단은 정당한 것으로 수긍할 수 있으며, 거기에 논리와 경험의 법칙을 위반하여 사실을 잘못 인정하거나 정치자금법 제47조 제1항, 제36조 제1항이 정하는 '후보자·예비후보자'의 의미나 '정치자금'의 범위 등에 관하여 법리를 오해한 위법이 없다.

자. 피고인 2의 타인 명의 정치자금 기부금지 위반으로 인한 정치자금법 위반의 점에 대하여

원심판결 이유 및 원심이 유지한 제1심판결 이유를 그 채택 증거들에 비추어 살펴보면, 원심이 이 부분 공소사실을 모두 유죄로 인정한 판단은 정당한 것으로 수긍이 가고, 거기에 논리와 경험의 법칙을 위반하고 자유심증주의의 한계를 벗어나 사실을 잘못 인정하였다거나 필요한 심리를 다하지 아니한 위법이 있다고 할 수 없다.

차. 피고인 2·3의 각 지위 이용 선거운동금지로 인한 공직선거법 위반의 점에 대하여

원심은 2012.1.경 피고인 2·3이 공소외 10 주식회사(이하 '공소외 10 회사'라고만 한다)의 사내이사로 있었고, 피고인 2의 남편 공소외 11이 공소외 10 회사의 대표이사였으며, 피고인 3은 공소외 10 회사의 회계·경리업무를 총괄하던 지위에 있었던 사실을 인정하고, 위 피고인들이 상호 공모하에 자신들의 지위를 이용하여 공소외 10 회사의 임시직 직원이던 공소외 9로 하여금 피고인 2의 선거사무소에서 회계업무 등의 선거운동을 하게 하였다고 본 제1심판결을 그대로 유지하였다.

원심판결 이유를 원심이 적법하게 채택한 증거들에 비추어 살펴보면, 원심의 위와 같은 판단은 정당하고, 거기에 논리와 경험의 법칙을 위반하여 자유심증주의의 한계를 벗어나 사실을 잘못 인정하였다거나, 공직선거법상 '지위 이용 선거운동'의 범위, 공모공동정범에 관한 법리를 오해하는 등의 위법이 없다.

카. 피고인 2·3의 선거비용 지출보고 누락으로 인한 각 정치자금법 위반의 점에 대하여

2인 이상이 공모하여 범죄에 공동 가공하는 공범관계의 경우 공모는 법률상 어떤 정형을 요구하는 것이 아니고 공범자 상호 간에 직접 또는 간접으로 범죄의 공동실행에 관한 암묵적인 의사연락이 있으면 족하고, 이에 대한 직접증거가 없더라도 정황사실과 경험법칙에 의하여 이를 인정할 수 있다(대법원 2007.10.25. 선고 2007도4069 판결 등 참조).

원심은 '피고인 2가 회계보고서를 마감할 시점에 그렇게 하라고 시켜서 없는 것으로

처리하였다'거나 '피고인 3에게 공소외 1과 공소외 9 본인의 수당을 어떻게 처리할지 문의하자, 자원봉사자로 일한 것으로 하고 수당은 받지 않은 것으로 하라고 지시하였다'는 공소외 9의 진술 내용, 이에 일부 부합하는 취지의 피고인 3의 진술 내용 등 그 판시와 같은 사정을 종합하여, 피고인 2·3이 그 판시와 같은 범행에 대하여 회계책임자 공소외 9와 공동정범 관계에 있다고 판단하였다.

원심판결 이유를 앞서 본 법리와 원심이 적법하게 채택한 증거들에 비추어 살펴보면, 원심의 위와 같은 판단은 정당한 것으로 수긍이 가고, 거기에 상고이유 주장과 같이 필요한 심리를 다하지 아니하고 논리와 경험의 법칙을 위반하여 사실을 잘못 인정하거나 공모공동정범의 성립 범위에 관한 법리를 오해한 위법이 없으며, 그 밖에 피고인 2의 상고이유 주장과 같이 이 부분 범행에 대한 공소외 9의 고의 여부에 관하여 사실을 잘못 인정하거나 검사의 상고이유 주장과 같이 '선거비용'의 범위 등에 관한 법리를 오해하는 등의 위법도 발견할 수 없다.

타. 피고인 2·5·4·6 사이의 선거운동 관련 금품제공·수수로 인한 각 공직선거법 위반의 점에 대하여(피고인 2·5 사이의 공소외 2 후보에 대한 자원봉사 대가 제공·수수의 점 포함)

(1) 원심판결 이유 및 원심이 유지한 제1심판결 이유를 그 채택 증거들에 비추어 살펴보면, 원심이 그 판시와 같은 이유를 들어 피고인 2가 피고인 5·4와의 사이에 선거운동과 관련하여 자원봉사 명목의 대가를 수수하였다는 각 공소사실이 모두 유죄로 인정된다고 판단한 것은 정당하고, 거기에 논리와 경험의 법칙을 위반하고 자유심증주의의 한계를 벗어나거나 선거운동의 관련성에 관한 법리를 오해하는 등의 위법이 없다.

(2) 한편 원심은 피고인 2와 피고인 6 사이의 2012.3.1.자 선거운동 관련 금품제공·수수로 인한 공직선거법 위반의 점에 대하여, 이 부분 범행을 목격하였다는 공소외 1의 진술이나 당시 실질적인 선거사무장 역할을 하였다는 공소외 12의 진술에 의하더라도 피고인 6은 다른 선거운동원들과 달리 선거사무소에 나와 일하는 것이 아니라 보이지 않는 형태로 일하는 등 그 업무의 형태·방법이 상이하고, 이에 따라 피고인 6이 받은 대가가 피고인 5·4 등 다른 선거운동원들과 동일하다고 볼 자료도 없으며, 그 무렵 피고인 6이 자신의 통장에 입금한 금전이 피고인 2로부터 받은 대가라고 단정하기에 부족한 점 등에 비추어, 공소외 1의 이 부분에 관한 진술의 신빙성을 인정할 수 없고 그 밖에 검사 제출의 증거들만으로는 이 부분 공소사실이 합리적 의심 없이 증명되었다고 보기 어렵다고 판단하여 무죄를 선고하였다.

원심판결 이유를 기록에 비추어 살펴보면 원심이 위와 같이 무죄를 선고한 조치는 정당한 것으로 수긍할 수 있고, 거기에 검사의 상고이유 주장과 같이 논리와 경험의 법칙을 위반하여 자유심증주의의 한계를 벗어나는 등의 위법이 없다.

2. 피고인 1의 2012.2.22.자 정당후보자 추천 관련 금품제공 요구·선거운동 관련 금품제공 요구로 인한 각 공직선거법 위반의 점 및 피고인 7 부분에 대하여

　가. 피고인 1·7 사이의 대화를 녹음한 녹음파일(이하 '이 사건 녹음파일'이라 한다) 및 그에 기하여 수집된 증거들의 증거능력에 대하여

　　(1) 이 사건 녹음파일의 증거능력에 관하여

　　　(가) 원심은 부산지방검찰청 검사가 2012.8.3. 부산지방법원으로부터 압수·수색 영장(이하 '이 사건 영장'이라 한다)을 발부받았는데, 이 사건 영장에 피의자는 '피고인 2', 압수할 물건은 '피고인 1 등이 소지하고 있는 휴대전화(휴대전화, 스마트폰) 등', 압수·수색할 장소는 '피고인 1의 주거지 등', 영장 범죄사실은 '피의자는 공천과 관련하여, 2012.3.15. 및 3.28. 공소외 1에게 지시하여 ○○○당 공천심사위원인 공소외 13 등에게 거액이 든 돈 봉투를 각 제공하였다 등'으로 각 기재되어 있는 사실, 이에 따라 부산지방검찰청 수사관이 피고인 1의 주거지에서 그의 휴대전화를 압수하고 이를 부산지방검찰청으로 가져온 후 그 휴대전화에서 추출한 전자정보를 분석하던 중 피고인 1과 피고인 7 사이의 대화가 녹음된 이 사건 녹음파일을 통하여 위 피고인들에 대한 공직선거법 위반의 혐의점을 발견하고 수사를 개시하였으나, 위 피고인들로부터 이 사건 녹음파일을 임의로 제출받거나 새로운 압수수색영장을 발부받지 아니하였던 사실 등을 각 인정한 다음, 이를 전제로 ① 이 사건 영장은 '피고인 2'를 피의자로 하여 '피고인 2가 공소외 1에게 지시하여 피고인 1을 통해 공천과 관련하여 ○○○당 공천심사위원인 공소외 13 등에게 거액이 든 돈 봉투를 각 제공하였다'는 혐의사실을 범죄사실로 하여 발부된 것으로서 피고인 2의 정당후보자 관련 금품제공 혐의사건과 관련된 자료를 압수하라는 취지가 명백하므로, 이 사건 영장에 기재된 범죄사실과 전혀 다른 '피고인 7과 피고인 1 사이의 정당후보자 추천 및 선거운동 관련한 대가 제공 요구 및 약속에 관한' 혐의사실에는 그 효력이 미치지 아니하며, ② 이 사건 녹음파일이 피고인 2에 대한 공소사실을 입증하는 간접증거로 사용될 수 있다는 것과 이 사건 녹음파일을 이 사건 영장 범죄사실과 무관한 피고인 7·1 사이의 범죄사실을 입증하기 위한 증거로 사용하는 것은 별개의 문제이므로 피고인 2에 대한 관계에서 이 사건 녹음파일에 대한 압수가 적법하다고 하여 피고인 7, 1에 대한 관계에서도 적법한 것은 아니라는 이유 등을 들어, 검사가 별도의 압수·수색영장을 발부받지 아니한 채 이 사건 녹음파일을 수집한 행위에는 적법하게 발부된 영장에 의하지 아니하고 증거를 수집한 절차적 위법이 있으므로, 이에 따라 수집된 증거인 이 사건 녹음파일은 위법수집증거로서 그 증거능력이 없다고 판단하였다.

(나) 기록에 의하면, 이 사건 녹음파일에 의하여 그 범행이 의심되었던 혐의사실은 공직선거법상 정당후보자 추천 관련 내지 선거운동 관련 금품 요구·약속의 범행에 관한 것으로서, 일응 범행의 객관적 내용만 볼 때에는 이 사건 영장에 기재된 범죄사실과 동종·유사의 범행에 해당한다고 볼 여지가 있다. 그러나 이 사건 영장에서 당해 혐의사실을 범하였다고 의심된 '피의자'는 피고인 2에 한정되어 있는데, 수사기관이 압수한 이 사건 녹음파일은 피고인 1과 피고인 7 사이의 범행에 관한 것으로서 피고인 2가 그 범행에 가담 내지 관련되어 있다고 볼 만한 아무런 자료가 없다.

결국 이 사건 영장에 기재된 '피의자'인 피고인 2가 이 사건 녹음파일에 의하여 의심되는 혐의사실과 무관한 이상, 수사기관이 별도의 압수·수색영장을 발부받지 아니한 채 압수된 이 사건 녹음파일은 형사소송법 제219조에 의하여 수사기관의 압수에 준용되는 형사소송법(2011.7.18. 법률 제10864호로 개정되어 2012.1.1.부터 시행된 것) 제106조 제1항이 규정하는 '피고사건' 내지 같은 법 제215조 제1항이 규정하는 '해당 사건'과 '관계가 있다고 인정할 수 있는 것'에 해당한다고 할 수 없으며, 이와 같은 압수에는 헌법 제12조 제1항 후문, 제3항 본문이 규정하는 헌법상 영장주의에 위반한 절차적 위법이 있다고 할 것이다. 따라서 이 사건 녹음파일은 형사소송법 제308조의2에서 정한 '적법한 절차에 따르지 아니하고 수집한 증거'로서 이를 증거로 쓸 수 없다고 할 것이고, 그와 같은 절차적 위법은 헌법상 규정된 영장주의 내지 적법절차의 실질적 내용을 침해하는 중대한 위법에 해당하는 이상 예외적으로 그 증거능력을 인정할 수 있는 경우로 볼 수도 없다.

(다) 그렇다면 수사기관의 이 사건 녹음파일 압수·수색 과정에서 피압수·수색 당사자인 피고인 1에게 참여권이 보장되었는지, 복사대상 전자정보의 목록이 교부되었는지 여부 등은 별론으로 하더라도, 원심이 위와 같은 전제에서 이 사건 녹음파일이 이 사건 영장에 의하여 압수할 수 있는 물건 내지 전자정보로 볼 수 없다고 하여 그 증거능력을 부정한 조치는 결론에 있어 정당한 것으로 수긍할 수 있으며, 거기에 검사의 상고이유 주장과 같이 범죄혐의 관련성의 범위나 위법수집증거배제법칙의 예외 등에 관한 법리를 오해한 위법이 없다.

(2) 이른바 '2차적 증거'의 증거능력에 관하여

법원이 2차적 증거의 증거능력 인정 여부를 최종적으로 판단할 때에는 먼저 절차에 따르지 아니한 1차적 증거 수집과 관련된 모든 사정들, 즉 절차 조항의 취지와 그 위반의 내용 및 정도, 구체적인 위반 경위와 회피가능성, 절차 조항이 보호하고자 하는 권리 또는 법익의 성질과 침해 정도 및 피고인과의 관련성, 절차 위반행위와 증거수집 사이의 인과관계 등 관련성의 정도, 수사기관의 인식과 의도 등을 살피는 것은 물론, 나아가 1차적 증거를 기초로 하여 다시 2차적 증거를 수집하는 과정에서 추가로 발생한 모든 사정들까지 구체적인 사안에 따라 주로 인과관계 희석 또는 단절 여부를 중심으로 전체적·종합적으로 고려하여야 한다(대법원 2009.3.12. 선고 2008도11437 판결, 대법원 2013.3.28. 선고 2012도13607 판결 등 참조).

원심은 앞서 본 바와 같이 이 사건 녹음파일의 증거능력이 부정되는 이상, 이에 터 잡아 수집한 2차적 증거인 피고인들의 검찰 진술 또한 그 증거능력이 배제되어야 하는 것으로서 증거로 쓸 수 없다고 판단하는 한편, 피고인들의 법정진술과 참고인 공소외 14 등의 수사기관 및 법정 진술에 대해서는, 공개된 법정에서 진술거부권을 고지받고 변호인의 충분한 조력을 받은 상태에서 자발적으로 이루어진 것이고 수사기관이 의도적으로 그 영장주의의 취지를 회피하려고 시도한 것은 아니라는 사정 등을 종합하여 그 증거능력이 인정된다고 판단하였다.

기록에 의하면, 위 피고인들의 제1심 법정진술의 경우에는 그 증거능력이 부정되어야 할 이 사건 녹음파일을 제시받거나 그 대화 내용을 전제로 한 신문에 답변한 내용이 일부 포함되어 있으므로, 그와 같은 진술과 이 사건 녹음파일 수집 과정에서의 절차적 위법과의 사이에는 여전히 직접적 인과관계가 있다고 볼 여지가 있어, 원심이 이 부분 진술까지 그 증거능력이 있다고 단정한 데에는 부적절한 점이 없지 아니하다. 그러나 이를 제외한 나머지 증거들의 증거능력에 대한 원심의 위와 같은 판단은 정당한 것으로 수긍할 수 있고 거기에 피고인 1의 상고이유 주장과 같은 법리오해의 위법이 없으며, 뒤에서 보는 바와 같이 위 피고인들의 제1심 법정진술을 제외하더라도 피고인 1에 대한 이 부분 공소사실에 대한 원심의 결론은 정당하므로, 결국 원심의 위와 같은 잘못은 판결 결과에 영향을 미치지 아니하였다고 할 것이다.

나. 나머지 상고이유 주장에 대하여

(1) 피고인 1의 선거운동 관련 금품제공 요구의 점에 대하여

원심은, ① 피고인 1이 원심에서 '증인이 2012.2.22. 피고인 7에게 제시한 선거전략기획서(이른바 '로드맵')에 대한 보충설명을 하고, 3억 원 정도가 된다고 이야기하였다'든가 '증인이 2012.3.11. 피고인 7이 양산시 지역구의 ○○○당 후보자로 확정된 이후부터 피고인 7에게 3억 원을 달라고 이야기하였다'는 등 자신이 피고인 7의 선거운동과 관련하여 그 대가를 요구하였다는 공소사실에 부합하는 취지로 증언하였던 점, ② 피고인 1이 자신의 활동에 대한 대가로 2012.2.22. 당일뿐 아니라 피고인 7이 공천을 받은 2012.3.11. 이후부터 계속하여 금품의 지급을 요구하면서 피고인 7에게 2012.3.14. '정치를 못되게 배웠어', 피고인 7을 소개하였던

공소외 14에게 2012.3.20. '윤(영석) 해결 좀 하라지. 마지막까진 안 가는 게 좋을 거라고'라는 내용의 각 문자메시지를 보냈던 점, ③ 피고인 7도 원심에서 '피고인 1이 요구한 3억 원은 사실상 로드맵에 대한 대가였다'고 진술하는 등 대가 제공을 요구받은 사실을 전제로 진술한 점 등을 종합하여 피고인 1이 피고인 7의 선거운동과 관련하여 그 대가의 제공을 요구한 사실을 인정하는 한편, 피고인 1이 공소외 15, 16 등에게 전화하여 피고인 7에 대한 지지를 직접 부탁하였던 사정 등을 종합하여 피고인 1의 행위가 '선거운동'과 관련성이 있는 행위에 해당한다고 보아 이 부분 공소사실을 유죄로 인정하였다.

원심판결 이유를 앞서 본 법리와 원심이 적법하게 채택한 증거들에 비추어 살펴보면, 원심의 위와 같은 판단은 정당한 것으로 수긍할 수 있고 거기에 필요한 심리를 다하지 아니하고 논리와 경험의 법칙을 위반하여 자유심증주의의 한계를 벗어나 사실을 잘못 인정한 위법이 있다고 할 수 없으며, 피고인 1의 상고이유 주장과 같이 공소사실의 특정 내지 선거운동과의 관련성에 관한 법리를 오해하는 등의 위법도 없다.

나아가 위 피고인들의 제1심 법정진술을 증거에서 제외하더라도 원심이 적법하게 채택한 나머지 증거들만으로도 이 부분 공소사실이 증명된다고 할 것이므로, 결국 위 피고인들의 제1심 법정진술 전부를 유죄의 증거로 채택한 원심의 이 부분 잘못은 판결 결과에 영향을 미치지 아니하였다고 할 것이다.

(2) 피고인 7 부분에 대하여

(가) 공직선거법 제230조 제1항 제4호에 정해진 '금품 기타 이익의 제공을 약속'하는 행위, 또는 공직선거법 제135조 제3항에 정해진 금품 기타 이익 제공의 '약속' 행위는 구두에 의하여도 할 수 있고 그 방식에 제한은 없는 것이지만, 그 약속 또는 의사표시가 사회통념상 쉽게 이를 철회하기 어려울 정도로 당사자의 진정한 의지가 담긴 것으로서 외부적·객관적으로 나타나는 정도에는 이르러야 본조의 구성요건 해당성이 있다고 할 것이다(대법원 2006.4.27. 선고 2004도4987 판결 등 참조).

원심은, 비록 원심법정에서 피고인 1이 2012.2.22. 만남에서 피고인 7에게 3억 원을 요구하였고, 이에 대하여 피고인 7은 계속하여 도와달라는 취지의 말을 하였다고 진술하였으나, ① 피고인 1도 피고인 7이 스스로 3억 원을 언급한 적은 없었다고 인정하였고, ② 피고인 7이 그 후 피고인 1의 집요한 요구·압박에도 피고인 1에게 3억 원을 실제로 지급하였다거나 그 지급을 위한 노력을 하였다는 흔적도 찾기 어려우며, ③ 2012.2.26.에 이르러 피고인 7이 피고인 1에게 여론조사를 비롯한 홍보물 제작을 할 수 있는지 문의하였으나 피고인 1은 '제작하는 것은 하지 않는다'는 취지로 답변하였고, ④ 2012.3. 중순경 피고인 1이 피고인 7에게 3억 원의 지급을 계속적으로 요구하자 피고인 7은 당시의 선거 상황에 비추어 피고인 1의 요구를 정면으로 거절할 경우 자칫 잘못하면 선거를 망칠 수도 있겠다는 불안감을 느낀 나머지 피고인 1을 잘 관리하고 달래기 위하여 계속적으로 피고인 1에게 그 돈을 지급하겠다는 취지로 말한 것으로 볼 여지가 있으며, ⑤ 피고인 1도 원심에서 '정상적으로 계약이 체결되면 후보자들이 중간중간에 요구를 하는데 피고인 7은 요구를 하지 않았다'고 진술한 점 등을 종합하여 보면, 피고인 1의 위와 같은 진술만으로는 확정적인 '약속'을 하였다고 단정할 수 없고 그 밖에 검사 제출의 증거들만으로는 이 부분 공소사실이 합리적 의심 없이 증명되었다고 보기 어렵다고 판단하여 피고인 7의 이 부분 공소사실에 대하여 무죄를 선고하였다.

원심판결 이유를 앞서 본 법리와 기록에 비추어 살펴보면 원심이 피고인 7의 행위가 사회통념상 쉽게 이를 철회하기 어려울 정도로 그의 진정한 의지가 담긴 것이라고 인정하기에 부족하다고 판단하여 무죄를 선고한 조치는 정당한 것으로 수긍할 수 있고, 거기에 검사의 상고이유 주장과 같이 논리와 경험의 법칙을 위반하고 자유심증주의의 한계를 벗어나거나 공직선거법상 금품제공의 '약속'에 관한 법리를 오해하는 등의 위법이 없다.

(나) 나아가 원심은 위 피고인들이 원심법정에서 한 진술, 공소외 14가 검찰 및 원심법정에서 한 진술 등 검사가 제출한 증거들 중 그 증거능력을 인정할 수 있는 증거들만으로는 피고인들 사이에 정당의 후보자 추천과 관련하여 금품을 요구하고 이를 약속하였다고 인정하기 어렵다고 판단하여, 피고인 7의 정당 후보자 추천 관련 금품제공 약속의 점에 대한 공소사실에 대하여 무죄를 선고한 제1심판결을 그대로 유지하였다.

원심판결 이유와 원심이 인용한 제1심판결 이유를 기록에 비추어 살펴보면, 원심의 위와 같은 판단은 정당한 것으로 수긍할 수 있고, 거기에 검사의 상고이유 주장과 같이 논리와 경험의 법칙을 위반하여 자유심증주의의 한계를 벗어나거나 필요한 심리를 다하지 아니하는 등의 위법이 없다.

3. 결론

그러므로 피고인 1, 2, 3, 4, 5의 상고와 검사의 상고를 모두 기각하기로 하여 관여 대법관의 일치된 의견으로 주문과 같이 판결한다.

대법관 박병대(재판장) 양창수 고영한 김창석(주심)

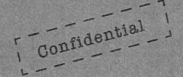

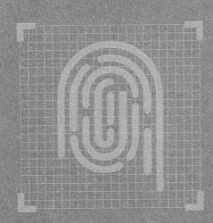

제2장

디지털 증거의 수집

제1절 데이터의 압수 가능성

디지털 정보 또는 데이터가 물리적 증거의 확보 수단인 압수의 대상이 될 수 있는지 형사소송법의 해석과 관련하여 학계에서는 긍정설과 부정설의 견해 대립이 있지만, 수사 실무에서는 이미 형사소송법을 근거로 광범위한 데이터 압수가 진행되고 있어 논의의 큰 실익은 없어 보인다.

압수와 관련하여 우리 형사소송법은 제106조 제1항에서 "법원은 필요한 때에는 증거물 또는 몰수할 것으로 사료하는 물건을 압수할 수 있다"라고 규정하고 있고, 여기서의 '증거물'을 '물리적으로 관리 가능한 유체물'로 보는 것이 일반적인 해석이다. 디지털화된 데이터는 저장매체라는 물리적 유체물 속에 전자적으로 저장된 비가독성과 대용량성을 지닌 증거물이라고 볼 수 있다. 따라서 디지털 정보 내지 데이터를 형소법 제106조에서 말하는 압수할 수 있는 '유체물'로 볼 수 있는지가 문제가 된다.

이와 관련, 학자에 따라 견해가 나뉘지만 이를 긍정하는 견해로는, 민법상의 물건개념을 유추적용하는 견해, 미연방형사소송규칙 제41조 (h)항의 규정 해석과 관련하여 이를 한시적 열거 규정으로 보지 않고 예시적 규정으로 해석하여 압수대상물은 유체물에 한정되지 않는다고 판시한 미국 법원의 'United States v. New York Telephone Co.' 판결을 논거로 하여 디지털 정보 및 데이터의 압수를 인정하는 견해와 현행 형사소송법의 해석론상 무체물인 데이터 내지 정보 자체를 압수의 대상물로 해석하는 것은 불리한 유추해석 내지 확장해석에 해당하여 문제가 발생할 수 있다고 보면서 전자적 정보 내지 디지털 데이터를 포함할 수 있도록 조속히 입법적인 정비를 하는 것이 바람직하다고 보는 견해도 있다.[9] (표11 참조)

---

[9] 김봉수, 「디지털증거(Digital evidence)와 포렌식(Forensics)」, 방송통신정책 제21권 6호, 2009, P.48~49.

사건명: United States v. New York Telephone Co.
사건번호: 434 U.S. 159 (1977)

1. 문제의 쟁점

• 이 사건의 주요 쟁점은 **압수물의 정의와 그 범위**에 대한 것이었으며, 수사기관이 유체물뿐만 아니라 무체물인 정보 수집을 위한 장치나 시스템에 대해 압수 및 협조를 강제할 수 있는지 여부가 핵심적인 논의 대상이었음.

2. 사건 개요

가. 사건 배경

- FBI는 특정 범죄 수사를 위해 용의자들의 **전화 통화를 추적**하기 위한 **전화 통화 추적 장치**(pen register) 설치를 요청했음.
- FBI는 New York Telephone Company에게 해당 전화번호에 대해 **통화 추적 장치를 설치**하고, 정보 제공에 **협조할 것을 요구**했으나, 회사는 **협조를 거부**함.

나. 주요 사실관계

- All Writs Act는 법원이 **필요한 모든 명령을 내려 법적 권한을 실현**할 수 있도록 허용하는 연방법으로, FBI는 이를 근거로 New York Telephone Company에게 **협조 명령**을 요청하였음.
- 압수대상물로서 **통화 추적 장치 설치**는 물리적 형태의 유체물이 아닌 **정보 수집 장치**였으며, 해당 장치의 설치와 운영이 법적으로 압수의 범위에 해당하는지에 대한 논의가 쟁점이 되었음.

3. 대법원의 판단 요지

가. 압수물의 정의와 범위에 대한 판단

- 대법원은 압수물의 정의가 유체물(physical object)에만 한정되지 않으며, **정보 수집을 위한 무체물적 장치나 기술적 수단**도 포함될 수 있다고 판시함.
- 전화 통화 추적 장치(pen register)는 특정 전화 통화의 **발신 및 수신 정보를 추적**하기 위한 장치로, 이는 단순한 유체물이 아닌 **정보를 수집하기 위한 수단**이지만, 여전히 **법적 절차에 따른 압수물**로 인정됨.

나. All Writs Act의 적용 가능성

- All Writs Act는 법원이 **수사에 필요한 모든 명령**을 내려 수사기관의 활동을 지원할 수 있도록 하는 법적 근거를 제공함.
- 대법원은 New York Telephone Company가 FBI의 요청에 따라 **통화 추적 장치를 설치**하여 수사에 협조해야 하는 의무가 있으며, 이는 **회사의 업무에 과도한 부담**을 주지 않는다고 판단함.
- **압수대상물의 범위**가 **물리적인 유체물**에만 국한되지 않기 때문에, 법원의 협조 명령에 따라 **정보 수집 장치**(데이터)도 정당한 압수의 범위에 포함된다고 판시함.

4. 판결의 결론

• 대법원은 New York Telephone Company가 **전화 통화 추적 장치**를 설치하여 FBI의 수사에 협조할 의무가 있다고 판결하였으며, **All Writs Act**를 통해 법원이 제3자에게 협조를 강제할 수 있는 권한을 인정함.
• 압수대상물의 범위는 유체물에 한정되지 않으며, **정보 수집을 위한 장치나 기술적 수단**을 통한 데이터도 법적 압수물로 인정될 수 있다고 명확히 하였음.
• 따라서 **통화 추적 장치 설치**에 대한 협조 명령은 법적으로 정당하며, 이는 **법원의 명령 불이행**으로 간주될 수 있다고 판시함.

5. 의의 및 시사점

- 이 판결은 **압수물의 정의와 범위**를 확대하여, **유체물**뿐만 아니라 무체물인 **정보 수집 장치나 기술적 수단**도 법적 압수대상물로 인정할 수 있음을 명확히 하였음.
- **All Writs Act**를 통해 **수사기관이 필요로 하는 기술적 협조**를 제3자에게 강제할 수 있다는 점을 명확히 하였으며, 이는 **현대적인 기술 수사**에서 사기업의 협조를 요구할 수 있는 법적 근거를 마련하였음.
- **정보통신 기술의 발전**에 따라 **디지털 정보 및 무체물**도 압수의 범위에 포함될 수 있다는 점을 인정한 판례로, 향후 **전자적 증거 수집**에 대한 법적 기준을 제공하고, **수사 과정에서의 제3자 협조 의무**의 법적 근거를 명확히 한 판례로 평가됨.

[표11] 공직선거법 위반 사건

제2절 압수수색의 범위

1. 범죄혐의와 관련성

대법원 2011모1839 전원합의체 결정을 통해 "수사기관의 전자정보에 대한 압수·수색은 원칙적으로 영장 발부의 사유로 된 범죄 혐의사실과 관련된 부분만을 문서 출력물로 수집하거나 수사기관이 휴대한 저장매체에 해당 파일을 복제하는 방식으로 이루어져야 하고, 저장매체 자체를 직접 반출하거나 저장매체에 들어 있는 전자파일 전부를 하드카피나 이미징 등 형태로 수사기관 사무실 등 외부로 반출하는 방식으로 압수·수색하는 것은 현장의 사정이나 전자정보의 대량성으로 관련 정보 획득에 긴 시간이 소요되거나 전문 인력에 의한 기술적 조치가 필요한 경우 등 범위를 정하여 출력 또는 복제하는 방법이 불가능하거나 압수의 목적을 달성하기에 현저히 곤란하다고 인정되는 때에 한하여 예외적으로 허용될 수 있을 뿐이다"라고 판시하였다. (표12 참조)

사건명: 군사기밀보호법 위반 사건 **사건번호: 서울고등법원 2018노2035**
1. 문제의 쟁점 • 압수·수색영장에 기재된 혐의와 무관한 자료를 압수한 행위의 적법성 • 위법하게 수집된 증거의 증거능력 인정 여부 **2. 사건 개요** 　가. 수사 배경 　　- 국방부 조사본부는 방위사업청 소속 군인들이 방위사업체 직원들로부터 뇌물을 수수했다는 혐의로 압수·수색영장을 발부받아, 해당 직원들의 외장하드와 업무 서류철을 압수함. 　나. 수사 과정 　　- 기무사는 별도로 방위사업체 직원이 특정 사업 관련 군사기밀을 누설했다는 혐의로 압수·수색영장을 발부받아 해당 사업 관련 문건 외에도 다른 방산물자 관련 자료를 다수 압수함. 이후, 기무사는 이전에 압수한 자료에서 새로운 혐의점을 발견하고, 추가적인 압수·수색영장을 발부받아 관련 자료를 추가로 압수함.

[표12] 군사기밀보호법 위반 사건성

이와 관련, 서울고등법원 2019.6.27. 선고 2018노2035 판결은 압수·수색영장 기재 혐의와 무관한 포괄적 압수물의 증거능력을 부정하였다.

국방부 조사본부는 방위사업청 소속 군인이 방위사업체 직원 甲, 乙로부터 뇌물을 수수하였다는 혐의로 압수·수색영장(제1영장)을 발부받아, 甲의 외장하드 및 乙의 업무서류철을 압수하였다. 한편, 기무사는 별도로 A회사 직원 丙이 Y사업 관련 군사기밀을 탐지·수집·누설하였다는 혐의로 압수·수색영장(제2영장)을 발부받아, Y사업 관련 군사기밀뿐 아니라 다른 방산물자 관련 자료를 다수 압수하였다. 기무사는 수사과정에서 제1영장에 의해 압수된 甲의 외장하드에 丙이 작성한 관련문서가 저장되어 있음을 알게 되었고, 조사본부에 요청하여 제1영장 압수물을 열람 후 丙에 대한 '군사기밀보호법위반' 혐의로 제1영장 압수물에 대한 압수·수색영장(제3영장)을 발부받아, 제1영장 압수물 중 Y사업 관련 군사기밀이 담긴 전자정보 및 서류의 사본을 압수하였고, 이를 기초로 甲, 乙이 丙과 공모하여 Y사업 관련 군사기밀 탐지·수집·누설하였다는 범죄혐의까지 수사를 확대하였다. 기무사는 丙에 대해 발부된 제3영장으로 丙과 무관한 甲, 乙에 대한 자료들까지 압수한 것은 위법함을 인지하여 제3영장 압수물 중 丙과 관련된 자료를 제외한 나머지 압수물을 甲, 乙에게 환부한 후 곧바로 미리 발급한 압수·수색영장(제4영장)에 의해 다시 압수하였고, 甲, 乙, 丙을 군사기밀보호법위반으로 기소하였다.

이에 대해, 1심 및 서울고등법원은 위 4차례의 압수·수색영장의 집행은 모두 위법하고, 그 절차를 통해 수집된 압수물과 이를 기초로 수집된 관련자 진술 등 2차적 증거는 모두 위법수집증거로서 증거능력이 없다고 판시하였다. 즉, 제1영장 집행의 경우 甲이 범죄혐의와 무관한 정보를 제외할 것을 요청했음에도, 수사관이 키워드 검색 등 유관정보를 선별하려는 조치를 전혀 취하지 않은 채 외장하드 자체를 압수하여 반출한 점은 위법하고, 업무 서류철의 경우 각 서류의 표지만으로도 작성자가 乙이 아님을 쉽게 알 수 있는데도 이를 전혀 확인하지 아니하고, 업무철로 된 서류 전체를 압수하였으며, 압수 이후에도 압수된 서류와 뇌물수수 혐의 사이의 관련성을 전혀 조사하지 아니한 채 계속 보관한 점은 위법하고, 제2영장 집행의 경우 Y사업 관련 문건 외 다른 문건 다수를 압수한 것은 압수대상을 벗어난 압수로서 위법하고, 제3영장 집행의 경우 제1영장에 의해 위법하게 압수된 압수물의 추가 압수는 그 자체로 위법하며, 기무사 수사관이 국방부 조사본부에 찾아가 압수물을 열람한 행위는 수색에 해당하므로, 최초 피압수자인 甲, 乙의 동의 및 참여 없이 이를 열람하는 것은 위법한 수색이고, 제4영장 집행의 경우 제1, 3영장에 의한 위법한 압수물을 재압수하는 것은 그 자체로 위법하고, 위법한 압수물에 대하여 추가적인 제4영장을 미리 발부받아 놓은 다음, 압수물을 환부한 후 곧바로 재압수하는 것은 절차를 지킨 것처럼 외양을 갖춘 것에 불과하다고 판시하면서, 나머지 증거들만으로 해당 정보들이 위법하게 수집·탐지·누설된 것인지 증명되지 아니하였다는 이유로 甲, 乙, 丙에게 무죄를 선고하였다.[10] (표13 참조)

사건명: 압수·수색 과정에서 별건 범죄혐의 관련 정보의 압수·수색의 적법성 **사건번호**: 대법원 2011모1839
1. 문제의 쟁점 • 전자 정보에 대한 압수·수색 중, 원래의 범죄 혐의와 무관한 별건 범죄혐의 관련 정보를 우연히 발견한 경우, 이를 적법하게 압수·수색하여 증거로 사용할 수 있는지 여부

---

10 이태한 변호사, '압수·수색영장 기재 혐의와 무관한 포괄적 압수물의 증거능력', 《법률신문》, 2019.9.25.

2. 사건 개요

가. 사건 배경

- 검사는 특정 범죄혐의로 A 주식회사 빌딩 내 B의 사무실을 압수·수색하였으며, 이 과정에서 전자 정보가 담긴 저장 매체를 확보하였다.

나. 주요 사실관계

- 압수·수색 과정에서 저장 매체에 범죄 혐의와 관련된 정보(유관정보)와 무관한 정보(무관정보)가 혼재되어 있다고 판단한 수사기관은, A 회사의 동의를 받아 저장 매체를 수사기관 사무실로 반출하였다. 이후 B 측의 참여 하에 저장 매체의 전자 정보를 '이미징' 방식으로 복제하였고, B 측의 참여 없이 복제본을 외장 하드디스크에 재복제한 후, 혐의 사실과 관련된 정보를 탐색하는 과정에서 별건 범죄혐의와 관련된 전자 정보를 발견하여 문서로 출력하였다.

3. 대법원 판단 요지

가. 전자 정보 압수·수색의 범위와 절차

- 수사기관의 전자 정보에 대한 압수·수색은 원칙적으로 영장 발부의 사유로 된 범죄 혐의 사실과 관련된 부분만을 문서 출력물로 수집하거나 수사기관이 휴대한 저장 매체에 해당 파일을 복제하는 방식으로 이루어져야 한다. 저장 매체 자체를 직접 반출하거나 그 저장 매체에 들어 있는 전자 파일 전부를 하드카피나 이미징 등 형태로 수사기관 사무실 등 외부로 반출하는 방식은 현장의 사정이나 전자 정보의 대량성으로 인해 관련 정보 획득에 긴 시간이 소요되거나 전문 인력에 의한 기술적 조치가 필요한 경우 등 범위를 정하여 출력 또는 복제하는 방법이 불가능하거나 압수의 목적을 달성하기에 현저히 곤란하다고 인정되는 때에 한하여 예외적으로 허용될 수 있다.

나. 별건 범죄혐의 관련 정보의 압수·수색 요건

- 전자 정보에 대한 압수·수색이 종료되기 전에 혐의 사실과 관련된 전자 정보를 적법하게 탐색하는 과정에서 별도의 범죄 혐의와 관련된 전자 정보를 우연히 발견한 경우, 수사기관은 더 이상의 추가 탐색을 중단하고 법원으로부터 별도의 범죄 혐의에 대한 압수·수색 영장을 발부받은 경우에 한하여 그러한 정보에 대하여도 적법하게 압수·수색을 할 수 있다.

4. 결론

• 대법원은 수사기관이 별건 범죄 혐의와 관련된 전자 정보를 우연히 발견한 경우, 추가 탐색을 중단하고 별도의 영장을 발부받아야 하며, 이를 위반한 압수·수색은 위법하다고 판단하였다.

5. 의의 및 시사점

• 이 판결은 전자 정보에 대한 압수·수색 과정에서 별건 범죄 혐의 관련 정보를 발견하더라도, 수사기관이 적법 절차를 준수하여 별도의 영장을 발부받아야 함을 명확히 하였다. 이는 피압수자의 권리 보호와 영장주의 원칙을 강화하는 데 기여하며, 수사기관의 절차적 준수의 중요성을 강조한 판례로 평가된다.

[표13] 압수·수색 과정에서 별건 범죄 혐의 관련 정보의 압수·수색의 적법성

그러나 또 다른 대법원 판결(2020. 3. 19. 선고 2019도14341)에서는 기본 범죄와의 연관성이 있다며 증거능력을 인정하기도 하였는데, 성범죄 피의자의 휴대 전화를 압수·수색하는 과정에서 영장에 적힌 혐의와 다른 성범죄와 관련한 자료가 있다면 이를 증거로 사용할 수 있다는 판결을 내린 사례로서 영장에 기재된 혐의와 추가로 확인된 범죄가 시간적으로 근접할 뿐만 아니라 범행의 동기와 범죄의 대상, 사용한 수단, 방법이 공통되는 경우는 객관적 관련성이 있다고 판단한 것이다.

실제로 해당 사건 내용을 살펴보면 피고인은 2018년 피해자를 성폭행하려다가 미수에 그쳤고, 수사기관은 피고인을 긴급 체포하여 휴대 전화를 압수하였고, 법원으로부터 사후 압수·수색 영장을 발부받았는데, 당시 영장에는 피해자에 대한 간음유인 미수 등의 죄명으로 기재되었으나 포렌식 결과 피고인의 휴대 전화에는 피해자 외에 또 다른 피해자들이 다수 확인되었고, 해당 피해 내용이 최초 식별된 피해자와 관련된 자료들이었다. 이에 검찰에서는 이를 증거로 나머지 피해자들에 대한 혐의도 추가하여 기소하였다.

그리고 대법원은 위의 증거들에 대하여 영장 발부의 사유로 된 범죄 혐의 사실과 무관한 별개의 증거를 압수하였을 경우, 원칙적으로 유죄 인정의 증거로 사용할 수 없으나, 압수·수색의 목적이 된 범죄나 이와 관련된 범죄의 경우에는 그 압수·수색의 결과를 유죄의 증거로 사용할 수 있다고 판단하고 이때 압수·수색 영장의 범죄 혐의 사실과 관계있는 범죄라는 것은 압수·수색 영장에 기재한 혐의 사실과 객관적 관련성이 있고 압수·수색 영장 발부 대상자와 피의자와의 사이에 인적 관련성이 있는 범죄를 의미한다고 판단하였다.

이어서 범죄 혐의 사실과의 객관적 관련성은 압수·수색 영장에 기재된 혐의 사실 자체 또는 그와 기본적인 사실관계가 동일한 범행과 직접 관련되어 있는 경우는 물론이고, 범행의 동기와 경위, 범행 수단과 방법, 범행 시간과 장소 등을 증명하기 위한 간접 증거나 정황 증거 등으로 사용될 수 있는 경우에도 인정될 수 있다고 보았다.

특히 위 사건의 경우, 피고인의 휴대 전화는 긴급체포 현장에서 적법하게 압수되었고, 사후 발부된 압수·수색 영장에는 피고인의 간음 유인미수 및 통신매체이용 음란의 혐의만 기재되었으나, 법원은 영장에서 계속 압수·수색, 검증이 필요한 사유로 영장의 범죄사실에 관한 혐의의 상당성 외에 추가 여죄수사의 필요성을 포함시켰으며, 피고인이 상습범으로 처벌될 가능성이 완전히 배제되지 않은 상태였으며, 실제 2017년 12월부터 2018년 3월까지 저지른 추가적인 범행은 압수·수색 영장에 기재된 범죄 혐의 일시와 시간적으로 근접할 뿐 아니라 피해자들을 대상으로 저지른 일련의 범죄로 범행 동기와 대상, 수단과 방법이 공통되어 구체적, 개별적인 연관성이 있으므로 객관적 관련성을 갖추었다고 판시하였다. (표14 참조)

사건명: 압수·수색영장의 범위와 관련 '객관적 관련성'이 충족되었는지가 문제 된 사건
사건번호: 대법원 2019도14341

1. 문제의 쟁점

- 압수·수색 영장에 기재된 범죄 혐의 사실과 무관한 별개의 증거를 압수한 경우, 이를 별건 범죄 사실에 대한 유죄 인정의 증거로 사용할 수 있는지 여부 및 그 요건 중 '객관적 관련성'의 의미와 범위가 문제가 됨.

2. 사건 개요

가. 사건 배경

- 피고인은 2018년 5월 6일 피해자 1에 대해 간음유인미수 및 통신매체이용음란 등의 범행을 저질렀다. 수사기관은 이와 관련하여 피고인의 휴대 전화를 압수·수색하였다.

나. 주요 사실관계

- 압수된 피고인의 휴대 전화를 분석한 결과, 2017년 12월경부터 2018년 5월경까지 다른 피해자들에 대한 성폭력 범죄 정황이 발견되었다. 이에 수사기관은 추가로 발견된 범죄 사실에 대해 기소하였다.

3. 대법원 판단 요지

가. 압수·수색의 대상 및 범위

- 형사소송법 제215조 제1항에 따르면, 검사는 범죄 수사에 필요한 때에 피의자가 죄를 범하였다고 의심할 만한 정황이 있고 해당 사건과 관계가 있다고 인정할 수 있는 것에 한정하여 영장을 발부받아 압수·수색을 할 수 있다. 따라서 영장 발부의 사유로 된 범죄 혐의 사실과 무관한 별개의 증거를 압수한 경우, 이는 원칙적으로 유죄 인정의 증거로 사용할 수 없다.

나. '객관적 관련성'의 의미와 범위

- 압수·수색 영장에 기재된 혐의 사실과 관계있는 범죄란, 혐의 사실과 객관적 관련성이 있고 피의자와 인적 관련성이 있는 범죄를 의미한다. 객관적 관련성은 혐의 사실 자체 또는 그와 기본적 사실관계가 동일한 범행과 직접 관련된

경우뿐만 아니라 범행 동기와 경위, 수단과 방법, 시간과 장소 등을 증명하기 위한 간접 증거나 정황 증거로 사용될 수 있는 경우에도 인정될 수 있다. 그러나 단순히 동종 또는 유사 범행이라는 이유만으로 객관적 관련성이 있다고 할 수는 없다.

4. 판결의 결론
- 대법원은 피고인의 휴대 전화에서 발견된 추가 범죄 사실이 원래의 혐의 사실과 객관적 관련성이 인정되지 않는다고 판단하여, 해당 증거를 별건 범죄 사실에 대한 유죄 인정의 증거로 사용할 수 없다고 판시하였다.

5. 의의 및 시사점
- 이 판결은 압수·수색 영장의 범위를 엄격히 해석하여, 영장에 기재된 혐의 사실과 객관적 관련성이 없는 별건 범죄의 증거는 유죄 인정의 증거로 사용할 수 없음을 명확히 하였다. 이는 수사기관이 압수·수색 시 영장에 기재된 범죄 사실과의 관련성을 신중히 고려해야 함을 강조하며, 피의자의 권리 보호와 적법 절차의 중요성을 재확인한 판례로 평가된다.

[표14] 압수·수색 영장의 범위와 관련 '객관적 관련성'이 충족되었는지가 문제 된 사건

사건 2019도14341 성폭력범죄의 처벌 등에 관한 특례법 위반(13세미만미성년자강간), 미성년자 의제 강간, 간음유인(일부 인정된 죄명 간음유인 미수), 성폭력범죄의 처벌 등에 관한 특례법 위반(통신매체이용 음란)

2019전도130(병합) 부착명령

피고인 겸 피부착명령청구자

상 고 인 피고인 겸 피부착명령청구자

변 호 인 법무법인(유한) 금성 담당 변호사 오동운 외 1인

원 심 판 결 서울고등법원 2019. 9. 27. 선고 2019노320, 2019전노22(병합) 판결

판 결 선 고 2020. 2. 13.

주 문

상고를 모두 기각한다.

이 유

상고 이유(상고이유서 제출 기간이 지난 후에 제출된 상고이유보충서의 기재는 상고 이유를 보충하는 범위 내에서)를 판단한다.

1. 피고 사건에 관하여

   가. 원심은 판시와 같은 이유로 판시 유죄 부분의 범죄 사실을 인정하였다. 원심판결 이유를 관련 법리와 적법하게 채택된 증거에 비추어 살펴보면 원심의 판단에 논리와 경험의 법칙을 위반하여 자유심증주의의 한계를 벗어나거나 강간죄에서의 폭행, 간음유인죄에서의 실행의 착수 시기 등에 관한 법리를 오해한 잘못이 없다. 그리고 기록에 비추어 살펴보아도 원심의 공판절차에 피고인의 반대신문권을 침해하는 등의 잘못이 없다.

   나. 다음으로 위법수집증거 배제의 상고 이유 주장에 관하여 본다.

      1) 형사소송법 제215조 제1항은 "검사는 범죄 수사에 필요한 때에는 피의자가 죄를

범하였다고 의심할 만한 정황이 있고 해당 사건과 관계가 있다고 인정할 수 있는 것에 한정하여 지방법원판사에게 청구하여 발부받은 영장에 의하여 압수·수색 또는 검증을 할 수 있다."라고 정하고 있다. 따라서 영장 발부의 사유로 된 범죄 혐의 사실과 무관한 별개의 증거를 압수하였을 경우 이는 원칙적으로 유죄 인정의 증거로 사용할 수 없다. 그러나 압수·수색의 목적이 된 범죄나 이와 관련된 범죄의 경우에는 그 압수·수색의 결과를 유죄의 증거로 사용할 수 있다. 압수·수색 영장의 범죄 혐의사실과 관계있는 범죄라는 것은 압수·수색 영장에 기재한 혐의사실과 객관적 관련성이 있고 압수·수색영장 대상자와 피의자 사이에 인적 관련성이 있는 범죄를 의미한다. 그중 혐의 사실과의 객관적 관련성은 압수·수색 영장에 기재된 혐의사실 자체 또는 그와 기본적 사실관계가 동일한 범행과 직접 관련되어 있는 경우는 물론 범행 동기와 경위, 범행 수단과 방법, 범행 시간과 장소 등을 증명하기 위한 간접증거나 정황증거 등으로 사용될 수 있는 경우에도 인정될 수 있다. 이러한 객관적 관련성은 압수·수색 영장에 기재된 혐의 사실의 내용과 수사의 대상, 수사 경위 등을 종합하여 구체적·개별적 연관관계가 있는 경우에만 인정된다고 보아야 하고, 혐의사실과 단순히 동종 또는 유사 범행이라는 사유만으로 객관적 관련성이 있다고 할 것은 아니다(대법원 2017. 1. 25. 선고 2016도13489 판결, 대법원 2017. 12. 5. 선고 2017도13458 판결 등 참조).

2) 원심판결 이유와 적법하게 채택된 증거에 의하면 다음과 같은 사정을 알 수 있다.

가) 피고인 겸 피부착명령청구자(이하 '피고인'이라고 한다)의 휴대 전화는 피고인이 긴급 체포되는 현장에서 적법하게 압수되었고, 형사소송법 제217조 제2항에 의해 발부된 법원의 사후 압수·수색·검증 영장(이하 '이 사건 압수·수색 영장'이라고 한다)에 기하여 이러한 압수 상태는 계속 유지될 수 있었다. 또한, 수사기관이 위 휴대 전화에서 이 사건 추가 자료들을 확보할 당시 피고인에게 참여권이 보장되었으나 피고인은 스스로 그 절차에 참여하지 않겠다는 의사를 표시하였다.

나) 이 사건 압수·수색 영장에는 범죄사실란에 피해자 공소외 1에 대한 간음 유인미수 및 통신매체이용음란의 점만이 명시되었으나, 법원은 위 영장에서 계속 압수·수색·검증이 필요한 사유로서 영장 범죄사실에 관한 혐의의 상당성 외에도 추가 여죄 수사의 필요성을 포함시켰다.

다) 이 사건 압수·수색 영장에 기재된 혐의사실은 미성년자인 공소외 1에 대하여 간음행위를 하기 위한 중간 과정 내지 그 수단으로 평가되는 행위에 관한 것이고 나아가 피고인은 형법 제305조의2 등에 따라 상습범으로 처벌될 가능성이 완전히 배제되지 아니한 상태였으므로, 이 사건 추가 자료들로 밝혀지게 된 공소외 2, 공소외 3(가명), 공소외 4에 대한 범행은 이 사건 압수·수

색 영장에 기재된 혐의 사실과 기본적 사실관계가 동일한 범행에 직접 관련되어 있는 경우라고 볼 수 있다. 실제로 2017. 12.경부터 2018. 4.경까지 사이에 저질러진 위 추가 범행들은, 이 사건 압수·수색 영장에 기재된 혐의 사실의 일시인 2018. 5. 7.과 시간적으로 근접한 것일 뿐만 아니라, 피고인이 자신의 성적 욕망을 해소하기 위하여 미성년자인 피해자들을 대상으로 저지른 일련의 성범죄로서 범행 동기, 범행 대상, 범행의 수단과 방법이 공통된다는 점에서 그러하다.

라) 이 사건 추가 자료들은 이 사건 압수·수색 영장의 범죄 사실 중 간음유인죄의 '간음할 목적'이나 성폭력범죄의 처벌 등에 관한 특례법 위반(통신매체이용음란) 죄의 '자기 또는 다른 사람의 성적 욕망을 유발하거나 만족시킬 목적'을 뒷받침하는 간접 증거로도 사용될 수 있었다. 나아가 이 사건 추가 자료들은 피고인이 위 영장 범죄 사실과 같은 범행을 저지른 수법 및 준비 과정, 계획 등에 관한 정황 증거에 해당할 뿐 아니라, 영장 범죄사실 자체에 대하여 피고인이 하는 진술의 신빙성을 판단할 수 있는 자료로도 사용될 수 있었다.

3) 앞서 본 법리와 위와 같은 사정들을 종합하면, 이 사건 추가 자료들로 인하여 밝혀진 피고인의 공소외 2, 공소외 3(가명), 공소외 4에 대한 범행은 이 사건 압수·수색 영장의 범죄 사실과 단순히 동종 또는 유사 범행인 것을 넘어서, 이와 구체적·개별적 연관관계가 있는 경우로서 객관적·인적 관련성을 모두 갖추었다고 봄이 타당하다.

원심이 같은 취지에서 이 사건 추가 자료들은 위법하게 수집된 증거에 해당하지 않으므로 이 사건 압수·수색 영장의 범죄사실뿐 아니라 위 추가 범행들에 관한 증거로 사용할 수 있다고 판단한 데에 상고이유의 주장과 같이 위법수집증거에 관한 법리를 오해한 잘못이 없다.

2. 부착명령 청구사건에 관하여

피고인이 피고 사건에 관하여 상고를 제기한 이상 부착명령 청구사건에 관하여도 상고를 제기한 것으로 본다. 그러나 상고장이나 상고이유서에 이에 대한 불복 이유의 기재를 찾아볼 수 없다.

3. 결론

그러므로 상고를 모두 기각하기로 하여, 관여 대법관의 일치된 의견으로 주문과 같이 판결한다.

대법관 김재형(재판장) 조희대 민유숙 이동원(주심)

2. 형사소송법 제313조에서의 정보저장매체의 범위

정보저장매체의 범위에 관하여 형사소송법 제313조(진술서등) 제1항은 피고인 또는 피고인이 아닌 자가 작성한 진술서나 그 진술을 기재한 서류로서 그 작성자 또는 진술자의 자필이거나 그 서명 또는 날인이 있는 것, 즉 피고인 또는 피고인 아닌 자가 작성하였거나 진술한 내용이 포함된 문자·사진·영상 등의 정보로서 컴퓨터용 디스크, 그 밖에 이와 비슷한 정보저장매체에 저장된 것을 포함한다고 규정하고 있다.

학자에 따라 견해가 다르지만 여기에는 녹음된 음성정보도 당연히 포함되어야 한다고 보아야 할 것이다. 제313조 제1항의 … 문자·사진·영상 등의 정보는 예시적 규정으로 봄이 타당하다고 본다. 컴퓨터용 디스크나 정보저장매체의 범위를 법문의 규정대로 문자·사진·영상 등으로만 한정한다면 스마트폰이 등장하면서 실무현장에서 결정적인 증거자료로 활용되는 통화내용을 녹음한 음성파일 등은 제외해야 하는 부당함이 있다. 이는 판례의 태도와도 부합하지 않는다. 증거법에서 사실인정의 기초로 사용할 수 있는 자료는 문자나 영상, 사진에 국한하지 않는 모든 자료를 대상으로 한다고 보아야 한다. 이런 점에서 제313조의 정보저장매체의 범위에는 문자, 사진, 영상, 음성파일 등이 포함된다고 할 것이다.

그런데 제313조에는 아날로그 방식으로 저장된 녹음테이프에 대한 규정이 없다. 물론 이것도 기존 판례에서 인정하고 있지만, 문제는 개정된 형소법 제313조의 정보저장매체에 포함시킬 것인지다.

이에 대해 다수의 견해는 진술 정보가 비디오나 녹음테이프, 컴퓨터 디스크 등에 기록된 경우에도 동일한 원리가 적용될 수 있다고 보는 것이 일반적이며, 입법자는 개정을 하면서 기존의 아날로그 방식의 녹음테이프를 포함하는 정보저장매체를 규정하였다고 봄이 타당하다고 한다. 이렇게 해석하는 것이 기존의 판례의 입장을 반영한 개정 취지에도 부합하는 것이며, 아날로그 방식의 녹음테이프와 디지털 방식의 저장매체의 이원화에 따른 법 적용 불편함도 제거할 수 있는 방안이라고 보았다.[1] (표15 참조)

---

1 권오걸, 「형사소송법 제313조에서의 정보저장매체의 범위와 증거능력」, 경북대학교 법학연구원, 《법학논고》 제62집, 2018, P.180.

사건명: 공갈미수 사건
사건번호: 대법원 2005도2945

1. 문제의 쟁점

- 녹음테이프에 녹음된 대화 내용의 증거능력
- 형사소송법 제313조 제1항의 적용 범위

2. 사건 개요

가. 사건 배경

- 피고인은 피해자와의 대화 내용을 녹음한 녹음테이프를 공소사실의 증거로 제출함.

나. 법적 절차

- 법원은 해당 녹음테이프의 증거능력 인정 여부를 판단함.

3. 대법원 판단 요지

가. 녹음테이프의 증거능력

- 녹음테이프에 녹음된 대화 내용은 형사소송법 제313조 제1항의 '진술을 기재한 서류'에 해당함.
- 따라서, 피고인이 그 녹음테이프를 증거로 할 수 있음에 동의하지 않은 이상, 그 증거능력을 인정받기 위해서는 공판 준비 또는 공판기일에서 작성자인 상대방의 진술에 의해 녹음된 내용이 피고인이 진술한 대로 녹음된 것임이 증명되고, 나아가 그 진술이 특히 신빙할 수 있는 상태에서 행하여진 것임이 인정되어야 함.

나. 형사소송법 제313조 제1항의 적용

- 녹음테이프는 그 성질상 작성자나 진술자의 서명 혹은 날인이 없을 뿐만 아니라 녹음자의 의도나 특정한 기술에 의해 그 내용이 편집, 조작될 위험성이 있으므로, 그 대화 내용을 녹음한 원본이거나 원본으로부터 복사한 사본일 경우에는 복사 과정에서 편집되는 등의 인위적 개작 없이 원본의 내용 그대로 복사된 사본임이 입증되어야만 함.

4. 판결의 결론

- 대법원은 녹음테이프에 녹음된 대화 내용이 형사소송법 제313조 제1항의 '진술을 기재한 서류'에 해당하며, 그 증거능력을 인정받기 위해서는 해당 법 조항의 요건을 충족해야 한다고 판시함.

5. 의의 및 시사점

- 이 판결은 녹음테이프와 같은 정보 저장 매체에 담긴 진술의 증거능력을 판단함에 있어 형사소송법 제313조 제1항의 적용 범위와 요건을 명확히 제시함으로써, 향후 유사한 사건에서의 법적 판단 기준을 제공함.

[표15] 공갈미수 사건

3. 영장에 기재된 장소와 대상의 한계

(1) 장소의 한계

대법원은 전자 정보 등의 장소적 한계에 관하여 압수·수색 영장에 기재된 수색, 검증 장소에서 벗어난 장소에서 수집한 증거들은 위법하며 또한 이를 기초로 하여 획득한 2차 증거들 역시 위법하여 증거능력이 없다는 것을 기본적 태도로 견지하고 있다.

실제로 대법원(2020도11559)은 노동조합 및 노동관계조정법 위반 등의 사건에 관해 검찰이 삼성전자가 다스 미국 소송비 대납 의혹을 확인하기 위해 수원 소재 본사 및 서초 소재 사옥 등 압수·수색 과정에서 노조와 관계된 문건을 획득하였는데, 문제는 검찰이 최초 발부받은 압수·수색 영장에는 수원 삼성전자 본사와 서초 및 우면 소재 사옥에 대한 영장만 발부받은 것으로 영장에는 '해외지역 총괄사업부', '경영지원 총괄사업부', '전산서버실' 등이 대상으로 기재되었음에도 이와 관계없는 삼성전자 본사 인사팀이 보관하던 PC 하드디스크 등을 압수한 것이다.

결국 대법원은 검찰의 이와 같은 압수·수색 영장에 기재된 장소를 벗어난 곳에서 획득한 전자 정보의 증거는 위법수집 증거로써 그 증거능력이 부정된다고 보았다.

즉, 검찰이 확보한 전자 정보는 법원이 발부한 압수·수색 영장의 장소적 효력 범위를 벗어나 집행된 상태에서 획득된 것일 뿐만 아니라 영장 제시 의무조차 위반하여 헌법과 형사소송법이 정한 적법 절차의 실질적인 내용을 침해하였다고 본 것이다.

그리고 위와 같이 위법하게 수집한 전자 정보의 출력물을 제시 또는 해당 내용에 근거하여 진술한 증거도 마찬가지로 위법하게 수집된 전자 정보를 기초로 획득한 2차 증거이므로, 증거능력을 배척하였다.

결국 대법원의 이번 판결은 전자 정보 등의 압수 등을 위하여 발부받은 압수·수색 영장에 기재된 장소적 한계는 원칙적으로 명시된 장소에 한하여서만 압수·수색을 허용하는 취지로 해석해야 하는 것으로 보인다. (표16 참조)

사건명: 노동조합 및 노동관계조정법 위반 등
사건번호: 대법원 2020도11559

1. 문제의 쟁점

- 압수·수색 영장의 장소적 한계를 초과한 집행의 적법성
- 영장에 명시된 장소 외에서 압수된 증거의 증거능력 인정 여부

2. 사건 개요

　가. 사건 배경

　　- 수사기관은 피고인들의 노동조합 및 노동관계조정법 위반 혐의에 대해 법원으로부터 압수·수색 영장을 발부받아 수사를 진행함.

　나. 수사 과정

　　- 수사기관은 영장에 명시된 장소 외의 공간에서 전자 정보 저장 매체를 압수함. 압수된 저장 매체에는 혐의와 관련된 전자 정보가 포함되어 있었음.

3. 대법원 판단 요지

　가. 압수·수색 영장의 장소적 한계

　　- 압수·수색 영장은 그 효력이 미치는 장소가 명확히 특정되어야 하며, 수사기관은 영장에 기재된 장소 내에서만 집행할 수 있음. 영장에 명시되지 않은 장소에서의 압수·수색은 원칙적으로 허용되지 않음.

　나. 위법한 압수의 증거능력

　　- 영장의 장소적 한계를 벗어난 압수·수색으로 수집된 증거는 위법하게 수집된 증거로서, 원칙적으로 증거능력이 부정됨. 다만, 예외적으로 증거능력이 인정되는 경우가 있으나, 본 사건에서는 해당하지 않음.

4. 판결의 결론

- 대법원은 수사기관이 압수·수색 영장의 장소적 한계를 초과하여 집행한 행위는 위법하며, 이를 통해 수집된 증거는 증거능력이 없다고 판단함.

5. 의의 및 시사점

- 이 판결은 수사기관이 압수·수색 영장의 장소적 한계를 엄격히 준수해야 하며, 이를 위반할 경우, 해당 증거의 증거능력이 부정된다는 점을 명확히 함. 이는 피의자의 권리 보호와 적법 절차의 중요성을 강조한 판례로서, 향후 수사기관의 압수·수색 절차에 대한 준법성을 강화하는 데 기여할 것으로 보임.

[표16] 노동조합 및 노동관계조정법 위반 등

노동조합 및 노동관계조정법위반 등 사건

[대법원, 2020도11559]

대법원(주심 대법관 박정화)은, 2021. 2. 4. 피고인 최○○ 등에 대한 노동조합 및 노동관계 조정법 등 사건에서 피고인들과 검사의 상고를 모두 기각하여, 삼성 측 임직원인 피고인 최 ○○ 등이 공모하여 노조 설립을 차단하거나 노조 세력을 약화시킬 목적으로 협력업체를 폐업에 이르도록 함으로써 노동조합의 조직 또는 운영에 지배 개입하고, 정당한 이유 없이 단체 교섭을 해태하며(노조법 위반), 이를 위해 협력업체 근로자들의 개인 정보를 제공 (개인정보보호법위반, 일부 인정)받거나 취업을 방해할 목적으로 통신을 하고(근로기준법 위반), 담당 공무원들에게 뇌물을 교부(일부 인정)하고, 위와 같은 용도로 회사 자금을 유용하여 횡령하였으며, 통정하여 허위세금계산서를 수취하였다는 사실(조세범처벌법위반) 을 유죄로 인정하고, 피고인 최○○, 박○○에게 파견법 위반의 고의를 인정하기 어렵고, 조합원에게 위로금 명목의 금원을 지급하는 것이 삼성전자서비스의 이익에 반하는 행위로 보기 어려우며[특정경제범죄법위반(업무상 횡령)], 협력업체 대표에게 지급한 금원이 부정한 청탁의 대가라고 보기 어렵고(배임증재, 배임수재), 일부 뇌물죄에 대하여 인정할 증거가 부족하다는 이유로 이 부분 공소사실을 무죄로 판단한 원심을 확정하였음(대법원 2021. 2. 4. 선고 2020도11559 판결)

1. 사안의 내용과 소송 경과

■ 사안의 내용

- 피고인 삼성전자서비스(피고인 박○○, 최○○)는 고용노동부 장관의 허가 없이 협력업체 소속 수리기사들에 대하여 삼성전자서비스 관리자의 지휘, 명령 아래 전자제품 수리 업무에 종사하도록 함으로써 위법한 근로자 파견의 역무를 제공받고,

- 삼성 본사 미래전략실, 삼성전자 주식회사, 삼성전자서비스 주식회사의 임직원, 삼성전자서비스의 협력업체 대표 등은 공모하여 협력업체 소속 근로자들로 구성된 이 사건 노조와의 단체교섭을 정당한 이유 없이 해태하거나 노조 설립 움직임을 보이는 협력업체를 폐업에 이르도록 함으로써 노동조합의 조직 또는 운영에 지배 개입하고,

- 이를 위해 협력업체 근로자들의 개인 정보를 제공(개인정보보호법위반)받거나 취업을 방해할 목적으로 통신(근로기준법 위반)을 하고, 담당 공무원들에게 뇌물을 교부하거나 협력업체를 폐업하도록 부정한 청탁을 하며 금원을 지

급하고, 위와 같은 용도로 회사 자금을 유용하여 횡령하였으며, 허위의 세금계산서를 수취(조세범처벌법위반)하였다는 등의 공소사실로 기소됨

■ 소송 경과

- 1심은, 일부 협력업체에 대한 기획 폐업을 통한 지배·개입(노조법위반), 협력업체 폐업 관련 지급한 금원에 대한 배임수재, 배임증재, 업무상횡령의 점, 일부 뇌물죄, 위로금 지급으로 인한 업무상 횡령의 점을 무죄로 판단함

- 원심은, ① 1심에서 무죄(면소)로 판단된 부분에 대한 검사의 상고를 기각하고, ② 이 사건 저장 매체 출력물 및 이를 기초로 취득한 진술증거 등의 증거능력을 배척하면서, ③ 1심에서 유죄로 인정한 파견법 위반, 일부 협력업체 기획 폐업을 통한 지배·개입(노조법 위반), 표적감사로 인한 지배·개입(노조법 위반), 일부 개인정보보호법 위반, 일부 뇌물죄를 무죄로 판단하고, 삼성전자 주식회사의 경영지원실장 피고인 이○○에 대한 공모관계를 부정함

2. 대법원의 판단

가. 주요 쟁점

■ 이 사건 저장 매체가 위법하게 수집된 증거인지, 위법수집증거를 기초로 획득된 2차 증거에 대한 증거능력 판단 기준

■ 피고인 삼성전자서비스와 협력업체 소속 근로자 사이에 근로자 파견 관계를 인정할 수 있는지, 파견법 위반의 점에 대한 피고인 박○○, 최○○의 고의를 인정할 수 있는지

■ 피고인 삼성전자 서비스에게 구 노조법 제81조 제4호가 규정한 부당노동 행위의 주체인 '사용자 지위'를 인정할 수 있는지

■ 협력업체 대표들로 하여금 폐업을 결정하도록 한 행위를 두고 노동조합 운영 및 조직에 대한 지배·개입으로 볼 수 있는지, 이 사건 노조와의 단체교섭을 해태한 데 정당한 이유가 존재하는지

■ 개인정보보호법 제2조 제5호가 규정한 '개인정보처리자'의 의미, 개인정보보호법 제74조 제2항이 규정한 양벌규정의 해석, 개인정보보호법 제71조 제1호 전단이 규정한 '제17조 제1항 제1호를 위반하여 정보 주체의 동의를 받지 아니하고 개인정보를 제3자에게 제공한 자' 및 동호 후단이 규정한 '그 사정을 알고 개인정보를 제공받은 자'의 해석

■ 뇌물수수 관련 진술 증거의 증명력 판단 기준

나. 판결 결과: 상고 기각

다. 판단 근거

■ 이 사건 전자 정보와 그 출력물은 이 사건 영장의 장소적 효력 범위에 위반하여 집행되었을 뿐만 아니라 영장 제시 의무를 위반하는 등 영장주의 원칙 및 헌법과 형사소송법이 정한 적법 절차의 실질적인 내용을 침해하여 취득한 증거이고, 예외적으로 증거능력이 인정되는 경우에 해당한다고 할 수도 없으며, 이 사건 전자 정보 출력물을 제시받거나 그 내용에 기초하여 진술한 증거 역시 위법하게 수집된 이 사건 전자 정보를 기초로 획득한 2차적 증거로서 증거 수집 과정에서의 절차적 위법과 사이에 직접적인 인과관계가 인정된다고 보아 그 증거능력을 배척한 원심의 결론은 정당함

■ 피고인 박○○, 최○○가 피고인 삼성전자서비스 주식회사와 협력업체 사이에 체결된 업무위탁계약의 각종 요소를 인식하고 있었다거나 피고인 삼성전자 서비스가 협력업체 소속 수리기사들로 하여금 업무위탁 계약에 따른 수리 업무를 처리하게 하는 것이 근로자 파견 사업에 해당할 수 있다는 것을 미필적으로나마 인식하면서 이를 용인하는 내심의 의사가 있었다고 보기 어렵다는 이유로 파견법 위반의 점을 무죄로 판단한 원심 결론에 잘못이 없음

■ 피고인 삼성전자서비스가 구 노동조합법 제81조 제4호에서 정한 부당노동 행위의 주체인 사용자에 해당하고, 동래 외근, 해운대 협력업체의 폐업은 피고인 삼성전자서비스의 지시·유도에 따라 이루어진 것으로서 '노동조합을 조직 또는 운영하는 것을 지배하거나 이에 개입하는 행위'에 해당한다고 본 원심의 결론에 잘못이 없음

■ 개인정보처리자(법인인 협력업체, 삼성 계열사)의 직원들이 법인 소속 다른 직원들의 개인정보를 제공하는 경우에도 구 「개인정보 보호법」 제71조 제1호 전단에 따라 처벌되고, 이들로부터 개인정보를 제공받는 행위는 구 「개인정보 보호법」 제71조 제1호 후단 위반에 해당한다고 본 원심의 결론에 잘못이 없음

■ 피고인 박○○이 최○○과 공모하여 피고인 김○○에게 직무에 관하여 1,500만 원의 뇌물을 지급하여 공무원의 직무에 관하여 뇌물을 공여함과 동시에 업무상 보관 중이던 피해자 삼성전자서비스의 자금을 임의로 횡령하였고, 피고인 김○○은 이를 교부받아 뇌물을 수수하였다고 본 원심의 결론에 잘못이 없음

■ 유족 합의금이나 권리금 지원 명목으로 협력업체에 금원을 지급하면서도 업무위탁계약에 따른 용역을 제공받은 것처럼 세금계산서를 수취한 것은 구 조세범처벌법 제10조 제2항 제1호가 규정한 '통정하여 거짓으로 기재한 세금계산서를 발급받은 행위'에 해당한다고 본 원심의 결론에 잘못이 없음

3. 판결의 의의

■ 이 사건 영장은 '삼성전자 본사, 서초 사옥, 우면 사옥' 중에서도 '해외지역 총괄 사업부, 경영지원 총괄사업부, 법무실, 전산관리실'의 업무를 수행하는 장소에 한해서만 압수·수색을 허용하는 취지로 해석해야 함에도 인사팀에서 보관 중이던 이 사건 저장 매체를 압수한 것은 영장의 효력 범위를 벗어난 집행 행위로서 위법하고, 그 소지인에게 영장을 제시하지도 않은 채 취득한 것으로서 위법하게 수집한 증거임을 확인함

■ 협력업체 소속 근로자들에 대한 관계에서 직접 고용관계에 있지 아니한 피고인 삼성전자서비스 주식회사에게 구 노동조합법 제81조 제4호가 규정한 부당 노동 행위의 주체인 '사용자'로서의 지위를 인정함

(2) 대상의 한계

다음으로 영장에 기재된 대상의 한계이다. 실제로 압수·수색 영장 내용에 '정보 처리 장치' 및 '정보 저장 매체'를 압수할 대상으로 기재한 경우에 특별한 사정이 없다면 휴대 전화는 압수·수색 대상에 해당하지 않아 압수·수색을 할 수 없다는 대법원 결정(2024모 2020)이 존재한다.

사건 내용을 살펴보면 사법경찰관이 재항고인 A에 대해 기부금품의 모집 및 사용에 관한 법률 위반 혐의로 사건을 수사하던 도중에 법원으로부터 '압수할 물건'을 '정보 처리 장치(컴퓨터, 노트북, 태블릿 등) 및 정보 저장 매체(USB, 외장하드 등)에 저장되어 있는 전자 정보'로 기재한 압수·수색 영장을 발부받은 후 A 소유의 휴대 전화를 압수하였다.

그런데 A의 변호인은 이러한 수사기관의 조치에 관하여 휴대 전화 압수·수색의 취소를 구하는 준항고를 제기하였다. 이에 대하여 원심은 해당 휴대 전화가 압수·수색 영장의 '압수할 물건'에 기재된 정보 처리 장치 또는 정보 저장 매체에 해당한다는 이유로 준항고를 기각하였다.

그러나 대법원은 압수·수색 영장에 기재된 '압수할 물건' 중 휴대 전화에 저장된 전자 정보가 포함되어 있지 않다면 특별한 사정이 없는 이상, 그 영장으로 휴대 전화에 저장된 전자 정보를 압수할 수 없다고 판시하였다.

실제로 재판부는 "휴대 전화는 정보처리장치나 정보 저장 매체의 특성을 가지고 있지만 기본적으로 통신매체의 특성이 있어 컴퓨터, 노트북 등 정보 처리 장치나 USB, 외장하드 등 정보 저장 매체와는 명확히 구별되는 특성을 가지고 있다"라면서 "휴대 전화, 특히 스마트폰에는 전화·문자메시지·SNS 등 통신, 개인 일정, 인터넷 검색 기록, 전화번호, 위치 정보 등 통신의 비밀이나 사생활에 관한 방대하고 광범위한 정보가 집적되어 있다"고 판시의 이유를 설명하였다.

동시에 재판부는 "휴대 전화에 저장된 전자 정보는 컴퓨터나 USB 등에 저장된 전자 정보와는 그 분량이나 내용, 성격 면에서 뚜렷한 차이가 있기 때문에 휴대 전화에 대한 압수·수색으로 얻을 수 있는 전자 정보의 범위와 그로 인한 기본권 침해의 정도가 크게 다르다"라고 지적하면서, "헌법과 형사소송법상 적법 절차와 영장주의의 정신에 비춰 볼 때, 법관이 압수·수색 영장을 발부하면서 '압수할 물건'을 특정하기 위해 기재한 문언은 엄격하게 해석해야 하고, 함부로 피압수자 등에게 불리한 내용으로 확장·유추 해석을 하는 것은 허용될 수 없다"고 하였다. (표17 참조)

사건명: 수사기관의 압수에 관한 처분 취소·변경 기각결정에 대한 재항고
사건번호: 대법원 2024모2020

1. 문제의 쟁점

• 압수·수색 영장에 명시되지 않은 휴대 전화에 대한 압수·수색의 적법성
• 휴대 전화에 저장된 전자 정보의 압수·수색 범위와 한계

2. 사건 개요

가. 사건 배경

- 홍천경찰서 소속 사법경찰관은 준항고인에 대해 '기부금품의 모집 및 사용에 관한 법률' 위반 혐의로 수사 중이었음. 2024년 5월 22일, 춘천지방법원으로부터 '정보 처리 장치(컴퓨터, 노트북, 태블릿 등) 및 정보 저장 매체(USB, 외장하드 등)에 저장되어 있는 본건 범죄 사실에 해당하는 회계, 회의 관련 전자 정보'를 압수할 수 있는 압수·수색 영장을 발부받음.

나. 수사 과정

- 2024년 5월 23일, 사법경찰관은 위 영장에 따라 준항고인의 휴대 전화를 압수함. 준항고인의 변호인은 같은 날 해당 휴대 전화 압수의 취소를 구하는 준항고를 제기하였으나, 원심은 이를 기각함.

3. 대법원 판단 요지

가. 압수·수색 영장의 해석

- 헌법과 형사소송법이 구현하고자 하는 적법 절차와 영장주의의 정신에 비추어 볼 때, 법관이 압수·수색 영장을 발부하면서 '압수할 물건'을 특정하기 위해 기재한 문언은 엄격하게 해석해야 하며, 함부로 피압수자 등에게 불리한 내용으로 확장 해석 또는 유추 해석을 하는 것은 허용될 수 없음.

나. 휴대 전화의 특성 및 압수 범위

- 휴대 전화는 정보 처리 장치나 정보 저장 매체의 특성을 가지지만, 기본적으로 통신매체의 특성을 가지고 있어 컴퓨터, 노트북 등 정보 처리 장치나 USB, 외장하드 등 정보 저장 매체와는 명확히 구별되는 특성을 가짐.
- 휴대 전화, 특히 스마트폰에는 전화, 문자메시지, SNS 등 통신, 개인 일정, 인터넷 검색 기록, 전화번호, 위치 정보 등 통신의 비밀이나 사생활에 관한 방대하고 광범위한 정보가 집적되어 있음.

- 이와 같이 휴대 전화에 저장된 전자 정보는 컴퓨터나 USB 등에 저장된 전자 정보와는 그 분량이나 내용, 성격 면에서 현저한 차이가 있으므로, 휴대 전화에 대한 압수·수색으로 얻을 수 있는 전자 정보의 범위와 그로 인한 기본권 침해의 정도도 크게 다름.
- 따라서 압수·수색 영장에 기재된 '압수할 물건'에 휴대 전화에 저장된 전자 정보가 포함되어 있지 않다면, 특별한 사정이 없는 한 그 영장으로 휴대 전화에 저장된 전자 정보를 압수할 수는 없다고 보아야 함.

4. 판결의 결론
- 대법원은 원심결정을 파기하고, 사건을 춘천지방법원에 환송함. 이는 압수·수색 영장에 명시되지 않은 휴대 전화에 대한 압수·수색이 위법하다는 판단에 따른 것임.

5. 의의 및 시사점
- 이 판결은 수사기관이 압수·수색 영장을 집행함에 있어 영장에 기재된 '압수할 물건'을 엄격하게 해석해야 하며, 휴대 전화와 같은 개인의 사생활이 광범위하게 저장된 기기에 대한 압수·수색은 영장에 명확히 기재되어야 함을 명확히 함. 이는 피압수자의 기본권 보호와 적법 절차의 중요성을 강조한 판례로서, 향후 수사기관의 압수·수색 절차에 대한 준법성을 강화하는 데 기여할 것으로 보임.

[표17] 수사기관의 압수에 관한 처분 취소·변경 기각 결정에 대한 재항고

대법원 2024. 9. 25. 자 중요 결정 요지

2024모2020 수사기관의 압수에 관한 처분 취소·변경 기각결정에 대한 재항고 (카) 파기환송

[압수·수색 영장에 명시적으로 기재되어 있지 않은 휴대 전화에 대한 압수·수색의 적법 여부가 문제 된 사건]

◇ 압수·수색 영장에 기재된 '압수할 물건'에 휴대 전화에 저장된 전자 정보가 포함되어 있지 않은 경우 그 영장으로 휴대 전화에 저장된 전자 정보를 압수할 수 있는지 여부 (원칙적 소극)

◇ 헌법과 형사소송법이 구현하고자 하는 적법 절차와 영장주의의 정신에 비추어 볼 때, 법관이 압수·수색 영장을 발부하면서 '압수할 물건'을 특정하기 위하여 기재한 문언은 엄격하게 해석해야 하고, 함부로 피압수자 등에게 불리한 내용으로 확장해석 또는 유추 해석을 하는 것은 허용될 수 없다(대법원 2009. 3. 12. 선고 2008도763 판결 등 참조). 휴대 전화는 정보처리장치나 정보 저장 매체의 특성을 가지고 있기는 하나, 기본적으로 통신매체의 특성을 가지고 있어 컴퓨터, 노트북 등 정보 처리 장치나 USB, 외장하드 등 정보 저장 매체와는 명확히 구별되는 특성을 가지고 있다. 휴대 전화, 특히 스마트폰에는 전화·문자 메시지·SNS 등 통신, 개인 일정, 인터넷 검색 기록, 전화번호, 위치 정보 등 통신의 비밀이나 사생활에 관한 방대하고 광범위한 정보가 집적되어 있다. 이와 같이 휴대 전화에 저장된 전자 정보는 컴퓨터나 USB 등에 저장된 전자 정보와는 그 분량이나 내용, 성격 면에서 현저한 차이가 있으므로, 휴대 전화에 대한 압수·수색으로 얻을 수 있는 전자 정보의 범위와 그로 인한 기본권 침해의 정도도 크게 다르다. 따라서 압수·수색 영장에 기재된 '압수할 물건'에 휴대 전화에 저장된 전자 정보가 포함되어 있지 않다면, 특별한 사정이 없는 한 그 영장으로 휴대 전화에 저장된 전자 정보를 압수할 수는 없다고 보아야 한다.

▷ 경찰은 재항고인에 대하여 「기부금품의 모집 및 사용에 관한 법률」 위반 혐의로 수사하던 중 법원으로부터 '압수할 물건'을 '정보 처리 장치(컴퓨터, 노트북, 태블릿 등) 및 정보 저장 매체(USB, 외장하드 등)에 저장되어 있는 전자 정보'로 기재한 압수·수색 영장을 발부받은 뒤, 그 압수·수색 영장에 의하여 재항고인 소유의 이 사건 휴대 전화를 압수하였는데, 재항고인의 변호인은 이 사건 휴대 전화 압

수·수색의 취소를 구하는 준항고를 제기함

▷ 원심은 이 사건 휴대 전화가 압수·수색 영장의 '압수할 물건'에 기재된 정보 처리 장치 또는 정보 저장 매체에 해당한다는 이유로 준항고를 기각하였음

▷ 대법원은 위와 같은 법리를 설시하면서, 압수·수색 영장에 기재된 '압수할 물건'에 휴대 전화에 저장된 전자 정보가 포함되어 있지 않다면, 특별한 사정이 없는 한 그 영장으로 대전화에 저장된 전자 정보를 압수·수색할 수 없다고 보아 원심을 파기·환송함

4. 영장 범위를 넘어 수집한 클라우드 서버 압수·수색의 위법성

다음으로 대법원(2022도1452)은 압수·수색 영장에 적힌 '압수할 물건'에 컴퓨터 등 정보처리 장치 저장 전자 정보만 기재되어 있는 경우 컴퓨터 등 정보 처리 장치를 이용하여 클라우드 등 원격지 서버 저장 전자 정보를 압수할 수는 있는지 여부에 대하여 위법하다고 판단하였다.

본 사건은 경찰이 압수·수색 영장으로 압수한 휴대 전화가 클라우드 서버에 로그인되어 있는 상태를 이용하여 클라우드 서버에서 불법 촬영물을 다운로드받아 압수한 사건으로 법원이 발부한 압수·수색 영장에는 '압수할 물건'이 '여성의 신체를 몰래 촬영한 것으로 판단되는 사진, 동영상 파일이 저장된 컴퓨터 하드디스크 및 외부 저장 매체'로 되어 있는데도 경찰은 위 압수·수색 영장으로 압수한 휴대 전화가 구글 계정에 로그인되어 있는 상태를 이용하여 구글 클라우드에서 불법 촬영물을 다운로드받는 방식으로 압수하였다.

대법원은 이에 대하여 위법한 증거 수집이라고 판단하면서 압수·수색 영장에 적힌 '압수할 물건'에 원격지 서버 저장 전자 정보가 기재되어 있지 않은 이상 '압수할 물건'은 컴퓨터 하드디스크 및 외부 저장 매체에 저장된 전자 정보에 한정되므로 경찰이 압수한 불법 촬영물은 위법 수집 증거에 해당하고, 이를 이용하여 수집한 다른 증거도 위법 수집 증거에 기한 2차적 증거에 해당하여 증거능력이 없음을 이유로 불법 촬영물 관련하여 유죄로 인정한 원심 판단을 파기한 사례이다. (표18 참조)

사건명: 성폭력범죄의 처벌 등에 관한 특례법 위반 (카메라등이용촬영·반포 등) **사건번호: 대법원 2022도1452**
1. 문제의 쟁점 • 압수·수색 영장에 명시되지 않은 클라우드 저장소의 전자 정보를 수사기관이 압수·수색할 수 있는지 여부 • 압수·수색 영장의 범위와 그 해석에 관한 법리

2. 사건 개요

가. 사건 배경

- 피고인은 성폭력범죄의 처벌 등에 관한 특례법 위반 혐의로 기소되었음.
- 수사기관은 피고인의 휴대 전화를 압수·수색하는 과정에서, 해당 기기가 클라우드 서비스에 로그인되어 있음을 확인함.

나. 수사 과정

- 수사기관은 법원으로부터 '컴퓨터 하드디스크 및 외부 저장 매체에 저장된 여성의 신체를 몰래 촬영한 것으로 판단되는 사진, 동영상 파일'을 압수할 수 있는 압수·수색 영장을 발부받음.
- 그러나 수사기관은 위 영장을 근거로 피고인의 클라우드 저장소에 접속하여 불법 촬영물을 다운로드받아 증거로 확보함.

3. 대법원 판단 요지

가. 압수·수색 영장의 해석

- 헌법과 형사소송법이 구현하고자 하는 적법 절차와 영장주의의 정신에 비추어 볼 때, 법관이 압수·수색 영장을 발부하면서 '압수할 물건'을 특정하기 위해 기재한 문언은 엄격하게 해석해야 하며, 함부로 피압수자 등에게 불리한 내용으로 확장해석 또는 유추·해석하는 것은 허용될 수 없음.

나. 클라우드 저장소의 전자 정보 압수 요건

- 압수·수색 영장에 기재된 '수색할 장소'에 있는 컴퓨터 등 정보 처리 장치에 저장된 전자 정보 외에 원격지 서버(클라우드)에 저장된 전자 정보를 압수·수색하기 위해서는, 영장에 '압수할 물건'으로서 별도로 원격지 서버 저장 전자 정보가 특정되어 있어야 함.- 따라서, 압수·수색 영장에 '압수할 물건'으로 컴퓨터 등 정보 처리 장치 저장 전자 정보만 기재되어 있다면, 해당 영장으로 원격지 서버에 저장된 전자 정보를 압수할 수 없음.

4. 판결의 결론

- 대법원은 수사기관이 압수·수색 영장에 명시되지 않은 클라우드 저장소의 전자 정보를 압수한 것은 위법하다고 판단하여, 원심 판결을 파기하고 사건을 인천지방법원으로 환송함.

5. 의의 및 시사점

- 이 판결은 수사기관이 압수·수색 영장을 집행함에 있어 영장에 기재된 '압수할 물건'과 '수색할 장소'를 엄격하게 해석해야 하며, 클라우드와 같은 원격지 서버에 저장된 전자 정보를 압수·수색하려면 영장에 해당 내용이 명확히 기재되어 있어야 함을 명확히 함. 이는 피압수자의 기본권 보호와 적법 절차의 중요성을 강조한 판례로서, 향후 수사기관의 압수·수색 절차에 대한 준법성을 강화하는 데 기여할 것으로 보임.

[표18] 클라우드 압수 관련, 성폭력 범죄의 처벌 등에 관한 특례법 위반 건

대법원
제1부
판결

사 건 2022도1452 가.사기
　　　　　나.성폭력범죄의처벌등에관한특례법위반(카메라등이용촬영·반포등)
피 고 인 피고인
상 고 인 피고인 및 검사
변 호 인 변호사 양성호(국선)
원심판결 인천지방법원 2022. 1. 14. 선고 2021노3352, 2021노4171(병합)

판결

판 결 선 고 2022. 6. 30.

주 문

원심판결 중 유죄 부분을 파기하고, 이 부분 사건을 인천지방법원에 환송한다.

검사의 상고를 기각한다.

이 유

상고 이유를 판단한다.

1. 검사의 상고 이유에 관한 판단

원심은 판시와 같은 이유로 이 사건 공소사실 중 원심 판시 범죄일람표2 순번 1번, 7번 내지 11번 기재「성폭력범죄의 처벌 등에 관한 특례법」(이하 '성폭력처벌법'이라 한다) 위반(카메라등이용촬영·반포등) 부분에 대하여 범죄의 증명이 없다고 보아 이를 무죄로 판단하였다. 원심판결 이유를 관련 법리와 기록에 비추어 살펴보면, 원심의 판단에 논리와 경험의 법칙을 위반하여 자유심증주의의 한계를 벗어나거나 위법 수집 증거 배제 법칙에 관한 법리를 오해한 잘못이 없다.

2. 피고인의 상고 이유에 관한 판단

가. 사기죄 부분에 관한 판단

원심은 판시와 같은 이유로 이 사건 공소 사실 중 사기 부분을 유죄로 판단하였다. 원심판결 이유를 관련 법리와 적법하게 채택된 증거에 비추어 살펴보면, 원심의 판단에 논리와 경험의 법칙을 위반하여 자유심증주의의 한계를 벗어나거나 위법수집증거 배제법칙 등에 관한 법리를 오해한 잘못이 없다. 그리고 원심판결 중 피해자 공소외 1에 대한 사기 부분에 사실오인의 위법이 있다는 취지의 주장은 피고인이 이를 항소 이유로 삼거나 원심이 직권으로 심판 대상으로 삼은 바가 없는 것을 상고심에 이르러 비로소 주장하는 것으로서 적법한 상고 이유가 되지 못한다.

나. 원심 판시 범죄일람표2 순번 2번 내지 6번 기재 성폭력처벌법 위반(카메라등이용촬영·반포등) 부분에 관한 판단

1) 이 부분 공소사실의 요지

피고인은 2018. 3. 7.경부터 2019. 10. 6.경까지 5회에 걸쳐 휴대 전화 카메라를 이용하여 성적 욕망 또는 수치심을 유발할 수 있는 피해자들의 신체를 그 의사에 반하여 촬영하였다.

2) 원심의 판단

원심은 다음과 같은 이유로 이 부분 공소사실을 유죄로 판단하였다.

> 가) 경찰이 사기 혐의로 조사를 받던 피고인으로부터 임의제출 받은 휴대 전화에서 임의 제출의 동기가 된 사기 범행과 구체적·개별적 연관관계가 없는 불법 촬영 범행에 관한 사진, 동영상을 탐색·복제·출력한 것은 영장주의와 적법절차의 원칙을 위반한 위법한 압수·수색에 해당한다.

> 나) 그러나 경찰은 법원으로부터 피고인의 불법 촬영 혐의에 대하여 압수·수색 영장을 발부받아 피고인의 참여권이 보장된 상태에서 적법하게 압수·수색 절차를 진행하고, 임의 제출 받은 휴대 전화와는 별개의 휴대 전화와 연동된 구글 클라우드에서 이 부분 공소사실 범행 결과물에 해당하는 불법 촬영 사진, 동영상을 압수하였다. 이는 임의 제출 받은 휴대 전화에서 발견된 사진, 동영상과 다른 새롭게 수집된 증거이다.

> 다) 불법 촬영물로 인한 범죄 행위는 피해자의 인격권을 현저히 침해하는 성격을 지니고 있고 몰수의 대상이기도 하므로 신속하게 압수·수색하여 불법 촬영물의 유통 가능성을 적시에 차단함으로써 피해자를 보호할 필요성이 크다.

> 라) 따라서 압수·수색 영장의 집행에 따른 경찰 압수조서 및 전자 정보 상세 목록(증거목록 순번 34, 36번), 그 경위를 밝힌 수사보고서(증거목록 순번 40번), 압수·수색 집행 후 피해자 공소외 2, 공소외 3과의 통화 내용을 기재한 각 수사 보고(증거목록 순번 51, 104, 112번), 피해자 공소외 2 문자메시지(증

거목록 순번 52번)에 대하여는 위법수집증거 배제법칙의 예외 법리가 적용되어 증거능력이 인정된다.

3) 대법원의 판단

그러나 원심의 위와 같은 판단은 다음과 같은 이유에서 수긍할 수 없다.

가) 헌법과 형사소송법이 구현하고자 하는 적법 절차와 영장주의의 정신에 비추어 볼 때, 법관이 압수·수색 영장을 발부하면서 '압수할 물건'을 특정하기 위하여 기재한 문언은 엄격하게 해석해야 하고, 함부로 피압수자 등에게 불리한 내용으로 확장해석 또는 유추 해석을 하는 것은 허용될 수 없다(대법원 2009. 3. 12. 선고 2008도763 판결 등 참조). 압수할 전자 정보가 저장된 저장 매체로서 압수·수색 영장에 기재된 수색 장소에 있는 컴퓨터, 하드디스크, 휴대 전화와 같은 컴퓨터 등 정보처리장치와 수색 장소에 있지는 않으나 컴퓨터 등 정보처리장치와 정보통신망으로 연결된 원격지의 서버 등 저장 매체(이하 '원격지 서버'라 한다)는 소재지, 관리자, 저장 공간의 용량 측면에서 서로 구별된다. 원격지 서버에 저장된 전자 정보를 압수·수색하기 위해서는 컴퓨터 등 정보 처리 장치를 이용하여 정보통신망을 통해 원격지 서버에 접속하고 그곳에 저장되어 있는 전자 정보를 컴퓨터 등 정보 처리 장치로 내려받거나 화면에 현출시키는 절차가 필요하므로, 컴퓨터 등 정보처리장치 자체에 저장된 전자 정보와 비교하여 압수·수색의 방식에 차이가 있다. 원격지 서버에 저장되어 있는 전자 정보와 컴퓨터 등 정보 처리 장치에 저장되어 있는 전자 정보는 그 내용이나 질이 다르므로 압수·수색으로 얻을 수 있는 전자 정보의 범위와 그로 인한 기본권 침해 정도도 다르다. 따라서 수사기관이 압수·수색 영장에 적힌 '수색할 장소'에 있는 컴퓨터 등 정보 처리 장치에 저장된 전자 정보 외에 원격지 서버에 저장된 전자 정보를 압수·수색하기 위해서는 압수·수색 영장에 적힌 '압수할 물건'에 별도로 원격지 서버 저장 전자 정보가 특정되어 있어야 한다. 압수·수색 영장에 적힌 '압수할 물건'에 컴퓨터 등 정보 처리 장치 저장 전자 정보만 기재되어 있다면 컴퓨터 등 정보 처리 장치를 이용하여 원격지 서버저장 전자 정보를 압수할 수는 없다.

나) 원심판결 이유 및 적법하게 채택된 증거에 의하면 다음의 사실을 알 수 있다.

⑴ 경찰은 2020. 12. 23. 피해자 공소외 4에 대한 사기 혐의로 피고인을 조사하면서 피고인의 동의를 받아 피고인의 휴대 전화로 은행 거래 내역과 통화 내역, 채무와 관련된 메시지, 휴대 전화 메신저 대화 내역을 확인하였다. 경찰은 피고인이 휴식 시간에 휴대 전화 메신저 대화 내역을 삭제하자, 피고인에게 요청하여 휴대 전화를 임의 제출 받았다.

⑵ 경찰은 임의제출 받은 휴대 전화를 검색하던 중 카메라 등 폴더에서 불

법 촬영물로 의심되는 사진, 동영상을 발견하였고, 피해자로 추정되는 여성들에게 연락하여 위 사진, 동영상 촬영에 동의하지 않았다는 사실을 확인하였다.

(3) 경찰은 2021. 2. 18. 인천지방법원으로부터 '압수할 물건'을 '여성의 신체를 몰래 촬영한 것으로 판단되는 사진, 동영상 파일이 저장된 컴퓨터 하드디스크 및 외부 저장 매체'로, '수색할 장소'를 피고인의 주거지인 '인천 연수구 (주소 생략)'으로, '범죄 사실'을 '성폭력범죄처벌법 위반(카메라 등이용촬영·반포등) 등'으로 한 압수·수색 영장(이하 '이 사건 압수·수색 영장'이라 한다)을 발부받았다.

(4) 경찰은 2021. 2. 21. 피고인의 주거지에서 임의 제출 받은 휴대 전화와는 별개의 휴대 전화(이하 '이 사건 휴대 전화'라 한다)를 발견하여 압수하고, 이 사건 휴대 전화가 구글 계정에 로그인되어 있는 상태를 이용하여 구글 클라우드에서 피해자 공소외 3에 대한 불법 촬영물을 확인한 후 선별한 파일을 다운로드받는 방식으로 원심 판시 범죄일람표2 순번 2번 내지 6번 기재 범행과 관련된 동영상 4개와 사진 3개를 압수하였다.

(5) 경찰은 위 압수물에 대한 압수조서 및 전자 정보 상세 목록(증거목록 순번 34, 36번)을 작성하고, 이 사건 휴대 전화와 연동된 구글 클라우드를 수색한 결과 불법촬영물이 발견되었다는 내용을 기재한 수사보고서(증거목록 순번 40번)를 작성하였다. 경찰 및 검찰주사보는 그 이후 촬영에 동의하지 않았다고 진술하는 피해자 공소외 2, 공소외 3과의 통화 내용을 기재한 각 수사 보고(증거목록 순번 51, 104, 112번)를 작성하고, 피해자 공소외 2로부터 같은 내용의 문자 메시지(증거목록 순번 52번)를 받았다.

다) 원심은 이 사건 압수·수색 영장 집행이 적법함을 전제로 위 집행으로 취득한 위 (5) 증거에 대하여 증거능력이 인정된다고 보아 이 부분 공소사실을 유죄로 판단하였다. 그러나 위와 같은 사실관계를 앞서 본 법리에 비추어 살펴보면, 이 사건 압수·수색 영장을 집행하면서 이 사건 휴대 전화를 이용하여 구글 클라우드에 저장된 불법촬영 사진, 동영상을 압수·수색한 것은 위법하고, 위 (5) 증거는 증거능력이 없다. 그 구체적인 이유는 다음과 같다.

(1) 이 사건 압수·수색 영장에 적힌 '압수할 물건'에는 '여성의 신체를 몰래 촬영한 것으로 판단되는 사진, 동영상 파일이 저장된 컴퓨터 하드디스크 및 외부 저장 매체'가, '수색할 장소'에는 피고인의 주거지가 기재되어 있다. 이 사건 압수·수색 영장에 적힌 '압수할 물건'에 원격지 서버 저장 전자 정보가 기재되어 있지 않은 이상 이 사건 압수·수색 영장에 적힌 '압

수할 물건'은 피고인의 주거지에 있는 컴퓨터 하드디스크 및 외부 저장 매체에 저장된 전자 정보에 한정된다.

⑵ 그럼에도 경찰은 이 사건 휴대 전화가 구글 계정에 로그인되어 있는 상태를 이용하여 원격지 서버에 해당하는 구글 클라우드에 접속하여 구글 클라우드에서 발견한 불법 촬영물을 압수하였다. 결국 경찰의 압수는 이 사건 압수·수색 영장에서 허용한 압수의 범위를 넘어선 것으로 적법 절차 및 영장주의의 원칙에 반하여 위법하다.

⑶ 따라서 이 사건 압수·수색 영장으로 수집한 불법 촬영물은 증거능력이 없는 위법 수집 증거에 해당하고, 이 사건 압수·수색 영장의 집행 경위를 밝힌 압수조서 등이나 위법 수집 증거를 제시하여 수집된 관련자들의 진술 등도 위법 수집 증거에 기한 2차적 증거에 해당하여 증거능력이 없다.

라) 결국 이 사건에서 증거능력이 없는 증거를 제외한 나머지 증거들만으로는 이 부분 공소사실이 합리적인 의심을 배제할 정도로 입증되었다고 보기 어렵다.

마) 그런데도 원심은 이 부분 공소사실을 유죄로 판단하였다. 이러한 원심판결에는 압수·수색 영장의 효력, 위법수집증거 배제법칙에 관한 법리를 오해하여 판결에 영향을 미친 잘못이 있다. 이를 지적하는 피고인의 상고이유 주장은 이유 있다.

3. 파기의 범위

원심판결 중 원심 판시 범죄일람표2 순번 2번 내지 6번 기재 성폭력처벌법 위반(카메라등이용촬영·반포등) 부분은 앞서 본 것과 같은 이유로 파기되어야 한다. 그리고 위 파기 부분 중 원심 판시 범죄일람표2 순번 6번 기재 성폭력처벌법 위반(카메라등이용촬영·반포등) 부분과 형법 제37조 전단의 경합범 관계에 있어 하나의 형이 선고된 사기 부분도 함께 파기되어야 한다. 결국 원심판결 중 유죄 부분은 전부 파기되어야 한다.

4. 결론

그러므로 피고인의 나머지 상고 이유에 관한 판단을 생략한 채, 원심판결 중 피고인에 대한 유죄 부분을 파기하고, 검사의 상고를 기각하기로 하여, 관여 대법관의 일치된 의견으로 주문과 같이 판결한다.

대법관 오경미(재판장) 박정화 김선수 노태악(주심)

5. 타 수사기관의 압수·수색 전자 정보에 대한 수사 목적 임의 열람 위법성

과연 이미 다른 수사기관에서 압수·수색으로 확보한 자료를 폐기하지 않고 보관하던 중에 해당 증거물을 이용하여 다른 수사를 위한 근거로 삼기 위하여 열람을 하고, 이 과정에서 혐의를 식별 후 내사에 착수했다면 이후 별도의 압수·수색 영장을 발부받았다고 해서 재판의 증거로 쓸 수 있을까?

이에 관하여 대법원(2018도19782)은 위법 수집 증거라며 증거능력을 인정하지 않았다.

실제로 舊 국군기무사령부(現 국군방첩사령부)가 해외 방위산업체 컨설턴트와 무역대리점을 업무를 하는 사업가의 군사기밀 누설 혐의를 수사하는 과정에서 2014년 6월 압수·수색 영장을 발부받아 해당 사업가의 PC, 노트북, 휴대 전화 등 정보 저장 매체에 대한 압수·수색영장을 집행하였고, 이를 근거로 군사기밀보호법 위반 등 혐의로 입건 및 기소되어 유죄가 확정된 사건이 있었다.

그런데 이후에, 다른 수사의 단서를 찾기 위하여 위 사건의 압수물을 열람한 舊 기무사령부 수사관이 이를 기초로 다른 인원에 대한 내사를 개시하였고 2016년 8월 검찰 단계에 보관된 압수물 중에서 해당 인원의 범죄를 증명할 수 있는 자료에 관한 압수·수색 영장을 발부받아 영장을 집행하였으며, 군사기밀보호법위반과 군기누설 등 혐의로 재판이 이루어졌다. 그러나 1, 2심은 위법 수집 증거라며 무죄를 선고하였고, 군검사의 상고에도 불구하고 대법원도 동일한 판단을 유지하였다.

대법원은 수사기관이 복제본에 담긴 전자 정보를 탐색하여 범죄 혐의 사실과 관련된 특정 정보를 선별하여 출력하거나 다른 정보 저장 매체에 저장하는 등으로 압수를 완료하면 해당 범죄 혐의 사실과 관련 없는 전자 정보는 삭제 및 폐기해야 한다고 판단하였다.

또한 수사기관이 새로운 범죄 수사를 위하여 기존 범죄와 상관없는 정보가 존안된 사본을 열람하는 것은 아직 압수되지 않은 전자 정보를 법원이 발부한 영장 없이 수색하는 것과 동일하다며, 이미 폐기되었어야 할 사본은 다른 수사기관의 탐색, 복제 또는 출력 대상이 될 수 없고, 새로운 범죄 혐의의 수사를 위해 필요한 경우라고 해도 유관정보만을 출력하거나 복사한 기존의 압수·수색 결과물을 열람할 수 있을 뿐이라고 판시하였다.

따라서 수사기관이 수사 대상인 범죄 혐의와 무관한 다른 정보가 혼재된 자료를 탐색하거나 출력한 행위는 위법하고, 이를 바탕으로 수집한 전자 정보 등 증거는 위법 수집 증거에 해당하여 유죄의 증거로 사용할 수 없다고 판단하였다. (표19 참조)

사건명: 군사기밀보호법 위반 등
사건번호: 대법원 2018도19782

1. 문제의 쟁점

- 선행 사건에서 압수·수색 과정 중 생성된 전자 정보의 이미징 사본을, 해당 사건의 판결이 확정된 이후 공범에 대한 새로운 범죄 혐의 수사를 위해 탐색·출력하는 것이 적법한지 여부

2. 사건 개요

  가. 선행 사건의 압수·수색

  - 수사기관은 A를 군사기밀을 탐지·수집·누설하였다는 혐의로 수사 중, 2014년 6월 9일 압수·수색·검증영장을 발부받아 A의 주거지 등에서 노트북, 메모리카드, 외장형 하드디스크 등을 이미징 방식으로 복제하여 전자 정보의 이미징 사본을 생성함.

  나. 선행 사건의 판결 확정 및 후속 수사

  - A는 군사기밀보호법 위반 등으로 기소되어 2015년 9월 24일 대법원에서 유죄 판결이 확정됨.
  - 이후 수사기관은 2016년 7월경 피고인이 A에게 군사기밀을 누설하였을 가능성을 확인하고, 선행 사건에서 생성된 이미징 사본을 탐색하여 피고인의 혐의와 관련된 전자 정보를 출력함.

3. 대법원 판단 요지

  가. 전자 정보 압수·수색의 원칙

  - 수사기관의 전자 정보에 대한 압수·수색은 원칙적으로 영장 발부의 사유로 된 범죄 혐의사실과 관련된 부분만을 문서 출력물로 수집하거나 수사기관이 휴대한 저장 매체에 해당 파일을 복제하는 방식으로 이루어져야 함.
  - 수사기관이 저장 매체 자체를 직접 반출하거나 그 저장 매체에 들어 있는 전자파일 전부를 하드카피나 이미징 등 형태로 수사기관 사무실 등 외부에 반출하는 방식으로 압수·수색하는 것은 현장의 사정이나 전자 정보의 대량성으로 인하여 관련 정보 획득에 긴 시간이 소요되거나 전문 인력에 의한 기술적 조치가 필요한 경우 등 범위를 정하여 출력 또는 복제하는 방법이 불가능하거나 압수의 목적을 달성하기에 현저히 곤란하다고 인정되는 때에 한하여 예외적으로 허용될 수 있을 뿐임.

나. 이미징 사본의 활용 제한

- 수사기관은 복제본에 담긴 전자 정보를 탐색하여 혐의 사실과 관련된 정보를 선별하여 출력하거나 다른 저장 매체에 저장하는 등으로 압수를 완료하면 혐의 사실과 관련 없는 전자 정보를 삭제·폐기하여야 함.
- 수사기관이 새로운 범죄 혐의의 수사를 위하여 무관정보가 남아 있는 복제본을 열람하는 것은 압수·수색 영장으로 압수되지 않은 전자 정보를 영장 없이 수색하는 것과 다르지 않음.
- 따라서 복제본은 더 이상 수사기관의 탐색, 복제 또는 출력 대상이 될 수 없으며, 수사기관은 새로운 범죄 혐의의 수사를 위하여 필요한 경우에도 유관정보만을 출력하거나 복제한 기존 압수·수색의 결과물을 열람할 수 있을 뿐임.

4. 판결의 결론

- 대법원은 수사기관이 선행 사건에서 생성된 이미징 사본을 판결 확정 이후 공범에 대한 새로운 범죄 혐의 수사를 위해 탐색·출력한 행위는 위법하다고 판단하였음. 이에 따라 원심의 무죄 판결을 유지하며 상고를 기각함.

5. 의의 및 시사점

- 이 판결은 전자 정보 압수·수색 과정에서 생성된 이미징 사본 등의 활용 범위를 명확히 하여, 수사기관이 영장 발부의 사유로 된 범죄 혐의사실과 관련된 정보만을 수집하고, 관련 없는 정보는 삭제·폐기해야 함을 강조함. 이는 피압수자의 기본권 보호와 적법 절차의 중요성을 재확인한 판례로서, 향후 전자 정보 압수·수색 절차에서 수사기관의 준법성을 강화하는 데 기여할 것으로 보임.

[표19] 군사기밀보호법 위반 등

대법원

제1부

판결

사 건 2018도19782 가. 군사기밀보호법 위반

　　　　　　　　　나. 군기누설

피 고 인 피고인

상 고 인 군검사

변 호 인 변호사 강준성(국선)

원 심 판 결 고등군사법원 2018. 11. 29. 선고 2018노173 판결

판 결 선 고 2023. 6. 1.

주 문

상고를 기각한다.

이 유

상고 이유를 판단한다.

1. 이 사건의 경위

　가. 구 국군기무사령부(이하 '기무사'라 한다) 수사관은 공소외 1이 해외 방위산업체 컨
　　설턴트 및 무역대리점 업무를 하면서 방위사업청 등이 발주하는 방위력개선사업과
　　관련한 군사 기밀을 탐지·수집·누설하였다는 혐의로 수사를 진행하던 중, 2014. 6. 9.
　　서울중앙지방법원 판사로부터 공소외 1 등 6명의 신체, 사무실, 주거지 등에 대하여
　　압수·수색·검증 영장(이하 '제1영장'이라 한다)을 발부받았다. 제1영장의 압수할 물
　　건에는 위 군사 기밀과 관련한 군 관련 자료, 이를 파일 형태로 담고 있는 컴퓨터, 노
　　트북, 외장형 하드디스크, USB, CD, DVD, 휴대 전화 등 정보 저장 매체와 그 정보
　　저장 매체에 수록된 내용, 수첩, 노트 등 범죄 사실과 관련된 문서 자료 등이 포함되
　　었다.

　　제1영장의 압수 대상 및 방법에 관하여는 혐의 사실과 관련된 전자 정보만을 문서로

출력하거나 수사기관이 휴대한 저장 매체에 복사하는 방법을 원칙으로 하되, 이러한 압수 집행이 불가능하거나 현저히 곤란한 경우 저장 매체 전부를 하드카피·이미징하는 방식으로 복제할 수 있고, 집행 현장에서 복제가 불가능하거나 현저히 곤란한 경우에는 저장 매체의 원본을 봉인, 반출한 뒤 복제 작업을 마치고 지체 없이 반환하도록 하며, 복제한 저장 매체에서 혐의사실과 관련된 전자 정보만을 출력, 복사하여야 하고, 위와 같은 증거물 수집이 완료되고 복제한 저장 매체를 보전할 필요성이 소멸된 후에는 혐의 사실과 관련 없는 전자 정보를 지체 없이 삭제·폐기하도록 하는 제한 사항이 존재하였다.

나. 기무사 수사관은 2014. 6. 10. 제1영장을 집행하면서, 공소외 1의 주거지에 있던 공소외 1의 노트북, 메모리카드, 외장형 하드디스크 전부를 모두 이미징하는 방법으로 복제하여 '삼성 노트북 이미지', 'Transcend Flash 메모리 이미지', 'Micro SD Flash 메모리 이미지', 'Seagate 외장형 HDD 이미지 파일' 등(이하 '이미징 사본'이라 한다)을 생성하였다.

다. 서울중앙지방검찰청 검사는 2014. 7.경 공소외 1을 군사기밀보호법위반 등의 혐의로 기소하였다. 서울중앙지방법원은 2015. 1. 8. 공소외 1이 '특수전지원함/특수침투정', 'GPS 화물낙하산', '소형무장헬기', '고공침투장비', '기상레이더 2차' 사업 등과 관련한 군사 기밀을 탐지·수집 및 누설하였다는 공소사실을 유죄로 인정하여 공소외 1에 대하여 징역 4년을 선고하고, 압수된 이미징 사본 중 일부를 몰수하는 판결을 선고하였다. 공소외 1과 검사는 위 판결에 불복하여 항소, 상고하였으나, 공소외 1의 일부 뇌물공여의 점이 추가로 유죄로 인정된 것 이외에 위 군사기밀 탐지·수집 및 누설에 관한 유죄 부분은 그대로 유지되었고, 위 판결은 2015. 9. 24. 대법원의 상고기각 판결로 확정되었다(이하 공소외 1에 대한 위 형사사건을 '선행사건'이라 한다).

라. 기무사 수사관은 2016. 7.경 군 내부 실무자가 공소외 1에게 '소형무장헬기' 사업과 관련한 군사 기밀을 누설하였을 가능성을 확인하고, 2016. 7. 19. 서울중앙지방검찰청에 보관되어 있던 선행사건의 기록과 압수물을 대출받았다.

마. 기무사 수사관은 2016. 7. 21.경 압수물 중 이미징 사본에 대한 분석(이하 '1차 탐색'이라 한다)을 하고, 이를 기초로 피고인이 공소외 1에게 '소형무장헬기' 사업 등과 관련한 군사 기밀을 누설하였다는 혐의로 피고인에 대한 내사를 개시하였다.

바. 기무사 수사관은 2016. 8. 2. 국방부 보통군사법원 군판사로부터 피고인이 '특수전지
원함/특수침투정', '소형무장헬기', '기상레이더 2차' 사업과 관련한 군사 기밀을 누
설하였다는 범죄 사실에 관한 증거 자료를 확보할 필요가 있다는 등의 사유로 서울
중앙지방검찰청에 보관된 선행사건의 압수물 중 위 사업 관련 군사 기밀 및 군 관련
자료, 범죄 사실을 증명할 수 있는 자료 등에 관한 압수·수색·검증 영장(이하 '제2영
장'이라 한다)을 발부받았다.

사. 기무사 수사관은 2016. 8. 4. 서울중앙지방검찰청 형사 증거과 직원 공소외 2의 참여
하에 제2영장을 집행하여, 그곳에 보관되어 있던 선행사건 압수물인 이미징 사본에
서 공소외 1의 이메일 기록을 추출하여 압수하였다.

2. 대법원의 판단

가. 관련 법리

수사기관의 전자 정보에 대한 압수·수색은 원칙적으로 영장 발부의 사유로 된 범죄 혐
의 사실과 관련된 부분만을 문서 출력물로 수집하거나 수사기관이 휴대한 저장 매체
에 해당 파일을 복제하는 방식으로 이루어져야 한다. 수사기관이 저장 매체 자체를 직
접 반출하거나 그 저장 매체에 들어 있는 전자파일 전부를 하드카피나 이미징 등 형태
(이하 '복제본'이라 한다)로 수사기관 사무실 등 외부에 반출하는 방식으로 압수·수색하
는 것은 현장의 사정이나 전자 정보의 대량성으로 인하여 관련 정보 획득에 긴 시간이
소요되거나 전문 인력에 의한 기술적 조치가 필요한 경우 등 범위를 정하여 출력 또는
복제하는 방법이 불가능하거나 압수의 목적을 달성하기에 현저히 곤란하다고 인정되는
때에 한하여 예외적으로 허용될 수 있을 뿐이다(대법원 2015. 7. 16. 자 2011모1839 전원
합의체 결정 등 참고). 수사기관은 복제본에 담긴 전자 정보를 탐색하여 혐의사실과 관
련된 정보(이하 '유관정보'라 한다)를 선별하여 출력하거나 다른 저장 매체에 저장하는
등으로 압수를 완료하면 혐의 사실과 관련 없는 전자 정보(이하 '무관정보'라 한다)를
삭제·폐기하여야 한다. 수사기관이 새로운 범죄 혐의의 수사를 위하여 무관정보가 남
아 있는 복제본을 열람하는 것은 압수·수색 영장으로 압수되지 않은 전자 정보를 영장
없이 수색하는 것과 다르지 않다. 따라서 복제본은 더 이상 수사기관의 탐색, 복제 또는
출력 대상이 될 수 없으며, 수사기관은 새로운 범죄 혐의의 수사를 위하여 필요한 경우
에도 유관정보만을 출력하거나 복제한 기존 압수·수색의 결과물을 열람할 수 있을 뿐
이다.

나. 이 사건에 관한 판단

앞에서 본 사정을 위와 같은 법리에 비추어 살펴본다. 기무사는 1차 탐색 당시 제1영장 기재 혐의 사실과 관련된 정보와 무관정보가 뒤섞여 있는 이미징 사본을 탐색의 대상으로 삼았다. 무관정보는 제1영장으로 적법하게 압수되었다고 보기 어려우므로, 참여권 보장 여부와 관계없이 이미징 사본의 내용을 탐색하거나 출력한 행위는 위법하다. 따라서 이를 바탕으로 수집한 전자 정보 등 2차적 증거는 위법 수집 증거에 해당하여 유죄의 증거로 사용할 수 없다. 공소외 1이 선행사건 수사 당시 이미징 사본에 관한 소유권을 포기하였다거나, 제2영장을 발부받았다는 등 군검사가 상고 이유로 주장하는 사유만으로는 위법 수집 증거라도 유죄의 증거로 사용할 수 있는 예외적인 경우에 해당한다고 보기 어렵다. 원심이 같은 취지에서 그 판시와 같은 이유로 이 사건 공소사실을 무죄로 판단한 것은 정당하고, 거기에 압수 절차나 압수물의 증거능력, 위법 수집 증거에 관한 법리를 오해하는 등의 잘못이 없다.

3. 결론

그러므로 상고를 기각하기로 하여, 관여 대법관의 일치된 의견으로 주문과 같이 판결한다.

대법관 노태악(재판장) 박정화 김선수 오경미(주심)

제3절 영장의 집행

1. 팩스 등 사본영장

우리 형사소송법 제118조(영장의 제시)는 압수·수색영장은 처분을 받는 자에게 반드시 제시하여야 한다고 명문으로 규정하고 있다. 그러나 수사실무에서는 이메일이나 로그자료 등의 통신사실자료에 대해 영장 사본을 팩스로 송신하여 제공받는 경우가 많다. 이때 문제가 되는 것이 영장의 제시 여부인데, 팩스로 전송한 행위가 영장의 제시로 볼 수 있을 것인가가 문제가 된다.

이에 대해 대법원 2017.9.7. 선고, 2015도10648 판결은 "수사기관이 2010.1.11. 공소외 1 주식회사에서 압수수색영장을 집행하여 피고인이 공소외 2에게 발송한 이메일을 압수한 후 이를 증거로 제출하였으나, 수사기관은 위 압수수색영장을 집행할 당시 공소외 1 주식회사에 팩스로 영장 사본을 송신한 사실은 있으나 영장 원본을 제시하지 않았고 또한 압수조서와 압수물 목록을 작성하여 이를 피압수·수색 당사자에게 교부하였다고 볼 수도 없다고 전제한 다음, 위와 같은 방법으로 압수된 위 각 이메일은 헌법과 형사소송법 제219조, 제118조, 제129조가 정한 절차를 위반하여 수집한 위법수집증거로 원칙적으로 유죄의 증거로 삼을 수 없고, 이러한 절차 위반은 헌법과 형사소송법이 보장하는 적법절차 원칙의 실질적인 내용을 침해하는 경우에 해당하고 위법수집증거의 증거능력을 인정할 수 있는 예외적인 경우에 해당한다고 볼 수도 없어 증거능력이 없다"고 판결하였다. (표20 참조)

사건명: 국가보안법 위반(간첩) 등
사건번호: 대법원 2015도10648

1. 문제의 쟁점

- 수사기관이 압수·수색 영장 원본을 제시하지 않고 팩스로 송부한 사본만으로 압수·수색을 진행한 절차의 적법성
- 이러한 절차로 수집된 증거의 증거능력 인정 여부

2. 사건 개요

가. 사건 배경

- 피고인은 국가보안법 위반 혐의로 기소되었으며, 수사기관은 피고인의 이메일을 증거로 확보하고자 함.

나. 수사 과정

- 수사기관은 네이버 주식회사에 대해 압수·수색 영장을 집행하면서 영장 원본을 제시하지 않고, 팩스로 송부한 영장 사본만을 전달함.
- 또한, 압수조서와 압수물 목록을 작성하여 피압수·수색 당사자에게 교부하지 않음.- 이러한 절차를 통해 피고인의 이메일을 압수하여 증거로 제출함.

3. 대법원 판단 요지

가. 압수·수색 절차의 적법성

- 형사소송법은 압수·수색 영장을 집행할 때 영장 원본을 제시하고, 압수조서와 압수물 목록을 작성하여 피압수자에게 교부하도록 규정하고 있음.
- 이는 헌법에서 선언한 적법 절차와 영장주의를 구현하기 위한 것으로, 이러한 절차를 준수하지 않고 수집된 증거는 원칙적으로 유죄 인정의 증거로 사용할 수 없음.

나. 팩스로 송부한 영장 사본의 효력

- 수사기관이 영장 원본을 제시하지 않고 팩스로 송부한 사본만으로 압수·수색을 진행한 것은 형사소송법이 정한 절차를 위반한 것임.
- 따라서 이러한 방법으로 수집된 피고인의 이메일은 증거능력이 없다고 판단함.

4. 판결의 결론

- 대법원은 수사기관이 영장 원본을 제시하지 않고 팩스로 송부한 사본만으로 압수·수색을 진행한 절차는 위법하며, 이를 통해 수집된 증거는 증거능력이 없다고 판시함.

5. 의의 및 시사점

- 이 판결은 수사기관이 압수·수색 영장을 집행할 때 형사소송법이 정한 절차를 엄격히 준수해야 함을 강조함. 특히, 영장 원본의 제시와 압수조서 및 압수물 목록의 교부는 피압수자의 권리 보호와 적법 절차의 핵심 요소로서, 이를 위반한 경우 수집된 증거의 증거능력이 부정될 수 있음을 명확히 함. 이는 수사기관의 절차적 준법성을 강화하고, 피의자의 기본권 보호를 위한 중요한 기준을 제시한 판례로 평가됨.

[표20] 국가보안법 위반(간첩) 등

팩스로 영장사본 전송 후 원본 제시 않은 채 압수한 이메일 증거능력

(안○○ K대 교수 국가보안법위반 사건)

[대법원, 2015도10648, 2017.9.7.]

【판시사항】

[1] 형사소송법 등에서 정한 절차에 따르지 않고 수집된 증거를 유죄 인정의 증거로 삼을 수 있는지 여부(원칙적 소극)

[2] 수사기관이 甲 주식회사에서 압수수색영장을 집행하면서 甲 회사에 팩스로 영장 사본을 송신하기만 하고 영장 원본을 제시하거나 압수조서와 압수물 목록을 작성하여 피압수·수색 당사자에게 교부하지도 않은 채 피고인의 이메일을 압수한 후 이를 증거로 제출한 사안에서, 위와 같은 방법으로 압수된 이메일은 증거능력이 없다고 본 원심판단을 수긍한 사례

【전문】

【원심판결】

서울고법 2015.6.25. 선고 2014노2389 판결

【주문】

상고를 모두 기각한다.

【판결이유】

상고이유를 판단한다.

1. 피고인의 상고이유에 관하여

원심판결 이유를 원심과 제1심이 적법하게 채택한 증거들에 비추어 살펴보면, 원심이 그 판시와 같은 이유를 들어 이 사건 공소사실(무죄 및 이유 무죄 부분 제외)을 모두 유죄로 인정한 것은 정당하다. 거기에 상고이유 주장과 같이 논리와 경험의 법칙에 반하여 자유심증주의의 한계를 벗어나거나, 전문법칙, 국가기밀의 개념, 이적단체 구성 음모, 이적표현물 소지·반포에 관한 법리를 오해하는 등의 잘못이 없다.

2. 검사의 상고이유에 관하여

가. 국가보안법위반(간첩) 부분에 대하여

원심은 이 부분 주위적 공소사실에 대하여 그 판시와 같은 이유로 범죄의 증명이 없다고 보아 판결이유에서 이를 무죄로 판단한 제1심판결을 그대로 유지하였다. 원심판결 이유를 기록에 비추어 살펴보면 원심의 위와 같은 판단은 정당하고, 거기에 상

고이유 주장과 같이 전문법칙과 형사소송법 제313조 제1항에 관한 법리를 오해하는 등의 잘못이 없다.

나. 국가보안법위반(찬양·고무 등) 부분 중 무죄 부분에 대하여

(1) 수사기관의 압수·수색은 법관이 발부한 압수수색영장에 의하여야 하는 것이 원칙이고, 그 영장에는 피의자의 성명, 압수할 물건, 수색할 장소·신체·물건과 압수수색의 사유 등이 특정되어야 하며(형사소송법 제215조, 제219조, 제114조 제1항, 형사소송규칙 제58조), 영장은 처분을 받는 자에게 반드시 제시되어야 하고(형사소송법 제219조, 제118조), 압수물을 압수한 경우에는 목록을 작성하여 소유자, 소지자 등에게 교부하여야 한다(같은 법 제219조, 제129조). 이러한 형사소송법과 형사소송규칙의 절차 조항은 헌법에서 선언하고 있는 적법절차와 영장주의를 구현하기 위한 것으로서 그 규범력은 확고히 유지되어야 한다. 그러므로 형사소송법 등에서 정한 절차에 따르지 않고 수집된 증거는 기본적 인권 보장을 위해 마련된 적법한 절차에 따르지 않은 것으로서 원칙적으로 유죄 인정의 증거로 삼을 수 없다(대법원 2007.11.15. 선고 2007도3061 전원합의체 판결 등 참조).

(2) 원심은, 수사기관이 2010.1.11. 공소외 1 주식회사에서 압수수색영장을 집행하여 피고인이 공소외 2에게 발송한 이메일(증거목록 순번 314-1, 3, 5)을 압수한 후 이를 증거로 제출하였으나, 수사기관은 위 압수수색영장을 집행할 당시 공소외 1 주식회사에 팩스로 영장 사본을 송신한 사실은 있으나 영장 원본을 제시하지 않았고 또한 압수조서와 압수물 목록을 작성하여 이를 피압수·수색 당사자에게 교부하였다고 볼 수도 없다고 전제한 다음, 위와 같은 방법으로 압수된 위 각 이메일은 헌법과 형사소송법 제219조, 제118조, 제129조가 정한 절차를 위반하여 수집한 위법수집증거로 원칙적으로 유죄의 증거로 삼을 수 없고, 이러한 절차 위반은 헌법과 형사소송법이 보장하는 적법절차 원칙의 실질적인 내용을 침해하는 경우에 해당하고 위법수집증거의 증거능력을 인정할 수 있는 예외적인 경우에 해당한다고 볼 수도 없어 증거능력이 없다는 이유로, 이 부분 공소사실을 무죄로 판단한 제1심판결을 그대로 유지하였다.

원심판결 이유를 기록에 비추어 살펴보면, 원심의 판단은 앞에서 본 법리에 기초한 것으로서 정당하고, 거기에 압수 절차나 압수물의 증거능력에 관한 법리를 오해하는 등의 잘못이 없다.

다. 한편 검사는 원심판결 중 유죄 부분에 대하여도 상고하였으나, 상고장이나 상고이유서에서 이에 관한 불복이유 기재를 찾아볼 수 없다.

3. 결론

그러므로 상고를 모두 기각하기로 하여, 관여 대법관의 일치된 의견으로 주문과 같이 판결한다.

대법관 고영한(재판장) 조희대 권순일(주심) 조재연

2. 영장집행 방법

형사소송법은 제106조에서 제138조에 걸쳐 압수수색영장의 집행방법에 대해 규정하고 있지만, 대법원은 이에 대한 명확한 기준을 제시하였다. 대법원 2009.3.12.선고 2008도763 판결은 "압수·수색영장은 처분을 받는 자에게 반드시 제시하여야 하는바, 현장에서 압수·수색을 당하는 사람이 여러 명일 경우에는 그 사람들 모두에게 개별적으로 영장을 제시해야 하는 것이 원칙이다. 수사기관이 압수·수색에 착수하면서 그 장소의 관리책임자에게 영장을 제시하였다고 하더라도, 물건을 소지하고 있는 다른 사람으로부터 이를 압수하고자 하는 때에는 그 사람에게 따로 영장을 제시하여야 한다"라고 했다.

또한 "공무원인 수사기관이 작성하여 피압수자 등에게 교부해야 하는 압수물 목록에는 작성연월일을 기재하고, 그 내용은 사실에 부합하여야 한다. 압수물 목록은 피압수자 등이 압수물에 대한 환부·가환부신청을 하거나 압수처분에 대한 준항고를 하는 등 권리행사절차를 밟는 가장 기초적인 자료가 되므로, 이러한 권리행사에 지장이 없도록 압수 직후 현장에서 바로 작성하여 교부해야 하는 것이 원칙이다"라고 판결하였다. (표21 참조)

사건명: 공직선거법 위반
사건번호: 대법원 2008도763

1. 문제의 쟁점
- 압수·수색 영장에 기재된 '압수할 물건'의 해석 범위
- 압수·수색 영장의 제시 방법과 압수물 목록의 작성·교부 시기
- 헌법과 형사소송법이 정한 절차를 위반하여 수집한 증거의 증거능력

2. 사건 개요
  가. 사건 배경
    - 피고인들은 공직선거법 위반 혐의로 기소되었음.
    - 수사기관은 피고인들의 사무실에 대해 압수·수색 영장을 발부받아 집행함.
  나. 수사 과정
    - 압수·수색 영장에는 '압수 장소에 보관 중인 물건'이 압수 대상으로 기재되어 있었음.
    - 수사기관은 영장을 제시하지 않은 채 피고인들의 사무실에서 물건을 압수하였고, 압수물 목록도 즉시 교부하지 않음.

[표21] 공직선거법 위반

　　그리고 영장의 제시 부분은 사본 등 일부가 아니라 전체를 열람시켜야 하는데, 실제로 대법원(2019모3526)에 따르면 피의자 신분으로 검찰에서 피의자 신문을 받는 과정에서 휴대 전화 등을 압수당한 피의자가 신문을 담당한 수사관에게 압수·수색 영장을 보여 달라고 요구하였으나, 해당 수사관은 압수·수색 영장을 제시하기는 하기는 하였지만 영장의 표지만 열람시키고 세부 내용은 보여 주지 않았다.

　　위와 같은 조치에 피의자는 준항고를 제기하였고 대법원은 헌법과 형사소송법에 따라 수사기관이 압수·수색 영장을 집행할 때에는 해당 처분을 받는 자에게 반드시 영장을 제시해야 하고 제도의 취지상 영장주의의 절차적 보장과 더불어 압수·수색 영장에 적힌 물건, 장소, 신체에 대해서만 압수·수색을 하도록 하여 개인의 사생활과 재산권의 침해를 최소화하고, 준항고 등 피압수자의 불복 신청의 기회를 실질적으로 보장하기 위한 것이므로 영장 내용의 구체적인 확인을 요구받았음에도 그 내용을 보여주지 않았다면 형사소송법에 따른 적법한 압수·수색 영장 제시를 인정하기 어렵다고 판시하였다. (표22 참조)

사건명: 준항고기각결정에 대한 재항고
사건번호: 대법원 2019모3526

1. 문제의 쟁점
- 수사기관이 압수·수색 영장을 집행할 때 피압수자의 영장 내용 확인 요구를 거부한 행위의 적법성
- 영장 제시의 범위와 방법에 관한 법리

2. 사건 개요
가. 사건 배경
- 재항고인은 특정 범죄 혐의로 수사를 받는 과정에서, 수사기관이 그의 휴대 전화 등을 압수함.

나. 수사 과정
- 수사기관은 압수·수색 영장을 제시하였으나, 재항고인이 영장의 구체적인 내용을 확인하고자 요구하였음.
- 그러나 수사기관은 영장의 범죄 사실 기재 부분을 보여 주지 않았고, 이후 재항고인의 변호인이 조사에 참여하면서 영장을 확인함.

3. 대법원 판단 요지
가. 영장 제시의 범위와 방법
- 헌법 제12조 제3항 본문과 형사소송법 제219조, 제118조는 수사기관이 압수·수색 영장을 집행할 때 처분을 받는 자에게 반드시 영장을 제시하도록 규정하고 있음.
- 이는 영장주의의 절차적 보장과 더불어, 압수·수색 영장에 기재된 물건, 장소, 신체에 대해서만 압수·수색을 하도록 하여 개인의 사생활과 재산권의 침해를 최소화하고, 피압수자의 불복신청 기회를 실질적으로 보장하기 위한 것임.

나. 본 사건에 대한 적용
- 수사기관이 재항고인의 휴대 전화 등을 압수할 당시, 재항고인이 영장의 구체적인 확인을 요구하였음에도 불구하고 영장의 내용을 보여주지 않았으므로, 이는 형사소송법 제219조, 제118조에 따른 적법한 압수·수색 영장의 제시라고 인정하기 어려움.
- 따라서, 압수처분 당시 수사기관이 법령에서 정한 취지에 따라 재항고인에게 압수·수색 영장을 제시하였는지 여부를 판단하지 아니한 채, 변호인이 조사에 참여할 당시 영장을 확인하였다는 사정을 들어 압수처분이 위법하지 않다고 본 원심결정에는 헌법과 형사소송법의 관련 규정을 위반한 잘못이 있음.

4. 판결의 결론
- 대법원은 원심결정을 파기하고, 사건을 인천지방법원 부천지원에 환송함.

5. 의의 및 시사점

- 이 판결은 수사기관이 압수·수색 영장을 집행할 때, 피압수자가 영장의 내용을 구체적으로 확인하고자 요구하는 경우, 영장의 내용을 확인하게 해주어야 한다는 판단을 명확히 함. 수사기관이 영장 내용의 확인 요구를 거부할 경우, 이는 위법한 압수가 되어 압수물을 반환해야 하고, 위법한 증거가 됨. 이는 영장주의와 적법 절차의 원칙을 강조한 것으로, 국민의 권리보호 강화에 도움이 되는 결정임.

[표22] 준항고기각결정에 대한 재항고 관련 영장 제시의 범위

영장의 제시, 압수목록의 교부 등 영장의 집행 방법
(공직선거법위반)

[대법원, 2008도763, 2009.3.12.]

【판시사항】

[1] 압수·수색영장에 압수대상물을 압수장소에 '보관중인 물건'으로 기재한 경우, 이를 '현존하는 물건'으로 해석가능한지 여부(소극)

[2] 압수·수색영장의 제시방법(=개별적 제시)

[3] 형사소송법상 압수목록의 작성·교부시기(=압수 직후)

[4] 헌법과 형사소송법이 정한 절차를 위반하여 수집한 증거를 예외적으로 유죄의 증거로 사용할 수 있는 경우 및 그와 같은 특별한 사정에 대한 증명책임자(=검사)

【판결요지】

[1] 헌법과 형사소송법이 구현하고자 하는 적법절차와 영장주의의 정신에 비추어 볼 때, 법관이 압수·수색영장을 발부하면서 '압수할 물건'을 특정하기 위하여 기재한 문언은 엄격하게 해석하여야 하고, 함부로 피압수자 등에게 불리한 내용으로 확장 또는 유추 해석하여서는 안 된다. 따라서 압수·수색영장에서 압수할 물건을 '압수장소에 보관중인 물건'이라고 기재하고 있는 것을 '압수장소에 현존하는 물건'으로 해석할 수는 없다.

[2] 압수·수색영장은 처분을 받는 자에게 반드시 제시하여야 하는바, 현장에서 압수·수색을 당하는 사람이 여러 명일 경우에는 그 사람들 모두에게 개별적으로 영장을 제시해야 하는 것이 원칙이다. 수사기관이 압수·수색에 착수하면서 그 장소의 관리책임자에게 영장을 제시하였다고 하더라도, 물건을 소지하고 있는 다른 사람으로부터 이를 압수하고자 하는 때에는 그 사람에게 따로 영장을 제시하여야 한다.

[3] 공무원인 수사기관이 작성하여 피압수자 등에게 교부해야 하는 압수물 목록에는 작성 연월일을 기재하고, 그 내용은 사실에 부합하여야 한다. 압수물 목록은 피압수자 등이 압수물에 대한 환부·가환부신청을 하거나 압수처분에 대한 준항고를 하는 등 권리행 사절차를 밟는 가장 기초적인 자료가 되므로, 이러한 권리행사에 지장이 없도록 압수 직후 현장에서 바로 작성하여 교부해야 하는 것이 원칙이다.

[4] 헌법과 형사소송법이 정한 절차에 위반하여 수집한 증거는 기본적 인권 보장을 위해 마련된 적법한 절차에 따르지 않은 것으로서 원칙적으로 유죄의 증거로 삼을 수 없다. 다만, 수사기관의 증거 수집 과정에서 이루어진 절차 위반행위와 관련된 모든 사정을 전체적·종합적으로 살펴볼 때, 수사기관의 절차 위반행위가 적법절차의 실질적인 내용

을 침해하는 경우에 해당하지 아니하고, 오히려 그 증거의 증거능력을 배제하는 것이 헌법과 형사소송법이 형사소송에 관한 절차 조항을 마련하여 적법절차의 원칙과 실체적 진실 규명의 조화를 도모하고 이를 통하여 형사 사법 정의를 실현하려 한 취지에 반하는 결과를 초래하는 것으로 평가되는 예외적인 경우라면 법원은 그 증거를 유죄 인정의 증거로 사용할 수 있으나, 구체적 사안이 위와 같은 예외적인 경우에 해당하는지를 판단하는 과정에서 적법한 절차를 따르지 않고 수집된 증거를 유죄의 증거로 삼을 수 없다는 원칙이 훼손되지 않도록 유념하여야 하고, 그러한 예외적인 경우에 해당한다고 볼 만한 구체적이고 특별한 사정이 존재한다는 것은 검사가 입증하여야 한다.

【전문】

【환송판결】

대법원 2007.11.15. 선고 2007도3061 판결

【주문】

상고를 기각한다.

【판결이유】

상고이유를 판단한다.

1.

가. 헌법과 형사소송법이 구현하고자 하는 적법절차와 영장주의의 정신에 비추어 볼 때, 법관이 압수·수색영장을 발부하면서 '압수할 물건'을 특정하기 위하여 기재한 문언은 이를 엄격하게 해석하여야 하고, 함부로 피압수자 등에게 불리한 내용으로 확장 또는 유추해석하는 것은 허용될 수 없다.

같은 취지에서, 이 사건 압수·수색영장에서 압수할 물건을 '압수장소에 보관중인 물건'이라고 기재하고 있는 것을 '압수장소에 현존하는 물건'으로 해석할 수 없다고 한 원심의 판단은 옳고, 압수·수색영장의 효력에 관한 법리오해 등의 위법은 없다. 이 부분 검사의 주장은 모두 받아들이지 않는다.

나. 압수·수색영장은 처분을 받는 자에게 반드시 제시하여야 하는바(형사소송법 제219조, 제118조), 현장에서 압수·수색을 당하는 사람이 여러 명일 경우에는 그 사람들 모두에게 개별적으로 영장을 제시해야 하는 것이 원칙이고, 수사기관이 압수·수색에 착수하면서 그 장소의 관리책임자에게 영장을 제시하였다고 하더라도, 물건을 소지하고 있는 다른 사람으로부터 이를 압수하고자 하는 때에는 그 사람에게 따로 영장을 제시하여야 한다. 한편, 당사자의 증거신청을 받아들일 것인지는 법원이 재량에 따라 결정하는 것이 원칙이므로, 법원은 당사자가 신청한 증거가 적절하지 않다고 판단하거나 조사할 필요가 없다고 인정할 때에는 그 신청을 기각할 수 있다(대법원

2003.10.10. 선고 2003도3282 판결 등).

같은 취지에서, 수사기관이 이 사건 압수·수색에 착수하면서 이 사건 사무실에 있던 제주도지사 비서실장 공소외 1에게 압수·수색영장을 제시하였다고 하더라도 그 뒤 그 사무실로 이 사건 압수물을 들고 온 제주도지사 비서관 공소외 2로부터 이를 압수하면서 따로 압수·수색영장을 제시하지 않은 이상, 위 압수절차는 형사소송법이 정한 바에 따르지 않은 것이라고 본 원심의 판단은 정당하고, 기록에 의하면 공소외 2에 대한 압수·수색영장 제시 여부에 관한 사실인정과 관련하여 원심이 검사의 일부 증거신청을 받아들이지 않은 조치에 증거신청 채택 여부에 관한 재량의 한계를 벗어난 위법이 있다고 보이지 않는바, 원심 판단에 압수·수색영장 제시 범위 등에 관한 법리오해나 증거신청 채택 여부 등에 관하여 법령을 위반한 위법은 없다. 이 부분에 관한 상고이유 역시 모두 받아들이지 않는다.

다. 공무원인 수사기관이 작성하여 피압수자 등에게 교부해야 하는 압수물 목록에는 작성연월일이 기재되고(형사소송법 제57조 제1항) 그 내용도 사실에 부합하여야 한다. 또, 압수물 목록은 피압수자 등이 압수물에 대한 환부·가환부신청을 하거나 압수처분에 대한 준항고를 하는 등 권리행사절차를 밟는 가장 기초적인 자료가 되므로, 이러한 권리행사에 지장이 없도록 압수 직후 현장에서 바로 작성하여 교부해야 하는 것이 원칙이다.

같은 취지에서, 작성월일을 누락한 채 일부 사실에 부합하지 않는 내용으로 작성하여 압수·수색이 종료된 지 5개월이나 지난 뒤에 이 사건 압수물 목록을 교부한 행위는 형사소송법이 정한 바에 따른 압수물 목록 작성·교부에 해당하지 않는다고 본 원심의 판단은 정당하고, 압수물 목록 작성·교부에 관한 법리오해 등의 위법은 없다. 이 부분 상고이유도 모두 받아들이지 않는다.

2. 헌법과 형사소송법이 정한 절차에 따르지 아니하고 수집된 증거라고 할지라도 수사기관의 증거 수집 과정에서 이루어진 절차 위반행위와 관련된 모든 사정을 전체적·종합적으로 살펴볼 때, 수사기관의 절차 위반행위가 적법절차의 실질적인 내용을 침해하는 경우에 해당하지 아니하고, 오히려 그 증거의 증거능력을 배제하는 것이 헌법과 형사소송법이 형사소송에 관한 절차 조항을 마련하여 적법절차의 원칙과 실체적 진실 규명의 조화를 도모하고 이를 통하여 형사사법정의를 실현하려 한 취지에 반하는 결과를 초래하는 것으로 평가되는 예외적인 경우라면, 법원은 그 증거를 유죄 인정의 증거로 사용할 수 있다(대법원 2007.11.15. 선고 2007도3061 전원합의체 판결 참조).

그러나 이러한 예외적인 경우를 함부로 인정하게 되면 결과적으로 헌법과 형사소송법이 정한 절차에 따르지 아니하고 수집된 증거는 기본적 인권 보장을 위해 마련된 적법한 절차에 따르지 않은 것으로서 유죄 인정의 증거로 삼을 수 없다는 원칙을 훼손하는 결과를 초래할 위험이 있으므로, 법원은 구체적인 사안이 위와 같은 예외적인 경우에 해당하는지를 판단하는 과정에서 위와 같은 결과가 초래되지 않도록 유념하여야 한다. 나아가, 법원이 수사기관의 절차 위반행위에도 불구하고, 그 수집된 증거를 유죄 인정의 증거로 사용할 수 있는 예외적인 경우에 해당한다고 볼 수 있으려면, 그러한 예외적인 경우에 해당한다고 볼 만한 구체적이고 특별한 사정이 존재한다는 것을 검사가 입증하여야 한다.

같은 취지에서, 원심이 이 사건은 수사기관의 절차 위반행위에도 불구하고, 그 수집된 증거를 유죄 인정의 증거로 사용할 수 있는 예외적인 경우에 해당한다는 검사의 주장을 판시한 바와 같은 이유를 들어 받아들이지 않은 것은 정당하고, 헌법과 형사소송법이 정한 절차에 따르지 아니하고 수집된 증거를 유죄 인정의 증거로 삼을 수 있는 범위나 한계에 관한 법리오해 등의 위법은 없다. 이 부분 상고이유 역시 받아들이지 아니한다.

3. 그러므로 상고를 기각하기로 관여 대법관의 의견이 일치되어 주문과 같이 판결한다.

대법관 김능환(재판장) 김영란(주심) 이홍훈 차한성

제3부
결정

사건 2019모3526 준항고 기각결정에 대한 재항고

재항고인 A

변호인 변호사 B, C

원심결정 인천지방법원 부천지원 2019.11.14. 자 2019보2 결정

주 문

원심결정을 파기하고 사건을 인천지방법원 부천지원에 환송한다.

이 유

재항고 이유를 판단한다.

1. 원심은 수사기관이 재항고인의 휴대 전화 등을 압수할 당시 재항고인에게 영장을 제시하였는데 재항고인은 영장의 구체적인 확인을 요구하였던 점, 이후 재항고인의 변호인은 재항고인에 대한 조사에 참여하면서 영장을 확인하였던 점을 인정할 수 있다. 수사기관이 이 사건 압수처분을 함에 있어 재항고인에게 영장의 범죄사실 기재 부분을 보여 주지 않았다고 하더라도 압수·수색 영장을 제시하지 않았다고 보기 어렵다라고 판단하여 이 사건 준항고 청구를 기각하였다.

2. 그러나 원심의 위와 같은 판단은 다음과 같은 이유에서 수긍하기 어렵다.

   가. 헌법 제12조 제3항 본문, 형사소송법 제219조, 제118조는 수사기관이 압수·수색 영장을 집행할 때에는 처분을 받는 자에게 반드시 압수·수색 영장을 제시하여야 한다는 취지로 규정하고 있다. 그리고 형사소송법 제219조, 제114조 제1항 본문, 형사소송규칙 제58조는 압수·수색 영장에 피의자의 성명, 죄명, 압수할 물건, 수색할 장소, 신체, 물건, 발부 연월일, 유효 기간, 압수·수색의 사유 등이 기재되어야 한다는 취지로 규정하고 있다.

   그 취지는 영장주의의 절차적 보장과 더불어 압수·수색 영장에 기재된 물건, 장소, 신체에 대해서만 압수·수색을 하도록 하여 개인의 사생활과 재산권의 침해를 최소

화하는 한편 준항고 등 피압수자의 불복신청의 기회를 실질적으로 보장하기 위한 것이다.

위와 같은 관련 규정과 영장 제시 제도의 입법취지 등을 종합하여 보면 압수·수색 영장을 집행하는 수사기관은 피압수자로 하여금 법관이 발부한 영장에 의한 압수·수색이라는 사실을 확인함과 동시에 형사소송법이 압수·수색 영장에 필요적으로 기재하도록 정한 사항이나 그와 일체를 이루는 사항을 충분히 알 수 있도록 압수·수색 영장을 제시하여야 한다(대법원 2017.9.21. 선고 2015도12400 판결 등 참조).

나. 원심의 사실인정에 따르더라도 수사기관이 이 사건 압수처분 당시 재항고인으로부터 영장 내용의 구체적인 확인을 요구받았음에도 압수·수색 영장의 내용을 보여 주지 않았다고 보여진다. 그렇다면 위 법리에 비추어 형사소송법 제219조, 제118조에 따른 적법한 압수·수색 영장의 제시를 인정하기 어렵고 따라서 원심으로서는 이 사건 압수처분 당시 수사기관이 위 요건을 갖추어 재항고인에게 압수·수색 영장을 제시하였는지 여부를 판단하여야 할 것이다.

그럼에도 원심은 앞서 본 사정만으로 이 사건 압수처분이 위법하지 않다고 판단하였으니 이러한 원심판단에는 헌법과 형사소송법의 관련 규정을 위반한 잘못이 있다.

3. 그러므로 원심결정을 파기하고 사건을 다시 심리, 판단하도록 원심법원에 환송하기로 하여 관여 대법관의 일치된 의견으로 주문과 같이 결정한다.

2020.4.16.

대법관 노태악(재판장) 김재형 이동원 민유숙(주심)

제4절 참여인 문제

1. 당사자 참여

2015년 공직선거법과 개인정보보호법위반 사건으로 기소된 이른바 보은군수 사건은 압수·수색 현장에서 형사소송법이 보장하고 있는 참여인의 참여기회 보장과 관련된 중요한 판결이 나왔다. 대법원은 압수·수색 영장 집행 과정에 참여권을 보장하지 않았고, 압수된 전자 정보에 대한 목록을 작성하여 교부하지도 않았으며, 휴대 전화를 압수한 날로부터 10일을 초과하여 반환한 것에 대해 위법한 증거 수집이라고 판시하였다.

이와 관련, 대법원 2017. 9. 21. 2015도12400 판결은 "형사소송법 제219조, 제121조는 '수사기관이 압수·수색 영장을 집행할 때에는 피압수자 또는 변호인은 그 집행에 참여할 수 있다'는 취지로 규정하고 있다. 저장 매체에 대한 압수·수색 과정에서 범위를 정하여 출력 또는 복제하는 방법이 불가능하거나 압수의 목적을 달성하기에 현저히 곤란한 예외적인 사정이 인정되어 전자 정보가 담긴 저장 매체 또는 하드카피나 이미징 등 형태(이하 '복제본'이라고 한다)를 수사기관 사무실 등으로 옮겨 복제·탐색·출력하는 경우에도, 그와 같은 일련의 과정에서 피압수자나 변호인에게 참여의 기회를 보장하고 혐의 사실과 무관한 전자 정보의 임의적인 복제 등을 막기 위한 적절한 조치를 취하는 등 영장주의 원칙과 적법 절차를 준수하여야 한다.

만약 그러한 조치를 취하지 않았다면 피압수자 측이 참여하지 아니한다는 의사를 명시적으로 표시하였거나 절차 위반 행위가 이루어진 과정의 성질과 내용 등에 비추어 피압수자 측에 절차 참여를 보장한 취지가 실질적으로 침해되었다고 볼 수 없을 정도에 해당한다는 등의 특별한 사정이 없는 이상 압수·수색이 적법하다고 평가할 수 없고, 비록 수사기관이 저장 매체 또는 복제본에서 혐의 사실과 관련된 전자 정보만을 복제·출력하였다고 하더라도 달리 볼 것은 아니다."라고 판결하였다. (표23 참조)

사건명: 공직선거법 위반 등
사건번호: 대법원 2015도12400

1. 문제의 쟁점
• 압수·수색 과정에서 피압수자나 변호인의 참여권 보장 여부
• 참여권이 보장되지 않은 상태에서 수집된 증거의 증거능력

2. 사건 개요
가. 사건 배경
- 피고인은 공직선거법 위반 등의 혐의로 기소되었음.
- 수사기관은 피고인의 사무실과 주거지에 대해 압수·수색을 실시함.
나. 수사 과정
- 수사기관은 압수·수색 과정에서 피고인이나 변호인에게 참여 기회를 충분히 보장하지 않음. 이러한 절차로 수집된 증거가 재판에서 제출됨.

3. 대법원 판단 요지
가. 참여권의 중요성
- 형사소송법 제219조와 제122조는 압수·수색 시 피압수자나 변호인에게 참여할 기회를 보장하도록 규정하고 있음.
- 이는 수사 과정의 투명성과 적법성을 확보하고, 피압수자의 권리를 보호하기 위한 것임.
나. 참여권 미보장의 효과
- 피압수자나 변호인에게 참여 기회를 보장하지 않고 수집한 증거는 적법 절차를 위반한 것으로, 형사소송법 제308조의2에 따라 증거능력이 부정됨. 따라서, 이러한 증거는 유죄 인정의 증거로 사용할 수 없음.

4. 판결의 결론
• 대법원은 수사기관이 압수·수색 과정에서 피고인이나 변호인에게 참여 기회를 보장하지 않은 것은 위법하며, 이를 통해 수집된 증거는 증거능력이 없다고 판단함. 이에 따라 원심 판결을 파기하고 사건을 환송함.

5. 의의 및 시사점
• 이 판결은 압수·수색 과정에서 피압수자나 변호인의 참여권 보장의 중요성을 강조함. 수사기관이 이러한 절차를 준수하지 않을 경우, 수집된 증거의 증거능력이 부정될 수 있음을 명확히 하여, 수사 과정의 적법성과 피의자의 권리 보호를 강화하는 데 기여함.

[표23] 공직선거법 위반 등 관련 참여권 문제

참여권 미보장 및 압수 목록 미교부

(공직선거법위반·개인정보보호법위반, 보은군수 사건)

[대법원, 2015도12400, 2017.9.21.]

【판시사항】

[1] 형사소송법이 압수·수색영장을 집행하는 경우에 피압수자에게 반드시 압수·수색영장을 제시하도록 규정한 취지 / 압수·수색영장의 제시 범위 및 방법

[2] 전자정보가 담긴 저장매체 또는 복제본을 수사기관 사무실 등으로 옮겨 복제·탐색·출력하는 일련의 과정에서, 피압수자나 변호인에게 참여의 기회를 보장하고 혐의사실과 무관한 전자정보의 임의적인 복제 등을 막기 위한 적절한 조치를 취하지 않은 경우, 압수·수색의 적법 여부(원칙적 소극) 및 수사기관이 저장매체 또는 복제본에서 혐의사실과 관련된 전자정보만을 복제·출력하였더라도 마찬가지인지 여부(적극)

[3] 적법한 절차에 따르지 아니하고 수집한 증거를 예외적으로 유죄 인정의 증거로 사용할 수 있는 경우 및 그러한 특별한 사정이 존재한다는 점에 대한 증명책임 소재(=검사) / 법원이 2차적 증거의 증거능력 인정 여부를 최종적으로 판단할 때 고려하여야 할 사항

【판결요지】

[1] 대한민국헌법 제12조 제3항 본문은 '체포·구속·압수 또는 수색을 할 때에는 적법한 절차에 따라 검사의 신청에 의하여 법관이 발부한 영장을 제시하여야 한다'고 규정하고, 형사소송법 제219조, 제118조는 '수사기관이 압수·수색영장을 집행할 때에는 처분을 받는 자에게 반드시 압수·수색영장을 제시하여야 한다'는 취지로 규정하고 있다. 그리고 형사소송법 제219조, 제114조 제1항 본문, 형사소송규칙 제58조는 압수·수색영장에 피의자의 성명, 죄명, 압수할 물건, 수색할 장소, 신체, 물건, 발부연월일, 유효기간과 그 기간을 경과하면 집행에 착수하지 못하며 영장을 반환하여야 한다는 취지 및 압수·수색의 사유를 기재하고 영장을 발부하는 법관이 서명날인하도록 규정하고 있다. 형사소송법이 압수·수색영장을 집행하는 경우에 피압수자에게 반드시 압수·수색영장을 제시하도록 규정한 것은 법관이 발부한 영장 없이 압수·수색을 하는 것을 방지하여 영장주의 원칙을 절차적으로 보장하고, 압수·수색영장에 기재된 물건, 장소, 신체에 대해서만 압수·수색을 하도록 하여 개인의 사생활과 재산권의 침해를 최소화하는 한편, 준항고 등 피압수자의 불복신청의 기회를 실질적으로 보장하기 위한 것이다. 위와 같은 관련 규정과 영장 제시 제도의 입법 취지 등을 종합하여 보면, **압수·수색영장을 집행하는 수사기관은 피압수자로 하여금 법관이 발부한 영장에 의한 압수·수색이라는 사실을 확인함과 동시에 형사소송법이 압수·수색영장에 필요적으로 기재하도록 정한 사항이나 그와 일**

체를 이루는 사항을 충분히 알 수 있도록 압수·수색영장을 제시하여야 한다. 나아가 압수·수색영장은 현장에서 피압수자가 여러 명일 경우에는 그들 모두에게 개별적으로 영장을 제시해야 하는 것이 원칙이다. 수사기관이 압수·수색에 착수하면서 그 장소의 관리책임자에게 영장을 제시하였더라도, 물건을 소지하고 있는 다른 사람으로부터 이를 압수하고자 하는 때에는 그 사람에게 따로 영장을 제시하여야 한다.

[2] 형사소송법 제219조, 제121조는 '수사기관이 압수·수색영장을 집행할 때에는 피압수자 또는 변호인은 그 집행에 참여할 수 있다'는 취지로 규정하고 있다. 저장매체에 대한 압수·수색 과정에서 범위를 정하여 출력 또는 복제하는 방법이 불가능하거나 압수의 목적을 달성하기에 현저히 곤란한 예외적인 사정이 인정되어 전자정보가 담긴 저장매체 또는 하드카피나 이미징 등 형태(이하 '복제본'이라고 한다)를 수사기관 사무실 등으로 옮겨 복제·탐색·출력하는 경우에도, 그와 같은 일련의 과정에서 피압수자나 변호인에게 참여의 기회를 보장하고 혐의사실과 무관한 전자정보의 임의적인 복제 등을 막기 위한 적절한 조치를 취하는 등 영장주의 원칙과 적법절차를 준수하여야 한다. 만약 그러한 조치를 취하지 않았다면 피압수자 측이 참여하지 아니한다는 의사를 명시적으로 표시하였거나 절차 위반행위가 이루어진 과정의 성질과 내용 등에 비추어 피압수자 측에 절차 참여를 보장한 취지가 실질적으로 침해되었다고 볼 수 없을 정도에 해당한다는 등의 특별한 사정이 없는 이상 압수·수색이 적법하다고 평가할 수 없고, 비록 수사기관이 저장매체 또는 복제본에서 혐의사실과 관련된 전자정보만을 복제·출력하였다고 하더라도 달리 볼 것은 아니다.

[3] 적법한 절차에 따르지 아니하고 수집한 증거는 증거로 할 수 없다(형사소송법 제308조의2). 다만 수사기관의 증거수집 과정에서 이루어진 절차 위반행위와 관련된 모든 사정을 전체적·종합적으로 살펴볼 때, 수사기관의 절차 위반행위가 적법절차의 실질적인 내용을 침해하는 경우에 해당하지 아니하고, 오히려 그 증거의 증거능력을 배제하는 것이 헌법과 형사소송법이 형사소송에 관한 절차 조항을 마련하여 적법절차의 원칙과 실체적 진실 규명의 조화를 도모하고 이를 통하여 형사 사법 정의를 실현하려고 한 취지에 반하는 결과를 초래하는 것으로 평가되는 예외적인 경우라면 법원은 그 증거를 유죄 인정의 증거로 사용할 수 있다. 그러나 구체적 사안이 위와 같은 예외적인 경우에 해당하는지를 판단하는 과정에서 적법한 절차를 따르지 않고 수집된 증거를 유죄의 증거로 삼을 수 없다는 원칙이 훼손되지 않도록 유념하여야 하고, 그러한 예외적인 경우에 해당한다고 볼 만한 구체적이고 특별한 사정이 존재한다는 점은 검사가 증명하여야 한다. 그리고 법원이 2차적 증거의 증거능력 인정 여부를 최종적으로 판단할 때에는 먼저 절차에 따르지 아니한 1차적 증거수집과 관련된 모든 사정들, 즉 절차 조항의 취지와 그 위반의 내용 및 정도, 구체적인 위반 경위와 회피가능성, 절차 조항이 보호하고자 하는 권리 또는 법익의 성질과 침해 정도 및 피고인과의 관련성, 절차위반 행위와 증거

수집 사이의 인과관계 등 관련성의 정도, 수사기관의 인식과 의도 등을 살피는 것은 물론, 나아가 1차적 증거를 기초로 하여 다시 2차적 증거를 수집하는 과정에서 추가로 발생한 모든 사정들까지 구체적인 사안에 따라 주로 인과관계 희석 또는 단절 여부를 중심으로 전체적·종합적으로 고려하여야 한다.

【전문】

【원심판결】

대전고법 2015.7.27. 선고 2015노101 판결

【주문】

상고를 모두 기각한다. 원심판결 중 개인정보 보호법 위반 부분을 파기하고, 이 부분에 대한 피고인의 항소를 기각한다.

【판결이유】

1. 피고인의 상고이유에 대한 판단

가. 상고이유 제1점에 대하여

1) 관련 규정 및 법리는 다음과 같다.

가) 대한민국헌법 제12조 제3항 본문은 '체포·구속·압수 또는 수색을 할 때에는 적법한 절차에 따라 검사의 신청에 의하여 법관이 발부한 영장을 제시하여야 한다'고 규정하고, 형사소송법 제219조, 제118조는 '수사기관이 압수·수색영장을 집행할 때에는 처분을 받는 자에게 반드시 압수·수색영장을 제시하여야 한다'는 취지로 규정하고 있다. 그리고 형사소송법 제219조, 제114조 제1항 본문, 형사소송규칙 제58조는 압수·수색영장에 피의자의 성명, 죄명, 압수할 물건, 수색할 장소, 신체, 물건, 발부연월일, 유효기간과 그 기간을 경과하면 집행에 착수하지 못하며 영장을 반환하여야 한다는 취지 및 압수·수색의 사유를 기재하고 영장을 발부하는 법관이 서명날인하도록 규정하고 있다.

형사소송법이 압수·수색영장을 집행하는 경우에 피압수자에게 반드시 압수·수색영장을 제시하도록 규정한 것은 법관이 발부한 영장 없이 압수·수색을 하는 것을 방지하여 영장주의 원칙을 절차적으로 보장하고, 압수·수색영장에 기재된 물건, 장소, 신체에 대해서만 압수·수색을 하도록 하여 개인의 사생활과 재산권의 침해를 최소화하는 한편, 준항고 등 피압수자의 불복신청의 기회를 실질적으로 보장하기 위한 것이다.

위와 같은 관련 규정과 영장 제시 제도의 입법 취지 등을 종합하여 보면, 압수·수색영장을 집행하는 수사기관은 피압수자로 하여금 법관이 발부한 영

장에 의한 압수·수색이라는 사실을 확인함과 동시에 형사소송법이 압수·수색영장에 필요적으로 기재하도록 정한 사항이나 그와 일체를 이루는 사항을 충분히 알 수 있도록 압수·수색영장을 제시하여야 한다.

나아가 압수·수색영장은 현장에서 피압수자가 여러 명일 경우에는 그들 모두에게 개별적으로 영장을 제시해야 하는 것이 원칙이다. 수사기관이 압수·수색에 착수하면서 그 장소의 관리책임자에게 영장을 제시하였다고 하더라도, 물건을 소지하고 있는 다른 사람으로부터 이를 압수하고자 하는 때에는 그 사람에게 따로 영장을 제시하여야 한다(대법원 2009.3.12. 선고 2008도763 판결).

나) 형사소송법 제219조, 제121조는 '수사기관이 압수·수색영장을 집행할 때에는 피압수자 또는 변호인은 그 집행에 참여할 수 있다'는 취지로 규정하고 있다. 저장매체에 대한 압수·수색 과정에서 범위를 정하여 출력 또는 복제하는 방법이 불가능하거나 압수의 목적을 달성하기에 현저히 곤란한 예외적인 사정이 인정되어 전자정보가 담긴 저장매체 또는 하드카피나 이미징 등 형태(이하 '복제본'이라고 한다)를 수사기관 사무실 등으로 옮겨 복제·탐색·출력하는 경우에도, 그와 같은 일련의 과정에서 피압수자나 변호인에게 참여의 기회를 보장하고 혐의사실과 무관한 전자정보의 임의적인 복제 등을 막기 위한 적절한 조치를 취하는 등 영장주의 원칙과 적법절차를 준수하여야 한다. 만약 그러한 조치를 취하지 않았다면 피압수자 측이 참여하지 아니한다는 의사를 명시적으로 표시하였거나 절차 위반행위가 이루어진 과정의 성질과 내용 등에 비추어 피압수자 측에 절차 참여를 보장한 취지가 실질적으로 침해되었다고 볼 수 없을 정도에 해당한다는 등의 특별한 사정이 없는 이상 압수·수색이 적법하다고 평가할 수 없고, 비록 수사기관이 저장매체 또는 복제본에서 혐의사실과 관련된 전자정보만을 복제·출력하였다고 하더라도 달리 볼 것은 아니다(대법원 2015.7.16.자 2011모1839 전원합의체 결정 참조).

한편 형사소송법 제219조, 제129조는 '수사기관이 증거물 등을 압수한 경우에는 목록을 작성하여 피압수자에게 교부하여야 한다'는 취지로 규정하고 있다.

다) 적법한 절차에 따르지 아니하고 수집한 증거는 증거로 할 수 없다(형사소송법 제308조의2). 다만 수사기관의 증거수집 과정에서 이루어진 절차 위반행위와 관련된 모든 사정을 전체적·종합적으로 살펴볼 때, 수사기관의 절차 위반행위가 적법절차의 실질적인 내용을 침해하는 경우에 해당하지 아니하고, 오히려 그 증거의 증거능력을 배제하는 것이 헌법과 형사소송법이 형사소송에 관한 절차 조항을 마련하여 적법절차의 원칙과 실체적 진실 규명의 조화를

도모하고 이를 통하여 형사 사법 정의를 실현하려고 한 취지에 반하는 결과를 초래하는 것으로 평가되는 예외적인 경우라면 법원은 그 증거를 유죄 인정의 증거로 사용할 수 있다. 그러나 구체적 사안이 위와 같은 예외적인 경우에 해당하는지를 판단하는 과정에서 적법한 절차를 따르지 않고 수집된 증거를 유죄의 증거로 삼을 수 없다는 원칙이 훼손되지 않도록 유념하여야 하고, 그러한 예외적인 경우에 해당한다고 볼 만한 구체적이고 특별한 사정이 존재한다는 점은 검사가 증명하여야 한다(대법원 2009.3.12. 선고 2008도763 판결 참조). 그리고 법원이 2차적 증거의 증거능력 인정 여부를 최종적으로 판단할 때에는 먼저 절차에 따르지 아니한 1차적 증거수집과 관련된 모든 사정들, 즉 절차 조항의 취지와 그 위반의 내용 및 정도, 구체적인 위반 경위와 회피가능성, 절차 조항이 보호하고자 하는 권리 또는 법익의 성질과 침해 정도 및 피고인과의 관련성, 절차위반 행위와 증거수집 사이의 인과관계 등 관련성의 정도, 수사기관의 인식과 의도 등을 살피는 것은 물론, 나아가 1차적 증거를 기초로 하여 다시 2차적 증거를 수집하는 과정에서 추가로 발생한 모든 사정들까지 구체적인 사안에 따라 주로 인과관계 희석 또는 단절 여부를 중심으로 전체적·종합적으로 고려하여야 한다(대법원 2009.3.12. 선고 2008도11437 판결 참조).

2) 원심판결 이유 및 적법하게 채택된 증거에 의하면, 아래와 같은 사실들을 알 수 있다.

　가) 청주지방검찰청 소속 검사는 충북지방경찰청 소속 사법경찰관의 신청에 따라 청주지방법원에 압수·수색영장을 청구하여 2014.5.21. 영장담당판사로부터 피의자 공소외 1, 공소외 2, 공소외 3, 공소외 4의 공직선거법 위반 혐의에 관하여 ○○군청 내 사무실에 보관 중이거나 현존하는 자료나 전자정보 등에 대한 압수·수색영장(이하 '이 사건 영장'이라고 한다)을 발부받았다.

　나) 이 사건 영장 기재에 의하면, 정보저장매체에 저장된 전자정보에 대한 압수 방법에 대해 '저장매체의 소재지에서 수색·검증 후 혐의사실과 관련된 전자정보만을 문서로 출력하거나 수사기관이 휴대한 저장매체에 복사하는 방법으로 압수할 수 있고, 출력·복사에 의한 집행이 불가능하거나, 압수의 목적을 달성하기에 현저히 곤란한 경우에 한하여 저장매체의 전부를 복제할 수 있으며, 집행현장에서의 복제가 불가능하거나 현저히 곤란할 때에 한하여 피압수자 등의 참여하에 저장매체원본을 봉인하여 저장매체의 소재지 이외의 장소로 반출할 수 있다. 휴대전화는 10일 이내에 반환하여야 한다'는 취지의 제한이 있다.

　다) 충북지방경찰청 소속 사법경찰관은 2014.5.22. 10:20경부터 13:00경까지 충북 (주소 생략)에 있는 ○○군청 비서실에서 부군수 공소외 5, 비서실장 공소외

1, 공무원 공소외 4가 참여한 가운데 이 사건 영장을 집행하였고, ○○군청 행정과 사무실에서 행정과장, 공소외 6 등이 참여한 가운데 위 영장을 집행하여 위 각 사무실에 있는 공소외 1, 공소외 4, 공소외 3, 공소외 2, 공소외 6, 공소외 7의 컴퓨터 본체와 공소외 1, 공소외 4, 공소외 3, 공소외 2의 USB 저장매체 원본을 반출하는 방법으로 이를 압수하는 한편, 공소외 1, 공소외 4, 공소외 2의 휴대전화와 업무일지, 지역여론·동향보고 서류(증거목록 순번 120. 이하 '이 사건 동향보고 서류'라고 한다) 등을 압수하였다.

라) 위 영장 집행 과정에서 **충북지방경찰청 소속 사법경찰관은 공소외 1에게 이 사건 영장 기재 혐의사실의 주요 부분을 요약해서 고지하면서 위 영장 첫 페이지와 공소외 1에 관한 범죄사실이 기재된 부분을 보여 주었으나, 공소외 1이 위 영장의 나머지 부분을 넘겨서 확인하려고 하자 뒤로 넘기지 못하게 하였다.** 그리하여 공소외 1은 이 사건 영장의 내용 중 나머지 압수·수색·검증할 물건, 압수·수색·검증할 장소, 압수·수색·검증을 필요로 하는 사유, 압수 대상 및 방법의 제한 등이 기재된 부분을 확인하지 못하였다.

마) **충북지방경찰청 소속 사법경찰관은 압수한 공소외 1의 휴대전화에 저장된 전자정보를 탐색하여 통화내역, 문자메시지·SNS 송수신 내용, 사진 및 문서 파일 등**(증거목록 순번 135. 이하 '이 사건 공소외 1 휴대전화 출력물'이라고 한다)**을 출력하였다. 위와 같은 공소외 1 휴대전화에 저장된 전자정보를 탐색·출력하는 과정에서 피의자이자 피압수자인 공소외 1에게 참여권을 보장해 주지 않았고, 압수된 전자정보의 목록을 작성·교부하지도 않았으며, 압수한 날부터 10일을 초과한 2014.6.9.경에야 휴대전화를 반환하였다.**

바) 그 후 사법경찰관과 검사는 위와 같이 압수한 이 사건 동향보고 서류와 공소외 1 휴대전화 출력물을 제시한 상태에서 공소외 1에 대한 피의자신문조서와 공소외 8에 대한 진술조서 등(증거목록 순번 45, 48, 57, 96. 이하 '이 사건 조서'라고 한다)을 작성하였다.

사) 원심은 이 사건 동향보고 서류, 공소외 1 휴대전화 출력물 및 이 사건 조서의 증거능력을 인정하여 이를 증거로 채택하고[다만 공소외 1에 대한 검찰 피의자신문조서(증거목록 순번 96) 중 원심이 증거능력을 부정한 '결혼식 정리문건'을 제시받고 진술한 부분의 증거능력은 부정하였다], 피고인에 대하여 탈법방법에 의한 문서배부로 인한 공직선거법 위반의 공소사실을 유죄로 인정하면서 위 동향보고 서류, 공소외 1 휴대전화 출력물과 이 사건 조서의 일부(증거목록 순번 45, 96)를 유죄의 증거로 거시하였다.

3) 이러한 사실관계를 앞서 본 관련 규정과 법리에 비추어 살펴보면 다음과 같이 판단된다.

가) 충북지방경찰청 소속 사법경찰관이 이 사건 영장의 피압수자인 공소외 1에 게 이 사건 영장을 제시하면서 표지에 해당하는 첫 페이지와 공소외 1의 혐의 사실이 기재된 부분만을 보여 주고, 이 사건 영장의 내용 중 압수·수색·검증 할 물건, 압수·수색·검증할 장소, 압수·수색·검증을 필요로 하는 사유, 압 수 대상 및 방법의 제한 등 필요적 기재 사항 및 그와 일체를 이루는 부분을 확인하지 못하게 한 것은 이 사건 영장을 집행할 때 피압수자인 공소외 1이 그 내용을 충분히 알 수 있도록 제시한 것으로 보기 어렵다.

따라서 사법경찰관의 공소외 1에 대한 이 사건 영장 제시는 형사소송법 제 219조, 제118조에 따른 적법한 압수·수색영장의 제시라고 볼 수 없고, 이 사 건 영장에 따라 압수된 이 사건 동향보고 서류, 공소외 1의 휴대전화 역시 적법한 절차에 따라 수집된 증거라고 보기 어렵다.

나) 한편 충북지방경찰청 소속 사법경찰관은 위와 같이 위법하게 압수한 공소외 1의 휴대전화에 저장된 이 사건 공소외 1 휴대전화 출력물을 출력하여 증거 를 수집하는 과정에서 피의자이자 피압수자인 공소외 1에게 참여권을 보장하 지 않았고, 압수된 전자정보에 대한 목록을 작성하여 교부하지도 않았으며, 휴대전화를 10일 내에 반환하라는 영장 기재 제한을 위반하였다.

이 사건 공소외 1 휴대전화 출력물은 앞서 본 바와 같이 전자정보 저장매체 로서 휴대전화의 압수가 적법하지 아니할 뿐만 아니라 위와 같이 전자정보 의 압수·수색이라는 면에서도 적법한 절차에 따라 수집된 증거라고 보기 어 렵다.

다) 따라서 이 사건 동향보고 서류와 공소외 1 휴대전화 출력물은 적법한 절차 에 따르지 아니하고 수집된 증거로서 증거능력이 없고, 예외적으로 그 증거 능력을 인정할 만한 사정도 보이지 아니한다. 나아가 위와 같은 위법수집증거 의 2차적 증거인 이 사건 조서는 앞서 본 절차적 위법과 인과관계가 희석 또 는 단절되었다고 볼 수 없어 그 증거능력을 인정하기 어렵다.

4) 그럼에도 공소외 1에 대한 이 사건 영장의 제시, 이 사건 동향보고 서류와 공소외 1 휴대전화의 압수, 공소외 1 휴대전화에 저장된 전자정보의 탐색·출력행위가 모 두 적법하다고 보아 이 사건 동향보고 서류, 공소외 1 휴대전화 출력물과 이 사건 조서 일부(증거 순번 45, 96)의 증거능력이 있다고 본 원심의 판단에는 압수·수색영 장의 제시, 휴대전화에 저장된 전자정보의 압수 절차 등에 관한 법리를 오해한 잘 못이 있다. 그러나 원심판결 이유를 적법하게 채택된 증거에 비추어 살펴보면, 증 거능력이 인정되는 나머지 증거만으로도 피고인에 대한 탈법방법에 의한 문서배 부로 인한 공직선거법 위반의 범죄사실(이유무죄 부분 제외)을 인정하기에 충분하므 로, 결국 위 공소사실을 유죄로 인정한 원심의 결론은 정당하고, 원심의 위와 같

은 잘못은 판결에 영향이 없다.

나. 상고이유 제2점에 대하여

원심은 그 판시와 같은 이유를 들어, 이 사건 발송 초청장 4,996매 중 매수 불상의 도달되지 않은 초청장을 제외한 나머지 매수 불상의 초청장이 도달되었던 부분에 한하여 공직선거법 제93조 제1항 소정의 배부행위가 기수에 이르렀다고 판단하였다.

관련 법리와 적법하게 채택된 증거에 비추어 살펴보면, 위와 같은 원심의 판단에 상고이유 주장과 같이 논리와 경험칙에 반하여 자유심증주의의 한계를 벗어나거나 관련 법리를 오해한 잘못이 없다.

다. 상고이유 제3점, 제4점에 대하여

1) 이미 살펴본 바와 같이 절차에 따르지 아니한 1차적 증거수집과 관련된 모든 사정들을 살피는 것은 물론, 나아가 1차적 증거를 기초로 하여 다시 2차적 증거를 수집하는 과정에서 추가로 발생한 모든 사정들까지 구체적인 사안에 따라 주로 인과관계 희석 또는 단절 여부를 중심으로 전체적·종합적으로 고려하여 2차적 증거의 증거능력 인정 여부를 판단하여야 한다(앞서 본 2008도11437 판결 등 참조).

그리고 피고인이나 변호인이 무죄에 관한 자료로 제출한 서증 가운데 도리어 유죄임을 뒷받침하는 내용이 있다고 하여도, 법원은 상대방의 원용(동의)이 없는 한 그 서류의 진정성립 여부 등을 조사하고 아울러 그 서류에 대한 피고인이나 변호인의 의견과 변명의 기회를 주지 않았다면 그 서증을 유죄인정의 증거로 쓸 수 없다. 그러나 해당 서류를 제출한 당사자는 그것을 증거로 함에 동의하고 있음이 명백한 것이므로 상대방인 검사의 원용이 있으면 그 서증을 유죄의 증거로 사용할 수 있다(대법원 2014.2.27. 선고 2013도12155 판결).

2) 원심은 그 판시와 같은 이유를 들어, ① 피고인의 제1심과 원심에서의 법정진술 및 공소외 1의 원심 증언은 위법하게 수집된 압수물과 사이에 인과관계가 단절 또는 희석되었다고 봄이 상당하고, ② 증거목록 순번 162 내지 169의 각 소명서는 이 사건 영장 집행 과정에서 위법하게 수집된 증거와 무관할 뿐만 아니라 피고인이 자발적으로 원심 법정에 제출하였는데 검사가 이를 원용하여 증거로 제출한 것이어서 인과관계가 단절 내지 희석되었다고 보아 위 각 증거들의 증거능력을 인정한 뒤, 이 사건 공소사실 중 피고인에 대한 기부행위로 인한 공직선거법 위반의 점을 유죄로 인정하고, 이를 다투는 피고인의 항소이유 주장을 받아들이지 아니하였다.

위 법리와 적법하게 채택된 증거에 비추어 살펴보면, 위와 같은 원심의 판단에 상고이유 주장과 같이 논리와 경험의 법칙에 반하여 자유심증주의의 한계를 벗어나거나, 위법수집증거를 기초로 수집한 2차적 증거의 증거능력, 변호인이 제출한

참여권 미보장 및 압수 목록 미교부(공직선거법위반·개인정보보호법위반, 보은군수 사건)

218   판례로 본 디지털 증거법 개정판

참고자료에 관한 증거능력 등에 관한 법리를 오해한 잘못이 없다.

라. 상고이유 제5점에 대하여

원심은 그 판시와 같은 이유를 들어, 피고인이 형사소송법 제266조의4 제1항에 따라 신청한 청주지방검찰청 2014형제24494호와 2013형제28446호 사건기록에 대한 등사 신청에 관하여 형사소송법 제266조의4 제2항에 근거하여 일부는 인용하고 일부는 기각하는 결정을 하였다.

관련 법리와 기록에 의하여 살펴보아도, 위와 같은 원심의 판단에 상고이유 주장과 같이 형사소송법 제266조의4 제2항의 해석에 관한 법리를 오해한 위법이 없다.

2. 검사의 상고이유에 대한 판단

가. 상고이유 제1점에 대하여

원심은 그 판시와 같은 이유를 들어, 피고인에 대한 이 사건 공소사실 중 공소외 9에 대한 기부행위로 인한 공직선거법 위반의 점에 관하여 피고인의 제1심 법정에서의 자백 진술에 대한 증거능력 있는 보강증거가 없다고 보아 무죄를 선고하였다.

원심판결 이유를 관련 법리와 기록에 비추어 살펴보면, 위와 같은 원심의 판단에 상고이유 주장과 같이 관련 법리를 오해한 잘못이 없다.

나. 상고이유 제2점에 대하여

원심은 그 판시와 같은 이유를 들어, 이 사건 발송 초청장 4,996매 중 실제로 도달되었음을 확인할 수 없는 매수 불상의 초청장 배부에 대해서는 범죄의 증명이 없는 경우에 해당한다고 보아, 피고인에 대한 이 사건 공소사실 중 이 부분 탈법방법에 의한 문서배부로 인한 공직선거법 위반의 점에 관하여 이유무죄로 판단하였다.

기록에 비추어 살펴보면, 위와 같은 원심의 판단에 상고이유 주장과 같이 논리와 경험의 법칙에 반하여 자유심증주의의 한계를 벗어나거나 탈법방법에 의한 문서배부의 의미 등에 관한 법리를 오해한 잘못이 없다.

3. 직권 판단

형사소송법 제364조 제4항은 항소심은 항소가 이유 없다고 인정한 때에는 판결로써 항소를 기각하여야 한다고 규정하고 있다.

기록에 의하면, 피고인에 대한 이 사건 공소사실 중 개인정보 보호법 위반의 점에 관하여 제1심에서 유죄가 선고되어 피고인이 항소하였는데, 원심이 판결 이유에서는 이 부분에 관하여 피고인이 항소이유를 모두 철회하였다고 판단하면서도 주문에서는 항소기각의 선고를 하지 아니하였음을 알 수 있으므로, 원심판결에는 형사소송법 제364조 제4항을 위반한 위법이 있다(대법원 2006.9.14. 선고 2004도6432 판결 등 참조).

따라서 원심판결 중 피고인에 대한 이 사건 공소사실 중 개인정보 보호법 위반 부분은 위와 같은 이유에서 파기되어야 한다. 한편 소송기록과 원심법원과 제1심법원이 조사한 증거에 의하면 이 부분 사건에 대하여 항소이유를 모두 철회한 피고인의 항소를 기각하기에 충분하다고 인정되므로, 형사소송법 제396조에 의하여 이 법원이 직접 판결한다.

4. 결론

그러므로 상고를 모두 기각하고, 원심판결 중 개인정보 보호법 위반 부분을 파기하고 이 부분에 대한 피고인의 항소를 기각하기로 하여, 관여 대법관의 일치된 의견으로 주문과 같이 판결한다.

대법관 박정화(재판장) 김용덕 김신(주심) 박상옥

추가로 또 다른 대법원 판결(2020.3.12. 선고 2019도17613)에서도 동일한 취지의 판결을 하였는데, 수사기관이 노트북 압수·수색 과정에서 피의자 측의 참여권을 보장하지 않고 수집한 증거는 위법하여 증거능력이 없다는 판결로 무죄를 선고하였는데, 피고인은 2015년 7월경, 서울 동대문구 소재 자가에서 미국 백악관 홈페이지에 접속하여 오바마 대통령의 딸을 성폭행하겠다는 등의 게시글을 탑재하였다가 기소되었다.

위 사건에 대하여 1심 법원은 피고인은 협박성 게시글을 미국의 백악관 홈페이지에 탑재함으로써 국내뿐 아니라 국제적 파장을 일으켰고, 비록 해당 범죄가 미수에 그치기는 하였으나 범행 수법 및 범행 내용에 비춰 죄질이 매우 불량하다며 징역 1년 6개월 선고 후 법정구속하였는데, 항소심에서 최초 사법경찰관리가 피고인의 노트북을 압수·수색하는 과정에서 피고인 측에게 참여권을 보장하지 않아서 증거능력의 위법성이 쟁점이 되었다.

이에 대하여 항소심과 대법원은 수사기관이 피고인의 노트북에 저장된 전자 정보들을 압수하기 위하여 전자 정보 이미징 파일 탐색 과정에서 피고인이나 그 변호인에게 집행의 일시, 장소 등을 통지하지 않아 참여권을 보장하지 않았고, 전자 정보를 압수하며 혐의와 관련된 부분만 압수한 것이 아니라 관련 없는 다른 정보까지 압수함으로써 헌법 및 형사소송법에 규정된 적법 절차의 원칙과 영장주의를 중대하게 위반하였고, 이로 인해 피고인은 절차적 권리를 박탈당하고 방어권 행사의 전제가 되는 기초 자료 확보에 어려움을 겪었다고 판시하였다. (표24 참조)

사건명: 협박
사건번호: 대법원 2019도17613

1. 문제의 쟁점
- 피고인이 미국 백악관 홈페이지에 협박성 글을 게시한 행위가 국내법상 협박죄로 성립하는지 여부
- 수사기관이 피고인의 노트북을 압수하는 과정에서 피고인 또는 변호인의 참여권을 보장하지 않은 절차의 적법성

2. 사건 개요

가. 사건 배경
- 피고인은 2015년 7월 자택에서 미국 백악관 홈페이지에 접속하여 오바마 당시 미국 대통령의 딸을 성폭행하

겠다는 등의 협박성 글을 게시함.

나. 수사 및 기소
- 수사기관은 피고인의 자택을 압수·수색하여 노트북을 압수하였으나, 이 과정에서 피고인이나 변호인에게 참여 기회를 제공하지 않음. 검찰은 피고인을 협박 혐의로 기소함.

3. 대법원 판단 요지

가. 협박죄의 성립 요건
- 협박죄는 상대방에게 해악을 고지하여 공포심을 일으키는 행위로, 상대방이 실제로 공포심을 느꼈는지가 중요함.
- 피고인의 행위는 백악관 홈페이지를 통해 이루어졌으며, 오바마 대통령의 딸이 이를 직접 인지하였다는 증거가 없으므로, 협박죄의 성립 요건을 충족하지 않음.

나. 노트북 압수 과정의 적법성
- 형사소송법 제219조와 제121조는 수사기관이 압수·수색 영장을 집행할 때 피압수자나 변호인에게 참여 기회를 보장하도록 규정하고 있음.
- 수사기관이 피고인의 노트북을 압수하는 과정에서 이러한 참여권을 보장하지 않은 것은 적법 절차를 위반한 것으로, 이로 인해 수집된 증거는 형사소송법 제308조의2에 따라 증거능력이 부정됨.

4. 판결의 결론
- 대법원은 피고인의 행위가 협박죄로 성립하지 않으며, 노트북 압수 과정에서 적법 절차를 위반하였으므로 해당 증거의 증거능력을 인정할 수 없다고 판단하여, 원심의 무죄 판결을 확정함.

5. 의의 및 시사점
- 이 판결은 협박죄의 성립 요건에 대한 명확한 기준을 제시함과 동시에, 압수·수색 과정에서 피압수자나 변호인의 참여권 보장의 중요성을 강조함. 수사기관이 이러한 절차를 준수하지 않을 경우, 수집된 증거의 증거능력이 부정될 수 있음을 명확히 하여, 수사 과정의 적법성과 피의자의 권리 보호를 강화하는 데 기여함.

[표24] 협박 사건 관련, 참여권 문제

2. 전문가 참여

또한 특정범죄가중처벌등에관한법률위반(조세)·조세범처벌법위반 사건 관련, 대법원 2018. 2. 8. 선고 2017도13263 판결은 "형사소송법 제219조, 제121조에 의하면, 수사기관이 압수·수색 영장을 집행할 때 피의자 또는 변호인은 그 집행에 참여할 수 있다. 압수의 목적물이 컴퓨터용 디스크 그 밖에 이와 비슷한 정보 저장 매체인 경우에는 영장 발부의 사유로 된 범죄 혐의 사실과 관련 있는 정보의 범위를 정하여 출력하거나 복제하여 이를 제출받아야 하고, 피의자나 변호인에게 참여의 기회를 보장하여야 한다. 만약 그러한 조치를 취하지 않았다면 이는 형사소송법에 정한 영장주의 원칙과 적법 절차를 준수하지 않은 것이다.

수사기관이 정보 저장 매체에 기억된 정보 중에서 키워드 또는 확장자 검색 등을 통해 범죄 혐의 사실과 관련 있는 정보를 선별한 다음 정보 저장 매체와 동일하게 비트열 방식으로 복제하여 생성한 파일(이하 '이미지 파일'이라 한다)을 제출받아 압수하였다면 이로써 압수의 목적물에 대한 압수·수색 절차는 종료된 것이므로, 수사기관이 수사기관 사무실에서 위와 같이 압수된 이미지 파일을 탐색·복제·출력하는 과정에서도 피의자 등에게 참여의 기회를 보장하여야 하는 것은 아니다."라고 판결하였다. (표25 참조)

사건명: 특정범죄가중처벌등에관한법률위반(조세)·조세범처벌법위반 **사건번호:** 대법원 2017도13263

1. 문제의 쟁점
- 디지털 증거의 압수·수색 과정에서 피압수자나 변호인의 참여권 보장 여부
- 참여권이 보장되지 않은 상태에서 수집된 디지털 증거의 증거능력

2. 사건 개요

　가. 사건 배경
　　- 피고인은 유흥주점을 운영하며 매출을 누락하여 조세를 포탈한 혐의로 기소됨.

　나. 수사 과정
　　- 수사기관은 피고인의 사무실에서 USB 저장 매체를 압수하였으며, 이 과정에서 피고인이나 변호인에게 참여 기회를 충분히 보장하지 않음.
　　- 압수한 USB에서 매출 관련 파일을 추출하여 증거로 제출함.

3. 대법원 판단 요지

　가. 참여권의 중요성
　　- 형사소송법 제219조와 제121조는 압수·수색 시 피압수자나 변호인에게 참여할 기회를 보장하도록 규정하고 있음.
　　- 이는 수사 과정의 투명성과 적법성을 확보하고, 피압수자의 권리를 보호하기 위한 것임.

나. 참여권 미보장의 효과

- 피압수자나 변호인에게 참여 기회를 보장하지 않고 수집한 디지털 증거는 적법 절차를 위반한 것으로, 형사소송법 제308조의2에 따라 증거능력이 부정됨.
- 따라서, 이러한 증거는 유죄 인정의 증거로 사용할 수 없음.

4. 판결의 결론

• 대법원은 수사기관이 압수·수색 과정에서 피고인이나 변호인에게 참여 기회를 보장하지 않은 것은 위법하며, 이를 통해 수집된 디지털 증거는 증거능력이 없다고 판단함. 이에 따라 원심 판결을 파기하고 사건을 환송함.

5. 의의 및 시사점

• 이 판결은 디지털 증거의 압수·수색 과정에서 피압수자나 변호인의 참여권 보장의 중요성을 강조함. 수사기관이 이러한 절차를 준수하지 않을 경우, 수집된 디지털 증거의 증거능력이 부정될 수 있음을 명확히 하여, 수사 과정의 적법성과 피의자의 권리 보호를 강화하는 데 기여함.

[표25] 사건명: 특정범죄가중처벌등에관한법률위반(조세)·조세범처벌법위반

그런데 중요한 것은 피의자에게 참여권 의사를 확인하여 불참여 의사 표명 시 변호인의 참여 여부를 확인할 필요가 없는지 여부인데, 이에 관하여 대법원은 피의자가 비록 참여를 희망하지 않았다고 해도 변호인의 참여권은 피의자의 그것과 별개로 독립적으로 보장된다고 보아야 하므로 변호인에게 별도의 참여권 보장을 하지 않았다면 이는 절차 위반이라고 판단하였다. (대법원 2020도10729) (표26 참조)

사건명: 성폭력범죄의처벌등에관한특례법위반(카메라등이용촬영)
사건번호: 대법원 2020도10729

1. 문제의 쟁점

• 수사기관이 압수·수색 과정에서 피압수자의 변호인에게 참여 기회를 보장하지 않은 경우, 해당 절차의 적법성 여부
• 변호인의 참여권이 피압수자의 의사와 무관하게 보장되어야 하는지 여부

2. 사건 개요

가. 사건 배경

- 피고인은 2013년부터 2019년까지 피시방, 노래방 등의 화장실에 몰래카메라를 설치하여 타인의 신체를 촬영한 혐의로 기소됨.

나. 수사 과정

- 수사기관은 2019년 10월 25일 피고인의 주거지에서 압수·수색 영장을 집행하여 컴퓨터 본체와 휴대 전화를 압수함.
- 이 과정에서 피고인은 압수·수색 절차에 참여하지 않겠다는 의사를 표시하였으나, 수사기관은 피고인의 국선 변호인에게 압수·수색 집행의 일시와 장소를 통지하지 않음.

3. 대법원 판단 요지

가. 변호인의 참여권의 고유성

- 형사소송법 제219조와 제121조에 규정된 변호인의 참여권은 피압수자의 보호를 위해 변호인에게 주어진 고유한 권리임.
- 따라서 피압수자가 참여하지 않겠다는 의사를 명시하더라도, 특별한 사정이 없는 한 변호인에게는 압수·수색 집행의 일시와 장소를 미리 통지하여 참여 기회를 별도로 보장해야 함.

나. 절차 위반의 효과

- 수사기관이 변호인에게 참여 기회를 보장하지 않은 것은 적법 절차를 위반한 것으로, 이러한 절차 위반이 있는 경우 압수·수색을 통해 수집된 증거는 원칙적으로 증거능력이 부정됨.
- 다만, 절차 위반의 정도와 그로 인해 피압수자의 권리가 실질적으로 침해되었는지 여부 등을 종합적으로 고려하여 예외적으로 증거능력을 인정할 수 있음.

4. 판결의 결론

- 대법원은 수사기관이 피고인의 변호인에게 압수·수색 집행에 대한 참여 기회를 보장하지 않은 것은 적법 절차를 위반한 것으로 판단함. 그러나 절차 위반의 정도와 피고인의 권리 침해 여부 등을 고려하여, 해당 증거의 증거능력을 예외적으로 인정할 수 있는지에 대한 추가 심리가 필요하다고 보아 원심 판결 중 무죄 부분을 파기하고 사건을 환송함.

5. 의의 및 시사점

- 이 판결은 압수·수색 과정에서 변호인의 참여권이 피압수자의 의사와 무관하게 보장되어야 하는 고유한 권리임을 명확히 하여, 수사기관의 절차적 준수 의무를 강조함. 또한, 절차 위반이 있는 경우에도 그 정도와 피압수자의 권리 침해 여부 등을 종합적으로 고려하여 증거능력을 판단해야 함을 시사하여, 형사절차에서의 적법 절차 원칙과 피의자의 권리 보호의 중요성을 재확인함.

[표26] 사건명: 성폭력범죄의처벌등에관한특례법위반, 변호인 참여권 보장

대법원
제2부
판결

사 건 2020도10729 성폭력범죄의처벌등에관한특례법위반(카메라등이용촬영)

피 고 인 피고인

상 고 인 검사

변 호 인 변호사 박종민 (국선)

원 심 판 결 의정부지방법원 2020. 7. 16. 선고 2020노481 판결

판 결 선 고 2020. 11. 26.

주 문

원심판결 중 무죄 부분을 파기하고, 이 부분 사건을 의정부지방법원에 환송한다.

이 유

상고 이유를 판단한다.

1. 가. 수사기관이 압수·수색 영장을 집행할 때에는 피압수자 또는 변호인은 그 집행에 참여할 수 있다(형사소송법 제219조, 제121조). 저장 매체에 대한 압수·수색 과정에서 범위를 정하여 출력·복제하는 방법이 불가능하거나 압수의 목적을 달성하기에 현저히 곤란한 예외적인 사정이 인정되어 전자 정보가 담긴 저장 매체, 하드카피나 이미징(imaging) 등 형태(이하 '복제본'이라 한다)를 수사기관 사무실 등으로 옮겨 복제·탐색·출력하는 경우에도, 피압수자나 변호인에게 참여 기회를 보장하고 혐의 사실과 무관한 전자 정보의 임의적인 복제 등을 막기 위한 적절한 조치를 취하는 등 영장주의 원칙과 적법 절차를 준수하여야 한다. 만일 그러한 조치를 취하지 않았다면 피압수자 측이 위와 같은 절차나 과정에 참여하지 않는다는 의사를 명시적으로 표시하였거나 절차 위반 행위가 이루어진 과정의 성질과 내용 등에 비추어 피압수자에게 절차 참여를 보장한 취지가 실질적으로 침해되었다고 볼 수 없을 정도에 해당한다는 등의 특별한 사정이 없는 이상 압수·수색이 적법하다고 할 수 없다. 이는 수사기관이 저장 매체 또는 복제본에서 혐의 사실과 관련된 전자 정보만을 복제·출력한 경우에도 마찬가지이다(대법원 2015. 7. 16. 자 2011모1839 전원합의체 결정, 대법원 2017. 9. 21. 선고 2015도12400 판결 등 참조). 한편 형사소송법 제

219조, 제121조가 규정한 변호인의 참여권은 피압수자의 보호를 위하여 변호인에게 주어진 고유권이다. 따라서 설령 피압수자가 수사기관에 압수·수색 영장의 집행에 참여하지 않는다는 의사를 명시하였다고 하더라도, 특별한 사정이 없는 한 그 변호인에게는 형사소송법 제219조, 제122조에 따라 미리 집행의 일시와 장소를 통지하는 등으로 압수·수색 영장의 집행에 참여할 기회를 별도로 보장하여야 한다.

나. 형사소송법 제308조의2는 '적법한 절차에 따르지 아니하고 수집한 증거는 증거로 할 수 없다'고 정하고 있다. 이는 위법한 압수·수색을 비롯한 수사 과정의 위법 행위를 억제하고 재발을 방지함으로써 국민의 기본적 인권 보장이라는 헌법 이념을 실현하고자 위법 수집 증거 배제 원칙을 명시한 것이다(대법원 2013. 3. 14. 선고 2010도2094 판결, 대법원 2019. 7. 11. 선고 2018도20504 판결 등 참조). 헌법 제12조는 기본적 인권을 보장하기 위하여 압수·수색에 관한 적법 절차와 영장주의 원칙을 선언하고 있고, 형사소송법은 이를 이어받아 실체적 진실 규명과 개인의 권리 보호 이념을 조화롭게 실현할 수 있도록 압수·수색 절차에 관한 구체적 기준을 마련하고 있다. 이러한 헌법과 형사소송법의 규범력을 확고하게 유지하고 수사 과정의 위법 행위를 억제할 필요가 있으므로, 적법한 절차에 따르지 않고 수집한 증거는 물론, 이를 기초로 하여 획득한 2차적 증거 또한 기본적 인권 보장을 위해 마련된 적법한 절차에 따르지 않고 확보한 것으로서 원칙적으로 유죄 인정의 증거로 삼을 수 없다고 보아야 한다. 그러나 법률에 정해진 절차에 따르지 않고 수집한 증거라는 이유만을 내세워 획일적으로 증거능력을 부정하는 것은 헌법과 형사소송법의 목적에 맞지 않는다. 실체적 진실 규명을 통한 정당한 형벌권의 실현도 헌법과 형사소송법이 형사소송 절차를 통하여 달성하려는 중요한 목표이자 이념이기 때문이다. 수사기관의 절차 위반 행위가 적법 절차의 실질적인 내용을 침해하는 경우에 해당하지 않고, 오히려 증거능력을 배제하는 것이 헌법과 형사소송법이 형사소송에 관한 절차 조항을 마련하여 적법 절차의 원칙과 실체적 진실 규명의 조화를 도모하고 이를 통하여 형사 사법 정의를 실현하려 한 취지에 반하는 결과를 초래하는 것으로 평가되는 예외적인 경우라면, 법원은 그 증거를 유죄 인정의 증거로 사용할 수 있다고 보아야 한다. 이에 해당하는지는 수사기관의 증거 수집 과정에서 이루어진 절차 위반 행위와 관련된 모든 사정, 즉 절차 조항의 취지, 위반 내용과 정도, 구체적인 위반 경위와 회피 가능성, 절차 조항이 보호하고자 하는 권리나 법익의 성질과 침해 정도, 이러한 권리나 법익과 피고인 사이의 관련성, 절차 위반 행위와 증거 수집 사이의 관련성, 수사기관의 인식과 의도 등을 전체적·종합적으로 고찰하여 판단해야 한다. 이러한 법리는 적법한 절차에 따르지 않고 수집한 증거를 기초로 하여 획득한 2차적 증거에 대해서도 마찬가지로 적용되므로, 절차에 따르지 않은 증거 수집과 2차적 증거 수집 사이 인과관계의 희석이나 단절 여부를 중심으로 2차적 증거 수집과 관련된 모든 사정을 전체적·종합적으로 고려하여 예외적인 경우에는 유죄 인정의 증거로 사용할 수 있다(대법원 2007. 11. 15. 선고 2007도3061 전원합의체 판결, 대법원 2015.

1. 22. 선고 2014도10978 전원합의체 판결, 대법원 2019. 7. 11. 선고 2018도20504 판결 등 참조).

2. 가. 이 사건 쟁점 공소사실의 요지는 다음과 같다.

피고인은 2019년 이하 불상경 의정부시 (주소 생략)에 있는 'ㅇㅇ노래연습장'의 화장실에서 그곳 용변 칸 안에 있는 쓰레기통 바깥쪽에 테이프를 이용하여 비닐로 감싼 소형 카메라를 부착하고, 위 카메라에 연결된 보조배터리를 쓰레기통 안쪽에 부착한 다음 녹화 버튼을 누르는 방법으로, 위 화장실에서 용변을 보는 성명 불상 여성의 엉덩이와 음부를 촬영한 것을 비롯하여 2013년경부터 2019년경까지 원심 판시 범죄일람표 순번 1 내지 296 기재와 같이 총 296회에 걸쳐 피해자들이 화장실에서 용변을 보는 모습을 촬영하였다. 이로써 피고인은 카메라나 그 밖에 이와 유사한 기능을 갖춘 기계 장치를 이용하여 성적 욕망 또는 수치심을 유발할 수 있는 다른 사람의 신체를 그 의사에 반하여 촬영하였다.

나. 원심은 다음과 같은 이유로 이 부분 공소사실에 대하여 범죄 사실의 증명이 없는 때에 해당한다고 보아, 이를 유죄로 인정한 제1심판결을 파기하고 무죄로 판단하였다.

1) 수사기관이 피고인의 국선 변호인에게 미리 집행의 일시와 장소를 통지하지 않은 채 2019. 10. 30. 수사기관 사무실에서 저장 매체를 탐색·복제·출력하는 방식으로 압수·수색 영장을 집행하여 적법 절차를 위반하였다.

2) 당시 피고인이 구속 상태였던 점과 형사소송법 제219조, 제121조에서 정한 참여 절차의 중요성을 고려하면, 위와 같은 적법 절차 위반은 그 정도가 무겁다.

3) 따라서 위법한 ·수색을 통해 수집된 동영상 캡처 출력물 등은 형사소송법 제308조의2에 따라 증거로 사용할 수 없고, 피고인의 자백 또한 위 증거들에 터 잡은 결과물이거나 이 부분 공소사실의 유일한 증거여서 형사소송법 제308조의2 또는 형사소송법 제310조에 따라 유죄의 증거로 사용할 수 없다.

3. 원심의 위와 같은 판단은 다음과 같은 이유에서 그대로 수긍하기 어렵다.

가. 원심판결 이유와 기록에 의하면, 다음과 같은 사실을 알 수 있다.

1) △△△△△경찰서 소속 사법경찰관 공소외 1 경위는 2019. 10. 25. 09:00경 피고인의 주거지에서 의정부지방법원 판사가 발부한 2019. 10. 24. 자 압수·수색검증 영장(이하 '이 사건 영장'이라 한다)에 기초하여 피고인 소유의 컴퓨터 본체 1대(이하 '이 사건 컴퓨터'라 한다), 갤럭시 노트8 휴대 전화 1대(이하 '이 사건 휴대 전화'라 한다)를 경찰서로 반출하는 방식으로 압수하였다.

2) 당시 피고인은 이 사건 컴퓨터 및 휴대 전화에 대한 각 원본반출확인서 중 '본인은 디지털 기기·저장 매체 봉인 과정에 참여하여 봉인에 이상이 없음을 확인하였고, 봉인 해제, 복제본의 획득, 디지털 기기·저장 매체 또는 복제본에 대한 탐색·복제·출력 과정에 참여할 수 있음을 고지받았으며, 위 과정에 참여하지 않겠습니다'라고 기

재된 부분에 자필로 'V' 표시를 하고 서명·무인을 하였다.

3) 그 직후 시행된 제1회 경찰 피의자신문에서, 피고인은 '4~5년 전부터 피시방, 노래방 등 화장실 쓰레기통에 인터넷으로 구매한 몰래카메라를 설치하여 여성의 음부 등을 촬영하였고, 그 영상을 이 사건 컴퓨터 하드디스크에 저장해 두었다'라고 진술하였다.

4) △△△△△경찰서 소속 공소외 2 경장은 2019. 10. 25. 이 사건 컴퓨터의 하드디스크를 탐색하여 피고인이 몰래카메라로 촬영한 것으로 보이는 다수의 동영상 파일 등을 발견한 후 그 취지 등을 담은 수사 보고를 작성하고, 거기에 동영상 파일이 저장된 폴더 화면을 촬영한 사진을 첨부하였다.

5) 한편 검사는 2019. 10. 25. 피고인에 대한 구속영장을 청구하였고, 의정부지방법원 판사는 2019. 10. 26. 피고인의 국선변호인으로 공소외 3 변호사를 선정한 다음 피고인에 대한 구속 전 피의자 심문을 거쳐 구속영장을 발부하였다.

6) 피고인은 2019. 10. 29. 제2회 경찰 피의자신문에서 '2011년경부터 2019년경까지 이 사건 쟁점 공소사실 기재 각 범행 장소를 포함하여 피시방, 병원, 노래방 등 총 여섯 곳의 화장실에 몰래카메라를 설치하여 타인의 신체를 촬영하였다'라고 진술하면서 연도별 범행 장소를 특정하였다.

7) △△△△△경찰서 소속 공소외 1 경위, 공소외 4 경사, 공소외 2 경장은 2019. 10. 30. 그들의 사무실에서 이 사건 컴퓨터에 내장된 세 개의 하드디스크를 한 개씩 맡아 탐색한 후, 각자 자신이 찾은 불법 촬영 동영상의 재생 장면(각 동영상 파일별로 1개의 장면)을 캡처하여 해당 동영상 파일 정보를 캡처한 이미지와 함께 출력하였다(위 출력물을 모두 합하여 이하 '이 사건 출력물'이라 한다).

8) 그런데 수사기관은 피고인의 국선 변호인에 대하여 위와 같은 이 사건 컴퓨터의 탐색·복제 및 이 사건 출력물의 생성 절차에 관한 사전 통지를 하지 않았고, 피고인이나 위 국선 변호인이 위 절차에 참여하지도 않았다.

나. 위와 같은 사실관계를 앞서 본 법리에 비추어 살펴보면, 설령 피고인이 수사기관에 이 사건 컴퓨터의 탐색·복제·출력 과정에 참여하지 않겠다는 의사를 표시하였다고 하더라도, 수사기관으로서는 2019. 10. 30. 수사기관 사무실에서 저장 매체인 이 사건 컴퓨터를 탐색·복제·출력하기에 앞서 피고인의 국선 변호인에게 그 집행의 일시와 장소를 통지하는 등으로 위 절차에 참여할 기회를 제공하였어야 함에도 그러지 않았다. 따라서 원심이 이 사건 영장을 집행한 수사기관이 압수 절차를 위반하였다고 판단한 것은 정당하고, 원심의 위와 같은 판단에 논리와 경험의 법칙을 위반하여 자유심증주의의 한계를 벗어나거나 변호인의 참여권의 성질에 관한 법리를 오해한 위법이 없다.

다. 1) 그러나 위와 같은 사실관계 및 기록을 통하여 알 수 있는 다음과 같은 사정을 모두 종합하여 보면, 수사기관의 위와 같은 절차 위반 행위가 적법 절차의 실질적인 내용을 침해하는 경우에 해당하지 않고, 오히려 이 사건 영장의 집행을 통해 수집된 증거의 증거능력을 배제하는 것이 헌법과 형사소송법이 형사소송에 관한 절차 조항을 마련하여 적법 절차의 원칙과 실체적 진실 규명의 조화를 도모하고 이를 통하여 형사사법 정의를 실현하려 한 취지에 반하는 결과를 초래하는 것으로 평가되는 예외적인 경우에 해당한다고 볼 여지가 충분하다.

가) 수사기관은 2019. 10. 25. 당시 피압수자로서 유일한 참여권자이던 피고인으로부터 이 사건 컴퓨터의 탐색·복제·출력 과정에 참여하지 않겠다는 의사를 확인한 후 이사건 컴퓨터에 대한 탐색을 시작하였다. 위 탐색 당시 '이 사건 컴퓨터 하드디스크에 불법 촬영 영상물이 저장되어 있다'는 피고인의 진술도 나온 상태였다.

나) 그 후 피고인의 국선 변호인이 선정될 무렵에는 이미 수사기관이 이 사건 컴퓨터에 대한 탐색을 어느 정도 진행하여 압수 대상 전자 정보가 저장된 폴더의 위치 정도는 파악하고 있었던 것으로 보인다.

다) 피고인의 국선 변호인이 수사기관에 이 사건 영장의 집행 상황을 문의하거나 그 과정에의 참여를 요구한 바 없다.

라) 이 사건 영장 집행 당시 피압수자의 참여 포기 또는 거부 의사에도 불구하고 압수·수색 절차 개시 후 선임 또는 선정된 그 변호인에게 별도의 사전통지를 하여야 한다는 점에 관하여 판례나 수사기관 내부의 지침이 확립되어 있었던 것은 아니다.

마) 수사기관은 이 사건 영장의 집행 과정에서 피고인이 2011년경부터 피시방, 노래방 등의 화장실에 설치해 둔 몰래카메라를 통해 수백 명에 이르는 피해자들의 신체를 촬영해 둔 영상물을 압수하였고, 그중 296건에 대한 범행을 기소하였다 (이 사건 쟁점 공소사실이다). 피고인은 수사기관 및 법정에서 위 범행을 모두 자백하였다.

2) 그렇다면 원심으로서는 이 사건 영장에 따른 압수·수색의 경위, 이 사건 영장의 집행 당시에 시행되던 전자 정보에 대한 압수 절차 관련 규정, 압수된 증거의 입증 취지, 절차 위반에 이른 경위와 그에 대한 수사기관의 인식과 의도, 이 사건 범행의 내용과 죄질 등을 종합적으로 고려하여 위법수집증거 배제 원칙의 예외에 해당하는지 여부를 신중히 판단하였어야 한다. 그런데도 원심은 판시와 같은 이유만으로 이 사건 영장에 따른 압수·수색을 통해 수집된 증거들을 유죄의 증거로 사용할 수 없다고 단정하여 이 사건 쟁점 공소사실을 무죄로 판단하였다. 이와 같은 원심의 판단에는 위법수집증거 배제 원칙의 예외에 관한 법리를 오해하여 필요한 심리를 다하지 않은 위법이 있다. 이를 지적하는 검사의 상고 이유는 이유 있다.

4. 그러므로 원심판결 중 무죄 부분을 파기하고, 이 부분 사건을 다시 심리·판단하도록 원심법원에 환송하기로 하여, 관여 대법관의 일치된 의견으로 주문과 같이 판결한다.

대법관 노정희(재판장) 박상옥 안철상 김상환(주심)

3. 변호인 참여 보장의 시점 판단

그렇다면 변호인의 참여권 보장은 언제부터 피의자의 그것과 별도로 독립적으로 보장되어야 하는 것일까?

이에 관하여 대법원은 최초부터 피의자에게 변호인이 선임되어 있는 상태에서 수사기관의 참여권 여부가 문제가 되었다면 피의자 외에 변호인에게 별도의 참여권을 보장하는 것이 적법한 것이지만, 이와 달리 피의자가 변호인을 선임하기 전에 이미 참여권 여부에 대한 피의자의 의사 표시가 있었고, 이에 대하여 포렌식 등이 이루어진 후에서야 비로소 변호인이 선임되었다면 적어도 피의자의 최초 참여권 의사 표시에 따른 증거물 분석에 관하여서는 변호인의 의사표시 여부와 관계없이 해당 증거물의 증거능력은 인정될 수 있다고 판시하였다. (2020.12.10. 선고 2020도10729)

실제로 위 사건(성폭력범죄의 처벌 등에 관한 특례법상 카메라 등 이용 촬영 혐의)로 기소된 A씨에게 징역 1년을 선고한 원심을 파기하였는데(2020도10729), 사실관계에 따르면 피의자는 노래방 등에 몰래카메라를 설치해 총 328회에 걸쳐 불법 동영상을 촬영하였고, 경찰은 압수·수색 영장을 발부받아 피의자의 집에서 컴퓨터 1대와 스마트폰 1대를 압수하였는데, 이때 피의자는 원본 반출 확인서에 "본인은 디지털 기기, 저장 매체 봉인 과정에 참여하여 봉인에 이상이 없음을 확인하였고, 봉인 해제, 복제본의 획득, 디지털 기기와 저장 매체 또는 복제본에 대한 탐색, 복제, 출력 과정에 참여할 수 있음을 고지받았으며 위 과정에 참여하지 않겠습니다"라고 작성하고 서명하였다. 더구나 경찰 피의자 신문 조사 간 "몰래카메라를 설치하여 피해 여성 촬영 및 이를 컴퓨터에 저장하였다"고 진술하였으며, 경찰은 피의자 컴퓨터에서 불법 영상 다수를 획득하였다. 단, 이런 과정에서 피의자의 국선변호인에게 컴퓨터 탐색 관련 사전 통지를 하지 않았고, 변호인은 관련 절차에 참여하지 못하였다.

이에 대하여 항소심은 영장을 집행한 수사기관이 변호인에게 참여권을 미보장하는 등 압수 절차를 위반하였으므로 수집된 증거들은 유죄의 증거로 사용할 수 없다고 판단하여 카메라 등 이용 촬영 혐의에 대하여 무죄를 선고하였다.

그러나 대법원은 최초 경찰에서 피의자가 국선변호인 선임이 되기 전에 컴퓨터를 압수하면서 피의자로부터 탐색, 복제, 출력 과정에 참여하지 않겠다는 의사를 확인하였고, 탐색 당시 하드디스크에 불법 촬영 영상물이 저장되어 있다는 진술도 확보한 상태에서 압수·수색 및 분석이 진행 중인 상태였다는 점에 착안하여 변호인 선임 전에 실질적으로 피의자의 참여 의사 표시가 있었고 이를 바탕으로 대부분의 압수·수색이 진행된 상태에서 이후에 국선변호인이 선임되었다는 점에서 압수·수색 전에 변호인이 선임된 것과 달리 변호인에게 독립적인 참여권 보장을 하여야 한다는 것은 차이가 있음을 분명히 하였다.

단, 대법원은 얼마 남지 않은 증거물 분석 과정에서도 국선변호인은 수사기관에 영장의 집행 상황을 문의하거나 과정에의 참여를 요구한 적이 없어 실질적으로 참여권 행사를 하지 않았다는 점을 지적하면서 만약 이미 압수물 분석이 진행되었다고 해도 완료되기 전이라면 차후 선임된 변호인이 뒤늦게라도 참여권을 주장하여 참여할 수 있다는 여지는 있다는 취지로 판결하였다.

4. 제3자 보관 정보에 대한 참여 문제

이번에는 당사자가 보관하는 정보에 대한 압수·수색 시 참여권의 문제가 아니라 제3자가 보관하는 정보의 압수·수색 시 해당 정보 주체의 참여권의 문제가 논란이 된 사안이다.

해당 사건은 수사기관이 카카오톡 대화를 제3자 보관기관인 업체의 서버에서 압수·수색하면서 해당 정보 주체인 당사자의 참여권을 보장하지 않은 것은 위법한 것이라는 판단으로 대법원(2016모587)에 따르면, 경찰은 2014년 5월 18일 해당 정보 주체가 추모 집회와 관련해 신고 범위를 넘어 집회를 했다면서 집회 및 시위에 관한 법률 위반 혐의로 카카오톡 대화 내용 등을 카카오 법무팀을 통하여 압수·수색하였다.

그런데 해당 정보 주체는 실제로 압수를 당한 기관이 아님에도 경찰에서 카카오톡 대화 내용을 압수·수색하면서 실제 해당 정보 주체인 자신에게는 영장의 집행 일시와 장소를 알리지 않고 영장 원본을 제시하지 않았다며 준항고를 제기하였다.

그리고 대법원은 경찰의 압수·수색 과정에서 영장 원본을 정보 주체인 피압수자에게 제시하지 않았고, 카카오로부터 획득한 전자 정보에서 범죄 혐의 사실 관련 부분을 선별하지 않고 전부를 출력하여 증거물로 압수하면서도 실제 해당 정보 주체에게 참여권을 보장하지 않았을 뿐만 아니라 압수된 전자 정보 목록을 정보 주체에게 제공하지 않은 점은 위법이라고 판단하였다. (표27 참조)

사건명: 대법원 2016. 6. 23. 결정 (2016모587)
사건번호: 2016모587

1. 문제의 쟁점

- 카카오톡 대화 내용의 압수·수색 과정에서 피의자와 변호인의 참여권이 보장되었는지 여부와 이러한 절차적 위법성이 증거능력에 미치는 영향

2. 사건 개요

가. 사건 발생 배경

- 피고인은 특정 범죄 혐의와 관련하여 카카오톡 대화 내용을 수사기관에 의해 압수·수색 당하였으며, 이 과정에서 대화 내역이 증거로 채택됨.

나. 카카오톡 대화 내용의 압수 절차

- 수사기관은 카카오 서버에 저장된 피고인의 대화 내용을 압수하였으나, 이 과정에서 피의자와 변호인의 참여권이 제대로 보장되지 않아 논란이 발생함. 피고인 측은 이러한 절차적 결함을 이유로 증거능력에 문제를 제기함.

3. 대법원 판단 요지

가. 카카오톡 대화 압수의 절차적 문제

- 대법원은 수사기관이 카카오톡 대화 내용을 압수하는 과정에서 피고인 및 변호인의 참여권을 보장해야 한다고 판단하였음. 이는 디지털 증거 수집 과정에서의 투명성을 확보하고, 피의자의 방어권을 보장하기 위한 필수적인 조치임.

나. 절차적 위법성과 증거능력

- 대법원은 피고인과 변호인의 참여가 보장되지 않은 상태에서 수집된 카카오톡 대화 내용은 증거능력이 제한될 수 있다고 판시하였음. 이러한 절차적 위법성은 해당 증거의 신뢰성 및 법적 효력에 중대한 영향을 미칠 수 있다고 보았음.

4. 판결의 결론

• 대법원은 피고인과 변호인의 참여권이 제대로 보장되지 않은 채 수집된 카카오톡 대화 내용에 대해 증거능력을 인정할 수 없다고 결정하였음. 이에 따라 해당 증거는 법정에서 채택되지 않음.

5. 의의 및 시사점

• 본 판결은 디지털 메신저 서비스(카카오톡 등)에서의 대화 내용이 증거로 사용될 경우, 수사기관은 반드시 피고인 및 변호인의 참여권을 보장해야 한다는 법적 기준을 명확히 하였음. 이는 디지털 시대의 개인정보 보호와 사생활 침해 방지, 형사사법 절차의 공정성을 동시에 달성하기 위한 중요한 판례로 평가될 수 있음. 카카오톡과 같은 디지털 통신 수단의 증거 활용에 있어, 수사기관의 절차적 정당성과 피의자의 방어권을 모두 충족시키는 것이 필수적임을 강조하였음.

[표27] 사건명: 대법원 2016. 6. 23. 결정, 카카오톡 대화 내용의 압수와 참여권

대법원 2016모587 준항고인용결정에 대한 재항고

1. 사안의 개요

가. 사안의 요지

■ 수사기관이 ㈜○○○ 본사 서버에 보관된 준항고인(서비스이용자로서 실질적 피압수자이자 피의자)의 전자 정보(○○○톡 대화 내용 등)를 압수·수색하는 과정에서 준항고인에게 형사소송법 제219조, 제122조에 따른 압수·수색 영장2)의 집행 일시와 장소를 미리 통지하지 않았고, 처분의 상대방인 ㈜○○○에 압수·수색 영장의 원본을 제시하지 않았으며, 준항고인이 참여하지 않은 상태에서 위 전자 정보에서 범죄 혐의 사실과 관련된 부분의 선별 없이 그 일체를 압수하고, 준항고인에게 압수한 전자 정보 목록을 교부하지 않았음

■ 이에 준항고인은 위 압수·수색이 참여권을 보장하지 않는 등 중대한 위법한 절차라고 주장하며 위 압수·수색의 취소를 청구하였음

나. 소송 경과

■ 원심판단 결과: 준항고인의 청구를 인용함(이 사건 압수·수색은 위법) → 검사의 재항고

■ 원심판단의 요지

● 이 사건 압수·수색은 참여권자에 대한 사전 통지의무의 예외 사유인 형사소송법 제122조 단서의 '급속을 요하는 때'에 해당하지 않음

● 따라서 수사기관은 압수·수색 영장의 집행 일시와 장소를 통지해야 하는데, 이러한 사전 통지를 하지 않아 준항고인 등3)의 참여권을 보장하지 않은 위법이 있음

● 여기에 참여권 보장 취지, 압수·수색 경위, 확보된 자료가 준항고인의 사생활의 비밀에 속하는 점 등을 고려할 때, 이 사건 압수·수색은 준항고인의 나머지 주장을 살펴볼 필요 없이 취소를 면할 수 없음

2. 대법원의 판단

가. 주요 쟁점

■ 인터넷서비스업체가 보관하는 준항고인(서비스 이용자로서 실질적 피압수자이자 피의자)의 전자 정보에 대한 수사기관의 압수·수색 영장 집행 시 준항고인에게 참여권이 인정되는지 여부

- 준항고인에게 참여권이 인정된다고 할 때, 참여권자인 준항고인에게 사전통지를 하지 않아도 되는 예외 사유로 형사소송법 제122조 단서의 '급속을 요하는 때'에 해당하는지 여부

- 인터넷서비스업체로부터 취득한 전자 정보에 대한 유관정보 선별 작업이 필요한지, 그 과정에서 준항고인의 참여권 보장 여부, 그 밖의 압수·수색의 위법 여부 등

나. 대법원의 결정 결과
- 검사 재항고 기각(원심 확정)

다. 판단 근거
- 이 사건 압수·수색 당시는 참여권자에 대한 사전 통지의무 예외 사유인 형사소송법 제122조 단서의 '급속을 요하는 때'에는 해당하므로 사전 통지를 하지 않았다는 것만으로 참여권을 보장하지 아니하여 위법하다고 볼 수는 없음

- 따라서 원심이 인터넷서비스업체인 ○○○ 본사 서버에 보관된 이 사건 전자 정보에 대한 압수·수색 영장의 집행에 의하여 전자 정보를 취득하는 것이 참여권자에게 통지하지 않을 수 있는 형사소송법 제122조 단서의 '급속을 요하는 때'에 해당하지 않는다고 판단한 것은 잘못임

- 그러나 수사기관이, ❶ 이 사건 압수·수색 과정에서 압수·수색 영장의 원본을 제시하지 않은 것, ❷ ○○○로부터 입수한 전자 정보에서 범죄 혐의 사실과 관련된 부분의 선별 없이 그 일체를 출력하여 증거물로 압수하면서 그 과정에서 서비스 이용자로서 '실질적 피압수자이자 피의자'인 준항고인에게 참여권을 보장하지 않은 것, ❸ 압수한 전자 정보 목록을 교부하지 않은 것은 위법하고, 위와 같은 이 사건 압수·수색 과정에서의 위법을 종합하면, 이 사건 압수·수색에서 나타난 위법이 압수·수색 절차 전체를 위법하게 할 정도로 중대함

- 따라서 '이 사건 압수·수색을 위법하다고 보아 이를 취소한 원심의 결론'은 정당하므로 검사의 재항고를 기각함

3. 결정의 의의
- '인터넷서비스업체 보관 전자 정보(이른바 '제3자 보관 전자 정보')의 압수·수색에서 참여권 보장 여부가 문제 된 사안'에 관한 최초의 판단임

- 대법원은, '실질적 피압수자이자 피의자'인 준항고인에게 압수·수색 절차에 관한 참여권을 인정하는 한편, 이 사건은 참여권자에 대한 사전 통지 의무의 예외 사

유인 형사소송법 제122조 단서의 '급속을 요하는 때'에 해당하므로 사전 통지를 하지 않은 것 자체는 위법이 아니라고 판단하였음(원심과 달리 판단한 부분)

■ 다만 이 사건 압수·수색에는 압수·수색 영장 원본을 제시하지 않은 위법, 인터넷 서비스업체로부터 입수한 전자 정보에서 범죄 혐의 사실과 관련된 부분을 선별해야 하고 그 선별 과정에서도 준항고인의 참여권이 보장되어야 하는데 이를 이행하지 않은 위법, 준항고인에게 압수한 전자 정보 목록을 교부하지 않은 위법 등 그 존재하는 위법의 정도가 중대하여 이 사건 압수·수색 절차 전체가 위법하다고 보아 준항고인의 청구를 인용한 원심의 결론 자체는 정당하다고 판단하고, 이 사건 압수·수색을 위법하다고 본 원심결정을 유지하였음

5. 사후 압수·수색 영장으로 참여권 미보장 치유 여부

다음으로는 최초 압수·수색 시에 참여권 미보장 상태에서 전자 정보 압수·수색을 마친 뒤에 사후 압수·수색 영장을 발부받은 경우, 증거능력에 대한 치유가 가능한지 여부에 대한 대법원 판결(2022도2960)이다.

본 사건은 경찰이 피고인을 체포하면서 휴대 전화를 압수하였고, 탐색·복제·출력 과정에서 전자 정보인 엑셀 파일을 발견하였는데, 해당 엑셀 파일 출력물 및 CD의 증거능력이 쟁점인 사안으로 대법원은 피고인이 유치장에 입감된 상태에서 수사기관이 휴대 전화 내 전자 정보를 탐색·복제·출력함으로써 피압수자인 피고인에게 참여의 기회를 부여하지 않고, 압수한 전자 정보 상세 목록을 교부하지 않은 경우 위법 수집 증거로서 증거능력이 없고, 사후에 압수·수색 영장을 발부받았더라도 위법성이 치유되지 않는다고 판단하였다.

특히 본 사건에 대하여 대법원은 경찰이 피고인을 유치장에 입감시킨 상태에서 휴대 전화 내 전자 정보를 탐색·복제·출력함으로써 참여의 기회를 배제한 상태에서 이 사건 엑셀 파일을 탐색·복제·출력하였고, 압수한 전자 정보 상세 목록을 교부한 것으로 평가할 수 없어 위법하게 수집된 증거로서 증거능력이 없고, 설사 사후에 압수·수색 영장을 발부받아 압수 절차가 진행되었더라도 위법성이 치유되지 않는다고 보아, 이 사건 엑셀 파일 출력물 및 CD의 증거능력을 인정한 원심에 대해 '참여권 보장 및 전자 정보 압수 목록 교부에 관한 법리 오해'를 이유로 파기 환송하였는데 이번의 판결은 기존 대법원(2016도348) 전원합의체 판결 태도였던 무관증거 압수의 위법이 있는 경우 사후 압수·수색 영장 발부로 치유되지 않는다는 법리에 더하여 참여권 미보장, 전자 정보 압수 목록 미교부의 위법이 있는 경우에도 마찬가지로 사후 압수·수색 영장 발부로 치유되지 않는다는 법리를 선언하였다는 점에서 의미가 있다고 하겠다. (표28 참조)

사건명: 대법원 2022. 9. 15. 선고 (2022도2960)
사건번호: 2022도2960

1. 문제의 쟁점

- 수사 과정에서 발생한 절차적 위법성이 추후 진행된 절차를 통해 치유될 수 있는지 여부와 이에 따른 증거능력 판단

2. 사건 개요

가. 사건 발생 배경

- 피고인은 특정 범죄 혐의로 수사기관에 의해 체포되고, 이 과정에서 수사기관의 압수·수색 절차에 일부 절차적 위법성이 존재하였음.

나. 위법성의 주장

- 피고인 측은 압수·수색 과정에서 절차적 위법성이 있었으며, 이를 근거로 수집된 증거의 효력에 문제가 있다고 주장하였음. 피고인 측은 위법한 절차가 이후에 치유될 수 있는지 여부를 다투었음.

3. 대법원 판단 요지

가. 위법성 치유의 가능성

- 대법원은 수사 과정에서 발생한 위법성이 이후의 절차에서 치유될 수 있는지 여부에 대해 판단함. 특히, 수사기관이 절차적 위법성을 인지하고 이를 바로잡기 위한 추가적인 조치를 취했는지 여부가 중요한 요소로 고려됨. 대법원은 원칙적으로 절차적 위법성이 수사기관의 자발적 조치를 통해 치유될 수 있다고 보았음.

나. 위법성 치유와 증거능력

- 대법원은 절차적 위법성이 치유되기 위해서는 피고인의 방어권이 실질적으로 보장되어야 하며, 수사기관의 위법이 중대한 것이 아닐 경우에만 해당 위법성의 치유가 인정될 수 있다고 판단함. 피고인이 수사기관의 추가 조치로 인해 자신의 방어권을 충분히 행사할 수 있었다면 위법성 치유가 가능하며, 이에 따라 해당 증거의 증거능력도 인정될 수 있음.

4. 판결의 결론

- 대법원은 수사기관의 절차적 위법성이 이후 절차에서 치유되었으며, 피고인의 방어권이 충분히 보장되었다고 판단하여 해당 증거의 증거능력을 인정함. 따라서 피고인에 대한 혐의 일부는 인정되었으며, 증거로써의 효력이 유지됨.

5. 의의 및 시사점

- 본 판결은 수사 과정에서의 절차적 위법성이 반드시 모든 경우에 증거능력을 배제시키는 것은 아니라는 점을 명확히 하였음. 절차적 위법성이 존재하더라도, 수사기관이 이를 인지하고 피고인의 방어권을 충분히 보장하기 위해 적절한 추가 조치를 취한다면 해당 위법성은 치유될 수 있으며, 증거로써의 효력을 가질 수 있음을 확인한 판례임. 이는 형사사법 절차의 실질적 공정성을 확보하고, 피고인의 권리를 보호하면서도 수사의 효율성을 고려한 균형 잡힌 접근을 보여 주는 중요한 판례로 평가됨.

[표28] 사건명: 대법원 2022. 9. 15. 선고 관련 위법성 치유와 증거능력

대법원
제2부
판결

사 건 2022도2960 성매매알선등행위의처벌에관한법률위반(성매매알선등)

피 고 인 피고인

상 고 인 피고인

변 호 인 법무법인 린 외 1인

원 심 판 결 수원지방법원 2022. 2. 9. 선고 2021노5497 판결

판 결 선 고 2022. 7. 28.

주 문

원심판결을 파기하고, 사건을 수원지방법원에 환송한다.

이 유

직권으로 판단한다.

1. 관련 법리

압수의 대상이 되는 전자 정보와 그렇지 않은 전자 정보가 혼재된 정보 저장 매체나 그 복제본을 압수·수색한 수사기관이 정보 저장 매체 등을 수사기관 사무실 등으로 옮겨 이를 탐색·복제·출력하는 경우, 그와 같은 일련의 과정에서 형사소송법 제219조, 제121조에서 규정하는 피압수·수색 당사자(이하 '피압수자'라 한다)나 변호인에게 참여의 기회를 보장하고 압수된 전자 정보의 파일 명세가 특정된 압수 목록을 작성·교부하여야 하며, 범죄 혐의 사실과 무관한 전자 정보의 임의적인 복제 등을 막기 위한 적절한 조치를 취하는 등 영장주의 원칙과 적법 절차를 준수하여야 한다. 만약 그러한 조치가 취해지지 않았다면 피압수자 측이 참여하지 아니한다는 의사를 명시적으로 표시하였거나 절차 위반 행위가 이루어진 과정의 성질과 내용 등에 비추어 피압수자 측에 절차 참여를 보장한 취지가 실질적으로 침해되었다고 볼 수 없을 정도에 해당한다는 등의 특별한 사정이 없는 이상 압수·수색이 적법하다고 평가할 수 없고, 비록 수사기관이 정보 저장 매체 또는 복제본에서 범죄 혐의 사실과 관련된 전자 정보만을 복제·출력하였다 하더라도

달리 볼 것은 아니다(대법원 2015. 7. 16. 자 2011모1839 전원합의체 결정, 대법원 2021. 11. 18. 선고 2016도348 전원합의체 판결 참조).

따라서 수사기관이 피압수자 측에게 참여의 기회를 보장하거나 압수한 전자 정보 목록을 교부하지 않는 등 영장주의 원칙과 적법 절차를 준수하지 않은 위법한 압수·수색 과정을 통하여 취득한 증거는 위법 수집 증거에 해당하고, 사후에 법원으로부터 영장이 발부되었다거나 피고인이나 변호인이 이를 증거로 함에 동의하였다고 하여 위법성이 치유되는 것도 아니다(위 대법원 2016도348 전원합의체 판결 참조).

2. 사건의 경위

원심판결 이유 및 원심이 적법하게 채택한 증거에 의하면, 다음의 사실을 알 수 있다.

가. 수원지방법원 판사는 2021. 4. 2.경 피고인에 대하여 「성매매알선 등 행위의 처벌에 관한 법률」(이하 '성매매처벌법'이라 한다) 위반(성매매알선등) 혐의로 체포영장을 발부하면서, 피고인이 사용·보관 중인 휴대 전화(성매매 여성 등 정보가 보관되어 있는 저장장치 포함) 등에 대한 사전 압수·수색 영장을 함께 발부하였다.

나. 경기남부지방경찰청 소속 경찰관은 2021. 4. 15. 13:25경 피고인을 체포하면서 피고인 소유의 휴대 전화(이하 '이 사건 휴대 전화'라 한다)를 압수하였다. 피고인은 당일 21:36분경 입감되었다.

다. 경찰관은 2021. 4. 16. 09:00경 이 사건 휴대 전화를 탐색하던 중 성매매 영업 매출액 등이 기재된 엑셀 파일(이하 '이 사건 엑셀 파일'이라 한다)을 발견하였고, 이를 별도의 저장 매체에 복제하여 출력한 후 이 사건 수사 기록에 편철하였다.

라. 그러나 이 사건 휴대 전화 탐색 당시까지도 피고인은 경찰서 유치장에 입감된 상태였던 것으로 보인다(피고인에 대한 수사 과정 확인서에 의하면 피고인은 당일 12:38경에야 수사 장소에 도착하여 조사를 진행한 것으로 되어 있다).

마. 경찰관은 2021. 4. 17.경 이 사건 엑셀 파일 등에 대하여 사후 압수·수색 영장을 발부받았다. 그러나 이 사건 휴대 전화 내 전자 정보 탐색·복제·출력과 관련하여 사전에 그 일시·장소를 통지하거나, 피고인에게 참여의 기회를 보장하거나, 압수한 전자 정보 목록을 교부하거나 또는 피고인이 그 과정에 참여하지 아니할 의사를 가지고 있는지 여부를 확인할 수 있는 어떤 객관적인 자료도 존재하지 않는다.

3. 판단

위와 같은 사실관계를 앞서 본 법리에 비추어 살펴보면, 압수된 이 사건 휴대 전화에서 탐색된 이 사건 엑셀 파일을 출력한 출력물 및 위 엑셀 파일을 복사한 시디(검사는 이를 증거로 제출하였다)는 경찰이 피압수자인 피고인에게 참여의 기회를 부여하지 않은 상태에서 임의로 탐색·복제·출력한 전자 정보로서, 피고인에게 압수한 전자 정보 목록을 교부하거나 피고인이 그 과정에 참여하지 아니할 의사를 가지고 있는지 여부를 확인한 바가 없으므로 이는 위법하게 수집된 증거로서 증거능력이 없고, 사후에 압수·수색 영장을 발부받아 압수 절차가 진행되었더라도 위법성이 치유되지 않는다. 그럼에도 원심은 이 사건 엑셀 파일에 관한 압수 절차가 적법하다고 보아 위 출력물 및 시디의 증거능력을 인정하였는바, 이러한 원심의 판단에는 피의자의 참여권 보장 및 전자 정보 압수 목록 교부에 관한 법리를 오해한 잘못이 있다. 원심으로서는 증거능력이 없는 증거들을 제외한 나머지 증거들에 의하여 공소사실을 인정하고 그 판시 액수의 추징을 명한 제1심의 판단을 유지할 수 있는지 다시 심리, 판단하여야 할 것이다.

4. 결론

그러므로 피고인의 상고 이유에 관한 판단을 생략한 채 원심판결을 파기하고, 사건을 다시 심리·판단하게 하기 위하여 원심법원에 환송하기로 하여, 관여 대법관의 일치된 의견으로 주문과 같이 판결한다.

대법관 천대엽(재판장) 조재연 민유숙 이동원(주심)

6. 타인에게 양도한 저장 매체에 대한 참여권 보장 대상

자신의 소유인 저장 매체를 타인에게 양도한 뒤에 해당 저장 매체를 점유하고 있는 양수인이 수사기관에 이를 임의 제출한 경우, 과연 수사기관이 양수인에게만 참여권을 보장하고 최초 양도인에게 참여권을 보장하지는 않은 경우에 과연 절차 위반에 해당할까?

이에 대하여 대법원은 양도인이 양수인에게 처분권을 넘긴 경우라고 한다면 굳이 양도인에게까지 참여권을 보장할 필요는 없다고 보았다. 이는 그간의 대법원 판례와 배치되는 것이어서 향후 중요한 선례가 될 것으로 보인다.

사건의 발단은 2017년 인턴 활동을 한 사실이 없음에도 그러한 인턴 활동을 하였다는 내용의 확인서를 허위로 발급한 다음 지인에게 전달하여 A대학교 및 B 대학교 대학원 입시에 이를 첨부 서류로 제출하도록 함으로써, 위계로써 A 대학교 및 B 대학교 대학원 입학담당자들의 입학 사정 업무를 방해하였다는 혐의로 기소된 건이다.

위 건에 대하여 대법원(대법원 2023. 9. 18. 선고 2022도7453 전원합의체 판결)은 증거 은닉범이 본범으로부터 증거 은닉을 교사받아 소지 및 보관하고 있던 원소유자의 정보 저장 매체를 수사기관에 임의 제출한 사안에서 임의 제출자이자 증거 은닉 범행 피의자로서의 지위, 임의 제출 당시 정보 저장 매체 및 전자 정보에 대한 지배·관리 상태, 은닉 및 임의 제출 경위, 증거 은닉 교사 행위로 인한 전자정보관리처분권의 양도 여부 등에 비추어 임의 제출 과정에서 양수인에게 참여의 기회를 부여한 것으로 충분하고 양도인인 원소유자의 참여권이 보장되지 않은 위법이 있다고 볼 수 없다고 보았다. (표29 참조)

사건명: 대법원 2022도7453 업무방해 (일명 정00 하드디스크 은닉 사)
사건번호: 2022도7453

1. 문제의 쟁점

• 증거 은닉범이 본범으로부터 교사받아 소지·보관하고 있던 본범의 정보 저장 매체를 수사기관에 임의 제출한 경우, 본범의 참여권 보장 여부. 즉, 이 사건은 본범 A가 정보 저장 매체를 증거 은닉범 B에게 은닉하도록 지시하고,

---

이후 B가 수사기관에 이를 임의 제출한 경우 본범 A의 참여권을 인정할 필요가 있는지 여부가 핵심 쟁점임. 수사기관은 B에게만 참여권을 부여했고 본범 A에게는 참여권을 보장하지 않았음.

2. 사건 개요

가. 사건 발생 배경
- 본범 A는 자신의 범죄와 관련된 증거를 은닉하기 위해 증거 은닉범 B에게 정보 저장 매체를 소지·보관하도록 지시하였음.

나. 임의 제출 과정
- 증거 은닉범 B는 수사기관의 요청에 따라 해당 정보 저장 매체를 임의 제출하였으며, 이 과정에서 본범 A의 참여권이 보장되지 않음.

3. 대법원 판단 요지

가. 임의 제출과 참여권
- 증거 은닉범인 본범인 A의 정보 저장 매체(하드디스크)를 임의 제출한 경우, 본범에게도 참여권이 보장되어야 하는지 여부가 주요 쟁점으로 수사기관은 B로부터 하드디스크를 임의 제출 받아 전자 정보를 탐색·복제·출력하는 과정에서 본범인 A에게 참여권을 보장하지 않았음. (2022도7453 업무 방해)

나. 판단 요지
- 증거 은닉 범행의 피의자로서 임의 제출한 하드디스크와 그에 저장된 전자 정보에 대해 실질적인 이해관계가 있다고 보았다. B는 하드디스크의 소지·보관자로서 참여권을 가지며, 이 사건에서 임의 제출자가 아닌 본범에게는 참여권이 보장될 필요가 없다고 판단했다. 대법원은 이러한 참여권의 제한이 적법한 절차라고 결론지었다. (2022도7453 업무 방해)

다. 임의제출 과정의 정당성
- B는 본범의 요청으로 하드디스크를 은닉하였으며, 이후 수사기관에 임의 제출한 과정에서 스스로의 이해관계를 바탕으로 참여권을 행사할 위치에 있었다. 대법원은 임의제출을 통해 압수된 전자 정보가 본범의 참여 없이 수집되었더라도 그 증거능력을 인정할 수 있다고 판단했다. (2022도7453 업무 방해)

라. 반대의견의 주요 내용
- 다수 의견과 달리, 반대의견에서는 전자 정보의 압수·수색 절차에서 참여권은 영장주의에 반하는 무관 정보의 무분별한 탐색과 수집을 통제하기 위한 절차적 권리로 인정되어야 한다고 주장했다. 반대 의견은 정보 저장 매체의 소유·관리자가 별도로 존재하고, 압수·수색으로 인해 그 소유·관리자가 전자 정보에 대한 사생활의 비밀과 자유, 정보에 대한 자기결정권, 재산권 등을 침해받을 우려가 있는 경우, 그 소유·관리자에게도 참여권이 보장되어야 한다고 지적했다.
- 또한, 증거 은닉범이 본범으로부터 증거 은닉을 교사받아 소지·보관하고 있던 본범 소유의 정보 저장 매체를 수사기관에 임의제출 하였더라도, 본범은 여전히 정보 저장 매체에 저장된 정보에 대한 사생활의 비밀과 자유를 보호받을 실질적인 권리를 갖는다고 평가해야 한다고 주장했다.

4. 판결의 결론
- 대법원은 본범인 A에게 참여권이 보장되지 않았더라도, 증거 은닉 범행의 피의자로서 임의 제출한 B의 지위가 충분히 적법하다고 판단했다. 이에 따라 원심이 이 사건 하드디스크에 저장된 전자 정보의 증거능력을 인정한 것은 정당하다고 보았다.
- 본범에게 참여권을 보장하지 않은 점이 위법하지 않다고 판시하며 원심을 수긍함.

5. 의의 및 시사점

- 본 판결은 임의 제출을 통한 압수 절차에서 실질적 피압수자인 증거 은닉범의 참여권만을 인정하는 것이 적법함을 명확히 하였다. 이는 수사기관이 임의제출을 받은 경우 피압수자의 참여권을 보장해야 하지만, 본범의 참여권은 필요하지 않다는 법적 기준을 제시한 판례로서, 기존의 판례와는 배치되는 판결로서 향후 유사한 상황에서 중요한 선례가 될 것으로 보인다.

[표29] 사건명: 대법원 2022도7453 업무 방해 (일명 정○○ 하드디스크 은닉 사건)

대법원 2022도7453 업무방해 사건 전원합의체 판결

대법원(재판장 대법원장 김명수, 주심 대법관 오경미)은 2023. 9. 18. 아래와 같은 전원합의체 판결을 선고하여 피고인의 상고를 기각함(대법원 2023. 9. 18. 선고 2022도7453 전원합의체 판결)

O 증거은닉범 B가 본범 A로부터 증거은닉을 교사받아 소지·보관하고 있던 A 등 소유의 정보 저장 매체를 수사기관에 임의 제출한 사안에서, 임의 제출자이자 증거 은닉 범행 피의자로서의 B의 지위, 임의 제출 당시 정보 저장 매체 및 전자 정보에 대한 지배·관리 상태, 은닉 및 임의 제출 경위, 증거 은닉 교사 행위로 인한 전자 정보 관리 처분권의 양도 여부 등에 비추어 위 임의 제출 과정에서 B에게 참여의 기회를 부여한 것으로 충분하고 A 등의 참여권이 보장되지 않은 위법이 있다고 볼 수 없다는 원심의 판단은 정당한 것으로 수긍할 수 있음

1. 사안의 개요

가. 공소사실 요지(업무방해)

■ 피고인은 2017. 10.경 정○○으로부터 정○○ 아들 조□의 대학원 지원에 사용할 목적으로 허위 인턴 활동 확인서 발급을 부탁받고, 사실은 조□이 피고인의 법무 법인에서 인턴 활동을 한 사실이 없음에도 그러한 인턴 활동을 하였다는 내용의 확인서를 허위로 발급한 다음 정○○에게 전달하여 A대학교 및 B 대학교 대학원 입시에 이를 첨부 서류로 제출하도록 함으로써, 정○○ 등과 공모하여 위계로써 A 대학교 및 B 대학교 대학원 입학담당자들의 입학 사정 업무를 방해하였음

나. 이 사건 하드디스크의 은닉과 임의제출

■ 정○○은 입시 비리 관련 혐의 등 자신과 가족에 대한 수사가 본격화되자, 자신과 가족들이 주거지에서 사용하던 이 사건 하드디스크를 김◇◇에게 교부하면서 은닉을 지시하였음

■ 이 사건 하드디스크에는 정○○ 등의 혐의 사실과 관련된 전자 정보가 저장되어 있었음

■ 김◇◇은 이 사건 하드디스크를 은닉하였는데, 이후 증거 은닉 범행 피의자로 입건된 후 은닉 사실을 밝히면서 이 사건 하드디스크를 임의 제출하였음

다. 소송경과: 제1심=원심 ⇨ 유죄(징역 8개월, 집행유예 2년)

■ 제1심: 유죄

■ 원심: 항소기각

● 검사는 공소사실에 대한 증거로 이 사건 하드디스크에서 추출한 전자 정보를 제출하였음

● 피고인은 김◇◇이 사건 하드디스크를 임의 제출하는 과정에서 김◇◇에게만 참여의 기회가 주어지고 그 소유자인 정○○ 등에게는 참여권이 보장되지 않은 위법이 있다면서 위 전자 정보는 증거능력이 없다는 취지로 주장하며 항소하였음

● 원심은 피고인의 주장을 배척하고 제1심 판결을 그대로 유지하였음

2. 대법원의 판단

가. 사건의 쟁점

■ 증거 은닉 범행의 피의자인 김◇◇이 이 사건 하드디스크를 임의 제출하는 경우 증거 은닉 범행의 피의자이자 임의 제출자인 김◇◇ 외에 본범이자 이 사건 하드디스크의 소유자인 정○○ 등에게 참여권을 보장하여야 하는지 여부

나. 다수의견(9명): 상고기각

■ 관련 법리

정보 저장 매체를 임의 제출한 피압수자에 더하여 임의 제출자 아닌 피의자에게도 참여권이 보장되어야 하는 '피의자의 소유·관리에 속하는 정보 저장 매체'라 함은, 피의자가 압수·수색 당시 또는 이와 시간적으로 근접한 시기까지 해당 정보 저장 매체를 현실적으로 지배·관리하면서 그 정보 저장 매체 내 전자 정보 전반에 관한 전속적인 관리처분권을 보유·행사하고, 달리 이를 자신의 의사에 따라 제3자에게 양도하거나 포기하지 아니한 경우로서, 피의자를 그 정보 저장 매체에 저장된 전자 정보 전반에 대한 실질적인 압수·수색 당사자로 평가할 수 있는 경우를 말하는 것이다. 이에 해당하는지 여부는 민사법상 권리의 귀속에 따른 법률적·사후적 판단이 아니라 압수·수색 당시 외형적·객관적으로 인식 가능한 사실상의 상태를 기준으로 판단하여야 한다. 이러한 정보 저장 매체의 외형적·객관적 지배·관리 등 상태와 별도로 단지 피의자나 그 밖의 제3자가 과거 그 정보 저장 매체의 이용 내지 개별 전자 정보의 생성·이용 등에 관여한 사실이 있다거나 그 과정에서 생성된 전자 정보에 의해 식별되는 정보 주체에 해당한다는 사정만으로 그들을 실질적으로 압수·수색을 받는 당사자로 취급하여야 하는 것

은 아니다(대법원 2022. 1. 27. 선고 2021도11170 판결 등 참조).

■ 선례의 법리와 증거를 통해 알 수 있는 다음의 사정들을 종합하여 보면, 이 사건 하드디스크의 임의 제출 과정에서 정ㅇㅇ 등에게 참여권이 보장되어야 한다고 볼 수 없음. 같은 취지에서 이 사건 하드디스크에 저장된 전자 정보의 증거능력을 인정한 원심판단은 정당한 것으로 수긍할 수 있음

- 김◇◇은 임의 제출의 원인 된 범죄 혐의 사실인 증거 은닉 범행의 피의자로서 이 사건 하드디스크를 임의 제출하였음. 이 사건 하드디스크 및 그에 저장된 전자 정보는 본범인 정ㅇㅇ 등의 혐의에 관한 증거이면서 동시에 은닉행위의 직접적 목적물에 해당하므로 김◇◇의 증거은닉 혐의 사실에 관한 증거이기도 함. 따라서 김◇◇에게 참여의 이익이 있음

- 정ㅇㅇ은 김◇◇에게 은닉을 지시하면서 이 사건 하드디스크를 전달하였는데, 기록에 나타난 이 사건 하드디스크의 은닉과 임의 제출 경위, 그 과정에 정ㅇㅇ 등과 김◇◇이 개입한 정도 등에 비추어 임의제출 무렵 이 사건 하드디스크를 현실적으로 점유한 사람은 김◇◇이고, 그러한 현실적 점유에 의하여 저장된 전자 정보의 관리처분권을 사실상 보유·행사할 수 있는 지위에 있는 사람도 김◇◇이라고 볼 수 있음

- 정ㅇㅇ은 이 사건 하드디스크의 존재 자체를 은폐할 목적으로 김◇◇에게 이를 교부하였고, 이는 자신과 이 사건 하드디스크 및 저장 전자 정보 사이의 외형적 연관성을 은폐·단절시키기 위한 목적으로 이루어졌는바, 이는 이 사건 하드디스크 및 전자 정보에 관한 지배 및 관리처분권을 포기하거나 김◇◇에게 양도한다는 의사를 표명한 것으로 볼 수 있음. 이로써 결과적으로 김◇◇은 이 사건 하드디스크에 대한 현실적 지배와 전자 정보에 관한 전속적 관리처분권을 사실상 보유·행사할 수 있는 상태가 되었음

다. 반대 의견(대법관 민유숙, 대법관 이흥구, 대법관 오경미): 파기환송

■ 증거은닉범이 본범으로부터 증거은닉을 교사받아 소지·보관하고 있던 본범 소유·관리의 정보 저장 매체를 수사기관에 임의 제출하는 경우, 본범이 그 정보 저장 매체에 저장된 전자 정보의 탐색·복제·출력 시 사생활의 비밀과 자유 등을 침해받지 않을 실질적인 이익을 갖는다고 평가되는 경우 본범에게도 참여권이 보장되어야 함

- 선례의 전자 정보 압수·수색에서 참여권 법리는 국가의 강제 처분의 직접 대상이 된 피압수자를 중심으로 하여 강제처분으로 기본권 등의 침해를 실제로

받는 사람, 즉 압수·수색 처분의 실질적 당사자를 보호하기 위한 방향으로 발전하였음

● 전자 정보 압수·수색에서 참여권의 귀속 주체가 되는 실질적 피압수자는 압수·수색 당시까지 해당 정보 저장 매체를 지배·관리하면서 정보 저장 매체 내 전자 정보 전반에 관한 전속적인 관리처분권을 보유·행사하는 사람으로서, 정보 저장 매체에 적법한 압수의 대상이 되는 전자 정보와 함께 혼재되어 있는 무관정보에 대한 수사기관의 탐색·출력 등을 배제할 사생활의 비밀 기타 인격적 법익을 가지고 있는 사람이라고 보아야 함

● 압수·수색의 대상물인 정보 저장 매체의 현실적 소지·보관자 외에 소유·관리자가 별도로 존재하고, 압수·수색으로 인하여 그 소유·관리자가 전자 정보에 대한 사생활의 비밀과 자유, 정보에 대한 자기결정권, 재산권 등을 침해받을 우려가 있는 경우, 그 소유·관리자를 실질적 피압수자로 보아 그에게도 참여권을 보장할 필요가 있음. 이때 실질적 피압수자는 압수·수색의 원인이 된 범죄혐의사실의 피의자일 것까지 요하는 것은 아님

● 본범이 증거은닉범에게 증거은닉을 교사하면서 정보 저장 매체를 교부한 경우 그 전자 정보에 관한 관리처분권을 확정적으로 완전히 포기하였다고 인정할 만한 다른 특별한 사정이 없는 한 그와 같은 교부 사실만으로 본범이 전자 정보에 관한 관리처분권을 양도·포기하였다고 단정할 수 없음

● 위와 같은 기준에 비추어 볼 때 임의제출 당시나 이와 근접한 시기까지 정○○ 등은 이 사건 하드디스크를 현실적으로 또는 김◇◇을 매개로 지배·관리하면서 그에 저장된 전자 정보에 관한 법익 귀속 주체로서 전속적 관리처분권을 여전히 보유·행사할 수 있는 지위에 있다고 보아야 함. 따라서 정○○ 등은 그 전자 정보에 관한 실질적 피압수자에 해당하므로 참여권이 보장되어야 함

라. 이 사건의 결론: 상고기각

■ 김◇◇은 증거은닉 목적으로 정○○으로부터 이 사건 하드디스크를 교부받았으므로 정보 저장 매체에 대한 현실적 지배·관리 및 전자 정보에 관한 관리처분권을 사실상 보유·행사하는 지위에 있고, 증거 은닉 범행의 피의자이면서 임의 제출자이기도 함. 이러한 김◇◇이 이 사건 하드디스크를 임의 제출한 이상 김◇◇에게 참여권을 인정하는 것으로 충분함

■ 정○○ 등은 증거은닉을 교사하면서 이 사건 하드디스크의 지배·관리 및 전자 정보에 관한 관리처분권을 사실상 포기하거나 김◇◇에게 양도한 것으로 볼 수 있으므로, 이 사건 하드디스크를 임의 제출 과정에서 참여권이 보장되어야 할 실질

적 피압수자에 해당한다고 보기 어려움

▣ 이와 같은 취지에서 이 사건 하드디스크의 임의 제출 과정에 참여권에 관한 위법
이 없다고 보아 피고인의 항소를 기각한 원심의 판단에는 관련 법리를 오해하여
판결에 영향을 미친 잘못이 없음

제5절 선별압수 문제

과거 수사기관은 디지털 증거 압수와 관련하여 범죄혐의와 연관성 여부를 따지지 않고 일괄적으로 압수한 후 분석하는 기법을 사용하는 경향이 있었다. 또한 그로 인해 최초 수사를 하던 범죄혐의 외에 별도의 범죄가 식별되는 등 추가 수사가 진행되는 경우도 적지 않았다.

그러나 최근 판례 경향이 변화하면서 선별압수를 원칙으로 함으로써 이제는 수사 중인 범죄와 연관성이 없는 증거까지 일괄적으로 압수하기 어렵게 되었다.

이와 관련, 대법원은 2017도 13623 판결에서 수사기관이 피고인에 대한 조세포탈 혐의와 관련하여 법원으로부터 압수·수색·검증영장을 발부받은 후, 그 집행현장에서 범인이 사용하던 USB에서 조세포탈 장부가 담긴 파일로 추정되는 엑셀파일이나 문서파일들을 추출한 뒤 이를 논리적 이미징 작업을 하여 USB 이미지 파일을 압수하였는데 그 과정에서 범죄혐의와 무관한 일부 파일들이 복제된 건에 대하여 다음과 같은 판단을 하였다.

"압수의 목적물이 컴퓨터용 디스크 그 밖에 이와 비슷한 정보저장매체인 경우에는 영장 발부의 사유로 된 범죄 혐의사실과 관련 있는 정보의 범위를 정하여 출력하거나 복제하여 이를 제출받아야 하고, 피의자나 변호인에게 참여의 기회를 보장하여야 한다. 만약 그러한 조치를 취하지 않았다면 이는 형사소송법에 정한 영장주의 원칙과 적법절차를 준수하지 않은 것이다". (표30 참조)

사건명: 대법원 2018. 2. 8. 선고 2017도 13623 판결
사건번호: 2017도 13623

1. 문제의 쟁점

- 수사기관이 정보 저장 매체를 압수·수색하는 과정에서 범죄 혐의 사실과 관련 있는 정보를 선별하여 압수할 때, 피의자나 변호인의 참여권 보장 여부와 압수물 목록 교부의 적법성에 관한 문제

2. 사건 개요

가. 사건 발생 배경

- 피고인은 조세포탈 혐의로 수사를 받는 과정에서 수사기관이 피고인의 USB 저장장치를 압수·수색하였음.

나. 압수·수색 과정

- 수사기관은 압수·수색 현장에서 USB에 저장된 파일 중 범죄 혐의 사실과 관련 있는 파일들을 선별하여 이미지 파일로 복제한 후 이를 압수하였고, 이 과정에서 피고인에게 참여권을 보장하지 않았음. 또한, 압수물 목록을 피고인에게 교부하지 않았음.

3. 대법원 판단 요지

가. 참여권 보장에 대한 판단

- 대법원은 수사기관이 정보 저장 매체에서 범죄 혐의 사실과 관련 있는 정보를 선별하여 이미지 파일로 복제하여 압수한 경우, 이는 압수·수색 절차가 종료된 것으로 보아야 하며, 이후 수사기관 사무실에서 해당 이미지 파일을 탐색·복제·출력하는 과정에서는 피의자나 변호인에게 참여권을 보장할 필요가 없다고 판단하였음.

나. 압수물 목록 교부에 대한 판단

- 형사소송법 제219조, 제129조에 따라 수사기관은 압수한 경우 목록을 작성하여 소유자 등에게 교부하여야 하며, 압수된 정보의 상세 목록에는 정보의 파일 명세가 특정되어 있어야 한다고 보았음.

4. 판결의 결론

- 대법원은 수사기관이 정보 저장 매체에서 범죄 혐의 사실과 관련 있는 정보를 선별하여 이미지 파일로 복제하여 압수한 후, 수사기관 사무실에서 해당 이미지 파일을 탐색·복제·출력하는 과정에서 피의자나 변호인에게 참여권을 보장하지 않은 것은 적법하다고 판단하였음. 또한, 압수물 목록을 작성하여 피고인에게 교부하지 않은 것은 위법하다고 보았음.

5. 의의 및 시사점

- 이 판결은 수사기관이 정보 저장 매체를 압수·수색하는 과정에서 피의자나 변호인의 참여권 보장 범위와 압수물 목록 교부의 중요성을 명확히 하였음. 특히, 압수·수색 현장에서 범죄 혐의 사실과 관련 있는 정보를 선별하여 압수한 경우, 이후 수사기관 사무실에서의 추가적인 탐색·복제·출력 과정에서는 참여권을 보장할 필요가 없다는 점을 확인하였음. 또한, 압수물 목록을 작성하여 피압수자에게 교부하는 절차의 중요성을 강조하였음.

[표30] **사건명:** 대법원 2017도13268 판결, 선별압수 관련

수사기관 사무실에서 탐색, 복제, 출력과정에 미참여
(조세범처벌법위반 등)

[대법원, 2017도13263, 2018.2.8.]

【판시사항】

[1] 압수의 목적물이 정보저장매체인 경우, 압수·수색영장을 집행할 때 취하여야 할 조치 내용 / 수사기관이 정보저장매체에 기억된 정보 중에서 범죄 혐의사실과 관련 있는 정보를 선별한 다음 이미지 파일을 제출받아 압수한 경우, 수사기관 사무실에서 위와 같이 압수된 이미지 파일을 탐색·복제·출력하는 과정에서도 피의자 등에게 참여의 기회를 보장하여야 하는지 여부(소극)

[2] 압수물 목록의 교부 취지 / 압수된 정보의 상세목록에 정보의 파일 명세가 특정되어 있어야 하는지 여부(적극) 및 압수된 정보 상세목록의 교부 방식

[3] 전자문서를 수록한 파일 등의 증거능력을 인정하기 위한 요건 / 증거로 제출된 전자문서 파일의 사본이나 출력물이 복사·출력 과정에서 편집되는 등 인위적 개작 없이 원본 내용을 그대로 복사·출력한 것이라는 사실을 증명하는 방법 및 증명책임 소재(=검사)

【판결요지】

[1] 형사소송법 제219조, 제121조에 의하면, 수사기관이 압수·수색영장을 집행할 때 피의자 또는 변호인은 그 집행에 참여할 수 있다. 압수의 목적물이 컴퓨터용 디스크 그 밖에 이와 비슷한 정보저장매체인 경우에는 영장 발부의 사유로 된 범죄 혐의사실과 관련 있는 정보의 범위를 정하여 출력하거나 복제하여 이를 제출받아야 하고, 피의자나 변호인에게 참여의 기회를 보장하여야 한다. 만약 그러한 조치를 취하지 않았다면 이는 형사소송법에 정한 영장주의 원칙과 적법절차를 준수하지 않은 것이다. 수사기관이 정보저장매체에 기억된 정보 중에서 키워드 또는 확장자 검색 등을 통해 범죄 혐의사실과 관련 있는 정보를 선별한 다음 정보저장매체와 동일하게 비트열 방식으로 복제하여 생성한 파일(이하 '이미지 파일'이라 한다)을 제출받아 압수하였다면 이로써 압수의 목적물에 대한 압수·수색 절차는 종료된 것이므로, 수사기관이 수사기관 사무실에서 위와 같이 압수된 이미지 파일을 탐색·복제·출력하는 과정에서도 피의자 등에게 참여의 기회를 보장하여야 하는 것은 아니다.

[2] 형사소송법 제219조, 제129조에 의하면, 압수한 경우에는 목록을 작성하여 소유자, 소지자, 보관자 기타 이에 준할 자에게 교부하여야 한다. 그리고 법원은 압수·수색영장의 집행에 관하여 범죄 혐의사실과 관련 있는 정보의 탐색·복제·출력이 완료된 때에는 지체 없이 압수된 정보의 상세목록을 피의자 등에게 교부할 것을 정할 수 있다. 압수물

목록은 피압수자 등이 압수처분에 대한 준항고를 하는 등 권리행사절차를 밟는 가장 기초적인 자료가 되므로, 수사기관은 이러한 권리행사에 지장이 없도록 압수 직후 현장에서 압수물 목록을 바로 작성하여 교부해야 하는 것이 원칙이다. 이러한 압수물 목록 교부 취지에 비추어 볼 때, 압수된 정보의 상세목록에는 정보의 파일 명세가 특정되어 있어야 하고, 수사기관은 이를 출력한 서면을 교부하거나 전자파일 형태로 복사해 주거나 이메일을 전송하는 등의 방식으로도 할 수 있다.

[3] 전자문서를 수록한 파일 등의 경우에는, 성질상 작성자의 서명 혹은 날인이 없을 뿐만 아니라 작성자·관리자의 의도나 특정한 기술에 의하여 내용이 편집·조작될 위험성이 있음을 고려하여, 원본임이 증명되거나 혹은 원본으로부터 복사한 사본일 경우에는 복사 과정에서 편집되는 등 인위적 개작 없이 원본의 내용 그대로 복사된 사본임이 증명되어야만 하고, 그러한 증명이 없는 경우에는 쉽게 증거능력을 인정할 수 없다. 그리고 증거로 제출된 전자문서 파일의 사본이나 출력물이 복사·출력 과정에서 편집되는 등 인위적 개작 없이 원본 내용을 그대로 복사·출력한 것이라는 사실은 전자문서 파일의 사본이나 출력물의 생성과 전달 및 보관 등의 절차에 관여한 사람의 증언이나 진술, 원본이나 사본 파일 생성 직후의 해시(Hash)값 비교, 전자문서 파일에 대한 검증·감정 결과 등 제반 사정을 종합하여 판단할 수 있다. 이러한 원본 동일성은 증거능력의 요건에 해당하므로 검사가 그 존재에 대하여 구체적으로 주장·증명해야 한다.

【전문】

【원심판결】

부산고법 2017.8.2. 선고 2017노142 판결

【주문】

원심판결을 파기하고, 사건을 부산고등법원에 환송한다.

【판결이유】

상고이유를 판단한다.

1. 상고이유 제1점에 관하여

　가. 위법수집증거 관련 상고이유 주장에 관하여

　　1) 형사소송법 제219조, 제121조에 의하면, 수사기관이 압수·수색영장을 집행할 때 피의자 또는 변호인은 그 집행에 참여할 수 있다. 압수의 목적물이 컴퓨터용 디스크, 그 밖에 이와 비슷한 정보저장매체인 경우에는 영장 발부의 사유로 된 범죄 혐의사실과 관련 있는 정보의 범위를 정하여 출력하거나 복제하여 이를 제출받아야 하고, 피의자나 변호인에게 참여의 기회를 보장하여야 한다. 만약 그러한 조치를 취하지 않았다면 이는 형사소송법에 정한 영장주의 원칙과 적법절차를 준수하지

않은 것이다. 수사기관이 정보저장매체에 기억된 정보 중에서 키워드 또는 확장자 검색 등을 통해 범죄 혐의사실과 관련 있는 정보를 선별한 다음 정보저장매체와 동일하게 비트열 방식으로 복제하여 생성한 파일(이하 '이미지 파일'이라 한다)을 제출 받아 압수하였다면 이로써 압수의 목적물에 대한 압수·수색 절차는 종료된 것이 므로, 수사기관이 수사기관 사무실에서 위와 같이 압수된 이미지 파일을 탐색·복 제·출력하는 과정에서도 피의자 등에게 참여의 기회를 보장하여야 하는 것은 아 니다.

또한 형사소송법 제219조, 제129조에 의하면, 압수한 경우에는 목록을 작성하 여 소유자, 소지자, 보관자 기타 이에 준할 자에게 교부하여야 한다. 그리고 법원 은 압수·수색영장의 집행에 관하여 범죄 혐의사실과 관련 있는 정보의 탐색·복 제·출력이 완료된 때에는 지체 없이 압수된 정보의 상세목록을 피의자 등에게 교부할 것을 정할 수 있다. 압수물 목록은 피압수자 등이 압수처분에 대한 준항고 를 하는 등 권리행사절차를 밟는 가장 기초적인 자료가 되므로, 수사기관은 이러 한 권리행사에 지장이 없도록 압수 직후 현장에서 압수물 목록을 바로 작성하여 교부해야 하는 것이 원칙이다(대법원 2009.3.12. 선고 2008도763 판결 참조). 이러한 압 수물 목록 교부 취지에 비추어 볼 때, 압수된 정보의 상세목록에는 정보의 파일 명세가 특정되어 있어야 하고, 수사기관은 이를 출력한 서면을 교부하거나 전자 파일 형태로 복사해 주거나 이메일을 전송하는 등의 방식으로도 할 수 있다.

2) 원심은 다음과 같은 사정 등에 비추어 보면, 피압수자인 피고인 1 등의 참여권이 충분히 보장되었으며, 이 사건 USB에 저장된 파일을 선별하여 이미징한 이 사건 USB 이미지 파일이 적법하게 압수되었다고 판단하였다. 그리하여 이 사건 USB 내 파일을 이미징 방식으로 압수하는 과정 및 이 사건 USB 이미지 파일을 반출한 후 탐색·복제·출력하는 과정에 피고인 1 또는 공소외인의 참여권이 보장되지 않 았다거나, 이 사건 USB 이미지 파일 압수 후 전자정보의 상세목록이 교부되지 않 는 등 절차상 위법이 있으므로 검사가 증거로 제출한 파일 및 그 출력물의 증거능 력을 인정할 수 없다는 피고인들의 항소이유 주장을 모두 배척하였다.

① 공소외인은 피고인 1의 지시를 받아 이 사건 유흥주점과 관련한 장부를 업무 상 필요에 따라 이 사건 USB에 파일 형태로 작성·관리하였다. 수사기관은 피 고인 1에 대한 조세포탈 혐의와 관련하여 법원으로부터 압수·수색·검증영장 을 발부받은 후, 그 집행 현장에서 공소외인이 사용하던 이 사건 USB에서 조 세포탈 장부가 담긴 파일로 추정되는 엑셀파일이나 문서파일들을 추출한 뒤 이를 논리적 이미징 작업을 하여 이 사건 USB 이미지 파일을 압수하였다. 그 과정에서 범죄 혐의와 무관한 일부 파일들이 복제되기는 하였으나, 공소외인 도 거기에 자신의 개인 신상과 관련된 파일은 없었다고 진술하였고, 이러한 파

일들이 다른 범죄 혐의와 관련된 전자정보도 아니었다.

② 수사기관은 이 사건 USB에 저장된 파일의 해시(Hash)값과 논리적 이미징 작업을 한 파일의 해시값을 각각 컴퓨터 바탕화면에 띄워놓고 공소외인에게 보여주면서 양자의 동일성을 확인하도록 하였고, 공소외인은 이 사건 사실확인서의 '피압수자 등 관계자 확인란'에 서명하였다.

③ 이 사건 영장의 집행과정에서 수사기관은 압수·수색 현장에 있던 공소외인에게도 참여권을 고지하였는데, 공소외인은 옆에 있는 다른 방에 머무르면서 필요한 경우 압수·수색 현장으로 출입하였다.

3) 이 부분 상고이유 주장 중 원심 판단의 기초가 된 사실인정을 다투는 취지의 주장은 실질적으로 사실심 법원의 자유판단에 속하는 원심의 증거 선택 및 증명력에 관한 판단을 탓하는 것에 불과하다. 그리고 원심판결 이유를 앞에서 본 법리에 비추어 살펴보아도, 원심판결 이유 설시에 일부 미흡한 부분이 있지만, 원심의 결론에 상고이유 주장과 같이 필요한 심리를 다하지 아니한 채 논리와 경험의 법칙에 반하여 저장매체에 저장된 전자정보의 적법한 압수·수색 절차, 위법수집증거 배제 법칙에 관한 법리를 오해하거나 판단누락 등으로 판결 결과에 영향을 미친 잘못이 없다.

나. 압수된 정보저장매체에서 출력된 문건 등의 무결성·동일성 관련 상고이유 주장에 관하여

1) 이 부분 쟁점은 검사가 증거로 제출한 이 사건 CD에 저장되어 있는 파일 중 원심이 유죄의 증거로 삼은 '판매심사-14.xlsx' 파일, '판매심사-15.xlsx' 파일, '산결.xlsx' 파일(이하 통칭하여 '이 사건 판매심사 파일'이라고 한다)과 그 출력물이 이 사건 USB 내 원본 파일과 동일성이 인정되는지 여부이다.

2) 전자문서를 수록한 파일 등의 경우에는, 그 성질상 작성자의 서명 혹은 날인이 없을 뿐만 아니라 작성자·관리자의 의도나 특정한 기술에 의하여 그 내용이 편집·조작될 위험성이 있음을 고려하여, 원본임이 증명되거나 혹은 원본으로부터 복사한 사본일 경우에는 복사 과정에서 편집되는 등 인위적 개작 없이 원본의 내용 그대로 복사된 사본임이 증명되어야만 하고, 그러한 증명이 없는 경우에는 쉽게 그 증거능력을 인정할 수 없다. 그리고 증거로 제출된 전자문서 파일의 사본이나 출력물이 복사·출력 과정에서 편집되는 등 인위적 개작 없이 원본 내용을 그대로 복사·출력한 것이라는 사실은 전자문서 파일의 사본이나 출력물의 생성과 전달 및 보관 등의 절차에 관여한 사람의 증언이나 진술, 원본이나 사본 파일 생성 직후의 해시값의 비교, 전자문서 파일에 대한 검증·감정 결과 등 제반 사정을 종합하여 판단할 수 있다(대법원 2013.7.26. 선고 2013도2511 판결, 대법원 2016.9.28. 선고 2014도9903 판결 등 참조). 이러한 원본 동일성은 증거능력의 요건에 해당하므로 검

사가 그 존재에 대하여 구체적으로 주장·증명해야 한다(대법원 2001.9.4. 선고 2000도 1743 판결 등 참조).

3) 원심판결 이유를 살펴본다.

① 이 사건 CD에는 이 사건 판매심사 파일을 포함하여 공소외인이 작성한 것으로 보이는 4,458개의 파일(이하 '이 사건 개별 파일들'이라고 한다)과 DirList[20160407-213826].html 파일(이하 '이 사건 목록 파일')이 저장되어 있다. 원심 감정 결과에 의하면, 이 사건 개별 파일들은 포렌식 이미징 작업을 거친 이미지 파일이 아니어서 이 사건 USB 이미지 파일과 동일한 형태의 파일이 아닌데, 이 사건 USB 이미지 파일이 어떠한 형태의 변환 및 복제 등 과정을 거쳐 이 사건 CD에 일반 파일 형태로 저장된 것인지를 확인할 자료가 전혀 제출된 바 없다. 더욱이 이 사건 목록 파일에는 이 사건 개별 파일들 숫자보다 많은 4,508개의 파일 관련 이름, 생성·수정·접근 시각, 파일 크기, MD5 해시값, 경로 정보가 저장되어 있고, 원심 감정 결과에 의하면, 이 사건 개별 파일들의 해시값과 이 사건 목록 파일상 해당 파일별 해시값을 비교해 보았을 때 20개 파일의 해시값이 동일하지 않다는 것이다.

따라서 이 사건 목록 파일이 생성·저장된 경위에 대하여 아무런 주장·증명이 없는 이 사건에서 이 사건 목록 파일 자체의 파일명 및 그 파일 속성을 통해 알 수 있는 수정 일자 등에 비추어 이 사건 목록 파일이 이 사건 압수 집행 당시가 아닌 그 이후에 생성되었을 가능성을 배제할 수 없다.

② 이 사건 사실확인서에는 이 사건 USB 이미지 파일의 전체 해시값만이 기재되어 있을 뿐 이미징을 한 이 사건 USB 내 개별 파일에 대한 해시값은 기재되어 있지 않으므로, 이 사건 사실확인서를 가지고 이 사건 판매심사 파일과 이 사건 USB 내 원본 파일과의 개별 해시값을 상호 비교할 수도 없다.

③ 공소외인은 제1심에서, 검찰 조사 당시 엑셀 파일로 된 이 사건 판매심사 파일을 보았고 자신이 작성한 것이 맞는다는 생각이 들었다고 진술하였다. 그러나 공소외인이 위 조사 당시 이 사건 판매심사 파일 전부를 제시받아 그 판매금액을 확인하였다고 볼 아무런 자료가 없다. 오히려 공소외인은 스스로 정확히 기억은 나지 않지만 원본에서 조금 필요 없는 것을 제하고 파일을 좀 보기 좋게 만들었던 것 같다는 진술을 하기도 하였다.

또한 공소외인은 제1심에서, 검사로부터 이 사건 판매심사 파일 출력물 중 2012.1. 판매심사 부분만을 제시받은 상태에서 자신이 정리한 판매심사 파일 내용이 맞고, 판매심사 파일 내용에 실제로 판매한 술의 종류별 수량, 매출금액, 서비스한 금액을 입력한 사실이 있다고 진술하였으며, 변호인으로부터 이 사건 판매심사 파일 전체 출력물을 제시받은 후 자신이 그러한 파일을 작성한 사실이 있다고 진술하기도 하였다. 하지만 공소외인이 제시받은 전체 출력물의 양이 적지 않은 반면 이 사건 유흥주점의 2012.1.부터 2015.10.까지 영업 기간의 매월 판매금액을 정확히 기억할 수는 없었을 것이라는 점과 이러한 진술 경위, 앞서 본 관련 진술 내용 등을 함께 고려하면, 이러한 진술은 공소외인이 제시된 출력물 형식으로 일일 매출금액 등을 파일 형태로 작성·관리한 적이 있었다는 사실을 확인하는 수준에 불과하다고 볼 여지가 충분하다.

결국 공소외인의 제1심 진술만으로는 이 사건 판매심사 파일이나 그 출력물이 이 사건 USB 내 원본 파일과 동일하다는 내용을 증명한다고 보기에 충분하지 않다.

④ 이 사건 판매심사 파일이 이 사건 USB 내 원본 파일을 내용의 변개 없이 복제한 것이 확인되지 않은 이상, 이 사건 판매심사 파일과 대조한 결과 그 출력물에서 과세표준의 기초가 되는 부분의 변조내용을 찾아볼 수 없었다는 사정이 이 사건 USB 내 원본 파일의 인위적 개작 없이 그 출력물이 복제·출력되었음을 뒷받침한다고 볼 수도 없다.

4) 그럼에도 원심은 이 사건 판매심사 파일과 그 출력물이 이 사건 USB 내 원본 파일 내용과 동일성을 인정할 수 있어 증거능력이 인정된다고 판단하여, 이를 전제로 특정범죄 가중처벌 등에 관한 법률 위반(조세) 부분을 유죄로 인정한 제1심을 그대로 유지하였다. 따라서 이러한 원심판결에는 필요한 심리를 다하지 않은 채 디지털증거의 증거능력에 관한 법리를 오해한 잘못이 있다. 이를 지적하는 취지의 상고이유 주장은 이유 있다.

2. 파기의 범위

원심판결 중 특정범죄 가중처벌 등에 관한 법률 위반(조세) 부분은 앞서 본 바와 같은 이유로 파기되어야 하는데, 이 부분은 원심이 유죄를 인정한 나머지 부분과 형법 제37조 전단의 경합범 관계에 있다는 이유로 하나의 형이 선고되었으므로, 결국 원심판결은 모두 파기되어야 한다.

3. 결론

그러므로 나머지 상고이유에 대한 판단을 생략한 채 원심판결을 파기하고, 사건을 다시 심리·판단하도록 원심법원에 환송하기로 하여, 관여 대법관의 일치된 의견으로 주문과 같이 판결한다.

대법관 조재연(재판장) 고영한 권순일(주심)

제6절 임의제출한 디지털매체 압수

현행범이 체포현장에서 임의로 제출한 증거물이라도 영장 없이는 압수수색을 할 수 없다는 판결이 나왔다.[2] 수사기관이 체포대상자에 비해 우월적 지위에 있기 때문에 사실상 체포대상자에게서 증거물을 제출받는 것은 강제에 가깝다는 취지다. 의정부지법 형사1부(재판장 오원찬 부장판사)는 지하철에서 휴대폰 카메라로 여성의 치마 속을 몰래 촬영한 혐의로 재판에 넘겨진 A씨에게 유죄를 선고한 1심 판결을 깨고 최근 무죄를 선고했다(2018노2757).

재판부는 "대법원이 체포현장에서 임의제출에 의한 압수수색을 허용함으로써, 수사기관은 현행범이 임의제출한 증거물을 광범위하게 압수수색하고도 추후에 영장을 신청하지 않는 등 긴급압수물에 대한 사후영장제도를 형해화하고 있다"며 "대법원이 체포대상자의 임의성 없는 압수물에 대해서는 증거능력을 배제하고 있지만, 현행범 체포현장에서 수사기관은 체포대상자에 비해 절대적으로 우월한 지위에 있기 때문에 사실상 체포대상자로부터 증거물을 제출받는 절차가 강제성을 띠게 된다"고 지적했다.

이어 "영장 없는 압수수색은 현행범 체포현장에서 허용되지 않는다고 해석하는 것이 대법원 판례에 어긋나지만 영장주의 원칙에는 오히려 충실하다"면서 "수사기관은 현행범에게서 증거물을 압수수색할 필요성이 있는 경우 긴급압수한 후 체포한 때부터 48시간 이내에 사후영장을 발부받으면 되므로 수사기관의 압수수색을 불가능하게 하는 것도 아니다"라고 설명했다. 그러면서 "경찰관은 A씨의 휴대폰을 체포 현장에서 제출받아 압수수색하고, 사후영장을 발부받지 않았다"며 "A씨 휴대폰에 대한 증거능력을 인정할 수 없다"고 판시했다.

이는 대법원의 판례와 배치된다. 대법원은 2016년 2월 "현행범 체포 현장이나 범죄 장

---

2 남가언, '[판결] "현행범이 임의제출한 증거물(핸드폰) 압수수색은 위법"', 《법률신문》, 2019.9.2.

소에서 소지자 등이 임의로 제출하는 물건은 영장 없이 압수할 수 있고 검사나 사법경찰관이 사후에 영장을 받을 필요가 없다"고 판결했다(2015도13726).

나아가 재판부는 경찰관이 A씨가 제출한 휴대폰 자체를 영장 없이 압수수색할 수 있다고 하더라도 휴대폰 속에 저장된 저장정보까지 탐색할 수 있는 것은 아니라고 했다. 재판부는 "휴대폰 속 저장된 내용물을 영장 없이 압수수색하는 현재의 수사 관행은 개인의 사생활과 비밀의 자유를 침해하므로, 긴급한 경우가 아니라면 휴대폰 저장정보 압수수색에 대한 사전 영장이 필요하다"고 하면서 "수사기관이 압수수색을 할 경우 피의자 참여를 보장할 것을 적법절차 요건으로 하고 있는데 이는 휴대폰 속 정보저장매체 압수수색에서도 당연히 보장돼야 한다"고 설명했다. 그러면서 "경찰관은 영장 없이 A씨의 휴대폰 속 정보들을 탐색한 것은 물론, 탐색 중 발견한 영상을 캡처해 출력하고 영상파일을 따로 복제하는 등 증거를 모으는 과정에서 A씨에게 따로 참여 통지도 하지 않았다"며 "경찰관이 수집한 휴대폰 저장정보는 유죄의 증거가 될 수 없다"고 밝혔다.

A씨는 지하철에서 휴대폰 카메라로 여성의 치마 속을 몰래 촬영하다가 지하철경찰대에 적발돼 현장에서 붙잡혔다. A씨가 범행을 부인하자 경찰관은 A씨로부터 휴대폰을 제출받아 애플리케이션, 사진 폴더 등을 살펴봤고 불법촬영된 영상을 발견했다. 경찰관은 A씨가 촬영한 영상을 캡처해 출력하고 영상파일은 CD에 따로 복사해 증거로 제출했다. 재판에 넘겨진 후 1심에서 A씨는 범행 사실을 자백해 벌금 700만 원에 성폭력치료프로그램 이수 40시간, 취업제한 2년을 선고받았다. (표31 참조)

사건명: 성폭력범죄의 처벌 등에 관한 특례법 위반(카메라등이용촬영)
사건번호: 2018노2757

1. 문제의 쟁점

- 현행범 체포 현장에서 피의자가 소지한 물건을 임의제출 형식으로 압수할 경우, 그 임의성이 인정되는지 여부와 이에 따른 증거능력의 인정 여부가 쟁점이 되었다.

2. 사건 개요

가. 범행 및 체포

- 피고인은 지하철역 에스컬레이터에서 여성의 치마 속을 몰래 촬영하다가 경찰에 의해 현행범으로 체포되었다.

- 체포 당시 경찰은 피고인의 휴대 전화기를 임의제출 형식으로 압수하였고, 해당 휴대 전화기에 저장된 불법 촬영물 등을 증거로 제출하였다.

3. 대법원 판단 요지

가. 임의제출의 적법성
- 대법원은 현행범 체포 현장에서 피의자가 소지한 물건을 임의제출 받는 것은 형사소송법 제218조에 따라 영장 없이도 가능하다고 보았다.

나. 임의성의 인정
- 그러나 피의자가 체포된 상황에서 임의 제출의 진정한 자발성이 인정되는지에 대해 신중한 판단이 필요하며, 임의 제출의 임의성이 인정되지 않는다면 해당 증거의 증거능력을 부정할 수 있다고 판단하였다.

4. 판결의 결론
- 대법원은 피고인의 휴대 전화 임의 제출 과정에서 임의성이 인정되지 않는다고 보아, 해당 증거의 증거능력을 부정하고 원심 판결을 파기하였다.

5. 의의 및 시사점
- 이 판결은 현행범 체포 현장에서의 임의 제출이 형식적으로 가능하더라도, 그 임의성이 인정되지 않으면 해당 증거의 증거능력이 부정될 수 있음을 명확히 하였다. 따라서 수사기관은 피의자의 임의 제출이 진정한 자발성에 기반한 것인지 여부를 신중하게 판단하고, 절차적 정당성을 확보해야 할 필요성이 강조되었다.

[표31] **사건명**: 성폭력범죄의 처벌 등에 관한 특례법 위반, 임의 제출 관련

제7절 피의자 아닌 제3자가 제출한 증거의 수집 가능 범위

제출 범위에 대한 별도의 의사 표시가 없는 증거물에 대하여 본래의 수사 대상과 다른 범죄의 단서가 식별되었다고 해도 새롭게 확인된 범죄에 관한 별도 압수·수색 영장을 발부받고 참여권을 보장하지 않았다면 증거능력이 인정될 수 없다는 대법원 판결이 선고되었다.

대법원(2021.11.18. 선고 2016도348)은 피의자가 소유, 관리하는 정보 저장 매체를 피해자 등 제3자가 제출한 경우, 저장된 전자 정보의 제출 범위에 관한 특별한 의사 표시가 없으면 전자 정보의 제출 의사를 임의 제출에 따른 압수의 동기가 된 범죄 혐의 사실 자체와 구체적, 개별적인 연관 관계가 있는 전자 정보로 제한해야 한다고 하였다.

즉, 임의 제출자의 의사에 따른 전자 정보 압수의 대상과 범위가 명확하지 않거나 알 수 없는 경우에는 임의 제출에 따른 압수의 동기가 된 범죄 혐의 사실과 관련된 전자 정보에 한해 압수의 대상이 된다고 그 범위를 한정하면서 피의자가 소유, 관리하는 정보 저장 매체를 피의자 아닌 피해자 등 제3자가 임의 제출하는 경우에는 임의 제출과 그에 따른 수사기관의 압수가 적법하더라도 임의제출의 동기가 된 범죄혐의 사실과 구체적, 개별적 연관관계가 있는 전자 정보에 한해 압수의 대상이 되는 것으로 더욱 제한적으로 해석해야 한다는 것이다.

대법원은 이러한 판결의 이유에 관하여 피해자 등 제3자가 피의자의 소유, 관리에 속하는 정보저장 매체를 영장에 의하지 않고 임의제출한 경우 형사소송법 제219조, 제121조,

제129조에 따라 피의자에게 참여권을 보장하고 압수한 전자 정보 목록을 교부하는 등 피의자의 절차적 권리를 보장하기 위한 적절한 조치가 이뤄져야 한다는 기본적인 법리를 원칙으로 제시하며 임의제출된 정보저장 매체에서 압수의 대상이 되는 전자 정보의 범위를 넘어 수사기관 임의로 전자 정보를 탐색, 복제, 출력하는 것은 원칙적으로 위법한 압수·수색에 해당하므로 허용될 수 없고 만약 탐색과정에서 별도의 범죄혐의 관련 전자 정보를 우연히 발견했다면 수사기관은 추가 탐색을 중단하고 법원으로부터 별도의 범죄혐의에 대한 압수·수색 영장을 발부받아야 한다는 점을 근거로 제시하였다. 또한 이러한 과정에서 피고인이나 변호인의 사후 증거능력 인정 의사 표시는 절차 하자를 치유할 수 없다고 판시하였다. (표32 참조)

사건명: 준강제추행 등
사건번호: 2016도348

1. 문제의 쟁점

- 피의자가 소유·관리하는 정보 저장 매체를 제3자가 수사기관에 임의 제출한 경우, 해당 정보 저장 매체에 대한 압수·수색 절차에서 피의자의 참여권 보장 여부와 임의제출의 범위가 쟁점이 되었다.

2. 사건 개요

　가. 범행 및 임의 제출 경위

- 피고인은 2014년 7월 13일 피해자 L의 하반신을 자신의 애플 휴대 전화로 촬영하였다. 이를 발견한 L은 피고인의 애플 휴대 전화와 삼성 휴대 전화를 빼앗아 경찰에 임의 제출하였다.

　나. 수사기관의 조치

- 경찰은 애플 휴대 전화에서 2014년 범행 동영상을 확인하였으나, 삼성 휴대 전화에서는 관련 자료를 발견하지 못하였다. 이후 디지털 증거 분석을 통해 삼성 휴대 전화에서 2013년 유사 범행 관련 동영상과 사진을 발견하고 이를 복제하였다.

3. 대법원 판단 요지

　가. 임의 제출의 범위

- 제3자가 피의자의 정보 저장 매체를 임의 제출한 경우, 제출자의 의사에 따라 제출 및 압수의 대상이 되는 전자 정보를 개별적으로 지정하거나 그 범위를 한정할 수 있다. 제출자의 의사가 명확하지 않은 경우, 임의 제출의 동기가 된 범죄 혐의 사실과 구체적·개별적 연관관계가 있는 전자 정보로 압수 범위를 제한해야 한다.

　나. 피의자의 참여권 보장

- 피의자가 소유·관리하는 정보 저장 매체를 제3자가 임의 제출한 경우에도, 피의자는 해당 정보 저장 매체의 탐색·복제·출력 과정에서 참여권을 보장받아야 하며, 압수한 전자 정보 목록을 교부받을 권리가 있다.

4. 판결의 결론

- 대법원은 수사기관이 제3자가 임의 제출한 피의자의 정보 저장 매체를 탐색·복제·출력하는 과정에서 피의자의 참여권을 보장하지 않았고, 임의 제출의 동기가 된 범죄 혐의 사실과 관련 없는 전자 정보를 별도의 영장 없이 압수한 것은 위법하다고 판단하였다. 이에 따라 2013년 범행에 대한 증거능력을 부정하고, 해당 부분에 대해 무죄를 선고한 원심을 확정하였다.

5. 의의 및 시사점

- 이 판결은 제3자가 피의자의 정보 저장 매체를 임의 제출한 경우에도 피의자의 참여권을 보장해야 하며, 임의 제출의 범위는 제출자의 의사와 임의 제출의 동기가 된 범죄 혐의 사실과의 구체적·개별적 연관관계에 따라 제한되어야 함을 명확히 하였다. 이는 수사기관의 압수·수색 절차에서 피의자의 절차적 권리를 강화하고, 임의 제출에 따른 압수 범위를 엄격히 제한하는 기준을 제시한 판례로 평가된다.

[표32] **사건명**: 준강제추행 등

대법원

판결

사 건 2016도348 준강제추행, 성폭력범죄의처벌등에관한특례법위반(카메라등이용촬영)

피 고 인 피고인

상 고 인 피고인 및 검사

변 호 인 법무법인 상승

담당변호사 어수용

원 심 판 결 청주지방법원 2015. 12. 11. 선고 2015노462 판결

판 결 선 고 2021. 11. 18.

주 문

상고를 모두 기각한다.

이 유

상고 이유를 판단한다.

1. 피고인의 상고 이유에 대하여

범죄 사실의 인정은 합리적인 의심이 없는 정도의 증명에 이르러야 하지만(형사소송법 제307조 제2항), 사실 인정의 전제로 행하여지는 증거의 취사선택 및 증거의 증명력은 사실심 법원의 자유판단에 속한다(형사소송법 제308조). 원심은 판시와 같은 이유로, 피고인이 원심 판시 범죄 사실 기재와 같이 2014. 12. 11. 자기 집에서 피해자 공소외 1의 성기를 그 의사에 반하여 휴대 전화로 촬영한 사실이 인정된다고 판단하여, 이에 관한 사실 오인과 법리오해의 항소 이유 주장을 받아들이지 않고 제1심판결을 유지하였다.

상고 이유 주장은 이러한 원심의 사실 인정을 다투는 취지로서 실질적으로 사실심 법원의 자유판단에 속하는 원심의 증거 취사 선택 및 증명력에 관한 판단을 탓하는 것에 불과하다. 그리고 원심판결 이유를 위 법리 및 적법하게 채택된 증거들에 비추어 살펴보아도, 원심의 판단에 상고 이유 주장과 같이 고의에 관한 법리를 오해하고 공판중심주의를 위반하거나 논리와 경험의 법칙을 위반하여 자유심증주의의 한계를 벗어난 잘못이 없다.

2. 검사의 상고 이유에 대하여

가. 관련 법리

1) 임의 제출에 따른 전자 정보 압수의 방법

오늘날 개인 또는 기업의 업무는 컴퓨터나 서버, 저장 매체가 탑재된 정보처리 장치 없이 유지되기 어려운데, 전자 정보가 저장된 각종 저장 매체(이하 '정보 저장 매체'라 한다)는 대부분 대용량이어서 수사의 대상이 된 범죄 혐의와 관련이 없는 개인의 일상 생활이나 기업경영에 관한 정보가 광범위하게 포함되어 있다. 이러 한 전자 정보에 대한 수사기관의 압수·수색은 사생활의 비밀과 자유, 정보에 대 한 자기결정권, 재산권 등을 침해할 우려가 크므로 포괄적으로 이루어져서는 안 되고, 비례의 원칙에 따라 수사의 목적상 필요한 최소한의 범위 내에서 이루어져 야 한다. 수사기관의 전자 정보에 대한 압수·수색은 원칙적으로 영장 발부의 사 유로 된 범죄 혐의 사실과 관련된 부분만을 문서 출력물로 수집하거나 수사기관 이 휴대한 정보 저장 매체에 해당 파일을 복제하는 방식으로 이루어져야 하고, 정보 저장 매체 자체를 직접 반출하거나 저장 매체에 들어 있는 전자 파일 전부 를 하드카피나 이미징 등 형태(이하 '복제본'이라 한다)로 수사기관 사무실 등 외부 로 반출하는 방식으로 압수·수색하는 것은 현장의 사정이나 전자 정보의 대량성 으로 인하여 관련 정보 획득에 긴 시간이 소요되거나 전문 인력에 의한 기술적 조치가 필요한 경우 등 범위를 정하여 출력 또는 복제하는 방법이 불가능하거나 압수의 목적을 달성하기에 현저히 곤란하다고 인정되는 때에 한하여 예외적으로 허용될 수 있을 뿐이다(대법원 2015. 7. 16. 자 2011모1839 전원합의체 결정 등 참조).

위와 같은 법리는 정보 저장 매체에 해당하는 임의 제출물의 압수(형사소송법 제 218조)에도 마찬가지로 적용된다. 임의 제출물의 압수는 압수물에 대한 수사기관 의 점유 취득이 제출자의 의사에 따라 이루어진다는 점에서 차이가 있을 뿐 범 죄 혐의를 전제로 한 수사 목적이나 압수의 효력은 영장에 의한 경우와 동일하기 때문이다. 따라서 수사기관은 특정 범죄 혐의와 관련하여 전자 정보가 수록된 정보 저장 매체를 임의 제출받아 그 안에 저장된 전자 정보를 압수하는 경우 그 동기가 된 범죄 혐의 사실과 관련된 전자 정보의 출력물 등을 임의 제출받아 압 수하는 것이 원칙이다. 다만 현장의 사정이나 전자 정보의 대량성과 탐색의 어려 움 등의 이유로 범위를 정하여 출력 또는 복제하는 방법이 불가능하거나 압수의 목적을 달성하기에 현저히 곤란하다고 인정되는 때에 한하여 예외적으로 정보 저장 매체 자체나 복제본을 임의 제출받아 압수할 수 있다.

2) 임의 제출에 따른 전자 정보 압수의 대상과 범위

가) 임의 제출자의 의사

정보 저장 매체와 그 안에 저장된 전자 정보는 개념적으로나 기능적으로나 별도의 독자적 가치와 효용을 지닌 것으로 상호 구별될 뿐만 아니라 임의 제출된 전자 정보의 압수가 적법한 것은 어디까지나 제출자의 자유로운 제출 의사에 근거한 것인 이상, 범죄 혐의 사실과 관련된 전자 정보와 그렇지 않은 전자 정보가 혼재되어 있는 정보 저장 매체나 복제본을 수사기관에 임의 제출하는 경우 제출자는 제출 및 압수의 대상이 되는 전자 정보를 개별적으로 지정하거나 그 범위를 한정할 수 있다. 이처럼 정보 저장 매체 내 전자 정보의 임의 제출 범위는 제출자의 의사에 따라 달라질 수 있는 만큼 이러한 정보저장 매체를 임의 제출받는 수사기관은 제출자로부터 임의 제출의 대상이 되는 전자 정보의 범위를 확인함으로써 압수의 범위를 명확히 특정하여야 한다. 나아가 헌법과 형사소송법이 구현하고자 하는 적법 절차, 영장주의, 비례의 원칙은 물론, 사생활의 비밀과 자유, 정보에 대한 자기결정권 및 재산권의 보호라는 관점에서 정보 저장 매체 내 전자 정보가 가지는 중요성에 비추어 볼 때, 정보 저장 매체를 임의 제출하는 사람이 거기에 담긴 전자 정보를 지정하거나 제출 범위를 한정하는 취지로 한 의사 표시는 엄격하게 해석하여야 하고, 확인되지 않은 제출자의 의사를 수사기관이 함부로 추단하는 것은 허용될 수 없다.

따라서 수사기관이 제출자의 의사를 쉽게 확인할 수 있음에도 이를 확인하지 않은 채 특정 범죄 혐의 사실과 관련된 전자 정보와 그렇지 않은 전자 정보가 혼재된 정보저장 매체를 임의 제출받은 경우, 그 정보 저장 매체에 저장된 전자 정보 전부가 임의 제출되어 압수된 것으로 취급할 수는 없다. 이 경우 제출자의 임의제출 의사에 따라 압수의 대상이 되는 전자 정보의 범위를 어떻게 특정할 것인지가 문제 된다.

나) 임의 제출에 따른 압수의 동기가 된 범죄 혐의 사실과 관련된 전자 정보

수사기관은 피의사실과 관계가 있다고 인정할 수 있는 것에 한정하여 증거물 또는 몰수할 것으로 사료하는 물건을 압수할 수 있다(형사소송법 제219조, 제106조). 따라서 전자 정보를 압수하고자 하는 수사기관이 정보 저장 매체와 거기에 저장된 전자 정보를 임의 제출의 방식으로 압수할 때, 제출자의 구체적인 제출 범위에 관한 의사를 제대로 확인하지 않는 등의 사유로 인해 임의 제출자의 의사에 따른 전자 정보 압수의 대상과 범위가 명확하지 않거나 이를 알 수 없는 경우에는 임의 제출에 따른 압수의 동기가 된 범죄 혐의 사실과 관련되고 이를 증명할 수 있는 최소한의 가치가 있는 전자 정보에 한하여 압수의 대상이 된다. 이때 범죄 혐의 사실과 관련된 전자 정보에는 범죄 혐의 사실 그 자체 또는 그와 기본적 사실관계가 동일한 범행과 직접 관련되

어 있는 것은 물론 범행 동기와 경위, 범행 수단과 방법, 범행 시간과 장소 등을 증명하기 위한 간접 증거나 정황 증거 등으로 사용될 수 있는 것도 포함될 수 있다. 다만 그 관련성은 임의 제출에 따른 압수의 동기가 된 범죄 혐의 사실의 내용과 수사의 대상, 수사의 경위, 임의 제출의 과정 등을 종합하여 구체적·개별적 연관관계가 있는 경우에만 인정되고, 범죄 혐의 사실과 단순히 동종 또는 유사 범행이라는 사유만으로 관련성이 있다고 할 것은 아니다(대법원 2021. 8. 26. 선고 2021도2205 판결 등 참조).

다) 불법 촬영 범죄 등의 경우 임의 제출된 전자 정보 압수의 범위

범죄 혐의 사실과 관련된 전자 정보인지를 판단할 때는 범죄 혐의 사실의 내용과 성격, 임의 제출의 과정 등을 토대로 구체적·개별적 연관관계를 살펴볼 필요가 있다. 특히 카메라의 기능과 정보 저장 매체의 기능을 함께 갖춘 휴대 전화인 스마트폰을 이용한 불법 촬영 범죄와 같이 범죄의 속성상 해당 범행의 상습성이 의심되거나 성적 기호 내지 경향성의 발현에 따른 일련의 범행의 일환으로 이루어진 것으로 의심되고, 범행의 직접 증거가 스마트폰 안에 이미지 파일이나 동영상 파일의 형태로 남아 있을 개연성이 있는 경우에는 그 안에 저장되어 있는 같은 유형의 전자 정보에서 그와 관련한 유력한 간접 증거나 정황 증거가 발견될 가능성이 높다는 점에서 이러한 간접 증거나 정황 증거는 범죄 혐의 사실과 구체적·개별적 연관관계를 인정할 수 있다. 이처럼 범죄의 대상이 된 피해자의 인격권을 현저히 침해하는 성격의 전자 정보를 담고 있는 불법 촬영물은 범죄 행위로 인해 생성된 것으로서 몰수의 대상이기도 하므로 임의 제출된 휴대 전화에서 해당 전자 정보를 신속히 압수·수색하여 불법 촬영물의 유통 가능성을 적시에 차단함으로써 피해자를 보호할 필요성이 크다. 나아가 이와 같은 경우에는 간접 증거나 정황 증거이면서 몰수의 대상이자 압수·수색의 대상인 전자 정보의 유형이 이미지 파일 내지 동영상 파일 등으로 비교적 명확하게 특정되어 그와 무관한 사적 전자 정보 전반의 압수·수색으로 이어질 가능성이 적어 상대적으로 폭넓게 관련성을 인정할 여지가 많다는 점에서도 그러하다.

라) 피의자 아닌 사람이 피의자가 소유·관리하는 정보 저장 매체를 임의 제출한 경우 전자 정보 압수의 범위

피의자가 소유·관리하는 정보 저장 매체를 피의자 아닌 피해자 등 제3자가 임의 제출하는 경우에는, 그 임의 제출 및 그에 따른 수사기관의 압수가 적법하더라도 임의 제출의 동기가 된 범죄 혐의 사실과 구체적·개별적 연관관계가 있는 전자 정보에 한하여 압수의 대상이 되는 것으로 더욱 제한적으로 해석하여야 한다. 임의 제출의 주체가 소유자 아닌 소지자·보관자이고 그

제출 행위로 소유자의 사생활의 비밀 기타 인격적 법익이 현저히 침해될 우려가 있는 경우에는 임의 제출에 따른 압수·수색의 필요성과 함께 임의 제출에 동의하지 않은 소유자의 법익에 대한 특별한 배려도 필요한 바(대법원 1999. 9. 3. 선고 98도968 판결, 대법원 2008. 5. 15. 선고 2008도1097 판결, 대법원 2013. 9. 26. 선고 2013도7718 판결 등 참조), 피의자 개인이 소유·관리하는 정보저장 매체에는 그의 사생활의 비밀과 자유, 정보에 대한 자기결정권 등 인격적 법익에 관한 모든 것이 저장되어 있어 제한 없이 압수·수색이 허용될 경우 피의자의 인격적 법익이 현저히 침해될 우려가 있기 때문이다. 그러므로 임의 제출자인 제3자가 제출의 동기가 된 범죄 혐의 사실과 구체적·개별적 연관관계가 인정되는 범위를 넘는 전자 정보까지 일괄하여 임의 제출한다는 의사를 밝혔더라도, 그 정보 저장 매체 내 전자 정보 전반에 관한 처분권이 그 제3자에게 있거나 그에 관한 피의자의 동의 의사를 추단할 수 있는 등의 특별한 사정이 없는 한, 그 임의 제출을 통해 수사기관이 영장 없이 적법하게 압수할 수 있는 전자 정보의 범위는 범죄혐의 사실과 관련된 전자 정보에 한정된다고 보아야 한다.

3) 전자 정보 탐색·복제·출력 시 피의자의 참여권 보장 및 전자 정보 압수 목록 교부

압수의 대상이 되는 전자 정보와 그렇지 않은 전자 정보가 혼재된 정보 저장 매체나 그 복제본을 임의 제출받은 수사기관이 그 정보 저장 매체 등을 수사기관 사무실 등으로 옮겨 이를 탐색·복제·출력하는 경우, 그와 같은 일련의 과정에서 형사소송법 제219조, 제121조에서 규정하는 피압수·수색 당사자(이하 '피압수자'라 한다)나 그 변호인에게 참여의 기회를 보장하고 압수된 전자 정보의 파일 명세가 특정된 압수 목록을 작성·교부하여야 하며 범죄 혐의 사실과 무관한 전자 정보의 임의적인 복제 등을 막기 위한 적절한 조치를 취하는 등 영장주의 원칙과 적법 절차를 준수하여야 한다. 만약 그러한 조치가 취해지지 않았다면 피압수자 측이 참여하지 아니한다는 의사를 명시적으로 표시하였거나 임의 제출의 취지와 경과 또는 그 절차 위반 행위가 이루어진 과정의 성질과 내용 등에 비추어 피압수자 측에 절차 참여를 보장한 취지가 실질적으로 침해되었다고 볼 수 없을 정도에 해당한다는 등의 특별한 사정이 없는 이상 압수·수색이 적법하다고 평가할 수 없고, 비록 수사기관이 정보 저장 매체 또는 복제본에서 범죄 혐의 사실과 관련된 전자 정보만을 복제·출력하였다 하더라도 달리 볼 것은 아니다(위 대법원 2011모1839 전원합의체 결정, 대법원 2020. 11. 17. 자 2019모291 결정 등 참조). 나아가 피해자 등 제3자가 피의자의 소유·관리에 속하는 정보 저장 매체를 영장에 의하지 않고 임의 제출한 경우에는 실질적 피압수자인 피의자가 수사기관으로 하여금 그 전자 정보 전부를 무제한 탐색하는 데 동의한 것으로 보기 어려울 뿐만 아니

라 피의자 스스로 임의 제출한 경우 피의자의 참여권 등이 보장되어야 하는 것과 견주어 보더라도 특별한 사정이 없는 한 형사소송법 제219조, 제121조, 제129조에 따라 피의자에게 참여권을 보장하고 압수한 전자 정보 목록을 교부하는 등 피의자의 절차적 권리를 보장하기 위한 적절한 조치가 이루어져야 한다.

4) 임의 제출된 정보 저장 매체 탐색 과정에서 무관정보 발견 시 필요한 조치·절차

앞서 본 바와 같이 임의 제출된 정보 저장 매체에서 압수의 대상이 되는 전자 정보의 범위를 초과하여 수사기관 임의로 전자 정보를 탐색·복제·출력하는 것은 원칙적으로 위법한 압수·수색에 해당하므로 허용될 수 없다. 만약 전자 정보에 대한 압수·수색이 종료되기 전에 범죄 혐의 사실과 관련된 전자 정보를 적법하게 탐색하는 과정에서 별도의 범죄 혐의와 관련된 전자 정보를 우연히 발견한 경우라면, 수사기관은 더 이상의 추가 탐색을 중단하고 법원으로부터 별도의 범죄 혐의에 대한 압수·수색 영장을 발부받은 경우에 한하여 그러한 정보에 대하여도 적법하게 압수·수색을 할 수 있다. 따라서 임의 제출된 정보 저장 매체에서 압수의 대상이 되는 전자 정보의 범위를 넘어서는 전자 정보에 대해 수사기관이 영장 없이 압수·수색하여 취득한 증거는 위법 수집 증거에 해당하고, 사후에 법원으로부터 영장이 발부되었다거나 피고인이나 변호인이 이를 증거로 함에 동의하였다고 하여 그 위법성이 치유되는 것도 아니다.

나. 판단

1) 원심판결 이유 및 적법하게 채택된 증거에 의하면 다음의 사실을 알 수 있다.

가) 피고인은 원심이 인정한 것과 같이 2014. 12. 11. 자기 집에서 피해자 공소외 1의 의사에 반해 성기를 촬영한 범행(이하 '2014년 범행'이라 한다)을 저질렀다. 피해자 공소외 1은 즉시 피해 사실을 경찰에 신고하면서, 피고인의 집에서 가지고 나온 피고인 소유의 휴대 전화 2대(아이폰 및 삼성 휴대 전화)에 피고인이 촬영한 동영상과 사진이 저장되어 있다는 취지로 말하고 이를 범행의 증거물로 임의 제출하였다.

나) 경찰관들은 위 휴대 전화 2대를 영장 없이 압수하면서, 피해자 공소외 1에게 위 휴대 전화에 저장된 동영상과 사진 등 전자 정보 전부를 제출하는 취지인지 등 제출 범위에 관한 의사를 따로 확인하지는 않았다.

다) 피고인은 경찰에 휴대 전화 1개(아이폰)에 대한 비밀번호를 제공하고 그 파일 이미징 과정에 참여한 반면, 다른 휴대 전화 1개(삼성 휴대 전화)에 대해서는 사실상 비밀번호 제공을 거부하고, 저장된 동영상 파일의 복원·추출 과정에 참여하지 않았다. 경찰은 전자의 휴대 전화(아이폰)에 저장된 동영상 파일을 통해 피해자 공소외 1에 대한 2014년 범행을 확인한 다음, 후자의 휴대 전화

(삼성 휴대 전화)에서 2014년 범행의 증거 영상을 추가로 찾던 중, 피해자 공소
외 1이 아닌 다른 남성 2인이 침대 위에서 잠든 모습, 누군가가 손으로 그들
의 성기를 잡고 있는 모습 등이 촬영된 동영상 30개와 사진 등을 발견하고,
그 내용을 확인한 후 이를 시디(CD)에 복제하였다.

라) 경찰은 피해자 공소외 1을 소환하여 위 동영상에 등장하는 남성 2인의 인적
사항 등에 대해 조사하여 그들이 피해자 공소외 2, 공소외 3이라는 사실을
알게 되고, 추가 수사를 통해 피고인이 2013. 12. 경 피해자 공소외 2, 공소외
3이 술에 취해 잠든 사이 성기를 만지고 위 동영상을 촬영한 범행(이하 '2013년
범행'이라 한다)을 저지른 사실을 인지하였다.

마) 그 후 경찰은 압수·수색 영장을 발부받아 2013년 범행 영상의 전자 정보를
복제한 시디를 증거물로 압수하였다.

2) 위와 같은 사실관계를 앞서 본 법리에 비추어 살펴보면, 피해자 공소외 1은 경찰
에 피고인의 휴대 전화를 증거물로 제출할 당시 그 안에 수록된 전자 정보의 제
출 범위를 명확히 밝히지 않았고, 담당 경찰관들도 제출자로부터 그에 관한 확인
절차를 거치지 않은 이상 위 휴대 전화에 담긴 전자 정보의 제출 범위에 관한 제
출자의 의사가 명확하지 않거나 이를 알 수 없는 경우에 해당한다. 따라서 위 휴
대 전화에 담긴 전자 정보 중 임의 제출을 통해 적법하게 압수된 범위는 임의 제
출 및 압수의 동기가 된 피고인의 2014년 범행 자체와 구체적·개별적 연관관계가
있는 전자 정보로 제한적으로 해석하는 것이 타당하다. 이에 비추어 볼 때 범죄
발생 시점 사이에 상당한 간격이 있고 피해자 및 범행에 이용한 휴대 전화도 전혀
다른 피고인의 2013년 범행에 관한 동영상은 앞서 살펴본 간접증거와 정황증거를
포함하는 구체적·개별적 연관관계 있는 관련 증거의 법리에 의하더라도 임의제출
에 따른 압수의 동기가 된 범죄 혐의 사실(2014년 범행)과 구체적·개별적 연관관계
있는 전자 정보로 보기 어려우므로 수사기관이 사전 영장 없이 이를 취득한 이상
증거능력이 없고, 사후에 압수·수색 영장을 받아 압수 절차가 진행되었더라도 달
리 볼 수 없다.

3) 원심의 판결 이유에 다소 적절하지 않은 부분이 있으나, 2013년 범행과 관련하여
발견된 동영상이 위법 수집 증거로서 설령 사후에 압수·수색 영장을 발부받아 이
를 압수하였더라도 2013년 범행의 증거로서는 증거능력이 없고 이를 기초로 한 2
차 증거 역시 증거능력이 없다는 등의 이유로, 2013년 범행을 유죄로 인정한 제1
심을 파기하고 무죄로 판단한 원심의 결론은 수긍할 수 있다. 거기에 상고이유 주
장과 같이 정보 저장 매체에 대한 임의 제출물 압수에 있어 제출자의 의사에 따른
전자 정보의 제출 범위 한정, 임의 제출된 전자 정보의 증거능력 인정 요건 등에
관한 법리를 오해한 잘못이 없다.

3. 결론

그러므로 상고를 모두 기각하기로 하여, 관여 법관의 일치된 의견으로 주문과 같이 판결한다.

대법관 김명수(재판장) 김재형 조재연 박정화 안철상(주심)

제8절 공용 PC에 대한 참여권 보장의 한계

앞서 제7절에서 살펴본 것처럼 제3자가 제출한 원소유자 등의 디지털 증거물에 대하여 수사기관에서는 제3자로부터 임의 제출을 받았다고 해도 해당 증거물을 분석하기 위하여서는 원소유자 등에게 참여권을 보장하여야 한다는 것이 대법원의 입장이었다.

그런데 공용 PC의 경우에는 어떠할까? 이런 경우에도 해당 PC를 실제로 사용한 사람의 참여권을 보장하여야 할까?

실제로 이러한 사건에 대하여 대법원(2022.1.27. 선고 2021도11170)의 판단이 내려진 바 있는데 공용 PC를 관리하는 관리자가 수사기관에 임의로 제출한 PC의 경우 해당 PC를 보관한 장소나 이용 접근 가능한 사람들의 특성 등을 감안할 때 공용 PC의 보관이나 관리 업무의 담당자는 특정한 사용자가 아니라 해당 공용 PC 등 물품 관리를 총괄하는 담당자 등과 기관이 실질적인 관리자라고 보아야 한다고 보았다.

그리고 이와 같이 정보 저장 매체를 임의 제출한 피압수자에 더하여 임의 제출자가 아닌 사용자인 피의자에게도 참여권이 보장되어야 하는 '피의자의 소유 및 관리에 속하는 정보 저장 매체'라 함은 피의자가 압수 및 수색 당시 또는 이와 시간적으로 근접한 시기까지 해당 정보 저장 매체를 현실적으로 지배하거나 관리하면서 그 정보 저장 매체 내부에 보관된 전자 정보 전반에 관한 전속적인 관리처분권을 보유, 행사하고 달리 이를 자신의 의사에 따라 제3자에게 양도하거나 포기하지 않은 경우를 말하는 것이라고 판단하였다.

따라서 공용 PC라고 볼 수 있는 물품의 경우는 피의자를 그 정보 저장 매체에 저장된 전자 정보에 대하여 실질적인 압수·수색 당사자로 평가할 수 있는 경우라는 것은 민사법 상 권리의 귀속에 따른 법률적, 사후적인 판단이 아니라 수사기관이 압수·수색을 할 당시 의 외형적이며 객관적으로 인식 가능한 사실상의 상태를 기준으로 판단하여야 한다고 보 았다. (표33 참조)

사건명: 자본시장과금융투자업에관한법률위반 등
사건번호: 2021도11170

1. 문제의 쟁점

- 수사기관이 제3자로부터 피의자의 정보 저장 매체를 임의 제출 받아 그 전자 정보를 탐색·복제·출력하는 과정에 서, 피의자에게 참여권을 보장해야 하는지 여부가 쟁점이 되었다.

2. 사건 개요

  가. 임의제출 경위
  - 피고인과 관련된 범죄 혐의로 수사기관은 피고인의 지인으로부터 피고인이 소유·관리하던 하드디스크를 임의 제출 받았다.

  나. 전자 정보 분석 과정
  - 수사기관은 해당 하드디스크를 수사기관 사무실로 옮겨 전자 정보를 탐색·복제·출력하였으며, 이 과정에서 피 고인에게 참여권을 보장하지 않았다.

3. 대법원 판단 요지

  가. 피의자의 참여권 보장 필요성
  - 대법원은 피의자가 압수·수색 당시 또는 그와 시간적으로 근접한 시기까지 해당 정보 저장 매체를 현실적으로 지배·관리하면서 전자 정보 전반에 관한 전속적인 관리처분권을 보유·행사하고, 이를 제3자에게 양도하거나 포기하지 않은 경우, 피의자는 실질적인 피압수자로서 참여권을 보장받아야 한다고 판단하였다.

  나. 참여권 보장의 기준
  - 피의자가 정보 저장 매체를 현실적으로 지배·관리하고 있는지 여부는 압수·수색 당시의 외형적·객관적 사실 상태를 기준으로 판단해야 하며, 단순히 과거에 해당 정보 저장 매체를 이용하거나 전자 정보를 생성·이용한 사실만으로는 참여권을 보장해야 할 실질적 피압수자로 볼 수 없다고 하였다.

4. 판결의 결론

- 대법원은 수사기관이 제3자로부터 임의 제출 받은 정보 저장 매체에 대해 피의자가 실질적 피압수자에 해당하지 않는 경우, 피의자에게 참여권을 보장하지 않아도 된다고 판단하였다. 이에 따라 해당 전자 정보의 증거능력을 인 정한 원심 판결을 확정하였다.

5. 의의 및 시사점

- 이 판결은 정보 저장 매체의 임의 제출과 관련하여 피의자의 참여권 보장 범위를 명확히 하였다. 특히, 피의자가 해당 정보 저장 매체를 현실적으로 지배·관리하고 있는지 여부를 판단하는 기준을 제시함으로써, 수사기관의 압수·수색 절차에서 피의자의 절차적 권리와 수사의 효율성 간의 균형을 도모하였다.

[표33] **사건명:** 자본시장과금융투자업에관한법률위반 등

대법원 2021도11170
자본시장과 금융투자업에 관한 법률 위반 등 사건

1. 사안의 개요

가. 공소사실의 요지

- 자녀의 의학전문대학원 부정 지원 관련 업무방해, 위계공무집행방해, 사문서위조, 위조사문서행사, 위조공문서행사, 허위작성공문서행사

- 연구보조원 수당 거짓 신청 관련 사기 및 「보조금 관리에 관한 법률」(이하'보조금법') 위반

- 코링크PE 자금에 관한 업무상횡령

- 미공개중요정보 이용으로 인한 「자본시장과 금융투자업에 관한 법률」(이하 '자본시장법') 및 「범죄수익은닉의 규제 및 처벌 등에 관한 법률」(이하 '범죄수익은닉규제법') 위반

- 거짓 변경 보고로 인한 자본시장법 위반

- 차명 계좌 이용으로 인한 「금융실명거래 및 비밀보장에 관한 법률」(이하'금융실명법') 위반

- 증거인멸·은닉·위조 교사

나. 소송 경과

- 제1심(서울중앙지법): 일부 유죄(징역 4년 및 벌금 500,000,000원, 추징 138,944,990원), 일부 무죄

- 원심(서울고법): 파기, 일부 유죄(징역 4년 및 벌금 50,000,000원, 추징 10,611,657원), 일부 무죄

- 쌍방 상고

2. 대법원의 판단

가. 주요 쟁점

- 동양대 강사휴게실 PC 2대(이하 '이 사건 각 PC')에 저장된 전자 정보의 증거능력
- 금융계좌추적용 압수·수색 영장의 집행 결과 수집된 금융거래자료 등의 증거능력
- C의 의학전문대학원 부정 지원 관련 범죄의 성립 여부
- 사기 및 보조금법 위반죄의 성립 여부

■ 코링크PE 관련 횡령죄, 자본시장법 위반죄 등의 성립 여부

■ 증거 인멸·은닉·위조 교사죄의 성립 여부

나. 판결 결과

■ 상고 기각

다. 판단 근거

　⑴ 이 사건 각 PC에 저장된 전자 정보의 증거능력

■ 법리

□ 전자 정보가 저장된 정보 저장 매체를 임의 제출받는 경우 전자 정보 압수의 범위와 관련성의 판단 기준

● 전자 정보를 압수하고자 하는 수사기관이 정보 저장 매체와 거기에 저장된 전자 정보를 임의 제출 방식으로 압수할 때, 임의 제출자의 의사에 따른 전자 정보 압수의 대상과 범위가 명확하지 않거나 이를 알 수 없는 경우에는 임의 제출에 따른 압수의 동기가 된 범죄 혐의 사실과 관련되고 이를 증명할 수 있는 최소한의 가치가 있는 전자 정보에 한하여 압수의 대상이 됨 ⇨ 그 관련성은 임의 제출에 따른 압수의 동기가 된 범죄 혐의 사실의 내용과 수사의 대상, 수사의 경위, 임의 제출의 과정 등을 종합하여 구체적·개별적 연관관계가 있는 경우에만 인정됨(대법원 2021. 11. 18. 선고 2016도348 전원합의체 판결 등 참조)

□ 전자 정보 탐색·복제·출력 시 참여권 보장

● 피해자 등 제3자가 피의자의 소유·관리에 속하는 정보 저장 매체를 영장에 의하지 않고 임의 제출한 경우에는 특별한 사정이 없는 한 형사소송법 제219조, 제121조, 제129조에 따라 피의자에게 참여권을 보장하고 압수한 전자 정보 목록을 교부하는 등 피의자의 절차적 권리를 보장하기 위한 적절한 조치가 이루어져야 함(위 대법원 2016도348 전원합의체 판결 등 참조)

● 이와 같이 정보 저장 매체를 임의 제출한 피압수자에 더하여 임의 제출자 아닌 피의자에게도 참여권이 보장되어야 하는 '피의자의 소유·관리에 속하는 정보 저장 매체'라 함은, 피의자가 압수·수색 당시 또는 이와 시간적으로 근접한 시기까지 해당 정보 저장 매체를 현실적으로 지배·관리하면서 그 정보 저장 매체 내 전자 정보 전반에 관한 전속적인 관리처분권을 보유·행사하고, 달리 이를 자신의 의사에 따라 제3자에게 양도하거나 포기하지 않은 경우로써, 피의자를 그 정보 저장 매체에 저장된 전자 정보에 대하여 실질적인 압수·수색 당사자로 평가할 수 있는 경우를 말하는 것임

● 이에 해당하는지 여부는 민사법상 권리의 귀속에 따른 법률적·사후적 판단이 아니라 압수·수색 당시 외형적·객관적으로 인식 가능한 사실상의 상태를

기준으로 판단하여야 함

- 이러한 정보 저장 매체의 외형적·객관적 지배·관리 등 상태와 별도로 단지 피의자나 그 밖의 제3자가 과거 그 정보 저장 매체의 이용 내지 개별 전자 정보의 생성·이용 등에 관여한 사실이 있다거나 그 과정에서 생성된 전자 정보에 의해 식별되는 정보 주체에 해당한다는 사정만으로 그들을 실질적으로 압수·수색을 받는 당사자로 취급하여야 하는 것은 아님

■ 이 사건에 관한 판단

□ 이 사건 각 PC의 임의제출

- 이 사건 각 PC는 2019. 9. 10. 당시 동양대 관계자가 동양대에서 공용 PC로 사용하거나 기타 방법으로 임의 처리할 것을 전제로 3년 가까이 강사휴게실 내에 보관하고 있던 것으로, 위 보관·관리 업무의 담당자인 조교 A와 동양대 물품 관리를 총괄하는 행정지원처장 B가 동양대 측의 입장을 반영한 임의적인 의사에 따라 검찰에 제출함

□ 이 사건 각 PC에 저장된 전자 정보에 대한 압수의 필요성과 관련성

- 이 사건 각 PC에 저장된 전자 정보 중 C의 의학전문대학원 부정 지원 관련 범행의 증거로 사용된 부분은 임의 제출에 따른 압수의 필요성과 관련성이 모두 인정됨

- 이 사건 각 PC의 임의제출 당시 피고인은 이미 C의 서울대 및 부산대 의학전문대학원 지원 과정에서 위조된 동양대 총장 명의 표창장을 제출하였다는 취지의 위조사문서행사, 위 표창장 및 허위 경력 기재로 인한 부산대 의학전문대학원 입학 사정 업무에 관한 위계공무집행방해 등의 범죄 혐의 사실로 수사를 받고 있었음

- 따라서 피고인이 2013. 6. 16. 이 사건 각 PC 중 1대를 이용해 위 표창장 위조 행위를 하는 등 C의 의학전문대학원 부정 지원 과정에서 이 사건 각 PC를 사용하여 생성된 전자 정보는 위 범죄 혐의 사실에 관한 범행의 동기와 경위, 수단과 방법 등을 증명하기 위한 구체적·개별적 연관관계 있는 증거에 해당한다고 볼 수 있음

□ 이 사건 각 PC에 저장된 전자 정보에 대한 탐색 및 추출 등 과정에서의 참여권 보장

- 이 사건 각 PC에서 추출된 전자 정보의 압수·수색 절차에 피압수자 측의 참여권을 보장하지 않은 하자가 있다고 할 수 없음

- 검찰이 '피압수자' 측인 A, B에게 참여 의사를 확인하고 기회를 부여하였으나 피압수자 측이 이를 포기하였다고 인정됨

- 대법원 2021. 11. 18. 선고 2016도348 전원합의체 판결의 법리에 따르더라도

'피의자'에게 참여권을 보장해야 하는 경우에는 해당하지 않음

- 이 사건 각 PC의 임의제출에 따른 압수·수색 당시 외형적·객관적으로 인식 가능한 사실상의 상태를 볼 때, 피고인의 이 사건 각 PC에 대한 현실적 지배·관리 상태와 이에 저장된 전자 정보 전반에 관한 관리처분권이 이 사건 압수·수색 당시까지 유지되고 있었다고 볼 수 없음 ⇒ 이 사건 각 PC나 거기에 저장된 전자 정보가 피고인의 소유·관리에 속한 경우에 해당한다고 인정되지 않음

- 동양대 측이 이 사건 각 PC를 2016. 12.경 이후 3년 가까이 강사휴게실 내에 보관하면서 현실적으로 지배·관리하는 한편, 이를 공용 PC로 사용하거나 임의처리 등의 조치를 할 수 있었던 것으로 보이는 등의 객관적인 사정에 비추어 이 사건 각 PC에 저장된 전자 정보 전반에 관하여 당시 동양대 측이 포괄적인 관리처분권을 사실상 보유·행사하고 있는 상태에 있었다고 인정됨

- 따라서 피고인을 이 사건 압수·수색에 관하여 실질적인 피압수자로 평가할 수 있는 경우에 해당하지 않음

- 한편 피고인이 이 사건 각 PC에 저장된 전자 정보의 '정보 주체'라고 주장하면서 피고인 측에게 참여권이 보장되었어야 한다는 취지의 주장은 받아들이기 어려움

- 피의자의 관여 없이 임의 제출된 정보 저장 매체 내의 전자 정보 탐색 등 과정에서 피의자가 참여권을 주장하기 위해서는 정보 저장 매체에 대한 현실적 지배·관리 상태와 그 내부 전자 정보 전반에 관한 전속적인 관리처분권의 보유가 전제되어야 함

- 이러한 지배·관리 등의 상태와 무관하게 개별 전자 정보의 생성·이용 등에 관여한 자들 혹은 그 과정에서 생성된 전자 정보에 의해 식별되는 사람으로서 그 정보의 주체가 되는 사람들에게까지 모두 참여권을 인정하는 취지가 아님

- 결국 이 사건 각 PC에 저장된 전자 정보에 대한 탐색 및 추출 등 과정에서 피압수자 측에게는 참여권이 보장되었고, 피고인 측의 참여권까지 보장되어야 하는 경우에는 해당하지 않음

□ 이 사건 각 PC에서 추출된 전자 정보의 증거능력

- 원심의 이유 설시에 일부 부적절한 부분이 있으나 이 사건 각 PC에서 추출된 증거의 증거능력을 인정한 원심의 결론은 정당함

(2) 금융계좌추적용 압수·수색 영장의 집행 결과 수집된 금융 거래 자료의 증거능력

■ 법리

- 수사기관의 압수·수색은 법관이 발부한 압수·수색 영장에 의하여야 하는 것이 원칙이고, 영장의 원본은 처분을 받는 자에게 반드시 제시되어야 함(대법원

2017. 9. 7. 선고 2015도10648 판결, 대법원 2019. 3. 14. 선고 2018도2841 판결 등 참조)

- 금융 계좌 추적용 압수·수색 영장의 집행에서도 수사기관이 금융기관으로부터 금융 거래 자료를 수신하기에 앞서 금융기관에 영장 원본을 사전에 제시하지 않았다면 원칙적으로 적법한 집행 방법이라고 볼 수 없음

- 다만, 수사기관이 금융기관에 금융실명법 제4조 제2항에 따라서 금융 거래 정보에 대하여 영장 사본을 첨부하여 그 제공을 요구한 결과 금융기관으로부터 회신받은 금융 거래 자료가 해당 영장의 집행 대상과 범위에 포함되어 있고, 이러한 모사전송 내지 전자적 송수신 방식의 금융 거래 정보 제공 요구 및 자료 회신의 전 과정이 해당 금융기관의 자발적 협조 의사에 따른 것이며, 그 자료 중 범죄 혐의 사실과 관련된 금융 거래를 선별하는 절차를 거친 후 최종적으로 영장 원본을 제시하고 위와 같이 선별된 금융거래자료에 대한 압수 절차가 집행된 경우로서, 그 과정이 금융실명법에서 정한 방식에 따라 이루어지고 달리 적법 절차와 영장주의 원칙을 잠탈하기 위한 의도에서 이루어진 것이라고 볼 만한 사정이 없어, 이러한 일련의 과정을 전체적으로 '하나의 영장에 기하여 적시에 원본을 제시하고 이를 토대로 압수·수색하는 것'으로 평가할 수 있는 경우에 한하여, 예외적으로 영장의 적법한 집행 방법에 해당한다고 볼 수 있음

■ 이 사건에 관한 판단

- 이 사건 각 금융 계좌 추적용 압수·수색 영장의 집행 과정을 살펴보면, 수사기관이 금융기관으로부터 금융 거래 자료를 수신하기에 앞서 영장 원본을 사전에 제시하지 않았다고 하더라도 그 후 범죄 혐의 사실과 관련된 자료의 선별 절차를 거친 후 최종적으로 영장 원본을 제시하고 그 선별된 자료를 직접 압수하는 일련의 과정이 전체적으로 하나의 영장에 기하여 적시에 원본을 제시하고 이를 토대로 영장의 당초 집행 대상과 범위 내에서 이를 압수·수색한 것으로 평가할 수 있는 경우에 해당함. 수사기관이 적법 절차와 영장주의 원칙을 잠탈하려는 의도에서 위와 같은 방법의 집행을 한 것으로 보이지 않음

- 따라서 이 사건 각 금융 계좌 추적용 압수·수색 영장의 집행 과정에서 확보된 금융거래자료의 증거능력이 인정된다고 본 원심 결론은 정당함

(3) 나머지 상고 이유에 관한 판단

■ 원심의 판단에 논리와 경험의 법칙을 위반하여 자유심증주의의 한계를 벗어나거나 관련 법리를 오해한 잘못이 없음

3. 판결의 의의

■ 종전 대법원 2021. 11. 18. 선고 2016도348 전원합의체 판결에서 제3자가 임의 제출한 정보 저장 매체에 대하여 피의자의 참여권이 보장되어야 하는 경우인 '피의자의 소유·관리에 속하는 정보 저장 매체'의 구체적 의미를 설명하고, 그 판단 기준과 인정 범위를 제시함

■ 수사기관이 금융 계좌 추적용 압수·수색 영장을 집행하여 금융기관으로부터 금융 거래 자료를 수신하기에 앞서 금융기관에 영장 원본을 사전에 제시하지 않았다면 원칙적으로 적법한 집행 방법이라고 볼 수 없으나, 일련의 과정이 전체적으로 하나의 영장을 기초로 적시에 원본을 제시하고 압수·수색하는 것으로 평가할 수 있는 등 예외적으로 적법한 집행 방법에 해당한다고 볼 수 있는 요건을 제시함

제3장

매체별 디지털 증거의 증거능력

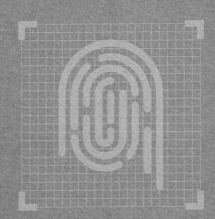

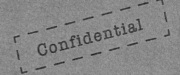

제1절 영상녹화의 증거능력

대법원은 2014년 자살방조(존속살해방조건) 사건 재판에서 디지털 정보 형식으로 존재하는 영상녹화물이나 녹음기록 등에 대해 영상녹화물의 본증을 불허함으로써 그동안 일반 형사사건에서의 논란이 됐던 영상녹화물의 본증 사용 여부에 종지부를 찍었다.

이와 관련, 대법원 2014.7.10.선고 2012도5041 판결은 "2007.6.1. 법률 제8496호로 개정되기 전의 형사소송법에는 없던 수사기관에 의한 피의자 아닌 자(이하 '참고인'이라 한다) 진술의 영상녹화를 새로 정하면서 그 용도를 참고인에 대한 진술조서의 실질적 진정성립을 증명하거나 참고인의 기억을 환기시키기 위한 것으로 한정하고 있는 현행 형사소송법의 규정 내용을 영상물에 수록된 성범죄 피해자의 진술에 대하여 독립적인 증거능력을 인정하고 있는 성폭력범죄의 처벌 등에 관한 특례법 제30조 제6항 또는 아동·청소년의 성 보호에 관한 법률 제26조 제6항의 규정과 대비하여 보면, 수사기관이 참고인을 조사하는 과정에서 형사소송법 제221조 제1항에 따라 작성한 영상녹화물은, 다른 법률에서 달리 규정하고 있는 등의 특별한 사정이 없는 한, 공소사실을 직접 증명할 수 있는 독립적인 증거로 사용될 수는 없다고 해석함이 타당하다"라고 판결하였다. (표34 참조)

사건명: 존속살해방조 등
사건번호: 2012도5041

1. 문제의 쟁점

- 수사기관이 참고인을 조사하는 과정에서 형사소송법 제221조 제1항에 따라 작성한 영상 녹화물이 공소 사실을 직접 증명할 수 있는 독립적인 증거로 사용될 수 있는지 여부

2. 사건 개요

가. 사건 발생 배경

- 피고인은 공소외 1과 공소외 2 등의 피해자에 대한 체포·감금 범행에 가담하여 폭력행위등처벌에관한법률위반(공동존속감금)의 범행을 저질렀다는 혐의를 받았다.

나. 영상 녹화물의 작성

- 수사기관은 참고인 공소외 3을 조사하는 과정에서 그의 진술을 영상으로 녹화하였으며, 이 영상 녹화물을 공소 사실을 입증하는 증거로 제출하였다.

3. 대법원 판단 요지

가. 형사소송법의 규정 내용

- 형사소송법 제221조 제1항은 수사기관이 참고인의 동의를 얻어 그의 진술을 영상 녹화할 수 있도록 규정하고 있으나, 이는 참고인 진술조서의 실질적 진정성립을 증명하거나 참고인의 기억을 환기시키기 위한 용도로 한정된다.

나. 독립적인 증거로서의 사용 여부

- 형사소송법의 이러한 규정 내용과 성폭력범죄의 처벌 등에 관한 특례법 제30조 제6항 또는 아동·청소년의 성보호에 관한 법률 제26조 제6항에서 영상 녹화물에 수록된 피해자의 진술에 대해 독립적인 증거능력을 인정하고 있는 것과 대비하여 볼 때, 수사기관이 참고인을 조사하는 과정에서 형사소송법 제221조 제1항에 따라 작성한 영상 녹화물은, 다른 법률에서 달리 규정하고 있는 등의 특별한 사정이 없는 한, 공소 사실을 직접 증명할 수 있는 독립적인 증거로 사용될 수 없다고 해석함이 타당하다.

4. 판결의 결론

- 대법원은 수사기관이 참고인을 조사하는 과정에서 작성한 영상녹화물을 공소 사실을 직접 증명할 수 있는 독립적인 증거로 사용할 수 없다고 판단하였다.

5. 의의 및 시사점

- 이 판결은 수사기관이 참고인의 진술을 영상 녹화한 경우, 해당 영상 녹화물이 독립적인 증거로서의 증거능력을 가지는지에 대한 기준을 명확히 하였다. 형사소송법은 이러한 영상 녹화물을 참고인 진술조서의 진정성립을 증명하거나 참고인의 기억을 환기시키는 용도로 한정하고 있으며, 독립적인 증거로서의 사용은 제한된다. 이는 수사기관의 조사 과정에서 작성된 영상 녹화물의 증거능력에 대한 명확한 기준을 제시한 판례로 평가된다.

[표34] 사건명: 존속살해방조 등

제2절 디스켓 및 CD의 증거능력

재판에 제출되는 증거는 CD 또는 디스켓 등 저장매체 형태인 경우가 대부분이다. 특히, 현대사회에는 대다수의 사람들이 스마트폰이나 노트북 등 상용전자 매체를 이용하여 업무, 일상생활을 하다 보니 자연스럽게 해당 매체에 각종 범죄, 소송에 관한 자료가 탑재되어 있기 마련이다.

물론, 법적으로는 위와 같은 형태의 증거들이 범죄에 어떻게 사용되었는가에 따라 다르겠지만 대부분의 범죄들이 의사소통 수단으로 각종 저장매체에 말과 글을 남긴다는 점을 감안할 때 전문법칙이 적용될 공산이 크다.

실제로 대법원(99도2317)은 "컴퓨터 디스켓에 들어 있는 문건이 증거로 사용되는 경우 그 컴퓨터 디스켓은 기재의 매체가 다를 뿐 실질에 있어서는 피고인 또는 피고인 아닌 자의 진술을 기재한 서류와 크게 다를 바 없고, 압수 후의 보관 및 출력과정에 조작의 가능성이 있으며, 기본적으로 반대신문의 기회가 보장되지 않는 점 등에 비추어 기재내용의 진실성에 관하여는 전문법칙이 적용된다고 할 것이고, 따라서 형사소송법 제313조 제1항에 의하여 그 작성자 또는 진술자의 진술에 의하여 그 성립의 진정함이 증명된 때에 한하여 이를 증거로 사용할 수 있다"라고 판시한 바 있다. (표35 참조)

사건명: 국가보안법위반(반국가단체의구성등)
사건번호: 99도2317

1. 문제의 쟁점

• 컴퓨터 디스켓에 저장된 문건의 증거능력 인정 여부와 이적표현물소지죄의 성립 요건

2. 사건 개요

가. 사건 발생 배경

- 피고인들은 반국가단체의 활동을 찬양·고무·동조하는 내용의 문건을 컴퓨터 디스켓에 저장하여 보관하였다.

나. 수사기관의 조치

- 수사기관은 피고인들의 컴퓨터 디스켓을 압수하여 해당 문건을 증거로 제출하였다.

3. 대법원 판단 요지

가. 컴퓨터 디스켓에 저장된 문건의 증거능력

- 컴퓨터 디스켓에 저장된 문건은 그 기재의 매체가 다를 뿐, 실질적으로 피고인 또는 피고인 아닌 자의 진술을 기재한 서류와 크게 다를 바 없다. 따라서 압수 후의 보관 및 출력 과정에서 조작의 가능성이 있으며, 기본적으로 반대신문의 기회가 보장되지 않는 점 등을 고려할 때, 그 기재 내용의 진실성에 관하여서는 전문법칙이 적용된다. 이에 따라 형사소송법 제313조 제1항에 의하여 그 작성자 또는 진술자의 진술에 의하여 성립의 진정함이 증명된 때에 한하여 이를 증거로 사용할 수 있다.

나. 이적표현물소지죄의 성립 요건

- 반국가단체의 활동을 찬양·고무·동조하는 내용의 문건을 컴퓨터 디스켓에 저장하여 보관하고 있었다면, 이는 이적표현물소지죄가 성립한다. 이후 해당 문건을 삭제하였더라도, 삭제 후 복구의 용이성이나 현실적인 복구 가능성 여부는 이적표현물소지죄의 성립에 아무런 영향을 주지 않는다.

4. 판결의 결론

• 대법원은 컴퓨터 디스켓에 저장된 문건의 증거능력을 인정하기 위해서는 작성자 또는 진술자의 진술에 의한 성립의 진정함이 증명되어야 하며, 반국가단체의 활동을 찬양·고무·동조하는 내용의 문건을 디스켓에 저장하여 보관한 행위는 이적표현물소지죄에 해당한다고 판시하였다.

5. 의의 및 시사점

• 이 판결은 디지털 저장 매체에 저장된 문건의 증거능력 인정 요건을 명확히 하였으며, 이적표현물소지죄의 성립 범위를 확장하여 디지털 형태의 표현물도 해당 범죄의 대상이 될 수 있음을 확인하였다.

[표35] 사건명: 국가보안법위반(반국가단체의구성등)

제3절 감청의 범위

대법원 2012.10.25.선고 2012도4644 판결은 "통신비밀보호법 제2조 제3호 및 제7호에 의하면 같은 법상 '감청'은 전자적 방식에 의하여 모든 종류의 음향·문언·부호 또는 영상을 송신하거나 수신하는 전기통신에 대하여 당사자의 동의 없이 전자장치·기계장치 등을 사용하여 통신의 음향·문언·부호·영상을 청취·공독하여 그 내용을 지득 또는 채록하거나 전기통신의 송·수신을 방해하는 것을 말한다. 그런데 해당 규정의 문언이 송신하거나 수신하는 전기통신 행위를 감청의 대상으로 규정하고 있을 뿐 송수신이 완료되어 보관 중인 전기통신 내용은 대상으로 규정하지 않은 점, 일반적으로 감청은 다른 사람의 대화나 통신 내용을 몰래 엿듣는 행위를 의미하는 점 등을 고려하여 보면, 통신비밀보호법상 '감청'이란 대상이 되는 전기통신의 송수신과 동시에 이루어지는 경우만을 의미하고, 이미 수신이 완료된 전기통신의 내용을 지득하는 등의 행위는 포함되지 않는다"라고 판결하였다. (표36 참조)

<table>
<tr><td colspan="1" align="center">**사건명: 통신비밀보호법 위반**
사건번호: 2012도4644</td></tr>
</table>

1. 문제의 쟁점

- 통신비밀보호법상 '감청'의 범위에 이미 송·수신이 완료된 전기통신 내용을 지득하는 행위가 포함되는지 여부

2. 사건 개요

가. 사건 발생 배경

- 피고인은 회사 서버에 저장된 타인의 휴대 전화 문자메시지 약 28,811건을 무단으로 자신의 USB에 복사하여 열람하였다.

나. 기소 내용

- 검찰은 피고인이 타인의 전기통신을 감청하였다고 판단하여 통신비밀보호법 위반 혐의로 기소하였다.

3. 대법원 판단 요지

가. '감청'의 정의

- 통신비밀보호법 제2조 제3호 및 제7호에 따르면, '감청'은 전자적 방식으로 송신하거나 수신하는 전기통신에 대해 당사자의 동의 없이 전자 장치 등을 사용하여 통신의 내용을 청취·공독하여 지득 또는 채록하거나 전기통신의 송·수신을 방해하는 것을 의미한다.

나. '감청'의 범위

- 해당 규정의 문언이 송신하거나 수신하는 전기통신 행위를 감청의 대상으로 규정하고 있을 뿐, 송·수신이 완료되어 보관 중인 전기통신 내용은 대상으로 규정하지 않은 점, 일반적으로 감청은 다른 사람의 대화나 통신 내용을 몰래 엿듣는 행위를 의미하는 점 등을 고려하여 보면, 통신비밀보호법상의 '감청'이란 대상이 되는 전기통신의 송·수신과 동시에 이루어지는 경우만을 의미하고, 이미 수신이 완료된 전기통신의 내용을 지득하는 등의 행위는 포함되지 않는다.

4. 판결의 결론

- 대법원은 피고인이 이미 수신이 완료된 문자 메시지를 무단으로 열람한 행위는 통신비밀보호법상 '감청'에 해당하지 않는다고 판단하여 무죄를 선고하였다.

5. 의의 및 시사점

- 이 판결은 통신비밀보호법에서 규정하는 '감청'의 범위를 명확히 하여, 송·수신이 완료된 전기통신 내용을 지득하는 행위는 '감청'에 포함되지 않음을 확인하였다. 따라서, 이미 수신이 완료된 전기통신 내용을 무단으로 열람하는 행위는 통신비밀보호법 위반으로 처벌할 수 없으며, 이는 개인정보 보호와 관련된 다른 법률에 따라 판단되어야 한다.

[표36] **사건명**: 통신비밀보호법 위반

제4절 녹음파일의 증거능력

녹음파일의 증거능력에 대해 법원은 일관되게 전문증거로서 제313조를 적용해 그 증거능력을 인정하고 있다.

이와 관련, 특경법(공갈) 위반사건 관련, 대법원 2012.9.13. 선고 2012도7461 판결은 "피고인과 상대방 사이의 대화 내용에 관한 녹취서가 공소사실의 증거로 제출되어 녹취서의 기재 내용과 녹음테이프의 녹음 내용이 동일한지에 대하여 법원이 검증을 실시한 경우에, 증거자료가 되는 것은 녹음테이프에 녹음된 대화 내용 자체이고, 그중 피고인의 진술 내용은 실질적으로 형사소송법 제311조, 제312조의 규정 이외에 피고인의 진술을 기재한 서류와 다름없어, 피고인이 녹음테이프를 증거로 할 수 있음에 동의하지 않은 이상 녹음테이프에 녹음된 피고인의 진술 내용을 증거로 사용하기 위해서는 형사소송법 제313조 제1항 단서에 따라 공판준비 또는 공판기일에서 작성자인 상대방의 진술에 의하여 녹음테이프에 녹음된 피고인의 진술 내용이 피고인이 진술한 대로 녹음된 것임이 증명되고 나아가 그 진술이 특히 신빙할 수 있는 상태하에서 행하여진 것임이 인정되어야 한다"였다.

또한 "대화 내용을 녹음한 파일 등 전자매체는 성질상 작성자나 진술자의 서명 또는 날인이 없을 뿐만 아니라, 녹음자의 의도나 특정한 기술에 의하여 내용이 편집·조작될 위험성이 있음을 고려하여, 대화 내용을 녹음한 원본이거나 원본으로부터 복사한 사본일 경우에는 복사과정에서 편집되는 등의 인위적 개작 없이 원본의 내용 그대로 복사된 사본임이 증명되어야 한다"라고 판결하였다.

대법원 2014.8.26. 선고 2011도6035 판결은 "녹음테이프는 성질상 작성자나 진술자의 서명이나 날인이 없을 뿐만 아니라 녹음자의 의도나 특정한 기술에 의하여 내용이 편집·조작될 위험이 있으므로, 그 대화내용을 녹음한 원본이거나 혹은 원본으로부터 복사한 사본일 경우에는 복사과정에서 편집되는 등의 인위적 개작 없이 원본의 내용 그대로 복사된 사본임이 증명되어야만 하고, 그러한 증명이 없는 경우에는 쉽게 증거능력을 인정할 수 없으며, 녹음테이프에 수록된 대화내용이 이를 풀어 쓴 녹취록의 기재와 일치한다거나 녹음테이프의 대화내용이 중단되었다고 볼 만한 사정이 없다는 점만으로는 위와 같은 증명이 있다고 할 수 없다"라고 판결하였다. (표37 참조)

사건명: 특정범죄가중처벌등에관한법률위반(뇌물) 등
사건번호: 2011도6035

1. 문제의 쟁점

• 녹음테이프에 녹음된 대화 내용의 증거능력 인정 요건과 그에 따른 증거로서의 활용 가능성

2. 사건 개요

가. 사건 배경

- 피고인은 시장으로 재직 중이던 시기에 아파트 건설사업과 관련하여 특정 업체로부터 부정한 청탁을 받고, 그 대가로 금품을 수수한 혐의로 기소되었다.

나. 녹음테이프의 제출

- 공소외 2는 피고인과의 대화 내용을 녹음한 테이프를 수사기관에 제출하였고, 해당 녹음테이프는 피고인의 뇌물수수 혐의를 입증하는 주요 증거로 사용되었다.

3. 대법원 판단 요지

가. 녹음테이프의 증거능력 인정 요건

- 녹음테이프는 작성자나 진술자의 서명이나 날인이 없고, 내용이 편집·조작될 위험이 있으므로, 그 증거능력을 인정하기 위해서는 다음과 같은 요건이 충족되어야 한다:

    1. 녹음테이프가 원본이거나, 원본으로부터 복사한 사본일 경우에는 복사 과정에서 편집 등의 인위적 개작 없이 원본 내용 그대로 복사된 사본임이 입증되어야 한다.

    2. 녹음테이프에 수록된 대화 내용이 이를 풀어쓴 녹취록의 기재와 일치한다거나, 녹음테이프의 대화 내용이 중단되었다고 볼 만한 사정이 없다는 점만으로는 위와 같은 증명이 있다고 할 수 없다.

나. 특신상태의 인정

- 녹음테이프에 녹음된 진술이 특히 신빙할 수 있는 상태(특신상태)에서 행하여졌음이 인정되어야 한다. 이를 위해서는 진술자의 진술이 임의로 이루어졌고, 진술 내용의 진실성이 담보될 수 있는 객관적인 정황이 존재해야 한다.

4. 판결의 결론

• 대법원은 공소외 2가 제출한 녹음테이프에 대해 위와 같은 요건이 충족되었음을 인정하여, 해당 녹음테이프의 증거능력을 인정하고, 이를 토대로 피고인의 뇌물수수 혐의를 유죄로 판단하였다.

5. 의의 및 시사점

- 이 판결은 녹음테이프와 같은 음성녹음물의 증거능력을 인정하기 위한 요건을 명확히 제시하였다. 특히, 녹음테이프의 원본성 및 편집·조작 여부에 대한 철저한 검증과 함께, 진술의 신빙성을 확보하기 위한 특신상태의 인정이 중요함을 강조하였다. 이는 향후 유사한 사건에서 음성녹음물의 증거능력을 판단하는 기준으로 활용될 수 있다.

[표37] 사건명: 특정범죄가중처벌등에관한법률위반(뇌물) 등

제5절 패킷감청의 증거능력

2018년 8월 30일 헌법재판소는 국가정보원의 '패킷감청'은 사생활의 비밀과 자유를 지나치게 제한하므로 헌법에 어긋난다고 판시했다. 패킷감청은 수사기관이 인터넷 회선에서 오가는 전자신호(패킷)를 중간에서 빼내 수사 대상자 컴퓨터와 똑같은 화면을 실시간으로 시청하는 것을 뜻한다.

이에 와서 대법원 2012.10.11.선고 2012도7455 판결은 패킷감청에 대해 인터넷 통신망을 통한 송·수신은 통신비밀보호법상 '전기통신'에 해당하므로 인터넷 통신망을 통하여 흐르는 전기신호 형태의 패킷(Packet)을 중간에 확보하여 그 내용을 지득하는 이른바 '패킷감청'도 같은 법률에서 정한 요건을 갖추는 경우 다른 특별한 사정이 없는 한 허용된다고 할 것이고, 이는 패킷감청의 특성상 수사목적과 무관한 통신내용이나 제3자의 통신내용도 감청될 우려가 있다는 것만으로 달리 볼 것이 아니라며 허용취지로 판단하였다. 그러나 헌법재판소에 의해 위의 판결은 불합치 결정을 받게 되었다.

항소심 패킷감청 허용 지지

이른바 조국통일범민족연합 간부의 국가보안법위반사건과 관련, 헌법재판소는 2018년 8월에 실제로는 압수와 같은 성질을 띠는 인터넷 회선을 통해 송수신되는 각종 자료들에 대하여 사후적인 방식으로 취득하는 일명 '패킷감청'에 대하여 헌법불합치 결정을 내렸다.

물론 2020년 3월 말까지는 기존 법률에 따라서 패킷감청이 허용되겠지만 이 기한이 지난 이후부터는 새로운 법률에 따라서 강화된 요건에 의한 감청만 가능할 것이다.

사실 위 사건의 배경은 국가정보원이 국가보안법 위반사건에 대한 범죄수사를 위해 피의자로 의심되는 사람이 사용하는 휴대폰, 인터넷회선 등 전기통신에 대해 법원으로부터 35차례 통신제한 조치를 허가받아 집행하였는데 문제는 해당 방식이 인터넷 통신망에서 정보전송을 위해 쪼개어진 단위 전기신호 형태인 '패킷'을 수사기관이 중간에 확보하여 취득하는 사후적 방식의 압수와 같은 것이었다는 점이다.

위의 수사방식에 대해 헌법재판소(2016헌마263)는 '패킷감청' 방식의 수사는 실제 감청집행 단계에서 인터넷회선을 통해 흐르는 불특정 다수의 정보가 패킷 형태로 수집되므로 취득되는 자료가 피의자 외에도 광범위하고 그 범위 역시 방대하여 위헌소지가 있다고 판단하였다. (표38 참조)

사건명: 패킷감청 등 통신제한조치 허가 위헌확인
사건번호: 2016헌마263

Ⅰ. 사실관계

• 2013년 10월 9일부터 2015년 4월 28일까지, 국가정보원은 특정 인물의 국가보안법 위반 혐의를 수사하기 위해 법원의 허가를 받아 해당 인물과 관련된 인터넷 회선에 대한 감청을 실시했다. 이 과정에서 청구인 명의로 가입된 인터넷 회선에 대해 총 6차례에 걸쳐 '패킷감청'이 이루어졌다. 청구인은 이러한 감청이 자신의 통신 및 사생활의 비밀과 자유를 침해한다고 주장하며 헌법소원을 제기했다.

Ⅱ. 대상판결의 요지

• 헌법재판소는 2018년 8월 30일, 통신비밀보호법 제5조 제2항 중 인터넷 회선 감청에 관한 부분이 집행 단계 이후 객관적 통제 수단이 제대로 마련되어 있지 않아 청구인의 통신 및 사생활의 비밀과 자유를 침해한다고 판단하여 헌법불합치 결정을 내렸다. 다만, 입법 공백을 방지하기 위해 2020년 3월 31일까지 해당 조항의 잠정 적용을 명하였다.

Ⅲ. 대상 판결의 평석

1. 문제 제기

- 패킷감청은 인터넷 회선을 통해 송수신되는 모든 데이터를 실시간으로 수집하는 감청 방식으로, 그 범위가 광범위하여 개인의 통신 및 사생활의 비밀과 자유를 침해할 우려가 있다. 특히, 감청 집행 이후 수사기관의 권한 남용을 방지하고 기본권 침해를 최소화하기 위한 제도적 장치가 미비하다는 문제가 제기되었다.

2. 문제의 쟁점

- 패킷감청의 범위와 한계: 패킷감청이 수사에 필요한 범위를 넘어 과도하게 개인의 통신 및 사생활의 비밀과 자유를 침해하는지 여부.
- 사후 통제 장치의 부재: 감청 집행 이후 수사기관의 권한 남용을 방지하고 기본권 침해를 최소화하기 위한 객관적 통제 수단이 마련되어 있는지 여부.

- 헌법상 과잉금지원칙 위반 여부: 패킷감청이 목적의 정당성과 수단의 적합성을 갖추었더라도, 기본권 침해를 최소화하기 위한 조치가 부족하여 과잉금지원칙에 위배되는지 여부.

3. 헌법재판소 판단 요지
- 헌법재판소는 패킷감청이 범죄 수사를 위해 필요한 경우에 한해 허용될 수 있으나, 그 집행 이후 수사기관의 권한 남용을 방지하고 기본권 침해를 최소화하기 위한 제도적 조치가 제대로 마련되어 있지 않다고 판단했다. 따라서, 통신비밀보호법 제5조 제2항 중 인터넷 회선 감청에 관한 부분은 과잉금지원칙에 위배되어 청구인의 기본권을 침해한다고 보았다.

4. 판결의 결론
- 헌법재판소는 해당 조항에 대해 헌법불합치 결정을 내리고, 2020년 3월 31일까지 잠정 적용을 명하였다. 이는 입법자가 해당 기간 내에 관련 법률을 개정하여 패킷감청에 대한 사후 통제 장치를 마련하도록 촉구한 것이다.

IV. 시사점 및 의의
- 이 판결은 디지털 시대에 개인의 통신 및 사생활의 비밀과 자유를 보호하기 위한 법적 장치의 중요성을 강조한 것으로 평가된다. 특히, 패킷감청과 같은 광범위한 감시 수단에 대해 사후 통제 장치를 마련함으로써 수사기관의 권한 남용을 방지하고, 국민의 기본권을 보호하기 위한 입법적 노력이 필요하다는 점을 부각시켰다. 이는 이후 통신비밀보호법 개정과 관련된 논의에 중요한 기준을 제공한 것으로 평가되었다.

[표38] **사건명**: 패킷감청 등 통신제한조치 허가 위헌확인

제6절 휴대폰의 문자정보

음란물 유포와 관련된 정보통신망법 위반 사건에서 법원은 피해자의 휴대전화기로 전송된 문자메시지는 범행의 직접적인 수단으로 제310조의2에서 정한 전문법칙이 적용되지 않는다고 판시했다.

과거에 휴대폰 등이 범죄 공모나 증거 조작을 위한 범인들 간의 의사소통 수단으로 주로 활용되었다고 한다면 최근에는 휴대폰이 협박을 하거나 공포심을 유발시키는 수단으로 사용되는 경우가 많다. 이런 경우는 직접적인 범행 수단으로 사용되었다고 본다.

실제로 대법원(2006도2556)에서도 "형사소송법 제310조의2는 사실을 직접 경험한 사람의 진술이 법정에 직접 제출되어야 하고 이에 갈음하는 대체물인 진술 또는 서류가 제출되어서는 안 된다는 이른바 전문법칙을 선언한 것이다. 그런데 정보통신망을 통하여 공포심이나 불안감을 유발하는 글을 반복적으로 상대방에게 도달하게 하는 행위를 하였다는 공소사실에 대하여 휴대전화기에 저장된 문자정보가 그 증거가 되는 경우, 문자정보는 범행의 직접적인 수단이고 경험자의 진술에 갈음하는 대체물에 해당하지 않으므로, 형사소송법 제310조의2에서 정한 전문법칙이 적용되지 않는다"라고 판시한 바 있다.

물론, 전문법칙이 적용된다고 해도 형사소송법 개정[3]으로 진술 내용 중 컴퓨터용 디스

---

3 형사소송법[시행 20180107] [법률 제13720호, 2016.1.6.,일부개정] 제313조 (진술서 등) ① 전2조의 규정 이외에 피고인 또는 피고인이 아닌 자가 작성한 진술서나 그 진술을 기재한 서류로서 그 작성자 또는 진술자의 자필이거나 그 서명 또는 날인이 있는 것(피고인 또는 피고인 아닌 자가 작성하였거나 진술한 내용이 포함된 문자·사진·영상 등의 정보로서 컴퓨터용 디스크, 그 밖에 이와 비슷한 정보저장매체에 저장된 것을 포함한다. 이하 이 조에서 같다)은 공판준비나 공판기일에서의 그 작성자 또는 진술자의 진술에 의하여 그 성립의 진정함이 증명된 때에는 증거로 할 수 있다. 단, 피고인의 진술을 기재한 서류는 공판준비 또는 공판기일에서의 그 작성자의 진술에 의하여 그 성립의 진정함이 증명되고 그 진술이 특히 신빙할 수 있는 상태하에서 행하여진 때에 한하여 피고인의 공판준비 또는 공판기일에서의 진술에 불구하고 증거로 할 수 있다. <개정 2016.5.29.> ② 제1항 본문에도 불구하고 진술서의 작성자가 공판준비나 공판기일에서 그 성립의 진정을 부인하는 경우에는 과학적 분석결과에 기초한 디지털포렌식 자료, 감정 등 객관적 방법으로 성립의 진정함이 증명되는 때에는 증거로 할 수 있다. 다만, 피고인 아닌 자가 작성한 진술서는 피고인 또는 변호인이 공판준비 또는 공판기일에 그 기재 내용에 관하여 작성자를 신문할 수 있었을 것을 요한다. <개정 2016.5.29.> ③ 감정의 경과와 결과를

크, 그 밖에 이와 비슷한 정보저장매체에 저장된 것이라고 해도 과학적 분석결과에 기초한 디지털 포렌식 자료, 감정 등 객관적 방법으로 성립의 진정함이 증명되는 때에는 증거로 할 수 있도록 하였으므로 증거능력 인정 여부에는 영향이 없다고 할 수 있다. (표39 참조)

사건명: 정보통신망이용촉진및정보보호등에관한법률위반(음란물유포등)
사건번호: 2006도2556

1. 문제의 쟁점

- 휴대 전화에 저장된 문자 메시지와 이를 촬영한 사진의 증거능력 및 전문법칙 적용 여부

2. 사건 개요

가. 사건 배경
- 피고인은 피해자에게 공포심이나 불안감을 유발하는 내용의 문자 메시지를 반복적으로 전송하였다.
나. 증거 제출
- 검사는 피고인의 혐의를 입증하기 위해 피해자의 휴대 전화에 저장된 해당 문자 메시지와 그 화면을 촬영한 사진을 증거로 제출하였다.

3. 대법원 판단 요지

가. 휴대 전화에 저장된 문자 메시지의 증거능력.
- 휴대 전화에 저장된 문자 메시지는 범행의 직접적인 수단으로서, 형사소송법 제310조의2에서 정한 전문법칙이 적용되지 않는다
나. 문자 메시지 화면을 촬영한 사진의 증거능력
- 휴대 전화를 법정에 제출할 수 없거나 제출이 곤란한 사정이 있는 경우, 해당 화면을 촬영한 사진을 증거로 사용할 수 있다. 이를 위해서는 촬영된 사진이 휴대 전화 화면에 표시된 문자 정보와 정확히 동일하다는 사실이 증명되어야 한다.

4. 판결의 결론

대법원은 휴대 전화에 저장된 문자 메시지는 전문법칙의 적용 대상이 아니며, 해당 화면을 촬영한 사진도 일정 요건을 충족하면 증거로 인정될 수 있다고 판시하였다.

5. 의의 및 시사점

이 판결은 전자 기기에 저장된 정보의 증거능력과 전문법칙 적용 여부에 대한 기준을 제시하였다. 특히, 휴대 전화에 저장된 문자 메시지는 범행의 직접적인 수단으로서 전문법칙의 적용을 받지 않으며, 해당 화면을 촬영한 사진도 원본과의 동일성이 증명되면 증거로 인정될 수 있음을 명확히 하였다.

[표39] 사건명: 정보통신망이용촉진및정보보호등에관한법률위반(음란물유포등)

기재한 서류도 제1항 및 제2항과 같다. <신설 2016.5.29.>

제7절 X(구 트위터) 등 SNS의 증거능력

최근에는 소셜미디어를 이용한 의사소통 활성화로 각종 범죄의 증거 역시 이를 통해 확인되는 경우가 적지 않다. 이에 따라 범죄흔적을 찾기 위한 수사기관의 노력 역시 SNS 분석에 집중될 수밖에 없다.

그렇다면 법원은 과연 이러한 증거에 대하여 어떻게 판단하고 있을까?

대법원(2015.7.16.선고 2015도2625)은 먼저 수사기관이 사인으로부터 임의제출 받은 X(구 트위터) 정보 및 이를 기초로 취득한 증거의 증거능력에 관하여 SNS(X구 트위터) 정보에는 개인정보와 이에 해당하지 않는 정보가 혼재되어 있을 수 있는데, 국민의 사생활의 비밀을 보호하고 개인정보에 관한 권리를 보장하고자 하는 개인정보보호법의 입법 취지에 비추어 그 정보의 제공에는 개인정보보호법의 개인정보에 관한 규정이 적용되어야 하므로, 개인정보보호법에 따라 공공기관에 해당하지 아니하는 사인이 수사기관에 제출한 것은 위법하여 그 증거능력이 없으나, 이를 기초로 하여 별도로 취득한 증거는 증거능력이 있다고 판단하였다.

또한 법원 등의 사실조회 절차에 따라 사인이 제출한 X(구 트위터) 정보의 증거능력에 관하여 법률상 법원 등은 공사단체에 보관서류의 송부를 요구할 수 있다고 규정한 형사소송법 취지, 피고인들의 방어권을 침해할 우려가 있는지 여부, 사실조회의 구체적 경위 등 그 판시와 같은 사정을 종합하여 사인이 사실조회 회신서에 첨부하여 법원에 제출한 X(구 트위터) 정보의 증거능력이 있다고 판단하였다. (표40 참조)

사건명: 공직선거법위반 등
사건번호: 2015도2625

1. 문제의 쟁점

- X(구 트위터) 정보를 수집하여 수사기관에 제공한 행위가 개인정보 보호법을 위반하였는지 여부와 해당 X 정보의 증거능력 인정 여부

2. 사건 개요

가. 사건 배경

- 국가정보원 심리전단 직원들이 2012년 대통령 선거를 앞두고 X를 통해 특정 후보를 지지하거나 반대하는 활동을 벌였다는 혐의로 기소되었다.

나. X 정보 수집 및 제공

- 수사기관은 빅데이터 업체로부터 약 2,876만 건의 X 정보를 임의 제출 받아 수사에 활용하였다.

3. 대법원 판단 요지

가. 개인정보 보호법 위반 여부

- 대법원은 빅데이터 업체가 수사기관에 제공한 X 정보에는 개인정보와 비개인정보가 혼재되어 있을 수 있으며, 개인정보 보호법의 입법 취지에 비추어 해당 정보의 제공에는 개인정보 보호법의 개인정보에 관한 규정이 적용되어야 한다고 판단하였다.

나. X 정보의 증거능력

- 대법원은 빅데이터 업체가 수사기관에 임의 제출한 X 정보는 개인정보 보호법 제18조 제2항 제7호에 따른 절차를 거치지 않았으므로 위법하게 수집된 것으로 보아 그 증거능력을 인정하지 않았다.

4. 판결의 결론

- 대법원은 빅데이터 업체가 수사기관에 제공한 X 정보는 개인정보 보호법을 위반하여 수집된 것으로, 해당 정보의 증거능력을 인정할 수 없다고 판시하였다.

5. 의의 및 시사점

- 이 판결은 수사기관이 빅데이터 업체로부터 대량의 X 정보를 제공받는 과정에서 개인정보 보호법의 절차를 준수해야 함을 강조하였다. 특히, 개인정보와 비개인정보가 혼재된 데이터를 수집·제공할 때에는 개인정보 보호법의 규정을 철저히 준수해야 하며, 이를 위반한 경우 해당 정보의 증거능력이 부정될 수 있음을 명확히 하였다.

[표40] 사건명: 공직선거법위반 등

제8절 스테가노그라피로 암호화한 파일의 증거능력

전자통신망이 활성화된 요즘은 시대 변화에 상응하여 개인정보 유출이나 해킹 등 보안취약 요소 역시 증가하고 있다. 이에 따라 개인, 단체, 국가에서는 전자통신망 송수신 시 암호화 절차를 거쳐 보안을 강화하고 있는데 과연 이러한 증거가 법원에 제출된 경우 암호화와 복호화 과정을 거쳐야 하고 해당 절차의 투명성 등이 보장되는지 여부에 따라 증거능력 여부가 달라질 수 있는 것에 대해 어떤 판단이 내려질까?

법원(서울고법 2017.6.13. 선고 2017노23)은 이러한 경우에 대하여 다음과 같이 판단한 것으로 보인다.

"스테가노그라피 복호화 과정은 상당한 수사기밀에 해당할 수 있으며, 신분상의 보안이 필요한 국가정보원 직원이 스테가노그라피를 복호화하는 모습과 그 과정이 외부에 공개될 경우 국가안보를 해할 우려가 있다는 이유로 비공개 결정을 하였고, 피고인과 증인 사이에 차폐막을 설치하지 않아 피고인의 권리를 보호하기 위한 노력을 기울였으므로 위 비공개가 위법하지 않다고 판단하였다. 기록에 의하면, 비공개 결정의 이유의 개시가 명백하고, 예상되는 당해 재판 내용 등을 보면 그 공개금지의 사유를 수긍할 수 있으므로, 원심의 위와 같은 판단은 정당한 것으로 보인다".

물론 간접적인 판단으로 살펴볼 수 있는 것이지만, 암호화한 파일의 증거능력 자체에 대하여 증거능력을 인정하고 있는 것으로 보인다. (표41 참조)

사건명: 국가보안법 위반 사건
사건번호: 2017노23

1. 문제의 쟁점

• 스테가노그라피를 활용한 비밀통신이 국가보안법상 회합·통신 및 편의 제공에 해당하는지 여부

2. 사건 개요

　가. 사건 배경

　　- 피고인은 북한의 지령을 받아 스테가노그라피 기법을 사용하여 이메일을 통해 비밀리에 통신을 주고받은 혐의로 기소되었다.

　나. 스테가노그라피의 사용

　　- 피고인은 이미지 파일 등에 스테가노그라피를 이용하여 암호화된 메시지를 삽입한 후, 이를 이메일에 첨부하여 북한과의 비밀 통신 수단으로 활용하였다.

3. 대법원 판단 요지

　가. 스테가노그라피의 정의와 특성

　　- 스테가노그라피는 디지털 파일에 비밀 정보를 은닉하는 기술로, 외형상 일반 파일과 구별이 어렵다.

　나. 국가보안법 적용 여부

　　- 대법원은 스테가노그라피를 이용한 비밀 통신이 국가보안법상 회합·통신 및 편의 제공에 해당한다고 판단하였다. 이는 북한과의 비밀 통신이 국가의 안전을 위협할 수 있는 행위로 간주되기 때문이다.

4. 판결의 결론

• 대법원은 피고인이 스테가노그라피를 사용하여 북한과 비밀 통신을 한 행위가 국가보안법을 위반한 것으로 인정하여 유죄를 선고하였다.

5. 의의 및 시사점

• 이 판결은 스테가노그라피와 같은 첨단 기술을 활용한 비밀 통신이 국가보안법의 적용 대상이 될 수 있음을 명확히 하였다. 따라서 향후 유사한 기술을 이용한 비밀 통신 행위에 대해 법적 규제가 강화될 가능성이 있으며, 수사기관은 이러한 기술에 대한 대응 능력을 강화해야 할 필요성이 제기된다.

[표41] 사건명: 국가보안법 위반 사건

제9절 클라우드에 저장된 파일의 증거능력

　수사기관에 증거물인 스마트폰을 임의로 제출하면서 해당 스마트폰과 연결되어 있는 자신의 클라우드 아이디와 비밀번호를 제공하겠다고 하는 등 자발적인 동의 표시를 하지 않았다면 클라우드 안에 저장되어 있는 파일은 증거능력이 있는지 여부에 관하여 대법원은 증거능력을 부정하는 판결을 내렸다.

　실제로 대법원(2020도14654)에 따르면 피고인은 온라인 채팅으로 서로 관계를 형성한 미성년자들을 협박하여 성적인 학대 모습을 촬영하게 협박하고 이를 파일로 발송하도록 하여 수신하였는데, 담당 수사기관에서는 피고인이 이용한 SNS 계정을 통하여 인터넷 접속 주소인 IP를 추적하였으며, 해당 IP 주소에 거주하고 있던 피고인의 가족의 신분을 확인하고 그의 이름으로 법원으로부터 압수·수색 영장을 발부받았다.

　그러나 주민등록표상 피고인은 해당 주소지의 실제 거주자가 아니었고, 추가적인 수사과정에서 피고인이 가족의 주소지에서 함께 거주하고 있었으며, 수사 대상이 피고인이라는 사실을 확인하게 되었다.

　그럼에도 불구하고 수사기관은 피고인이 아닌 주소지 등록자인 피고인의 가족을 대상으로 발부된 압수·수색 영장으로 피고인의 스마트폰을 압수하였고, 이어서 피고인이 일하는 직장에 들러 피고인이 사용하는 다른 스마트폰도 임의 제출 받았으며, 해당 스마트폰과 연결되어 있던 클라우드 서버에서 파일을 수집하였는데, 확인 결과 미성년자들을 대상으로 협박하여 확보한 음란물임이 밝혀져 피고인을 아동청소년성보호법상 음란물의 제작 및 배포 등의 혐의로 기소하였다.

이에 1심 법원은 피고인에게 징역 5년 선고와 함께 성폭력 치료 프로그램 이수 40시간 및 아동청소년 및 장애인복지시설 등에 5년간 취업 제한 명령을 하였다.

그러나 피고인은 자신이 아닌 피고인 가족을 대상으로 발부된 영장으로 수사기관이 피고인의 스마트폰을 증거물로 수집한 것이 위법하고 자신이 임의 제출한 스마트폰 외에 이와 연동된 클라우드에 저장되어 있던 파일은 별도의 영장 없이 수집할 수 없다고 주장하였고, 2심인 항소심은 피고인의 항소에 대하여 수사기관이 피고인의 가족을 대상으로 발부받은 영장으로 압수한 스마트폰으로부터 추출한 파일들에 대해 증거능력을 부정하였다.

그리고 클라우드에 저장되어 있던 파일의 경우 피고인이 스마트폰을 임의로 제출하면서 제공한 아이디와 비밀번호를 통해 확보한 파일만 증거능력을 인정하되 피고인이 아이디와 비밀번호를 제공하지 않은 클라우드 내부에 저장된 다른 파일은 위법한 증거로 판단하여 증거능력을 불인정하였다. 또한 대법원 역시 항소심과 같은 판단을 내려 선고하였다. (표42 참조)

사건명: 아동·청소년의성보호에관한법률위반(음란물제작·배포등) 등
사건번호: 2020도14654

1. 문제의 쟁점
• 피의자가 임의 제출한 스마트폰과 연결된 클라우드에 저장된 전자 정보의 증거능력 인정 여부

2. 사건 개요
　가. 사건 배경
　　- 피고인은 아동·청소년을 협박하여 성적 학대 행위를 시키고, 이를 촬영한 음란물을 제작·배포한 혐의로 기소되었다.
　나. 수사 과정
　　- 수사기관은 피고인의 동생을 피의자로 기재한 압수·수색 영장을 발부받아 피고인의 스마트폰을 압수하였다.
• 이후 피고인은 자신의 또 다른 스마트폰을 임의 제출하였고, 수사기관은 해당 스마트폰과 연동된 클라우드에 접속하여 전자 정보를 확보하였다.

3. 대법원 판단 요지
　가. 클라우드에 저장된 전자 정보의 증거능력

- 피의자가 휴대 전화를 임의 제출하면서 클라우드 등에 접속하기 위한 아이디와 비밀번호를 임의로 제공한 경우, 해당 클라우드에 저장된 전자 정보를 임의 제출한 것으로 볼 수 있다.
- 그러나 피의자가 클라우드 접속 정보를 제공하지 않은 경우, 해당 클라우드에 저장된 전자 정보는 임의 제출의 범위에 포함되지 않는다.

나. 압수·수색 영장의 적법성
- 피의자의 동생을 피의자로 기재한 압수·수색 영장으로 피고인의 스마트폰을 압수한 것은 영장주의에 위배되어 위법하다.

4. 판결의 결론
- 대법원은 피고인이 클라우드 접속 정보를 제공하지 않은 경우, 해당 클라우드에 저장된 전자 정보는 증거능력이 없다고 판단하였다. 또한, 피고인의 동생을 피의자로 기재한 영장으로 피고인의 스마트폰을 압수한 절차는 위법하다고 보았다.

5. 의의 및 시사점
- 이 판결은 클라우드에 저장된 전자 정보의 증거능력 인정 요건을 명확히 하였다. 특히, 피의자가 클라우드 접속 정보를 임의로 제공한 경우에만 해당 전자 정보의 증거능력이 인정되며, 그렇지 않은 경우에는 증거능력이 부정된다. 또한, 압수·수색 영장의 피의자 기재 오류로 인한 절차적 위법성에 대한 판단 기준을 제시하였다.

[표42] **사건명:** 아동·청소년의성보호에관한법률위반(음란물제작·배포등) 등

대법원

제1부

판결

사 건 2020도14654 아동·청소년의 성보호에 관한 법률 위반(음란물제작·배포등), 아동복지법
위반(아동에 대한 음행강요·매개·성희롱 등), 아동·청소년의 성보호에 관한 법률 위반(음란
물 소지), 공갈, 협박

피 고 인 피고인

상 고 인 피고인

변 호 인 법무법인 엘케이비앤파트너스

담당 변호사 김종복 외 1인

원 심 판 결 서울고등법원 2020. 10. 15. 선고 2019노2808 판결

판 결 선 고 2021. 7. 29.

주 문

상고를 기각한다.

이 유

상고 이유를 판단한다.

1. 쟁점 공소사실의 요지

피고인은, ① 2018. 1. 2.경부터 2018. 12. 10.경까지 원심판결 별지 '변경된 범죄일람표 I' 중
아동·청소년인 피해자 14명에게 각 성적 수치심을 주는 성희롱 등 성적 학대 행위를 함과
동시에 이들을 이용하여 각 음란물을 제작하고, ② 2019. 3. 1. 피해자의 성기 부위 등을
촬영한 사진을 전송하는 방법으로 아동·청소년을 이용한 음란물을 배포하고, ③ 2018. 6.
14.경부터 2019. 1. 5.경까지 아동·청소년을 이용한 음란물 총 229건을 소지하였다.

2. 이 사건 영장에 의한 압수에 관한 판단

가. 원심의 판단

원심은 그 판시와 같은 이유를 들어 이 사건 영장에 따라 피고인의 주거지에서 피고
인 소유의 이 사건 휴대 전화 등을 압수한 절차가 영장주의에 위반된다거나 피고인

의 압수·수색 절차에서의 참여권을 침해하는 등의 위법이 있다고 볼 수 없다고 판단하였다.

나. 대법원의 판단

(1) 형사소송법 제215조 제1항은 "검사는 범죄 수사에 필요한 때에는 피의자가 죄를 범하였다고 의심할 만한 정황이 있고 해당 사건과 관계가 있다고 인정할 수 있는 것에 한정하여 지방법원판사에게 청구하여 발부받은 영장에 의하여 압수, 수색 또는 검증을 할 수 있다."라고 정하고 있다. 따라서 영장 발부의 사유로 된 범죄 혐의 사실과 무관한 별개의 증거를 압수하였을 경우 이는 원칙적으로 유죄 인정의 증거로 사용할 수 없다. 그러나 압수·수색의 목적이 된 범죄나 이와 관련된 범죄의 경우에는 그 압수·수색의 결과를 유죄의 증거로 사용할 수 있다. 압수·수색 영장의 범죄 혐의 사실과 관계있는 범죄라는 것은 압수·수색 영장에 기재한 혐의 사실과 객관적 관련성이 있고 압수·수색 영장 대상자와 피의자 사이에 인적 관련성이 있는 범죄를 의미한다. 그 중 혐의 사실과의 객관적 관련성은 압수·수색 영장에 기재된 혐의 사실 자체 또는 그와 기본적 사실관계가 동일한 범행과 직접 관련되어 있는 경우를 의미하는 것이나, 범행 동기와 경위, 범행 수단과 방법, 범행 시간과 장소 등을 증명하기 위한 간접증거나 정황증거 등으로 사용될 수 있는 경우에도 인정될 수 있다. 이때 객관적 관련성은 압수·수색 영장에 기재된 혐의 사실의 내용과 수사의 대상, 수사 경위 등을 종합하여 구체적·개별적 연관관계가 있는 경우에만 인정된다고 보아야 하고, 혐의 사실과 단순히 동종 또는 유사 범행이라는 사유만으로 그 관련성이 있다고 할 것은 아니다. 그리고 피의자와 사이의 인적 관련성은 압수·수색 영장에 기재된 대상자의 범죄를 의미하는 것이나, 그의 공동정범이나 교사범 등 공범이나 간접정범은 물론 필요적 공범 등에 대한 피고 사건에 대해서도 인정될 수 있다(대법원 2017. 1. 25. 선고 2016도 13489 판결, 대법원 2017. 12. 5. 선고 2017도13458 판결 등 참조).

(2) 원심판결 이유와 기록에 의하면 다음의 사실을 알 수 있다.

(가) 경찰은 피해자가 연락을 주고받은 피고인의 페이스북 계정에 관한 압수·수색 결과를 바탕으로 범인이 피해자와 페이스북 메신저를 통해 대화한 계정의 접속 IP 가입자가 공소외 1(피고인의 모친)임을 확인하였다. 그리고 공소외 1의 주민등록표상 공소외 2(피고인의 부친)와 공소외 3(피고인의 남동생)이 함께 거주하고 있음을 확인하였다. 당시 피고인은 위 페이스북 접속지에서 거주하고 있었으나 주민등록상 거주지가 달라 공소외 1의 주민등록표에는 나타나지 않았다. 경찰은 공소외 3을 피의자로 특정한 뒤 압수·수색 영장을 신청하였고, 지방법원판사는 경찰이 신청한 대로 이 사건 영장을 발부하였다.

(나) 이 사건 영장에는 범죄혐의 피의자로 피고인의 동생인 '공소외 3'이, 수색·검

증할 장소, 신체, 물건으로 '가. 전라북도 전주시 덕진구(주소 생략), 나. 피의자 공소외 3의 신체 및 피의자가 소지·소유·보관하는 물건'이, 압수할 물건으로 '피의자 공소외 3이 소유·소지 또는 보관·관리·사용하고 있는 스마트폰 등 디지털 기기 및 저장 매체'가 각 특정되어 기재되어 있다.

(다) 경찰이 이 사건 영장을 집행하기 위하여 피고인의 주거지에 도착하였을 때 피고인은 출근을 하여 부재중이었고, 경찰은 공소외 1과 공소외 3으로부터 이 사건 피의 사실을 저지른 사람은 공소외 3이 아닌 피고인이라는 취지의 말을 들었다.

(라) 이에 경찰은 공소외 1에게 이 사건 영장을 제시하고 이 사건 영장에 의하여 위 주거지를 수색하여 피고인 소유의 이 사건 휴대 전화 등을 압수하였다. 경찰은 그 자리에서 위 각 압수물에 대한 압수조서를 작성하였는데, 그 '압수경위'란에 "페이스북 접속 IP 설치 장소에 거주하는 공소외 3을 피의자로 특정하였으나 현장 방문한 바, 형 피고인이 세대 분리된 상태로 같이 거주하고 있었고 모친 및 공소외 3 진술을 청취한 바 실제 피의자는 피고인으로 확인됨. 그러나 영장 집행 당시 출근하여 부재중이므로 모친 공소외 1 참여하에 이 사건 영장을 집행함"이라고 기재하였다.

(3) 위와 같은 사실관계를 앞서 본 법리에 다음과 같은 사정을 더하여 살펴보면, 피고인이 아닌 사람을 피의자로 하여 발부된 이 사건 영장을 집행하면서 피고인 소유의 이 사건 휴대 전화 등을 압수한 것은 위법하다.

(가) 헌법과 형사소송법이 구현하고자 하는 적법 절차와 영장주의의 정신에 비추어 볼 때, 법관이 압수·수색 영장을 발부하면서 '압수할 물건'을 특정하기 위하여 기재한 문언은 엄격하게 해석하여야 하고, 함부로 피압수자 등에게 불리한 내용으로 확장 또는 유추 해석하여서는 안 된다(대법원 2009. 3. 12. 선고 2008도763 판결 등 참조).

(나) 경찰은 이 사건 범행의 피의자로 공소외 3을 특정하여 공소외 3이 소유·소지하는 물건을 압수하기 위해 이 사건 영장을 신청하였고, 판사는 그 신청 취지에 따라 공소외 3이 소유·소지하는 물건의 압수를 허가하는 취지의 이 사건 영장을 발부하였으므로, 이 사건 영장의 문언상 압수·수색의 상대방은 공소외 3이고, 압수할 물건은 공소외 3이 소유·소지·보관·관리·사용하는 물건에 한정된다.

(다) 비록 경찰이 압수·수색 현장에서 다른 사람으로부터 이 사건 범행의 진범이 피고인이라는 이야기를 들었다고 하더라도 이 사건 영장에 기재된 문언에 반하여 피고인 소유의 물건을 압수할 수는 없다. 대물적 강제처분은 대인적 강제처분과 비교하여 범죄 사실 소명의 정도 등에서 그 차이를 인정할 수 있

다고 하더라도, 일단 피의자와 피압수자를 특정하여 영장이 발부된 이상 다른 사람을 피압수자로 선해하여 영장을 집행하는 것이 적법·유효하다고 볼 수는 없기 때문이다.

(4) 그럼에도 원심은 그 판시와 같은 이유를 들어 이 사건 영장 집행이 적법하다고 판단하였으니, 원심의 판단에는 피고인 아닌 사람을 피의자로 하여 발부된 영장에 의한 압수 절차의 위법성에 관한 법리를 오해한 잘못이 있다.

(5) 그러나 이 사건 영장을 집행하여 압수한 이 사건 휴대 전화 등 중 E310K 휴대 전화에서 발견된 파일은 이 사건 영장에 기재된 피의사실과 관계있는 범죄에 관한 것이라고 볼 수 없어 증거능력이 없고, 나머지에서는 범죄에 대한 증거로 사용할 만한 증거가 발견되지 않았다는 이유로, 원심은 위와 같이 위법하게 압수된 이 사건 휴대 전화 등에서 취득한 증거를 유죄의 증거로 사용하지 않았다. 따라서 원심의 위와 같은 잘못은 판결 결과에 영향을 미치지 않았으므로, 결국 피고인의 이 부분 상고 이유 주장은 받아들일 수 없다.

3. 임의 제출에 의한 압수에 관한 판단

가. 수사기관이 인터넷 서비스 이용자인 피의자를 상대로 피의자의 컴퓨터 등 정보처리 장치 내에 저장되어 있는 이메일 등 전자 정보를 압수·수색하는 것은 전자 정보의 소유자 내지 소지자를 상대로 해당 전자 정보를 압수·수색하는 대물적 강제 처분으로 형사소송법의 해석상 허용된다. 압수·수색할 전자 정보가 압수·수색 영장에 기재된 수색 장소에 있는 컴퓨터 등 정보 처리 장치 내에 있지 아니하고 그 정보 처리 장치와 정보통신망으로 연결되어 제3자가 관리하는 원격지의 서버 등 저장 매체에 저장되어 있는 경우에도, 수사기관이 피의자의 이메일 계정에 대한 접근 권한에 갈음하여 발부받은 영장에 따라 영장 기재 수색 장소에 있는 컴퓨터 등 정보 처리 장치를 이용하여 적법하게 취득한 피의자의 이메일 계정 아이디와 비밀번호를 입력하는 등 피의자가 접근하는 통상적인 방법에 따라 그 원격지의 저장 매체에 접속하고 그곳에 저장되어 있는 피의자의 이메일 관련 전자 정보를 수색 장소의 정보 처리 장치로 내려받거나 그 화면에 현출시키는 것 역시 피의자의 소유에 속하거나 소지하는 전자 정보를 대상으로 이루어지는 것이므로 그 전자 정보에 대한 압수·수색을 위와 달리 볼 필요가 없다(대법원 2017. 11. 29. 선고 2017도9747 판결 참조). 피의자가 휴대 전화를 임의 제출하면서 휴대 전화에 저장된 전자 정보가 아닌 클라우드 등 제3자가 관리하는 원격지에 저장되어 있는 전자 정보를 수사기관에 제출한다는 의사로 수사기관에게 클라우드 등에 접속하기 위한 아이디와 비밀번호를 임의로 제공하였다면 위 클라우드 등에 저장된 전자 정보를 임의 제출하는 것으로 볼 수 있다.

나. 판단

원심은 그 판시와 같은 이유로 피고인은 자발적인 의사에 기하여 소지하고 있던 삼성 휴대 전화 갤럭시노트8을 수사기관에 제출하고, 갤럭시노트8에 연결된 SDCard 저장 파일, 네이버 클라우드 파일, 갤럭시노트 갤러리 파일을 수사기관에 임의로 제출하였다고 판단하였다.

원심판결 이유를 앞서 본 법리에 비추어 보면, 위와 같은 원심의 판단은 정당하고 거기에 상고 이유 주장과 같이 임의 제출에 의한 압수 절차의 위법성, 임의 제출된 증거의 증거능력, 증거 출처 특정 등에 관한 법리를 오해하거나 논리와 경험의 법칙을 위반하여 자유심증주의의 한계를 벗어난 잘못이 없다.

4. 결론

그러므로 상고를 기각하기로 하여, 관여 대법관의 일치된 의견으로 주문과 같이 판결한다.

대법관 박정화(재판장) 이기택 김선수 노태악(주심)

미국 디지털 포렌식
관련 판례

Confidential

제1절 Lorraine v. Markel American Ins. Co., 241 F.R.D. 534(D.Md. 2007).

본 사건에서 법원은 디지털 증거의 인용 여부에 관해 주요한 요건을 제안하였다. ① 디지털 증거와 연방증거규칙 제401조, 제402조의 관련성 인정 여부, ② 이러한 관련성 인정 시 다음에 제901조의 무결성 인정 여부, ③ 디지털 증거가 진실성 증명 위해 제출될 시 제801조의 전문증거 해당 여부 및 전문법칙의 적용예외 해당 여부(제803조, 제804조, 제807조), ④ 디지털 증거 형태가 원본인지 사본인지 여부, 아니라면 내용 증명을 위한 다른 증거의 존재 여부(제1001조 내지 제1008조), ⑤ 본 증거가치가 제403조에 의한 편견 위험을 넘어서는지 여부이다.

이와 같이 로렌(Lorraine) 사건에서 법원은 디지털 증거가 감정적 반응을 야기하는 경멸적 언어를 포함하는 경우, 컴퓨터 시뮬레이션, 애니메이션이 배심원단으로 하여금 실제 사건이라고 오도하게 하는 경우, 방대한 전자문서, 기록, 사진의 요약인 경우, 잠재적으로 신뢰성이 없거나 부정확한 경우 등에는 위 제403조에 의한 증거배제가 가능하다고 판단하였다. (표43 참조)

사건명: Lorraine v. Markel American Insurance Company
사건번호: 1:06-cv-01893

1. 문제의 쟁점

- 전자적으로 저장된 정보(ESI)의 증거능력 인정 요건과 법적 기준

2. 사건 개요

가. 사건 배경

- 원고 Jack Lorraine은 소유한 요트가 번개로 손상되자, 보험사인 피고 Markel American Insurance Company 에 손해배상을 청구하였다.

나. 소송 진행

- 보험사는 일부 손해만을 보상하였고, 추가 손해에 대해서는 중재를 통해 결정되었다.
- 양측은 중재 결과에 대해 각각 이의를 제기하며 법원에 소송을 제기하였고, 전자메일 등 ESI를 증거로 제출하였다.

3. 법원 판단 요지

가. ESI의 증거능력 인정 요건

- ESI를 증거로 인정받기 위해서는 다음과 같은 요건을 충족해야 한다:
    1. 진정성(authenticity): 해당 ESI가 실제로 주장하는 바와 일치하는지 확인해야 한다.
    2. 전문법칙(hearsay rule): ESI가 전문증거로 간주될 경우, 예외 사유가 없는 한 증거로 인정되지 않는다.
    3. 원본증거법칙(best evidence rule): ESI의 원본 또는 정확한 복제본이 제출되어야 한다.
    4. 관련성(relevance): 해당 ESI가 사건과 직접적인 관련이 있어야 한다.
    5. 공정성(fairness): ESI의 제출이 공정한 재판을 저해하지 않아야 한다.

나. ESI 제출 시 유의 사항

- ESI는 쉽게 변조될 수 있으므로, 제출 시 그 진정성을 입증하기 위한 충분한 절차와 증명이 필요하다. ESI의 수 집, 보관, 제출 과정에서의 연속성과 무결성을 유지해야 한다.

4. 판결의 결론

- 법원은 양측이 제출한 ESI에 대해 위의 요건을 충족하지 못하였다고 판단하여, 해당 증거들의 증거능력을 인정하지 않았다. 이에 따라 양측의 요약판결(Motion for Summary Judgment) 신청을 모두 기각하였다.

5. 의의 및 시사점

- 이 판결은 ESI의 증거능력 인정에 대한 명확한 기준을 제시하여, 향후 디지털 증거 제출 시 준수해야 할 법적 요건을 구체화하였다. 특히, ESI의 진정성 확보와 전문법칙 적용에 대한 중요성을 강조함으로써, 디지털 시대의 증거법 발전에 중요한 이정표를 세웠다.

[표43] 사건명: Lorraine v. Markel American Insurance Company

제2절 In re Vee Vinhnee, 336 B.R. 437, 447(9th Cir. 2005).

본 사건에서 법원은 디지털 증거제출 관련 ① 해당 업무에 컴퓨터가 사용된다는 점, ② 컴퓨터의 신뢰성, ③ 그 업무에 데이터를 컴퓨터에 입력시키는 절차가 있는 점, ④ 절차상의 정확성을 보장하고 오류를 확인할 수 있는 장치가 있다는 점, ⑤ 컴퓨터 유지보수 상태가 양호한 점, ⑥ 증인이 컴퓨터로 하여금 데이터를 판독하게 할 수 있는 점, ⑦ 증인이 해독된 정보를 얻기 위해 적정한 절차를 사용한 점, ⑧ 증인이 해독된 정보를 얻을 때 컴퓨터가 가동되는 상태였던 점, ⑨ 증인이 해당 증거가 해독된 정보임을 인식할 수 있는 점, ⑩ 증인이 어떻게 위와 같이 인식하였는지 충분히 설명할 수 있다는 점, ⑪ 해독된 정보가 난해한 상징, 용어를 포함하는 경우 증인이 그 의미를 설명할 수 있다는 점 등을 제시하면 디지털 증거 무결성이 인정될 수 있다고 보았다. (표44 참조)

사건명: American Express Travel Related Services Company, Inc. v. Vee Vinhnee
사건번호: 336 B.R. 437 (9th Cir. BAP 2005)

1. 문제의 쟁점
- 컴퓨터로 생성된 전자기록의 증거능력 인정 요건과 그에 따른 법적 기준

2. 사건 개요
가. 사건 배경
- Vee Vinhnee는 2003년 7월 24일에 파산 신청을 하였고, American Express는 Vinhnee가 보유한 두 개의 신용카드 계좌에 대해 총 $40,000 이상의 부채를 면책에서 제외해 달라는 소송을 제기하였다.
나. 전자기록의 제출
- American Express는 Vinhnee의 부채를 입증하기 위해 컴퓨터로 생성된 전자 기록을 증거로 제출하였다.

3. 법원 판단 요지
가. 전자 기록의 증거능력 인정 요건
- 법원은 전자 기록의 증거능력을 인정하기 위해 다음과 같은 요건을 충족해야 한다고 판단하였다:
    1. 컴퓨터 시스템의 신뢰성: 해당 비즈니스가 사용하는 컴퓨터 시스템이 신뢰할 수 있어야 한다.
    2. 데이터 입력 절차의 정확성: 데이터가 정확하게 입력되고 처리되는 절차가 마련되어 있어야 한다.
    3. 시스템 보안 및 유지관리: 시스템이 적절하게 보안되고 유지 및 관리되어야 한다.
    4. 데이터의 무결성 보장: 데이터가 변조되지 않았음을 보장할 수 있는 절차가 있어야 한다.
나. American Express의 증거 제출 부족
- 법원은 American Express가 위의 요건을 충족하는 충분한 증거를 제시하지 못하였다고 판단하였다. 특히, 컴퓨터 시스템의 신뢰성, 데이터 입력 절차, 시스템 보안 및 유지 관리, 데이터 무결성 보장에 대한 구체적인 증거가 부족하다고 지적하였다.

4. 판결의 결론
- 법원은 American Express가 제출한 전자 기록의 증거능력을 인정하지 않았으며, 이에 따라 Vinhnee의 부채를 면책에서 제외해달라는 American Express의 청구를 기각하였다.

5. 의의 및 시사점
- 이 판결은 전자 기록의 증거능력을 인정받기 위해서는 컴퓨터 시스템의 신뢰성, 데이터 입력 절차의 정확성, 시스템 보안 및 유지 관리, 데이터 무결성 보장 등 여러 요건을 충족해야 함을 명확히 하였다. 따라서 기업이나 기관은 전자 기록의 법적 효력을 확보하기 위해 이러한 요건을 충족하는 내부 절차와 시스템을 구축해야 할 필요성이 강조된다.

[표44] **사건명**: American Express Travel Related Services Company, Inc. v. Vee Vinhnee

제3절 U.S. v. Hamilton, 413 F.3d 1138, 1142-1143
(10th Cir. 2005).

　본 사건에서 당시 피고인이 업로드한 음란물 이미지가 법원에 증거로 제출되었는데, 제 10연방항소법원은 증거로 제출된 각 이미지 정보에 포함된 헤더 정보는 피고인이 해당 이미지를 업로드할 때마다 호스팅 컴퓨터에 의하여 즉시 생성되므로 이는 전문증거가 아니라고 판시하였다.

　이와 별도로 전화회사 컴퓨터에 의하여 생성된 특정 번호에 대한 통화내역 기록에 대하여 앞서 언급한 논리와 같은 차원에서 전문증거가 아니라고 판결한 경우도 있다. (표45 참조)

사건명: United States v. Hamilton
사건번호: 413 F.3d 1138 (10th Cir. 2005)

1. 문제의 쟁점

- 인터넷 뉴스그룹에 업로드된 이미지 파일의 증거능력과 해당 이미지에 포함된 헤더 정보의 증거로써의 인정 여부, 그리고 전문증거에 해당하는지 여부

2. 사건 개요

가. 사건 배경

- Kenneth Hamilton은 아동 포르노그래피 이미지를 인터넷 뉴스그룹에 업로드한 혐의로 기소되었다.

나. 증거 제출

- 검찰은 Hamilton이 업로드한 이미지 파일과 해당 파일에 포함된 헤더 정보를 증거로 제출하였다.
- 헤더 정보에는 업로더의 IP 주소, 업로드 날짜 및 시간 등이 포함되어 있었다.

3. 항소법원 판단 요지가. 이미지 파일의 증거능력

- 법원은 이미지 파일 자체가 범죄 행위의 직접적인 증거이므로, 해당 이미지의 증거능력을 인정하였다.

나. 헤더 정보의 증거능력

- 법원은 헤더 정보가 이미지 파일과 함께 자동으로 생성되는 데이터로서, 해당 정보가 신뢰할 수 있는 출처에서 생성되었음을 입증할 수 있다면 증거로 인정될 수 있다고 판단하였다.

다. 전문증거 적용 여부

- 법원은 헤더 정보가 자동으로 생성된 데이터로서 특정한 사람의 진술을 기록한 것이 아니므로, 전문증거 규정의 적용 대상이 아니라고 판단하였다. 따라서 전문법칙의 예외가 필요하지 않았으며, 해당 정보는 신뢰할 수 있는 상태에서 생성되었음을 증명할 수 있는 한 증거로서의 효력이 있다고 보았다.

4. 판결의 결론

- 법원은 Hamilton이 업로드한 이미지 파일과 해당 파일에 포함된 헤더 정보를 모두 증거로 인정하였으며, 이를 토대로 Hamilton의 유죄를 확정하였다.

5. 의의 및 시사점

- 이 판결은 디지털 파일에 포함된 메타데이터, 특히 헤더 정보의 증거능력을 인정한 사례로서, 디지털 증거의 법적 효력에 대한 기준을 제시하였다.
- 특히, 디지털 파일과 함께 자동으로 생성되는 메타데이터가 신뢰할 수 있는 출처에서 생성되었음을 입증할 수 있다면 해당 정보도 증거로서 인정될 수 있음을 명확히 하였으며, 전문법칙의 적용을 받지 않는 자동 생성 데이터를 다루는 기준을 명확히 하였다.

[표45] **사건명**: United States v. Hamilton

제4절 Gikonyo v. State, 28v3 S.W.3d 631
(Ark.App. 2008).

   디지털 포렌식에 의하여 획득한 증거의 허용성 등을 전문가 증언에 의해 판단한 사례로는 본 사건을 들 수 있다.

   이 사건에서 법원은 아동 인터넷 스토킹 혐의로 검찰에 의해 기소된 피고인에 대한 유죄판결을 유지하면서 전문가 증인이 일정한 수준의 전문성을 갖추지 못했고 컴퓨터 포렌식 분야에서 통상 사용하는 방법과 절차를 따르지 않았다는 피고인 주장을 배척하였다.

   즉, 증인이 해당 분야에 관하여 일반적인 수준을 넘는 지식이 있다는 근거가 있고 해당 전문지식이 사실을 판단하는 인원으로 하여금 증거를 이해하는 데에 도움이 된다면 그 증언은 허용된다는 것이다.

   다시 말해서, 해당 디지털 포렌식 전문가의 의견 등이 근거가 있는지 여부는 증거의 허용성에 관한 문제가 아니라 신빙성 판단 문제로 보았다. (표46 참조)

사건명: Gikonyo v. State
사건번호: 283 S.W.3d 631 (Ark.App. 2008)

1. 문제의 쟁점

- **전문가 증언의 채택 여부**: 본 사건에서는 전문가 증언의 신뢰성 및 법정에서의 증거로서의 가치가 주요 쟁점이 되었다. 특히, 전문가 증언이 사실인정에 얼마나 기여했는지가 핵심 쟁점이었다.

2. 사건 개요

- **인터넷 스토킹 혐의**: 피고인은 인터넷을 통해 미성년자와 성적인 대화를 나누고 만남을 시도한 혐의로 기소되었다.
- **수사 과정**: 경찰은 피고인의 컴퓨터 하드 드라이브를 분석하여 관련 증거를 확보하였다.
- **전문가 증언**: 검찰은 컴퓨터 포렌식 전문가를 증인으로 제출하여 하드드라이브 분석 결과를 설명하고, 피고인의 범죄 혐의를 입증하려 하였다.

3. 대법원 판단 요지

- **전문가 증언의 신뢰성**: 대법원은 전문가 증언이 충분한 과학적 근거와 논리적 분석에 기반하고 있으며, 법원이 사실을 인정하는 데 도움이 된다고 판단했다.
- **증거의 충분성**: 전문가 증언을 포함한 모든 증거를 종합하여 볼 때, 피고인의 범죄 혐의가 충분히 입증된다고 판단했다.

4. 판결의 결론

- 대법원은 피고인의 항소를 기각하고 원심 판결을 확정하였다.

5. 의의 및 시사점

- **전문가 증언의 중요성**: 본 사건은 컴퓨터 범죄 사건에서 전문가 증언이 유죄 판결에 결정적인 역할을 할 수 있음을 보여 준다.
- **전문가 증언의 신뢰성 확보**: 전문가 증언의 신뢰성을 확보하기 위해서는 객관적인 데이터 분석과 명확한 논리적 근거가 필요하다.
- **디지털 증거의 법적 효력**: 디지털 증거의 법적 효력에 대한 논의가 더욱 활발해질 것으로 예상된다.

[표46] **사건명**: Gikonyo v. State

제5절 Krause v. State, 243 S.W.3d 95
(Tex.App. Houston 1st Dist. 2007)

　본 사건에서 피고인은 아동 음란물 소지 혐의로 재판을 받았는데, 법원은 피고인의 컴퓨터에서 사진파일을 복구한 컴퓨터 포렌식 전문가가 FBI에 근무할 뿐 아니라, 그가 소프트웨어 포함 200시간의 컴퓨터 포렌식 특별훈련을 이수하였고 해당 소프트웨어 잠재오류 비율에 관해서도 증언했다면 신용성에 관하여 증언할 자격이 있다고 판단하였다.

(표47 참조)

사건명: Krause v. State

사건번호: 243 S.W.3d 95 (Tex. App. Houston [1st Dist.] 2007)

1. 문제의 쟁점

- 피고인 Michael Alvin Krause가 아동 포르노그래피 소지 혐의로 기소된 사건에서, 디지털 포렌식 증거의 수집 및 분석 절차의 적법성과 그 증거능력이 주요 쟁점이었다.

2. 사건 개요

가. 사건 배경

- Krause는 12세 소년 C.H.를 홈 스쿨링 하며 친분을 쌓았고, 이후 C.H.는 Krause의 RV에서 거주하게 되었다.

나. 수사 과정

- C.H.의 가족은 Krause의 부적절한 행위를 의심하여 그의 RV에 들어가 컴퓨터와 디지털 장치를 발견하고, 이를 수사기관에 제출하였다. 수사기관은 해당 장치들을 분석하여 아동 포르노그래피 이미지를 발견하였다.

3. 항소법원 판단 요지

가. 디지털 증거의 수집 절차

- 법원은 C.H.의 가족이 Krause의 동의 없이 그의 RV에 들어가 디지털 장치를 수집한 행위가 사생활 침해에 해당할 수 있으나, 해당 증거는 민간인이 수집한 것이므로 수정헌법 제4조의 적용 대상이 아니라고 판단하였다.

나. 포렌식 분석의 적법성

- 법원은 수사기관이 디지털 장치를 분석하는 과정에서 적법한 절차를 따랐으며, 디지털 증거의 무결성과 신뢰성이 확보되었다고 보았다.

4. 판결의 결론

- 법원은 디지털 포렌식 증거의 수집 및 분석 절차가 적법하게 이루어졌으며, 해당 증거의 증거능력을 인정하여 Krause의 유죄를 확정하였다.

5. 의의 및 시사점

- 이 판결은 민간인이 수집한 디지털 증거의 법적 효력과 수사기관의 포렌식 분석 절차의 적법성에 대한 기준을 제시하였다. 특히, 디지털 증거의 수집 주체와 방법에 따라 수정헌법 제4조의 적용 여부가 달라질 수 있음을 명확히 하였다.

[표47] **사건명**: Krause v. State

제6절 Rivera-Cruz v. Latimer, 2008WL2446331
(D.P.R. 2008).

반면, 앞선 사건과 달리 본 사건에서 법원은 피고인 컴퓨터에 있는 음란물 이미지의 존재에 관한 전문가의 증언에 대하여 그 증인이 시연 과정에서 관련 멀티미디어 파일 위치를 파악하고 이를 여는 데 실패한 점 등을 들어 전문가가 취한 방법 신뢰성이 입증되지 않았다고 보아 증거에서 배제하였다. (표48 참조)

사건명: Rivera-Cruz v. Latimer, Biaggi, Rachid & Godreau, LLP
사건번호: 3:04-cv-02377 (D.P.R.)

1. 문제의 쟁점

- 원고가 피고 법률사무소를 상대로 제기한 고용 차별 소송에서 전문가 증언의 허용 여부와 그 증거능력이 주요 쟁점이었다.

2. 사건 개요

가. 사건 배경

- 원고 Rivera-Cruz는 피고 법률사무소에서 근무하던 중, 인종 및 성별에 따른 차별을 받았다고 주장하며 소송을 제기하였다.

나. 전문가 증언 제출

- 원고 측은 고용 차별의 존재를 입증하기 위해 인사 관리 분야의 전문가 증언을 제출하였다.

3. 법원 판단 요지

가. 전문가 증언의 허용 기준

- 법원은 전문가 증언이 연방 증거 규칙(Federal Rules of Evidence) 702조에 따라 신뢰할 수 있고, 사건의 사실 판단에 도움이 되는 경우에만 허용된다고 판단하였다.

나. 제출된 전문가 증언의 평가

- 법원은 원고 측 전문가의 증언이 일반적인 의견에 불과하며, 구체적인 증거나 분석이 부족하다고 보았다. 따라서 해당 증언이 사건의 사실 판단에 실질적인 도움을 주지 못한다고 판단하였다.

4. 판결의 결론

- 법원은 원고 측이 제출한 전문가 증언의 증거능력을 인정하지 않았으며, 피고 측의 요약판결(Motion for Summary Judgment)을 인용하여 원고의 주장을 기각하였다.

5. 의의 및 시사점

- 이 판결은 고용 차별 소송에서 전문가 증언의 증거능력을 인정받기 위해서는 해당 증언이 신뢰할 수 있고, 구체적인 분석과 증거에 기반해야 함을 강조하였다. 단순한 일반론적 의견은 법정에서 증거로서 인정받기 어렵다는 점을 명확히 하였다.

[표48] **사건명**: Rivera-Cruz v. Latimer, Biaggi, Rachid & Godreau, LLP

제7절 U.S. v. Wong, 9th Cir. 2003

본 사건에서 수사기관은 살인죄로 수사 중인 피의자의 PC를 법원에서 발부받은 영장으로 수색하던 중 해당 저장매체 내에서 아동에 관한 성적 음란물을 발견하여 압수하여 증거로 제출한 건에 대하여 한국의 판례(새로운 혐의 발견 시 별도의 영장을 발부받아야 증거능력 인정)와 달리 비록 기존에 발부받은 영장에 아동에 관한 성적 음란물 소지죄에 관한 내용이 적시되어 있지 않아도 증거능력을 인정하였다. 미국 판례는 이를 '명백한 시야의 원리(Plain View Doctrine)'라고 부르며 수색과정에서 발견하게 된 범죄증거에 대한 가치를 인정하는 것으로 알려져 있다. (표49 참조)

사건명: Rivera-Cruz v. Latimer, Biaggi, Rachid & Godreau, LLP
사건번호: 3:04-cv-02377 (D.P.R.)

1. 문제의 쟁점

• 살인 사건 수사 중 피고인의 컴퓨터를 수색하는 과정에서 발견된 아동 포르노그래피의 증거능력과 해당 수색 영장의 적법성 및 범위가 주요 쟁점이었다.

2. 사건 개요

　가. 사건 배경

　　- 피고인 Raymond Wong은 실종된 동거인 Alice Sin의 살인 사건과 관련하여 수사 대상이 되었다.

　나. 수사 과정

　　- 수사기관은 Wong의 주거지와 컴퓨터에 대한 수색 영장을 발부받아 살인 사건과 관련된 증거를 찾는 과정에서, 컴퓨터 내에서 아동 포르노그래피 이미지를 발견하였다.

3. 항소법원 판단 요지

　가. 수색 영장의 적법성

　　- 법원은 수색 영장이 살인 사건과 관련된 증거를 찾기 위해 발부되었으며, 컴퓨터 내의 그래픽 파일을 검색하는 것이 영장의 범위 내에 있다고 판단하였다.

　나. 'Plain View' 원칙의 적용

　　- 법원은 수사관이 합법적으로 컴퓨터의 그래픽 파일을 검색하는 과정에서 아동 포르노그래피를 발견한 것은 'Plain View' 원칙에 따라 적법하다고 보았다.

4. 판결의 결론

• 법원은 수색 영장이 적법하게 발부되었으며, 수사 과정에서 발견된 아동 포르노그래피 증거의 증거능력을 인정하여 피고인의 유죄를 확정하였다.

5. 의의 및 시사점

• 이 판결은 디지털 증거 수집 과정에서 수색 영장의 범위와 'Plain View' 원칙의 적용에 대한 기준을 제시하였다. 특히, 특정 범죄 수사를 위한 수색 중에 발견된 다른 범죄의 증거도 적법하게 수집될 수 있음을 명확히 하였다.

[표49] **사건명**: United States v. Wong

제8절 U.S. v. Bailey, D. Neb. 2003

    본 사건은 조직사회에서 업무를 하는 개인이 회사용 PC에 대하여 회사 측 승인만으로 내부 증거를 임의로 제출받아 확보할 수 있는가 여부에 관한 사안으로 실제 판례는 이렇다.

    회사에서 일하는 피의자가 입사 후 "회사 측이 개인의 인터넷 사용을 모니터링한다는 사실에 동의했다"라는 점과 이러한 사실을 알면서도 회사 컴퓨터에 인터넷에서 다운로드 받은 아동성 포르노물을 보관하고 있었다. 이것을 이유로 회사 측에서는 임의로 영장 없이 피의자 컴퓨터를 수색하여 아동에 관한 성적 음란물을 확보하여 수사기관에 고발했다. 이것에 대해 법원은 정당하다며 증거능력을 인정한 것이다. (표51 참조)

사건명: United States v. Bailey
사건번호: 272 F. Supp. 2d 822 (D. Neb. 2003)

1. 문제의 쟁점

- 피고인 Bailey의 직장 컴퓨터에서 발견된 아동 포르노그래피 이미지의 증거능력과 해당 증거의 수집 과정에서 사생활 침해 여부가 주요 쟁점이었다.

2. 사건 개요

가. 사건 배경

- Bailey는 네브래스카주의 한 회사에서 근무하던 중, 회사의 컴퓨터를 사용하여 인터넷에서 아동 포르노그래피 이미지를 다운로드하고 저장하였다.

나. 수사 과정

- 회사는 직원들의 인터넷 사용을 모니터링하고 있었으며, Bailey의 부적절한 활동을 발견하고 해당 컴퓨터를 조사하여 불법 이미지를 확인하였다. 이후 이 정보를 수사기관에 전달하였다.

3. 법원 판단 요지

가. 사생활 기대의 합리성

- 법원은 Bailey가 회사의 인터넷 사용 모니터링 정책에 동의하였으므로, 직장 컴퓨터에서의 사생활 보호에 대한 합리적인 기대가 없다고 판단하였다.

나. 증거 수집의 적법성

- 법원은 회사가 자체 모니터링을 통해 불법 활동을 발견하고 이를 수사기관에 보고한 절차가 적법하며, 수집된 증거의 증거능력을 인정하였다.

4. 판결의 결론

- 법원은 피고인의 직장 컴퓨터에서 발견된 아동 포르노그래피 이미지의 증거능력을 인정하였으며, 피고인의 사생활 침해 주장을 기각하고 유죄를 확정하였다.

5. 의의 및 시사점

- 이 판결은 직장 내에서의 컴퓨터 사용과 관련하여, 회사의 모니터링 정책에 동의한 직원은 해당 컴퓨터에서의 사생활 보호에 대한 합리적인 기대를 가질 수 없음을 명확히 하였다. 또한, 회사가 자체 모니터링을 통해 발견한 불법 활동을 수사기관에 보고하는 절차의 적법성을 인정하여, 직장 내 디지털 증거 수집과 관련된 법적 기준을 제시하였다.

[표51] **사건명**: United States v. Bailey

제9절 Califonia(2016.2.) vs. New York(2016.2.)

특이한 사례로 캘리포니아 연방법원과 뉴욕 연방법원에서 유사 사안에 대하여 다른 판결을 내리기도 하였다.

사건 배경은, FBI에서 테러범(캘리포니아), 마약범(뉴욕)에 대한 수사를 위해 해당 사건 용의자들의 아이폰 5C 신형 모델에 대하여 수사기관 자체적으로 해제조치가 불가하게 되었다.

이에 FBI는 직접 애플사에서 잠금 장치를 해제해 달라고 요청을 하였으나 이에 대해 애플 측이 거부하자 이를 강제하도록 하는 소송을 각각 소재지 연방법원에 제기하였는데 이에 관하여 캘리포니아에서는 애플 측에 해제하라는 명령을 내린 반면, 뉴욕에서는 애플 측에서 강제로 수사를 보조할 의무는 없다고 판결한 바 있다. (표52 참조)

사건명: FBI의 아이폰 잠금 해제 요청 사건
사건번호: 캘리포니아 사건: 2016년 2월 16일 판결, 뉴욕 사건: 2016년 2월 29일 판결

1. 문제의 쟁점

- 미국 연방수사국(FBI)이 범죄 수사를 위해 애플에 아이폰의 잠금 해제를 요청한 사건에서 법원이 애플에 협조를 명령할 수 있는지 여부가 주요 쟁점이었다.

2. 사건 개요

　가. 캘리포니아 사건

　　- 2015년 12월, 캘리포니아주 샌버나디노에서 발생한 총격 사건의 용의자가 사용한 아이폰의 잠금 해제를 위해 FBI는 애플에 협조를 요청하였다.

　나. 뉴욕 사건

　　- 마약 사건 수사 중, 뉴욕 브루클린 연방지방법원은 애플에 용의자의 아이폰 잠금 해제를 요청하였다.

3. 법원 판단 요지

　가. 캘리포니아 사건

　　- 로스앤젤레스 연방법원은 2016년 2월 16일, 애플에 아이폰 잠금 해제를 위한 기술 지원을 명령하였다.

[표52] **사건명**: FBI의 아이폰 잠금 해제 요청 사건

참고로 2015년 12월 2일, 미국 캘리포니아주 로스앤젤레스 동부에 위치한 도시인 샌버너디노시의 발달장애인 복지 및 재활 시설 '인랜드 리저널 센터(Inland Regional Center)'에서 발생한 총기 난사 사건이 있는데, 해당 사건은 2명의 범인은 각기 다른 AR-15 계열의 소총 2정과 9×19mm 탄환을 사용하는 자동권총 2정과 파이프 폭탄으로 무장한 채 인랜드 리저널 센터에 난입하여 가지고 있던 화기류를 무차별 난사하였고, 당시 센터 내의 연회장에서 샌버너디노 보건국 직원과 시설 종사자들의 건강 관련 훈련 및 크리스마스 행사가 진행되고 있었고, 약 80여 명의 인원이 참석해 있었던 관계로 14명이 사망하고 22명이 중상을 입었고, 범인들은 4시간 동안의 도주극 끝에 경찰의 포위를 받자 총을 쏘며 저항하다 사살당하였는데, 문제는 FBI가 사건 수사를 위해 범인의 휴대 전화였던 iPhone 5s의 잠금을 풀기 위해 애플에게 '비밀번호를 풀 수 있는 전용 OS를 개발해 달라'고 요청했지만 애플 CEO 팀 쿡이 개인정보 보호를 이유로 거절하여 논란이 되었고, 법원도 FBI에게 잠금을 풀어 주지 않아도 된다는 판결을 내린 것으로서 결국 FBI는 이스라엘 사설 업체의 도움을 받아 아이폰 잠금을 해제하게 되었으나, 법적 절차를 통해 해제하지 못한 것에 대하여 한계를 보여 준 사건이었다.

제10절 United States VS Hernandez-Mieses (2019)

본래 미국 연방형사소송규칙(제41조 (e)(2)(B))에서는 전자 정보 압수 또는 복사 이외에 해당 전자 정보 매체도 원칙상 허용하고 있다.

더구나 별다른 압수 사유를 두고 있지 않고 전자 정보 매체 자체를 압수할 것인지, 아니면 전자 정보만 추출하여 압수할 것인지 관련하여서도 결정 여부는 담당 수사관이 결정하여야 하고 만약 매체 자체가 금제품이거나 증거물, 범죄의 수익이나 도구로써 사용되었다면 매체 자체를 압수하여야 한다.

실제로 이와 관련하여 위 판결을 살펴보면 마약 밀매 사건에서 휴대 전화가 마약 거래의 일반적인 도구로써 사용되면서 마약 거래의 증거가 포함되어 있을 가능성이 높다는 이유로 휴대 전화 압수를 허용하기도 하였다. (표53 참조)

<table>
<tr><td colspan="2" align="center">**사건명**: United States v. Gregoire
사건번호: 638 F.3d 962 (8th Cir. 2011)</td></tr>
<tr><td colspan="2">

1. 문제의 쟁점

- 피고인 Gregoire의 주거지에서 압수된 컴퓨터의 수색 및 그로부터 발견된 증거의 적법성 그리고 해당 증거의 증거능력이 주요 쟁점이었다.

2. 사건 개요

　가. 사건 배경.

　　- Gregoire는 Reed's Sporting Goods에서 근무하며, 해당 매장에서 상품을 절도하여 온라인 경매 사이트인 eBay를 통해 판매한 혐의를 받았다

　나. 수사 과정

　　- 수사기관은 Gregoire의 주거지에 대한 수색 영장을 발부받아 그곳에서 다수의 상품과 컴퓨터를 압수하였다. 이후 컴퓨터를 분석하여 추가적인 증거를 확보하였다.

3. 항소법원 판단 요지

　가. 수색 영장의 범위와 제3자의 참여

　　- 법원은 수색 영장이 컴퓨터와 금융 기록의 압수를 명시적으로 허용하였으므로 컴퓨터의 내용물을 수색하는 것이 영장의 범위 내에 있다고 판단하였다. 또한, 피해자인 Reed's의 소유주가 수색에 참여한 것은 합리적이며, 수색의 적법성을 해치지 않는다고 보았다.

　나. 컴퓨터 수색의 적법성

　　- 법원은 압수된 컴퓨터의 내용물을 추가적인 영장 없이 수색한 것이 적법하다고 판단하였다. 이는 초기 수색 영장이 컴퓨터의 압수와 그 내용물의 수색을 포함하고 있었기 때문이다.

4. 판결의 결론

- 법원은 수색 영장의 범위와 수색 과정이 적법하다고 판단하여 Gregoire의 유죄를 확정하였다.

5. 의의 및 시사점

- 이 판결은 수색 영장의 범위에 대한 명확한 해석과 디지털 증거의 수집 과정에서 제3자의 참여가 수색의 적법성에 미치는 영향을 다루었다. 특히, 수색 영장에 컴퓨터의 압수와 그 내용물의 수색이 명시되어 있다면 추가적인 영장 없이도 해당 수색이 적법하다는 점을 강조하였다.

</td></tr>
</table>

[표53] **사건명**: United States v. Gregoire

제11절 United States VS Gregoire (8th Cir, 2011)

영장은 정보저장 매체에 대한 압수 또는 전자적으로 저장된 정보 대상으로 압수나 복사를 승인할 수 있는 효력이 있다.

달리 명시되지 않은 이상 영장은 해당 영장과 일치하는 저장 매체 또는 압수의 대상인 정보에 대하여 사전 영장에 반영되어 있지 않다고 해도 사후 검토를 승인한다.

그리고 이로 인하여 미국에서는 저장 매체에 대하여 압수를 승인하는 영장에 의하여 저장 매체의 내부에 있는 정보에 대해 발부된 영장과 일치하는 정보에 관한 압수 시 추후 검토가 가능하다. (표54 참조)

사건명: United States v. Hernandez-Mieses
사건번호: No. 18-1661 (1st Cir. 2019)

1. 문제의 쟁점

- 피고인 Hernandez-Mieses의 주거지에서 체포 시 압수된 휴대 전화의 증거능력과 해당 휴대 전화에서 발견된 정보의 수집 과정이 헌법상 보호되는 권리를 침해했는지 여부가 주요 쟁점이었다.

2. 사건 개요

가. 사건 배경

- Hernandez-Mieses는 마약 밀매 혐의로 수사 대상이 되었으며, 연방 수사관들은 그의 주거지에서 체포 영장을 집행하였다.

나. 수사 과정

- 체포 과정에서 수사관들은 주거지 내에서 여러 대의 휴대 전화를 발견하고 이를 압수하였다. 이후 해당 휴대 전화에서 마약 밀매와 관련된 증거를 확보하였다.

3. 항소법원 판단 요지

가. 휴대 전화 압수의 적법성.

- 법원은 체포 당시 주거지 내에서 발견된 휴대 전화의 압수가 적법하다고 판단하였다. 이는 체포 현장에서 발견된 물건에 대한 '평면 시야 원칙(plain view doctrine)'에 따른 것이다

나. 휴대 전화 데이터의 수색

- 그러나 법원은 휴대 전화 내부 데이터의 수색은 별도의 수색 영장이 필요하다고 보았다. 이는 휴대 전화가 개인의 사생활 정보를 다량으로 포함하고 있어, 추가적인 사생활 보호 조치가 필요하다는 판단에 따른 것이다.

4. 판결의 결론

- 법원은 체포 시 휴대 전화의 물리적 압수는 적법하나, 내부 데이터의 수색은 별도의 수색 영장을 통해 이루어져야 한다고 판시하였다. 따라서 영장 없이 수집된 휴대 전화 내부 데이터는 증거로서 인정되지 않았다.

5. 의의 및 시사점

- 이 판결은 휴대 전화과 같은 디지털 기기의 압수와 수색에 있어 물리적 기기의 압수와 내부 데이터의 수색을 구별하여 접근해야 함을 강조하였다. 특히, 휴대 전화가 방대한 개인 정보를 포함하고 있으므로 내부 데이터의 수색에는 별도의 수색 영장이 필요하다는 점을 명확히 하였다. 이는 디지털 시대의 사생활 보호와 수사기관의 권한 사이의 균형을 재확립하는 데 중요한 기준을 제시하였다.

[표54] **사건명**: United States v. Hernandez-Mieses

부록

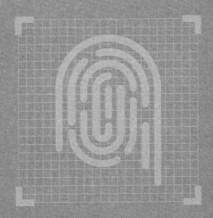

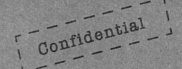

1. 대검찰청 디지털 증거의 수집·분석 및 관리 규정

[시행 2024. 10. 1.] [대검찰청예규 제1449호, 2024. 10. 1., 일부개정.]

대검찰청(디지털수사과), 02-3480-4680

제1장 총칙

제1조(목적) 이 규정은 컴퓨터용 디스크, 그 밖에 이와 비슷한 정보 저장 매체(이하 '정보저장매체등'이라고 한다)로부터 디지털 증거를 수집·보존·분석·현출 및 관리하는 과정에서 준수하여야 할 기본적 사항을 정함으로써 실체적 진실 발견에 기여하고 국민의 인권을 보호하는 것을 그 목적으로 한다.

제2조(적용 범위) 디지털 증거의 수집·보존·분석·현출 및 관리와 관련된 사항에 관하여 따로 정하는 경우를 제외하고는 이 규정에 의한다.

제3조(정의) 이 규정에서 사용하는 용어의 뜻은 다음과 같다.

1. "전자 정보"란 정보저장매체등에 기억된 정보를 말한다.

2. "디지털 증거"란 범죄와 관련하여 디지털 형태로 저장되거나 전송되는 증거로서의 가치가 있는 정보를 말한다.

3. "디지털 포렌식"이란 디지털 증거를 수집·보존·분석·현출하는 데 적용되는 과학 기술 및 절차를 말한다.

4. "디지털수사통합업무관리시스템"(이하 '업무관리시스템'이라고 한다)이란 디지털 증거의 수집·분석에 관한 사항과 디지털 증거의 보관·폐기에 관한 이력 등을 관리하는 전산 시스템을 말한다.

5. "정보저장매체등의 복제"란 법률적으로 유효한 증거로 사용될 수 있도록 수집 대상 정보저장매체등에 저장된 전자 정보를 동일하게 파일로 생성하거나, 다른 정보저장매체에 동일하게 저장하는 것을 말한다.

6. "가선별"이란 압수·수색·검증 현장에서 사건과 관련이 있는 전자 정보만 선별하여 압수하는 것이 어려운 경우 일정한 기준에 따라 전체 전자 정보 중 일부만 부분 복제하여 현장 이외의 장소로 반출하는 것을 말한다.

7. "디지털 포렌식 수사관"이란 디지털 증거의 수집·보존·분석 및 현출 업무나 디지털 포렌식 관련 연구를 전문적으로 수행할 수 있는 수사관 중에 과학수사부장의 제청으로 검찰총장이 임명한 자를 말한다.

8. "포렌식 이미지"(이하 '이미지 파일'이라고 한다)란 법률적으로 유효한 증거로 사용될 수 있도록 정보저장매체등에 저장된 전자 정보를 포렌식 도구를 사용하여 동일하게 복사하거나 그에 준하는 기술적 방법으로 생성한 파일을 말한다.

9. "증거 파일"이란 법률적으로 유효한 증거로 사용될 수 있도록 정보저장매체등에 저장된 전자 정보를 파일 또는 디렉터리 단위로 복사하여 생성한 파일을 말한다.

10. "압수 목록"이란 형사소송법 제219조에 따라 준용되는 같은 법 제129조에 따른 것으로서 작성 연월일과 압수물('전자 정보'를 포함한다)의 명칭과 수량 등을 기재한 서면 또는 파일을 말한다.

11. "전자 정보 상세 목록"이란 제10호에 따른 압수 목록의 한 유형으로서 「검사와 사법경찰관의 상호 협력과 일반적 수사 준칙에 관한 규정」 제42조제1항에서 정한 '압수한 전자 정보의 목록'을 말한다.

12. "디지털 증거의 폐기"란 디지털 증거를 복구 또는 재생이 불가능하도록 삭제, 디가우징, 파쇄, 소각 등으로 처리하는 디지털 증거 관리 행위를 말한다.

13. "추출 파일"이란 사건과 관련 있는 전자 정보만 선별하여 압수한 이미지 파일을 주임 검사 또는 검찰수사관이 그 내용을 확인하고 증거로 제출될 내용을 특정할 수 있도록 열람 가능한 형태로 제공한 파일을 말한다. <신설>

제2장 전자 정보 압수·수색·검증의 기본 원칙

제4조(적법 절차의 준수) 디지털 증거는 수사에 필요한 범위 내에서 적법한 절차를 엄격히 준수하여 수집·분석 및 관리되어야 한다.

제5조(디지털 증거의 원본성 유지) 디지털 증거는 법정에서 원본과의 동일성을 재현하거나 검증하는 데 지장이 초래되지 않도록 수집·분석 및 관리되어야 한다.

제6조(디지털 증거의 무결성 유지) 디지털 증거는 압수·수색·검증한 때로부터 법정에 제출하는 때까지 훼손 또는 변경되지 아니하여야 한다.

제7조(디지털 증거의 신뢰성 유지) 디지털 증거는 디지털 포렌식 전문가에 의해 신뢰할 수 있는 도구와 방법으로 수집·분석 및 관리하여야 한다.

제8조(디지털 증거의 보관의 연속성 유지) 디지털 증거는 최초 수집된 상태 그대로 어떠한 변경도 없이 보관되어야 하고, 이를 위해 보관 주체들 간의 연속적인 승계 절차를 관리하는 등의 조치를 취해야 한다.

제3장 일선 검찰청의 디지털포렌식 수사 지원

제1절 디지털포렌식 수사관 지정 및 거점청 설치

제9조(디지털포렌식 수사관의 자격) 디지털포렌식 수사관은 다음 각호의 어느 하나에 해당하는 자격 요건을 갖춘 자 중에서 임명한다.

1. 대검찰청 디지털수사과(이하 '디지털수사과'라고 한다)에서 실시하는 "디지털 포렌식 전문가 양성 과정"의 교육을 이수한 자

2. 국내·외 컴퓨터 관련 교육 과정을 이수한 자로서 디지털 포렌식 관련 지식이 충분하다고 인정되는 자

제10조(디지털 포렌식 수사관의 임명) 디지털 포렌식 수사관은 제9조의 자격을 갖춘 검찰공무원 중에서 대검찰청 과학수사부장의 제청으로 검찰총장이 임명한다. 이때, 디지털수사과 및 제12조의 각 거점 청 디지털포렌식팀에 배치하는 방법으로 임명 절차를 갈음할 수 있다.

제11조(디지털 포렌식 수사관의 교육) ① 디지털 포렌식 수사관 등 디지털 포렌식 수사 업무에 종사하는 자는 전문성 향상을 위하여 매년 디지털수사과나 국내·외 공공기관, 전문 교육기관 또는 학회 등에서 실시하는 디지털 포렌식 관련 교육을 이수하여야 한다.

② 대검찰청 디지털수사과장(이하 '디지털수사과장'이라 한다)은 검찰의 디지털 포렌식 관련 업무 역량의 강화 등을 위하여 디지털 포렌식 수사관 등 디지털 포렌식 수사 업무 종사자의 디지털 포렌식 관련 교육 이수 사항 등을 관리할 수 있다.

제12조(거점청 디지털포렌식팀의 설치·운영) ① 디지털 포렌식 지원 업무의 효율성을 제고하기 위해 각 고등검찰청 또는 지방검찰청에 별도의 기구로 디지털포렌식팀을 설치·운영할 수 있다.

② 거점청 디지털포렌식팀은 디지털포렌식 수사관과 담당 검사로 구성하되, 담당 검사는 대검찰청 과학수사부장이 지명한다.

③ 거점청 디지털포렌식팀은 해당 고등검찰청 또는 지방검찰청 관할 구역 내에서 디지털 포렌식 지원 업무를 담당한다.

④ 제3항에도 불구하고 디지털수사과장은 각 거점청의 디지털포렌식팀 간 업무량, 전국 각 검찰청의 디지털 포렌식 수요 등을 고려하여 관할 구역 이외의 검찰청에서 진행 중인 사건에 대한 디지털 포렌식 지원 업무를 명할 수 있다.

제13조(디지털포렌식 수사관의 배치) ① 디지털 포렌식 수사관은 디지털수사과, 각 거점청 디지털포렌식팀 등에 우선 배치하고, 전문성을 유지하기 위해 순환 보직 등 일반적인 인사 원칙에서 예외를 인정할 수 있다.

② 일선 검찰청의 인사 담당 직원은 디지털 포렌식 수사관의 배치에 변동이 생긴 경우에는 디지털수사과에 변동된 배치 현황을 통보하여야 한다.

제2절 디지털포렌식 지원 요청과 일선 청 지원

제14조(전자 정보의 압수·수색·검증 실시자) 전자 정보의 압수·수색·검증은 디지털 포렌식 수사관이 하여야 한다. 다만, 부득이한 사유가 있는 경우에는 디지털수사과에서 실시하는 포렌식 도구 교육을 이수하거나 제11조제1항에서 정한 디지털 포렌식 관련 교육을 이수한 검찰공무원으로 하여금 디지털 포렌식 업무를 수행하게 할 수 있다.

제15조(전자 정보의 압수·수색·검증 지원 요청) ① 주임검사 또는 검찰수사관(이하 '주임검사등'이라고 한다)은 전자 정보의 압수·수색·검증이 필요한 경우 별지 제1호 서식의 "압수·수색·검증 지원 요청 협의서"를 작성하여 디지털수사과장 또는 그의 위임을 받은 검찰공무원(이하 '디지털수사과장등'이라고 한다)에게 내부 메신저, 전자우편 등의 방법으로 송부하고 그 지원을 협의한다.

② 주임검사등은 업무 관리 시스템에 접속하여 제1항에 따라 협의한 내용으로 전자 정보의 압수·수색·검증 지원을 요청한다. 이때 업무 관리 시스템에 입력하는 사건번호는 동 시스템에서 제공하는 사건 정보 검색 기능을 활용하여 입력하도록 유의한다.

제16조(협조의무) ① 주임검사등은 디지털 증거의 수집·보존·분석·현출 등 디지털 포렌식 지원 업무가

원활하게 이루어질 수 있도록 디지털 포렌식 수사관에게 다음 각호의 정보를 제공하여야 한다.

1. 사건과 관련된 디지털 증거의 구별에 필요한 검색어(인물, 대상 등), 검색 기간, 파일명, 확장자 등 선별 관련 정보

2. 그밖에 수집할 디지털 증거의 대상 및 범위 등을 정하는 데 필요하다고 인정되는 자료 및 정보

② 디지털포렌식 수사관은 압수·수색·검증 현장에서 사건과 관련된 디지털 증거의 선별이 곤란하여 정보 저장 매체의 전부 복제본 또는 매체 원본 반출이 필요한 경우 이를 소명할 수 있는 자료나 정보를 주임검사등에게 제공하여야 한다.

제17조(디지털 증거의 분석 등 지원 요청) ① 주임검사등은 수사 또는 공소유지 등을 위하여 필요한 경우 디지털수사과장등 또는 관할 거점청 디지털포렌식팀 담당검사에게 다음 각호의 지원을 요청할 수 있다.

1. 디지털 증거의 현출 및 분석 등

2. 디지털 포렌식과 관련한 기술적 자문

3. 디지털 포렌식과 관련한 법정 증언

② 주임검사등은 제1항의 지원 요청을 하는 경우 업무 관리 시스템을 통해 요청하되 사건번호는 동 시스템에서 제공하는 사건 정보 검색 기능을 활용하여 입력하도록 유의한다.

③ 정보저장매체등에 대하여 제1항의 지원 요청을 하는 경우에 주임검사등은 다음 각호와 같이 정보저장매체등을 봉인한 후 배정받은 디지털포렌식팀에 송부한다.

1. 별지 제3호의 "정보 저장 매체 제출 및 이미징 등 참관 여부 확인서"와 별지 제5-1호의 "압수물 봉인지"를 작성하되, 영장에 의한 압수물은 피압수자 또는 형사소송법 제123조에 따라 압수·수색 영장을 집행할 때 참여하게 해야 하는 사람(이하 "피압수자등"이라 한다)의 확인·서명을, 임의 제출물은 임의 제출자의 확인·서명을 받는다.

2. 분석 등을 의뢰하는 정보저장매체등은 피압수자등이나 임의 제출자가 보는 가운데 전자 정보의 훼손 또는 변경의 우려가 없는 봉투에 넣고 제1호에서 작성한 "압수물 봉인지"를 부착하여 봉인한다.

3. 별지 제6-2호 서식의 "충격방지봉투"에 요청 번호, 요청 기관, 수령 기관, 내용물(수량) 등 지원 요청 정보를 기재한 뒤 제1호에서 작성한 "정보 저장 매체 제출 및 이미징 등 참관 여부 확인서"와 제2호에서 봉인된 정보저장매체등을 함께 넣어 밀봉한다.

④ 제3항에도 불구하고 긴급을 요하는 등 부득이한 사정이 있는 경우에는 정보저장매체등을 신뢰할 수 있는 형식으로 봉인하여 배정받은 디지털포렌식팀에 송부한다. 이 경우 별지 제6-1호 서식의 "압수(임의 제출)물 송부지"를 작성하여 부착하는 등 지원 요청 정보의 기재가 누락되지 않도록 유의한다.

⑤ <삭제>

제17조의1(정보저장매체등의 인계인수) <신설>

① 디지털포렌식 수사관은 제17조제3항 또는 제4항에 따라 정보저장 매체등을 송부받는 경우 별지 제7호 서식의 "분석요청 등 의뢰물 접수부"를 작성한 후 인계자의 서명을 받아 이를 관리한다.

② 디지털포렌식 수사관은 분석 종료 등의 사유로 주임검사등에게 매체를 인계할 경우 별지 제9호 "정보저장 매체 등 인계인수서"에 주임검사등의 확인·서명을 받아 이를 관리한다.

제18조(디지털포렌식 관련 일선 청 지원) ① 디지털수사과장은 일선 검찰청의 지원 요청을 받아 디지털 포렌식 수사관으로 하여금 일선 검찰청의 디지털포렌식 관련 업무를 지원하게 할 수 있다.

② 디지털수사과장은 일선 검찰청에 디지털포렌식 지원을 하는 경우 지원 대상 사건의 정보저장매체등의 유형과 규모 등을 고려하여 적정한 인원의 디지털 포렌식 수사관을 배정하여야 한다.

③ 제2항의 배정을 받은 디지털 포렌식 수사관은 지원에 앞서 사건의 개요, 압수·수색·검증의 장소 및 대상, 정보저장매체등의 유형과 규모 등 원활한 지원에 필요한 사항을 파악하여 디지털 포렌식 지원을 준비하여야 한다.

④ 디지털 포렌식 수사관은 그 지원이 종료되면 소속 디지털포렌식팀의 팀장에게 보고하고 지체 없이 복귀하여야 한다.

제19조(정보 보고) ① 주임검사등이 디지털 포렌식 지원을 받은 사건에 관하여 대검찰청에 정보 보고를 하는 경우에는 디지털수사과장을 수신자에 추가하고, 디지털포렌식 수사관으로부터 지원받은 내용의 개요를 기재한다.

② 주임검사등은 수사 또는 공판 과정에서 디지털 증거의 취급에 관련되거나 디지털포렌식 업무의 정책 수립에 참고할 만한 특이 사항이 있는 경우에 그 내용을 디지털수사과장에게 알려야 한다.

제4장 디지털 증거의 압수·수색·검증

제1절 전자 정보의 압수·수색·검증 방법 및 유의 사항

제20조(전자 정보의 단계적 압수·수색·검증) ① 주임검사등은 정보저장매체등에 기억된 전자 정보를 압수하는 경우에는 해당 정보저장매체등의 소재지에서 수색 또는 검증한 후 범죄 사실과 관련된 전자 정보의 범위를 정하여 출력하거나 복제하는 방법으로 한다.

② 제1항에도 불구하고 그에 따른 압수 방법의 실행이 불가능하거나 그 방법으로는 압수의 목적을 달성하는 것이 현저히 곤란한 경우에는 압수·수색 또는 검증 현장에서 정보저장매체등에 들어 있는 전자 정보 전부를 복제하여 그 복제본을 정보저장매체등의 소재지 외의 장소로 반출할 수 있다.

③ 제1항 및 제2항에도 불구하고 그에 따른 압수 방법의 실행이 불가능하거나 그 방법으로는 압수의 목적을 달성하는 것이 현저히 곤란한 경우에는 피압수자등이 참여한 상태에서 정보저장매체등의 원본을 봉인하여 정보저장매체등의 소재지 외의 장소로 반출할 수 있다.

제21조(참여권의 보장) ① 주임검사등은 압수·수색·검증의 전 과정에 걸쳐 피압수자등이나 변호인의 참여권을 보장하여야 한다.

② 제1항에도 불구하고 피압수자등과 변호인이 참여를 거부하는 경우에는 신뢰성과 전문성을 담보할 수 있는 상당한 방법으로 압수·수색·검증을 하여야 한다.

③ 주임검사등은 압수·수색·검증 과정에 참여한 피압수자등이나 변호인이 압수 대상 전자 정보와 사건의 관련성에 관하여 의견을 제시한 때에는 이를 조서에 적어야 한다. 다만, 피압수자등이나 변호

인이 별지 제14호의 "전자 정보의 압수 등에 관한 의견진술서" 서식 등에 따라 의견을 제출한 경우에는 이를 조서 말미에 첨부하는 것으로 조서 기재에 갈음할 수 있다. <신설>

제22조(관련성의 판단 기준) <삭제>

제23조(압수 목록의 교부) ① 주임검사등은 전자 정보의 탐색·복제·출력을 완료한 경우에는 지체 없이 피압수자등에게 압수한 전자 정보의 상세 목록을 교부해야 한다.

② 제1항에 따른 전자 정보 상세 목록의 교부는 서면의 형태로 교부하는 방법 이외에 파일 형태로 복사해 주거나 전자우편으로 전송하는 등의 방법으로 갈음할 수 있다.

제24조(전자 정보 압수 후 조치) 주임검사등은 제23조의 목록에 포함되지 않은 전자 정보가 있는 경우에는 해당 전자 정보를 지체 없이 삭제 또는 폐기하거나 반환해야 한다. 이 경우 별지 제10호 "정보저장 매체 등 반환 확인서" 또는 별지 제16호 "전자 정보 삭제·폐기 확인서" 서식을 작성하여 피압수자등에게 교부해야 한다.

제25조(임의제출 정보저장매체등에 대한 조치) ① 전자 정보가 저장된 정보저 매체등을 임의제출 받는 경우에는 임의 제출의 취지와 범위를 확인하여야 한다.

② 정보저장매체등에 저장된 전자 정보를 임의 제출하는 것으로서 전자 정보에 대한 탐색·복제·출력이 필요한 경우에는 본 장에서 규정한 절차를 준용한다.

제2절 압수·수색·검증 현장에서 디지털 증거 수집

제26조(현장에서의 참여권 보장) ① 주임검사등은 전자 정보에 대한 압수·수색·검증을 하는 경우에 별지 제13호의 "전자 정보 압수·수색·검증 안내문"에 따라 전자 정보에 대한 압수·수색·검증 과정을 설명하는 등으로 참여권의 실질적 보장을 위하여 노력하여야 한다.

② 압수·수색·검증 현장에서 피압수자 및 변호인이 참여하지 않는 경우에는 다음 각호에 따라 필요한 조치를 할 수 있다.

1. 피압수자의 소재 불명, 참여 지연, 참여 불응 등의 사유로 피압수자 또는 변호인의 참여 없이 압수·수색·검증을 해야 하는 경우에는 「형사소송법」 제123조에서 정하는 참여인을 참여하게 한다.

2. 피압수자 또는 변호인이 압수·수색·검증에 참여하던 중 정당한 사유 없이 참여를 중단하여 그 집행을 계속하기 어려운 경우에는 「형사소송법」 제123조의 참여인을 참여하게 한 후 집행을 재개한다. 집행을 중지하는 경우 필요한 때에는 압수·수색·검증 장소의 출구를 별지 제5-3호 서식의 "압수 장소 봉인지"로 봉인하거나 그와 상당한 방법으로 집행 재개 시까지 그 장소를 폐쇄할 수 있다.

3. 피압수자 또는 변호인이 압수·수색·검증에 참여한 후 별지 제2호 서식의 "현장 조사 확인서"에 서명을 거부하는 등 서명을 받을 수 없는 경우에는 그 사유를 위 확인서에 기재한다.

제27조(관련 있는 디지털 증거의 압수 시 조치) ① 디지털포렌식 수사관은 제20조제1항에 따라 사건과 관련이 있는 디지털 증거를 압수하는 경우에는 해시값(파일의 고유값으로서 일종의 전자지문을 말한다)을 생성하고 별지 제2호 서식의 "현장조사 확인서"를 작성하여 서명을 받거나, 다음 각호의 내용이 포함된 확인서를 작성하여 피압수자등의 서명을 받아야 한다.

1. 확인서 작성일시 및 장소

2. 정보저장 매체등의 종류 및 사용자

3. 해시값, 해시함수명

4. 확인자의 인적사항 및 연락처, 확인자와 피압수자와의 관계

5. 기타 원본성·무결성·신뢰성을 확인하는데 필요한 사항

② 디지털포렌식 수사관은 제1항에 따라 디지털 증거를 압수한 경우에는 지체 없이 압수한 전자 정보의 상세목록을 작성하여 피압수자등에게 교부하여야 한다.

③ 압수·수색·검증 현장에서 사건과 관련이 있는 전자 정보만 선별하여 압수하는 것이 어려워 일정한 기준에 따라 전체 전자 정보 중 일부만 가선별하여 현장 이외의 장소로 반출하는 경우에는 제28조 또는 제29조를 준용하여 필요한 조치를 하여야 한다. 이 경우 압수할 전자 정보로 특정이 가능한 범위에서는 압수목록에 해당 전자 정보의 출력 또는 복제 사실을 추가하여 피압수자등에게 교부하도록 유의한다.

제28조(전자 정보의 전부 복제 시 조치) ① 제20조제2항에 따라 전자 정보의 전부를 복제하는 경우 해시값을 확인하거나 압수·수색·검증 과정을 촬영하는 등 디지털 증거의 동일성과 무결성을 담보할 수 있는 적절한 방법과 조치를 하여야 한다.

② 제1항에 따라 전자 정보 전부를 복제하여 현장 이외의 장소로 반출하는 경우에는 별지 제5-1호의 "압수물 봉인지" 및 별지 제4호의 "정보 저장 매체 복제 및 이미징 등 참관 여부 확인서"를 작성하여야 한다.

③ 주임검사등은 압수목록 교부 시 제2항에 따른 전자 정보 전부 복제본 반출 사실도 압수 목록에 기재하여 피압수자등에게 교부하도록 유의한다.

제29조(정보저장매체등 원본 반출 시 조치) ① 제20조제3항에 따라 정보저장매체등의 원본을 현장 이외의 장소로 반출하는 경우에는 별지 5-1호의 "압수물 봉인지", 별지 제3호의 "정보 저장 매체 제출 및 이미징 등 참관 여부 확인서"를 작성하여야 한다.

② 주임검사등은 압수 목록 교부 시 제1항에 따른 정보저장매체등의 원본 반출 사실도 압수 목록에 기재하여 피압수자등에게 교부하도록 유의한다.

제30조(정보저장매체등 운반 시 유의 사항) 제28조 또는 제29조에 따라 정보저장매체등을 소재지 외의 장소로 반출하는 경우에는 운반 과정에서 매체가 파손되거나 기억된 전자 정보가 손상되지 않도록 정전기 차단, 충격 방지 등의 조치를 하여야 한다.

제31조(원격지에 저장된 전자 정보의 압수·수색·검증) 압수·수색·검증의 대상인 정보 저장 매체와 정보통신망으로 연결되어 있고, 압수 대상인 전자 정보를 저장하고 있다고 인정되는 원격지의 정보 저장 매체에 대하여는 압수·수색·검증 대상인 정보 저장 매체의 시스템을 통해 접속하여 압수·수색·검증을 할 수 있다. 이 경우 피압수자등이 정보통신망으로 정보 저장 매체에 접속하여 기억된 정보를 임의로 삭제할 우려가 있을 경우에는 정보통신망 접속 또는 연결을 차단할 수 있다.

제3절 압수·수색·검증 현장 외에서 디지털 증거 수집

제32조(참관 기회의 부여) ① 주임검사등은 제28조 또는 제29조에 따라 현장 외에서 전자 정보의 압수·수색·검증을 계속하는 경우 피압수자등에게 참관일시와 장소를 통지하여야 한다. 단, 피압수자등이 참여하지 아니한다는 의사를 명시한 때 또는 참여가 불가능하거나 급속을 요하는 때에는 예외로 한다.

② 피압수자등이 참관하지 않을 경우에는 신뢰성과 전문성을 담보할 수 있도록 디지털포렌식 수사관이 포렌식 도구를 통해 압수·수색 또는 검증을 해야 한다.

③ 제1항 전단에 따른 통지를 받은 피압수자등 또는 변호인은 참관일시, 참관 장소, 참관인 등에 대하여 변경을 요청할 수 있다. 이 경우, 주임검사등은 피압수자등 또는 변호인과 협의하여 변경된 참관 일시와 장소를 통지하여야 한다. <신설>

④ 제1항, 제3항에 따라 통지한 참관일시에 피압수자등이 출석하지 않은 경우 주임검사등은 일시를 다시 정한 후 이를 피압수자등에게 통지하여야 한다. 단, 피압수자등이 다음 각호의 사유로 불출석하는 경우에는 제2항에 따른다. <신설>

1. 피압수자등의 소재를 확인할 수 없거나 불명인 경우

2. 피압수자등이 도망하였거나 도망한 것으로 볼 수 있는 경우

3. 피압수자등이 증거 인멸 또는 수사 지연, 수사 방해 등을 목적으로 출석하지 않은 경우

4. 그 밖에 위의 사유에 준하는 경우

⑤ 참관인이 참여하는 경우 제33조의 절차를 개시하기 전에 참관인에게 별지 제13호의 "전자 정보 압수·수색·검증 안내문"에 따라 전자 정보에 대한 압수·수색·검증 과정을 설명하는 등으로 참여권의 실질적 보장을 위하여 노력하여야 한다.

제33조(봉인의 해제) ① 디지털포렌식 수사관은 제28조 또는 제29조에 따라 반출한 정보저장매체등의 봉인을 해제하는 경우 부착되어 있던 별지 제5-1호 "압수물 봉인지"에 봉인 해제 일시와 그 사유를 기재하고 참관인의 서명을 받아 주임검사등에게 인계한다. 다만, 참관인이 없어 서명을 받을 수 없는 경우에는 그 사유를 기재한다.

② 주임검사등은 제1항에 따라 인계받은 "압수물 봉인지"를 수사 기록에 편철하여 디지털 증거에 대한 보관의 연속성을 확보한다.

제34조(전자 정보의 탐색·복제·출력) ① 제33조에 의해 봉인을 해제한 이후에는 현장에서 기생성한 이미지 파일의 무결성을 검증하거나 동 매체에 저장된 전자 정보에 대한 이미지 파일을 새로 생성한다. 다만, 이미지 파일을 생성할 필요가 없거나 곤란한 경우에는 그러하지 아니하다.

② 사건과 관련이 있는 전자 정보의 탐색은 원칙적으로 제1항에 따라 동일성과 무결성이 확인되었거나 새로 생성한 이미지 파일을 이용하여 진행하되, 제1항 단서와 같이 이미지 파일을 생성하지 아니한 경우에는 정보저장매체등에 저장된 전자 정보를 직접 탐색할 수 있다.

③ 제2항의 탐색을 통해 사건과 관련이 있는 전자 정보를 파일 형태로 복제하여 압수하는 경우에는

선별된 전자 정보에 대한 이미지 파일을 생성하고 그에 대한 해시값을 확인한다.

④ 주임검사는 법정에서 디지털 증거의 재현이나 검증을 위해 필요한 경우에 한하여 제1항의 이미지 파일을 보관할 수 있다. 이 경우, 별지 제15호 "이미지 파일에 대한 접근 통제 지휘" 서식을 작성하여 디지털포렌식 수사관에게 송부한다. <신설>

⑤ 제4항의 경우, 주임검사등은 피압수자등에게 그 취지를 설명하고 전자 정보 상세 목록에 이미지 파일명을 구체적으로 특정하여 기재하고 피압수자등에게 교부한다. <신설>

제35조(전자 정보 상세 목록의 교부) ① 제34조에 따른 전자 정보의 탐색·복제·출력을 완료한 경우에는 지체 없이 피압수자등에게 전자 정보 상세 목록을 교부하고, 별지 제8호의 "참관 및 전자 정보 상세 목록 교부 확인서" 또는 제27조제1항에 따른 확인서 등을 작성하여 피압수자등의 서명을 받는다.

② 제1항에도 불구하고 피압수자등이 참관하지 않겠다는 의사 표시를 하거나 중간에 참관을 포기하고 퇴실하는 등으로 피압수자등의 서명을 받을 수 없는 경우에는 그 사유를 기재한다.

제36조(목록에 없는 전자 정보에 대한 조치) ① 제35조제1항의 전자 정보 상세 목록에 포함되지 않은 전자 정보가 있는 경우에는 디지털 포렌식 수사관은 해당 전자 정보를 지체 없이 삭제 또는 폐기해야 한다. 이 경우, 별지 제16호 "전자 정보 삭제·폐기 확인서"를 작성하여 주임검사에게 송부한다. 주임검사는 송부된 "전자 정보 삭제·폐기 확인서"를 검토한 후 서명·날인하여 피압수자등에게 교부하고, 사본은 기록에 편철한다.

② 제1항에도 불구하고 복제본이 저장된 정보저장매체등이 피압수자등으로부터 제공받은 것으로 그 자체를 반환해야 하는 경우에는 제1항에서 정한 절차가 아닌 제3항에서 정한 절차에 따라 정보저장매체등을 반환할 수 있다.

③ 정보저장매체등 원본에 저장되어 반출된 전자 정보의 경우에는 다음 순서에 따라 피압수자등에게 정보저장매체등 원본을 돌려주는 방법으로 반환한다.

1. 디지털포렌식 수사관은 제34조에 따라 전자 정보의 탐색·복제·출력이 완료된 경우에는 정보저장매체등 원본을 별지 제5-2호의 "압수물 재봉인지" 등으로 재봉인하여 "참관 및 전자 정보 상세목록 교부 확인서" 또는 제27조제1항에 따른 확인서와 함께 주임검사등에게 인계한다.

2. 주임검사는 인계받은 정보저장매체등 원본을 피압수자에게 반환하고 별지 제10호의 "정보 저장 매체 등 반환 확인서"를 작성하여 피압수자등의 서명을 받아 기록에 편철하고, 사본은 피압수자등에게 교부한다.

3. <삭제>

제37조(이미지 파일의 보관) <삭제>

제38조(이미지 파일의 접근 통제) <삭제>

제39조(전자 정보의 암호화 등에 대한 특례) ① 압수·수색·검증 대상인 정보저장매체등이나 전자 정보에 암호가 설정되어 있는 등 다음 각호의 사유가 있는 경우에는 저장되어 있는 전자 정보에 접근하여 탐색할 수 있는 기술적 조치가 이루어진 이후에 본 절에서 정한 절차에 따라 사건과 관련이 있는 전

자 정보를 압수한다.

1. 정보저장매체등이 물리적으로 손상된 것이 확인되어 수리가 필요한 경우

2. 정보저장매체등에 암호가 걸려 있고 피압수자등이 협조하지 않는 경우

3. 정보저장매체등의 특성상 적합한 장비나 프로그램의 개발이 필요한 경우

4. 사건과 개연성이 있는 전자 정보가 조작·삭제된 정황이 발견되어 사건과 관련이 있는 전자 정보의 선별에 앞서 정보저장매체등에 대한 종합적인 분석이 필요한 경우

5. 안티 포렌식 등으로 인해 통상적인 방식으로는 저장된 전자 정보에 접근하는 것이 어려운 경우

6. 그 밖에 각 호의 사유에 준하는 경우

② 제1항 각호의 사유를 해소하기 위한 기술적 조치 과정에서 필요한 경우에는 사건과 관련이 있는 전자 정보를 선별하는 단계에 이르기 전이라도 업무관리시스템에 등록하여 필요한 조치를 취할 수 있다.

제5장 디지털 증거의 등록

제40조(업무관리시스템의 운영) ① 디지털 증거의 무결성, 보관의 연속성 등을 유지하고, 등록된 디지털 증거에 대한 접근 권한을 체계적으로 관리하기 위해 업무 관리 시스템을 운영한다.

② 압수한 디지털 증거는 특별한 사정이 없는 한 업무 관리 시스템에 등록하여 관리하여야 한다. 대용량 기타 기술적인 사유로 업무 관리 시스템에 등록하기 어려운 경우에는 디지털 증거의 내용이 변경·훼손되지 않도록 적절한 조치를 하여야 한다.

제41조(현장에서 압수한 디지털 증거의 등록) ① 디지털 포렌식 수사관은 지원을 종료하고 복귀한 후 지체 없이 제20조제1항에 따라 압수한 디지털 증거(이미지 파일, 증거 파일을 포함한다)와 그 해시값을 업무 관리 시스템에 등록한다.

② 제1항의 경우 현장에서 압수 목록 이외에 전자 정보 상세 목록을 교부한 때에는 그 전자 정보 상세 목록을 업무 관리 시스템에 등록한다.

제42조(현장 외에서 압수한 디지털 증거의 등록) ① 디지털 포렌식 수사관은 제34조에 따라 무결성 등을 검증하거나 새로 생성한 이미지 파일에서 사건과 관련이 있는 전자 정보를 선별한 때에는 해시값과 함께 업무 관리 시스템에 등록한다.

② 제34조제4항에 따라 이미지 파일을 보관할 경우에는 제34조제1항의 이미지 파일을 해시값과 함께 업무 관리 시스템에 등록할 수 있다.

③ 제35조에 따라 피압수자에게 교부한 전자 정보 상세 목록은 업무 관리 시스템에 등록한다.

제43조(기타 업무 수행을 위한 이용) 디지털 포렌식 수사관은 암호의 해제, 디지털 증거의 분석 등 업무 수행을 위해 필요한 경우에는 업무 관리 시스템을 이용할 수 있다.

제6장 디지털 증거의 분석

제44조(디지털 증거의 분석 시 유의 사항) 디지털 증거의 분석은 분석 결과의 신뢰성을 확보할 수 있도록 디지털 포렌식 수사관이 행하여야 하고 분석에 적합한 장비와 프로그램을 사용하여야 한다.

제45조(이미지 파일 등에 의한 분석) ① 디지털 증거의 분석은 이미지 파일로 한다.

② 제1항에도 불구하고 이미지 파일로 복제하는 것이 곤란한 경우에는 압수 또는 복제한 정보저장매체등을 직접 분석할 수 있다. 이 경우 정보저장매체등의 형상이나 내용이 변경·훼손되지 않도록 적절한 조치를 하여야 한다.

제46조(분석보고서의 작성) ① 디지털 포렌식 수사관은 디지털 증거에 대한 분석을 종료한 때에는 별지 제11호에 따라 분석보고서를 작성한다. 다만, 사안의 경중과 분석의 난이도 등을 고려하여 약식보고서를 활용할 수 있다.

② 디지털 포렌식 수사관은 디지털 증거를 분석하는 과정에서 생성된 자료가 있는 경우에는 사후 검증이 가능할 수 있도록 이를 업무 관리 시스템에 등록하여야 한다.

③ 디지털 포렌식 수사관은 수사상 필요하다고 판단되거나 주임검사등의 요청이 있는 때에는 제2항의 자료를 CD 등 별도의 정보 저장 매체에도 저장하여 주임검사등에게 인계할 수 있다.

제47조(분석 결과의 통보) ① 디지털 포렌식 수사관은 디지털 증거의 분석을 종료한 때에는 분석보고서를 업무 관리 시스템에 등록하는 방법으로 회신한다. 다만, 긴급을 요하는 경우에는 구두 또는 전화 등 기타 방법으로 분석 결과를 통보하고 사후에 분석보고서를 업무 관리 시스템에 등록할 수 있다.

② 디지털 포렌식 수사관은 분석 대상물을 접수한 때로부터 15 근무일 이내에 분석 결과를 회신하여야 한다. 다만, 부득이한 사정이 있는 경우 중간 분석 상황을 통지하는 등으로 그 사유를 소명하여 회신 기한을 연장할 수 있다.

제48조(생성 이미지 파일 등 삭제) 제43조에 의한 분석을 위해 생성한 이미지 파일이나 분석 과정에서 생성된 일체의 전자 정보는 분석 결과 회신 후 지체 없이 삭제하여야 한다. 다만, 제42조 및 제45조에 따라 업무 관리 시스템에 등록한 전자 정보와 분석보고서는 분석 결과의 정확성, 신뢰성 등에 대한 검증을 위해 계속 보관할 수 있다.

제7장 디지털 증거의 관리

제49조(디지털 증거의 관리 시 유의 사항) 디지털수사과장은 업무 관리 시스템에 등록된 디지털 증거 등 전자 정보의 원본성·무결성 등이 훼손되지 않도록 체계적으로 보존·관리하여야 한다.

제50조(디지털 증거 관리담당자의 지정) ① 디지털수사과장은 디지털 증거의 보존·관리·폐기 등 디지털 증거의 생애 주기를 관리하기 위하여 그 업무를 전담할 디지털 증거 관리담당자를 지정할 수 있다.

② 제1항의 디지털 증거 관리담당자는 디지털 증거의 보존·관리·폐기에 관한 절차를 위해 필요한 사항과 디지털수사과장으로부터 위임을 받은 사항에 관하여 업무를 수행한다.

제51조(디지털 증거의 점검) ① 디지털수사과장은 매년 반기별로 디지털 증거에 대한 관리가 원활하게 수행되고 있는지 점검하여야 한다.

② 제1항에 따라 디지털 증거 관리담당자는 각 호의 내용이 포함된 디지털 증거 관리 현황을 작성하여 디지털수사과장에게 보고하여야 한다.

1. 디지털 증거 등록 현황

2. 디지털 증거 보관 현황(수리/미수리 현황)

3. 디지털 증거 폐기 현황

제52조(디지털 증거 보관 기록 등 관리) ① 디지털 증거 관리담당자는 디지털 증거의 보관의 연속성이 유지될 수 있도록 디지털 증거의 승계 과정에서 등록된 기록, 사진, 영상 등을 관리하여야 한다.

② 디지털 증거 관리담당자는 권한 없이 디지털 증거에 접근하지 못하도록 업무 관리 시스템상 디지털 증거에 대한 접근 로그를 생성·관리하여야 한다.

제52조의1(등록된 디지털 증거의 접근 통제) <신설>

① 업무 관리 시스템에 등록된 이미지 파일 및 증거 파일은 디지털 증거 관리담당자 외에는 접근하지 못하도록 접근 권한을 관리하여야 한다.

② 업무 관리 시스템에 등록된 추출 파일은 해당 지원 요청을 한 주임검사등 이외에는 접근하지 못하도록 접근 권한을 관리하여야 한다.

③ 다음 각호의 경우에는 소속 청의 인권보호관으로부터 승인을 받아 디지털 수사과장에게 공문으로 접근 권한 부여를 요청할 수 있다.

1. 법정 재현이나 검증의 사유에 필요한 경우 공판검사가 디지털 포렌식 수사관으로 하여금 제34조제1항의 이미지 파일에 접근할 수 있도록 권한 부여를 요청하는 경우

2. 주임검사가 당해 사건의 수사를 위해 필요하거나 공판검사가 당해 사건의 공소유지를 위해 필요한 경우, 해당 검사가 디지털 포렌식 수사관으로 하여금 제34조제1항을 제외한 이미지 파일 및 증거 파일에 접근할 수 있도록 권한 부여를 요청하는 경우

3. 인사 이동 등의 사유로 주임검사등이 수사를 위해 추출 파일에 새롭게 접근 권한을 요청하는 경우

제8장 디지털 증거의 폐기

제53조(디지털 증거의 폐기 시 유의 사항) 범죄 사실과 무관한 것으로 확인된 디지털 증거는 폐기하여야 하나, 디지털 증거를 폐기하는 과정에서 향후 재판 절차에 증거로 제출되어야 하는 디지털 증거가 폐기되는 일이 없도록 유의하여야 한다.

제54조(폐기 대상) ① 다음 각호에 해당하는 디지털 증거는 본 장에서 규정한 절차에 따라 업무 관리 시스템에서 폐기한다.

1. 수사 또는 재판 과정에서 범죄 사실과 관련성이 없는 것으로 확인된 경우

2. 압수의 원인이 된 사건에 대한 기소·불기소 등 종국 처분에 따라 계속 보관할 필요성이 없다고 인정되는 경우

3. 판결이 확정되어 계속 보관할 필요성이 없다고 인정되는 경우

② <삭제>

제55조(폐기 방법) 디지털 증거를 폐기하는 경우에는 복원이 불가능한 기술적 방법으로 삭제하여야 한다.

제56조(폐기요청) 제54조의 폐기 대상 디지털 증거에 대한 폐기 절차는 주임검사(주임검사가 없는 경우에는 그 승계검사) 또는 압수전담검사의 요청으로 개시한다.

제57조(폐기 절차) ① 디지털 증거의 폐기를 요청하는 경우에는 다음 각호의 절차에 따라 폐기를 진행한다.

1. 주임검사 또는 압수전담검사는 제54조의 폐기 대상 디지털 증거에 대하여 폐기촉탁지휘를 한다.

2. 폐기촉탁지휘를 받은 압수물 담당 직원은 KICS의 압수물 관리 시스템을 통하여 디지털수사과장에게 해당 디지털 증거에 대한 폐기를 요청한다.

3. 디지털수사과장은 폐기를 요청받은 디지털 증거를 지체 없이 폐기하고 별지 제12호 서식의 "디지털 증거 폐기(촉탁) 회보서"를 업무 관리 시스템을 통하여 입력하는 방법으로 작성하여 압수물 담당 직원에게 회보한다.

② 단, 압수물로 수리되지 아니한 디지털 증거의 폐기는 다음 각호의 절차에 따라 폐기를 진행한다. <신설>

1. 주임검사는 제54조의 폐기 대상 디지털 증거에 대하여 업무 관리 시스템을 통하여 폐기를 요청한다.

2. 디지털수사과장은 폐기를 요청받은 디지털 증거를 지체 없이 폐기하고 별지 제12-1호 서식의 "디지털 증거 폐기 확인서"를 업무 관리 시스템을 통하여 입력하는 방법으로 작성하여 주임검사에게 회보한다.

제58조(유죄 확정 판결에 대한 특례) <삭제>

제59조(미수리된 디지털 증거에 대한 직권 폐기) ① <삭제>

② 디지털수사과장은 업무 관리 시스템에 등록된 후 6개월이 경과될 때까지 압수물로 수리되지 아니한 디지털 증거에 대해서 지원 요청한 청별로 그 목록을 작성하여 해당 청에 송부하고 1개월 내에 압수물로 수리한 후 그 결과를 회보할 것을 요청할 수 있다.

③ 압수물로 수리할 것을 촉구한 때로부터 1개월이 경과하도록 압수물로 수리되지 아니한 경우에는 디지털수사과장이 판단하여 디지털 증거를 폐기할 수 있다.

④ 제3항에 따라 디지털 증거를 폐기한 경우, 디지털수사과장은 별지 제12-1호 서식의 "디지털 증거 폐기 확인서"를 업무 관리 시스템을 통하여 입력하는 방법으로 작성하여 주임검사에게 회보한다. <신설>

부칙 <제1449호, 2024. 10. 1.>

제1조(시행일) 이 규정은 2024. 10. 1.부터 시행한다.

제2조(재검토 기한) 이 규정은「훈령·예규 등의 발령 및 관리에 관한 규정」에 따라 이 예규에 대하여 2025년 1월 1일을 기준으로 매 3년이 되는 시점(매 3년째의 12월 31일까지를 말한다)마다 그 타당성을 검토하여 개선 등의 조치를 하여야 한다.

2. 경찰청 디지털 증거의 처리 등에 관한 규칙

[시행 2023. 7. 4.] [경찰청훈령 제1086호, 2023. 7. 4., 일부개정.]

경찰청(디지털포렌식센터), 02-3150-1095

제1장 총칙

제1조(목적) 이 규칙은 디지털 증거를 수집·보존·운반·분석·현출·관리하는 과정에서 준수하여야 할 기본 원칙 및 업무 처리 절차를 규정함으로써 실체적 진실을 발견하고 인권 보호에 기여함을 목적으로 한다.

제2조(정의) 이 규칙에서 사용하는 용어의 뜻은 다음과 같다.

1. "전자 정보"란 전기적 또는 자기적 방법으로 저장되거나 네트워크 및 유·무선 통신 등을 통해 전송되는 정보를 말한다.

2. "디지털 포렌식"이란 전자 정보를 수집·보존·운반·분석·현출·관리하여 범죄 사실 규명을 위한 증거로 활용할 수 있도록 하는 과학적인 절차와 기술을 말한다.

3. "디지털 증거"란 범죄와 관련하여 증거로서의 가치가 있는 전자 정보를 말한다.

4. "정보저장매체등"이란 전자 정보가 저장된 컴퓨터용 디스크, 그 밖에 이와 비슷한 정보 저장 매체를 말한다.

5. "정보저장매체등 원본"이란 전자 정보 압수·수색·검증을 목적으로 반출의 대상이 된 정보저장매체등을 말한다.

6. "복제본"이란 정보저장매체등에 저장된 전자 정보 전부를 하드카피 또는 이미징 등의 기술적 방법으로 별도의 다른 정보 저장 매체에 저장한 것을 말한다.

7. "디지털 증거분석 의뢰물"이란 범죄 사실을 규명하기 위해 디지털 증거분석관에게 분석의뢰된 전자 정보, 정보저장매체등 원본, 복제본을 말한다.

8. "디지털 증거분석관"이란 제6조의 규정에 따라 선발된 사람으로서 디지털 증거 분석 의뢰를 받고 이를 수행하는 사람을 말한다.

9. "디지털 증거 통합관리시스템"이란 디지털 증거 분석 의뢰와 분석 결과 회신 등을 포함한 디지털 포렌식 업무를 종합적으로 관리하기 위하여 구축된 전산 시스템을 말한다.

제3조(적용 범위) 경찰의 디지털 증거 수집·보존·운반·분석·현출·관리(이하 "처리"라 한다) 업무에 대하여 다른 법령 및 규칙에 특별한 규정이 있는 경우를 제외하고는 이 규칙에 따른다.

제4조(인권 보호 원칙 등) 디지털 증거의 처리 업무를 수행하는 사람은 업무처리 과정에서 다음 각 호의 사항에 유의하여 업무를 수행하여야 한다.

1. 사건관계인의 인권을 존중하고 적법 절차를 준수하며 신속·공정·성실하게 업무를 수행하여야 한다.

2. 객관적인 입장에서 공정하게 예단이나 편견 없이 중립적으로 업무를 수행하여야 하고, 주어진 권한을 자의적으로 행사하거나 남용하여서는 안 된다.

3. 업무의 전 과정에서 사건관계인의 사생활의 비밀을 보호하고 명예나 신용이 훼손되지 않도록 노력하여야 한다.

제5조(디지털 증거 처리의 원칙) ① 디지털 증거는 수집 시부터 수사 종결 시까지 변경 또는 훼손되지 않아야 하며, 정보저장매체등에 저장된 전자 정보와 동일성이 유지되어야 한다.

② 디지털 증거 처리의 각 단계에서 업무처리자 변동 등의 이력이 관리되어야 한다.

③ 디지털 증거의 처리 시에는 디지털 증거 처리 과정에서 이용한 장비의 기계적 정확성, 프로그램의 신뢰성, 처리자의 전문적인 기술 능력과 정확성이 담보되어야 한다.

제6조(디지털 증거분석관의 자격 및 선발) 디지털 증거분석관(이하 "증거분석관"이라 한다)은 다음 각 호의 어느 하나에 해당하는 사람 중에서 선발한다.

1. 경찰 교육기관의 디지털 포렌식 관련 전문 교육을 수료한 사람

2. 국가 또는 공공기관의 디지털 포렌식 관련 분야에서 3년 이상 근무한 사람

3. 디지털 포렌식, 컴퓨터공학, 전자공학, 정보보호공학 등 관련 분야 대학원 과정을 이수하여 석사 이상의 학위를 소지한 사람

4. 디지털 포렌식, 컴퓨터공학, 전자공학, 정보보호공학 등 관련 분야 학사 학위를 소지하고, 해당 분야 전문 교육 과정을 수료하거나 자격증을 소지한 사람

제7조(디지털 증거분석의 처리 체계) ① 경찰청 국가수사본부 사이버수사국 디지털 포렌식 센터(이하 "경찰청 디지털 포렌식 센터"라 한다)는 다음 각 호의 경우 디지털 증거 분석 업무를 수행한다.

1. 경찰청 각 부서에서 증거 분석을 요청한 경우

2. 고도의 기술이나 특정 분석 장비 등이 필요하여 시·도경찰청에서 증거분석이 곤란한 경우

3. 법원, 수사·조사기관, 중앙행정기관, 국외 기관 등이 범죄 사실 규명을 위하여 디지털 증거 분석을 요청하고 그 정당성과 필요성이 인정되는 경우

4. 그 밖에 경찰청에서 디지털 증거 분석을 하여야 할 상당한 이유가 있다고 인정되는 경우

② 시·도경찰청 사이버수사과(사이버수사과가 설치되지 않은 시·도경찰청은 수사과로 하며, 이하 같다)는 다음 각 호의 경우 디지털 증거 분석 업무를 수행한다.

1. 시·도경찰청 각 부서 및 경찰서에서 증거 분석을 요청한 경우

2. 관할 내 법원, 수사·조사기관, 행정기관 등이 범죄 사실 규명을 위하여 디지털 증거 분석을 요청하고 그 정당성과 필요성이 인정되는 경우

3. 경찰청 디지털포렌식센터와 협의하여 다른 시·도경찰청의 디지털 증거분석 업무를 지원할 것을 결정한 경우

4. 그 밖에 시·도경찰청에서 디지털 증거분석을 하여야 할 상당한 이유가 있다고 인정되는 경우

제8조(디지털 포렌식 자문단 운영) ① 경찰청장은 디지털 포렌식의 공정성과 신뢰성을 제고하고 관련 정

책, 법률, 기술 등에 대한 자문을 구하기 위하여 전문가로 구성된 디지털 포렌식 자문단(이하 "자문단"이라 한다)을 운영할 수 있다.

② 자문위원은 디지털 포렌식 관련 분야의 전문 지식과 경험이 풍부한 사람 중에서 사이버수사국장의 추천을 받아 경찰청장이 위촉한다.

③ 자문위원의 임기는 2년으로 한다.

④ 자문위원은 자문단의 업무와 관련하여 알게 된 비밀을 외부에 누설하여서는 아니 된다.

⑤ 회의 소집, 자문 등에 응한 자문위원에게는 예산의 범위 내에서 수당을 지급할 수 있다.

⑥ 그 밖에 자문단 운영에 필요한 사항은 경찰청장이 정한다.

제2장 디지털 증거의 수집

제9조(디지털 증거 수집 시 원칙) 디지털 증거의 수집은 수사 목적을 달성하는데 필요한 최소한의 범위에서 이루어져야 하며, 「형사소송법」 등 관계 법령에 따른 적법 절차를 준수하여야 한다.

제10조(지원요청 및 처리) ① 수사 과정에서 전자 정보 압수·수색·검증의 지원이 필요한 경우 경찰청 각 부서는 경찰청 디지털 포렌식센터장에게, 시·도경찰청 각 부서 및 경찰서의 수사 부서는 시·도경찰청 사이버수사과장에게 압수·수색·검증에 관한 지원을 요청할 수 있다.

② 경찰청 디지털 포렌식센터장 또는 시·도경찰청 사이버수사과장은 압수·수색·검증에 관한 지원을 요청받은 경우에는 지원의 타당성과 필요성을 검토한 후, 지원 여부를 결정하여 통보하여야 한다.

③ 제2항에 따라 지원이 결정된 경우 증거분석관은 전자 정보의 압수·수색·검증을 지원할 수 있다.

④ 압수·수색·검증 과정을 지원하는 증거분석관은 성실한 자세로 기술적 지원을 하고, 경찰관은 압수·수색·검증영장 및 제11조 각 호의 사항을 증거분석관에게 사전에 충실히 제공하는 등 수사의 목적이 달성될 수 있도록 상호 협력하여야 한다.

제11조(압수·수색·검증의 준비) 경찰관은 전자 정보를 압수·수색·검증하고자 할 때에는 사전에 다음 각 호의 사항을 고려하여야 한다.

1. 사건의 개요, 압수·수색·검증 장소 및 대상

2. 압수·수색·검증할 컴퓨터 시스템의 네트워크 구성 형태, 시스템 운영체제, 서버 및 대용량 저장 장치, 전용 소프트웨어

3. 압수 대상자가 사용 중인 정보저장매체등

4. 압수·수색·검증에 소요되는 인원 및 시간

5. 디지털 증거분석 전용 노트북, 쓰기방지 장치 및 하드디스크 복제 장치, 복제용 하드디스크, 하드디스크 운반용 박스, 정전기 방지 장치 등 압수·수색·검증에 필요한 장비

제12조(압수·수색·검증 영장의 신청) ① 경찰관은 압수·수색·검증 영장을 신청하는 때에는 전자 정보와 정보저장매체등을 구분하여 판단하여야 한다.

② 경찰관은 전자 정보에 대한 압수·수색·검증영장을 신청하는 경우에는 혐의사실과의 관련성을 고려하여 압수·수색·검증할 전자 정보의 범위 등을 명확히 하여야 한다. 이 경우 영장 집행의 실효성

확보를 위하여 다음 각 호의 사항을 고려하여야 한다.

1. 압수·수색·검증 대상 전자 정보가 원격지의 정보저장 매체등에 저장되어 있는 경우 등 특수한 압수·수색·검증방식의 필요성

2. 압수·수색·검증영장에 반영되어야 할 압수·수색·검증 장소 및 대상의 특수성

③ 경찰관은 다음 각 호의 어느 하나에 해당하여 필요하다고 판단하는 경우 전자 정보와 별도로 정보저장매체등의 압수·수색·검증 영장을 신청할 수 있다.

1. 정보저장매체등이 그 안에 저장된 전자 정보로 인하여 「형법」 제48조제1항의 몰수 사유에 해당하는 경우

2. 정보저장매체등이 범죄의 증명에 필요한 경우

제13조(압수·수색·검증 시 참여 보장) ① 전자 정보를 압수·수색·검증할 경우에는 피의자 또는 변호인, 소유자, 소지자, 보관자의 참여를 보장하여야 한다. 이 경우, 압수·수색·검증 장소가 「형사소송법」 제123조제1항, 제2항에 정한 장소에 해당하는 경우에는 「형사소송법」 제123조에 정한 참여인의 참여를 함께 보장하여야 한다.

② 경찰관은 제1항에 따른 피의자 또는 변호인의 참여를 압수·수색·검증의 전 과정에서 보장하고, 미리 집행의 일시와 장소를 통지하여야 한다. 다만, 위 통지는 참여하지 아니한다는 의사를 명시한 때 또는 참여가 불가능하거나 급속을 요하는 때에는 예외로 한다.

③ 제1항에 따른 참여의 경우 경찰관은 참여인과 압수 정보와의 관련성, 전자 정보의 내용, 개인정보 보호 필요성의 정도에 따라 압수·수색·검증 시 참여인 및 참여 범위를 고려하여야 한다.

④ 피의자 또는 변호인, 소유자, 소지자, 보관자, 「형사소송법」 제123조에 정한 참여인(이하 "피압수자 등"이라 한다)이 참여를 거부하는 경우 전자 정보의 고유 식별값(이하 "해시값"이라 한다)의 동일성을 확인하거나 압수·수색·검증 과정에 대한 사진 또는 동영상 촬영 등 신뢰성과 전문성을 담보할 수 있는 상당한 방법으로 압수하여야 한다.

⑤ 경찰관은 피압수자 등이 전자 정보의 압수·수색·검증 절차 참여 과정에서 알게 된 사건관계인의 개인 정보와 수사 비밀 등을 누설하지 않도록 피압수자 등에게 협조를 요청할 수 있다.

제14조(전자 정보 압수·수색·검증의 집행) ① 경찰관은 압수·수색·검증 현장에서 전자 정보를 압수하는 경우에는 범죄 혐의 사실과 관련된 전자 정보에 한하여 문서로 출력하거나 휴대한 정보 저장 매체에 해당 전자 정보만을 복제하는 방식(이하 "선별압수"라 한다)으로 하여야 한다. 이 경우 해시값 확인 등 디지털 증거의 동일성, 무결성을 담보할 수 있는 적절한 방법과 조치를 취하여야 한다.

② 압수가 완료된 경우 경찰관은 별지 제1호서식의 전자 정보 확인서를 작성하여 피압수자 등의 확인·서명을 받아야 한다. 이 경우 피압수자 등의 확인·서명을 받기 곤란한 경우에는 그 사유를 해당 확인서에 기재하고 기록에 편철한다.

③ 경찰관은 별지 제1호서식의 전자 정보 확인서 및 상세 목록을 피압수자에게 교부한 경우 「경찰수사규칙」 제64조제2항의 압수목록교부서 및 「형사소송법」 제129조 압수 목록의 교부에 갈음할 수

있다.

④ 경찰관은 압수한 전자 정보의 상세 목록을 피압수자 등에게 교부하는 때에는 출력한 서면을 교부하거나 전자파일 형태로 복사해 주거나 이메일을 전송하는 등의 방식으로 할 수 있다.

⑤ 그 외 압수·수색·검증과 관련된 서류의 작성은 「범죄수사규칙」(경찰청훈령)의 규정을 준용한다.

제15조(복제본의 획득·반출) ① 경찰관은 다음 각 호의 사유로 인해 압수·수색·검증 현장에서 제14조제1항 전단에 따라 선별 압수 하는 방법이 불가능하거나 압수의 목적을 달성하기에 현저히 곤란한 경우에는 복제본을 획득하여 외부로 반출한 후 전자 정보의 압수·수색·검증을 진행할 수 있다.

1. 피압수자 등이 협조하지 않거나, 협조를 기대할 수 없는 경우

2. 혐의 사실과 관련될 개연성이 있는 전자 정보가 삭제·폐기된 정황이 발견되는 경우

3. 출력·복제에 의한 집행이 피압수자 등의 영업 활동이나 사생활의 평온을 침해한다는 이유로 피압수자 등이 요청하는 경우

4. 그 밖에 위 각 호에 준하는 경우

② 경찰관은 제1항에 따라 획득한 복제본을 반출하는 경우에는 복제본의 해시값을 확인하고 피압수자 등에게 전자 정보 탐색 및 출력·복제 과정에 참여할 수 있음을 고지한 후 별지 제3호서식의 복제본 반출(획득) 확인서를 작성하여 피압수자 등의 확인·서명을 받아야 한다. 이 경우, 피압수자 등의 확인·서명을 받기 곤란한 경우에는 그 사유를 해당 확인서에 기재하고 기록에 편철한다.

제16조(정보저장 매체등 원본 반출) ① 경찰관은 압수·수색·검증 현장에서 다음 각 호의 사유로 인해 제15조제1항에 따라 복제본을 획득·반출하는 방법이 불가능하거나 압수의 목적을 달성하기에 현저히 곤란한 경우에는 정보저장매체등 원본을 외부로 반출한 후 전자 정보의 압수·수색·검증을 진행할 수 있다.

1. 영장 집행 현장에서 하드카피·이미징 등 복제본 획득이 물리적·기술적으로 불가능하거나 극히 곤란한 경우

2. 하드카피·이미징에 의한 집행이 피압수자 등의 영업 활동이나 사생활의 평온을 침해한다는 이유로 피압수자 등이 요청하는 경우

3. 그 밖에 위 각 호에 준하는 경우

② 경찰관은 제1항에 따라 정보저장매체등 원본을 반출하는 경우에는 피압수자 등의 참여를 보장한 상태에서 정보저장매체등 원본을 봉인하고 봉인 해제 및 복제본의 획득 과정 등에 참여할 수 있음을 고지한 후 별지 제4호서식의 정보 저장 매체 원본 반출 확인서 또는 별지 제5호서식의 정보 저장 매체 원본 반출 확인서(모바일 기기)를 작성하여 피압수자 등의 확인·서명을 받아야 한다. 이 경우, 피압수자 등의 확인·서명을 받기 곤란한 경우에는 그 사유를 해당 확인서에 기재하고 기록에 편철한다.

제17조(현장 외 압수 시 참여 보장 절차) ① 경찰관은 제15조 또는 제16조에 따라 복제본 또는 정보저장매체등 원본을 반출하여 현장 이외의 장소에서 전자 정보의 압수·수색·검증을 계속하는 경우(이하 "현장 외 압수"라고 한다) 피압수자 등에게 현장 외 압수 일시와 장소를 통지하여야 한다. 다만, 제15조제2

항 또는 제16조제2항에 따라 참여할 수 있음을 고지받은 자가 참여하지 아니한다는 의사를 명시한 때 또는 참여가 불가능하거나 급속을 요하는 때에는 예외로 한다.

② 피압수자 등의 참여 없이 현장 외 압수를 하는 경우에는 해시값의 동일성을 확인하거나 압수·수색·검증 과정에 대한 사진 또는 동영상 촬영 등 신뢰성과 전문성을 담보할 수 있는 상당한 방법으로 압수하여야 한다.

③ 제1항 전단에 따른 통지를 받은 피압수자 등은 현장 외 압수 일시의 변경을 요청할 수 있다.

④ 제3항의 변경 요청을 받은 경찰관은 범죄 수사 및 디지털 증거 분석에 지장이 없는 범위 내에서 현장 외 압수 일시를 변경할 수 있다. 이 경우 경찰관은 피압수자 등에게 변경된 일시를 통지하여야 하고, 변경하지 않은 경우에는 변경하지 않은 이유를 통지하여야 한다.

⑤ 제1항, 제4항에 따라 통지한 현장 외 압수 일시에 피압수자 등이 출석하지 않은 경우 경찰관은 일시를 다시 정한 후 이를 피압수자 등에게 통지하여야 한다. 다만, 피압수자 등이 다음 각호의 사유로 불출석하는 경우에는 제2항의 절차를 거쳐 현장 외 압수를 진행할 수 있다.

1. 피압수자 등의 소재를 확인할 수 없거나 불명인 경우

2. 피압수자 등이 도망하였거나 도망한 것으로 볼 수 있는 경우

3. 피압수자 등이 증거 인멸 또는 수사 지연, 수사 방해 등을 목적으로 출석하지 않은 경우

4. 그 밖에 위의 사유에 준하는 경우

⑥ 경찰관 또는 증거분석관은 현장 외 압수를 진행함에 있어 다음 각 호의 어느 하나에 해당하는 경우 별지 제6호서식의 참여 (철회) 확인서를 작성하고 피압수자 등의 확인·서명을 받아야 한다. 피압수자 등의 확인·서명을 받기 곤란한 경우에는 그 사유를 해당 확인서에 기재하고 기록에 편철한다.

1. 현장 외 압수에 참여 의사를 명시한 피압수자 등이 참여를 철회하는 때. 이 경우 제2항의 절차를 거쳐야 한다.

2. 현장 외 압수에 불참 의사를 명시한 피압수자등이 다시 참여 의사를 명시하는 때

제18조(현장 외 압수 절차의 설명) ① 경찰관은 현장 외 압수에 참여하여 동석한 피압수자 등에게 현장 외 압수 절차를 설명하고 그 사실을 기록에 편철한다. 이 경우 증거분석관이 현장 외 압수를 지원하는 경우에는 전단의 설명을 보조할 수 있다.

② 경찰관 및 증거분석관은 별지 제7호서식의 현장 외 압수 절차 참여인을 위한 안내서를 피압수자 등에게 교부하여 전항의 설명을 갈음할 수 있다.

제19조(현장 외 압수 절차) ① 경찰관은 제16조제1항에 따라 정보저장매체등 원본을 반출한 경우 위 원본으로부터 범죄 혐의와 관련된 부분만을 선별하여 전자 정보를 탐색·출력·복제하거나, 위 원본의 복제본을 획득한 후 그 복제본에 대하여 범죄 혐의와 관련된 부분만을 선별하여 전자 정보를 탐색·출력·복제하는 방법으로 압수한다. 이 경우 작성 서류 및 절차는 제14제2항부터 제5항, 제15조제2항을 준용한다.

② 경찰관은 제15조제1항에 따라 복제본을 반출한 경우 범죄 혐의와 관련된 부분만을 선별하여 탐

색·출력·복제하여야 한다. 이 경우 작성 서류 및 절차는 제14조제2항부터 제5항을 준용한다.

③ 경찰관은 제1항의 절차를 완료한 후 정보저장매체등 원본을 피압수자 등에게 반환하는 경우에는 별지 제8호서식의 정보 저장 매체 인수증을 작성·교부하여야 한다.

④ 특별한 사정이 없는 한 정보저장매체등 원본은 그 반환일로부터 10일 이내에 반환하여야 한다.

제20조(별건 혐의와 관련된 전자 정보의 압수) 경찰관은 제14조부터 제17조, 제19조까지의 규정에 따라 혐의 사실과 관련된 전자 정보를 탐색하는 과정에서 별도의 범죄 혐의(이하 "별건 혐의"라 한다)를 발견한 경우 별건 혐의와 관련된 추가 탐색을 중단하여야 한다. 다만, 별건 혐의에 대해 별도 수사가 필요한 경우에는 압수·수색·검증 영장을 별도로 신청·집행하여야 한다.

제21조(정보저장 매체 자체의 압수·수색·검증 종료 후 전자 정보 압수) 경찰관은 저장된 전자 정보와의 관련성 없이 범행의 도구로 사용 또는 제공된 정보 저장 매체 자체를 압수한 이후에 전자 정보에 대한 압수·수색·검증이 필요한 경우 해당 전자 정보에 대해 압수·수색·검증 영장을 별도로 신청·집행하여야 한다.

제22조(임의 제출) ① 전자 정보의 소유자, 소지자 또는 보관자가 임의로 제출한 전자 정보의 압수에 관하여는 제13조부터 제20조까지의 규정을 준용한다. 다만, 별지 제1호서식의 전자 정보확인서는 별지 제2호서식의 전자 정보확인서(간이)로 대체할 수 있다.

② 제1항의 경우 경찰관은 제15조제1항 또는 제16조제1항의 사유가 없더라도 전자 정보를 임의로 제출한 자의 동의가 있으면 위 해당 규정에서 정하는 방법으로 압수할 수 있다.

③ 경찰관은 정보저장매체등을 임의로 제출받아 압수하는 경우에는 피압수자의 자필 서명으로 그 임의 제출 의사를 확인하고, 제출된 전자 정보가 증거로 사용될 수 있음을 설명하고 제출받아야 한다.

④ 저장된 전자 정보와 관련성 없이 범행의 도구로 사용 또는 제공된 정보 저장 매체 자체를 임의제출 받은 이후 전자 정보에 대한 압수·수색·검증이 필요한 경우 해당 전자 정보에 대해 피압수자로부터 임의 제출을 받거나 압수·수색·검증 영장을 신청하여야 한다.

제3장 디지털 증거 분석 의뢰 및 수행

제23조(디지털 증거 분석 의뢰) ① 경찰관은 디지털 증거 분석을 의뢰하는 경우 디지털 증거 분석 의뢰물(이하 "분석 의뢰물"이라 한다)이 충격, 자기장, 습기 및 먼지 등에 의해 손상되지 않고 안전하게 보관될 수 있도록 봉인 봉투 등으로 봉인한 후 직접 운반하여야 한다. 다만, 직접 운반이 현저히 곤란한 경우 분석 의뢰물이 손상되지 않고 운반 이력이 확인될 수 있는 안전한 방법으로 의뢰할 수 있다.

② 제1항에도 불구하고 경찰관은 분석 의뢰물을 전자적 방식으로 전송하는 것이 효율적이고 적합하며 디지털 증거의 동일성·무결성을 담보하는 경우 해시값을 기록하는 등 분석 의뢰물의 동일성을 유지하는 조치를 취하고 디지털 증거 통합관리시스템을 통하여 분석 의뢰물을 전송할 수 있다.

③ 제1항과 제2항의 경우 경찰관은 수사상 필요한 범위 내에서 디지털 증거분석이 원활하게 이루어질 수 있도록 증거분석관에게 제14조부터 제19조까지에 따라 작성한 서류 사본, 분석에 필요한 검색어, 검색 대상 기간, 파일명, 확장자 등의 정보를 구체적으로 제공하여야 한다.

제24조(분석의뢰물의 상태 기록) 경찰청 디지털 포렌식 센터장 및 시·도경찰청 사이버수사과장은 디지털

증거 분석 의뢰를 접수한 때에는 디지털 증거 보관의 연속성이 유지될 수 있도록 분석 의뢰물의 보존에 유의하여 최초의 상태를 살피고 이를 사진으로 촬영하여야 한다. 다만, 분석 의뢰물을 제23조 제2항에 따라 전자적 방식으로 전송받은 경우 등 사진 촬영이 곤란한 경우에는 분석 의뢰물의 최초 상태를 기록하여 이에 갈음할 수 있다.

제25조(분석 의뢰물의 배당) ① 경찰청 디지털 포렌식 센터장 및 시·도경찰청 사이버수사과장은 자체적으로 배당 기준을 마련하여 그에 따라 증거분석관에게 분석 의뢰물을 배당하여야 한다. 다만, 분석 의뢰물을 배당받을 증거분석관에게 「범죄수사규칙」 제8조에 따른 제척 사유가 있거나 제9조에 따른 기피 신청이 인용된 때에는 해당 분석 의뢰물을 다른 증거분석관에게 재배당하여야 한다.

② 분석 의뢰물을 배당받은 증거분석관은 「검사와 사법경찰관의 상호협력과 일반적 수사 준칙에 관한 규정」 제11조의 사유가 있다고 판단하는 경우 회피하여야 한다. 이 경우 경찰청 디지털 포렌식 센터장 및 시·도경찰청 사이버수사과장은 회피 사유가 있다고 인정할 때에는 해당 분석 의뢰물을 다른 증거분석관에게 재배당하여야 한다.

제26조(관할조정) ① 디지털 증거 분석 의뢰를 접수한 시·도경찰청 사이버수사과장은 해당 시·도경찰청에서 분석을 수행할 경우 분석의 공정성과 신뢰성에 의혹이 제기될 우려가 있을 때에는 경찰청 디지털 포렌식 센터장에게 다른 시·도경찰청으로의 이송을 요청할 수 있다.

② 제1항의 건의를 받은 경찰청 디지털 포렌식 센터장은 이송의 타당성과 필요성이 인정될 경우 이송을 보낼 다른 시·도경찰청 사이버수사과장과 협의하여 이송을 결정하여야 한다.

제27조(분석의뢰물의 분석) ① 증거분석관은 분석 의뢰물이 변경되지 않도록 분석 의뢰물을 복제하여 디지털 증거분석을 수행하여야 한다. 이 경우 분석 의뢰물과 복제한 전자 정보의 해시값을 비교·기록하여 동일성을 유지하여야 한다.

② 수사상 긴박한 사정이 있거나 복제본을 획득할 수 없는 부득이한 사정이 있는 경우에는 쓰기 방지 장치를 사용하는 등 분석 의뢰물이 변경되지 않도록 조치한 후 의뢰받은 분석 의뢰물을 직접 분석할 수 있다.

제28조(디지털 증거분석실 등의 출입 제한) 디지털 증거분석실 또는 증거물 보관실의 출입은 증거분석관 등 관계자로 제한한다.

제29조(외부기관 분석 의뢰) 경찰청 디지털 포렌식센터장과 시·도경찰청 사이버수사과장은 디지털 증거 분석의 공정성 등 확보가 필요하다고 판단되는 경우 디지털 증거 분석을 의뢰한 수사부서와 협의하여 외부 전문기관에 분석을 의뢰할 수 있다.

제4장 디지털 증거 분석 결과 검토 및 보고

제30조(결과보고서 작성) 증거분석관은 분석을 종료한 때에는 다음 각호의 사항을 기재한 디지털 증거 분석 결과보고서를 작성하여야 한다.

1. 사건번호 등 분석 의뢰 정보 및 분석 의뢰자 정보
2. 증거분석관의 소속 부서 및 성명

3. 분석 의뢰물의 정보 및 의뢰 요청 사항

4. 분석 의뢰물의 접수 일시 및 접수자 등 이력 정보

5. 분석에 사용된 장비·도구 및 준비 과정

6. 증거 분석 과정 및 그 과정을 기록한 사진·영상 자료

7. 증거 분석에 의해 획득한 자료 및 이에 대한 상세 내용 등 증거 분석결과

8. 그 밖에 분석 과정에서 행한 조치 등 특이 사항

제31조(내부심의회의 운영) ① 경찰청 디지털 포렌식 센터장과 시·도경찰청 사이버수사과장은 디지털 증거분석의 공정성, 객관성, 신뢰성 제고를 위하여 필요한 경우 소속 증거분석관으로 구성된 내부심의회를 구성하여 운영할 수 있다.

② 내부심의회는 소속 부서에서 수행한 디지털 증거 분석 결과의 검토 등을 수행한다.

③ 분석을 담당하는 증거분석관은 제2항에 따른 내부심의 결과를 디지털 증거분석 결과에 반영할 수 있다.

제32조(분석 결과 통보) 증거분석관은 분석 결과를 분석 의뢰자에게 신속하게 통보하고, 디지털 증거 분석이 완료된 분석 의뢰물 등을 제23조제1항 및 제2항의 방법으로 반환하여야 한다. 제29조에 따른 외부기관 분석을 의뢰한 경우 분석 의뢰자에게 외부기관 분석 결과를 함께 통보하여야 한다.

제33조(추가 분석 의뢰) 경찰관은 제32조의 분석 결과와 관련하여 필요한 경우에는 해당 분석 의뢰물의 압수·수색을 허가한 영장의 효력 범위 안에서 추가분석을 요청할 수 있다.

제5장 디지털 증거의 관리

제34조(디지털 증거 등의 보관) ① 분석 의뢰물, 제27조제1항의 복제 자료, 증거 분석을 통해 획득한 전자 정보(디지털 증거를 포함한다)는 항온·항습·무정전·정전기 차단 시스템이 설치된 장소에 보관함을 원칙으로 한다. 이 경우 열람 제한 설정, 보관 장소 출입 제한 등 보안 유지에 필요한 조치를 병행하여야 한다.

제35조(전자 정보의 삭제·폐기) ① 증거분석관은 분석을 의뢰한 경찰관에게 분석 결과물을 회신한 때에는 해당 분석 과정에서 생성된 전자 정보를 지체 없이 삭제·폐기하여야 한다.

② 경찰관은 제1항의 분석 결과물을 회신받아 디지털 증거를 압수한 경우 압수하지 아니한 전자 정보를 지체 없이 삭제·폐기하고 피압수자에게 그 취지를 통지하여야 한다. 다만, 압수 상세 목록에 삭제·폐기하였다는 취지를 명시하여 교부함으로써 통지에 갈음할 수 있다.

③ 경찰관은 사건을 이송 또는 송치한 경우 수사 과정에서 생성한 디지털 증거의 복사본을 지체 없이 삭제·폐기하여야 한다.

④ 제1항부터 제3항까지에 따른 전자 정보의 삭제·폐기는 복구 또는 재생이 불가능한 방식으로 하여야 한다.

제36조(입건 전 조사편철·관리미제사건 등록 사건의 압수한 전자 정보 보관 등) 경찰관은 입건 전 조사편철·관리미제사건 등록한 사건의 압수한 전자 정보는 다음 각호와 같이 처리하여야 한다.

1. 압수를 계속할 필요가 있는 경우 해당 사건의 공소시효 만료일까지 보관 후 삭제·폐기한다.

2. 압수를 계속할 필요가 없다고 인정되는 경우 삭제·폐기한다.

3. 압수한 전자 정보의 삭제·폐기는 관서별 통합 증거물 처분심의위원회의 심의를 거쳐 관련 법령 및 절차에 따라 삭제·폐기한다.

4. 압수한 전자 정보 보관 시 충격, 자기장, 습기 및 먼지 등에 의해 손상되지 않고 안전하게 보관될 수 있도록 별도의 정보저장매체등에 담아 봉인 봉투 등으로 봉인한 후 소속부서에서 운영 또는 이용하는 증거물 보관 시설에 보관하는 등 압수한 전자 정보의 무결성과 보안 유지에 필요한 조치를 병행하여야 한다.

제37조(디지털 증거 관리책임) 디지털 증거를 다루는 부서의 장(과장급)은 소속 부서의 디지털 증거 보관 및 삭제·폐기 등 관리 현황을 정기적으로 점검하고 필요한 조치를 취하여야 한다.

부칙 <제1086호, 2023. 7. 4.>

제1조(시행일) 이 규칙은 2023. 7. 4.부터 시행한다.

제2조(존속 기한) 이 규칙은 「훈령·예규 등의 발령 및 관리에 관한 규정」에 따라 이 규칙을 발령한 후의 법령이나 현실 여건의 변화 등을 검토하여야 하는 2026. 8. 31.까지 효력을 가진다..

3. 고위공직자범죄수사처의 디지털 포렌식 업무에 관한 규정

[시행 2023. 12. 29.] [고위공직자범죄수사처예규 제74호, 2023. 12. 29., 일부개정.]

고위공직자범죄수사처(수사과), 02-6320-0275

제1장 총칙

제1조(목적) 이 규정은 고위공직자범죄수사처의 수사와 관련하여 컴퓨터용 디스크, 그 밖에 이와 비슷한 정보 저장 매체로부터 디지털 증거를 수집·보존·분석·현출 및 관리하는 과정에서 준수하여야 할 기본적 사항을 정함으로써 실체적 진실 발견에 기여하고 국민의 인권을 보호하는 것을 그 목적으로 한다.

제2조(정의) 이 규정에서 사용하는 용어의 뜻은 다음과 같다.

1. "전자 정보"란 컴퓨터용 디스크, 그 밖에 이와 비슷한 정보 저장 매체(이하 "정보저장매체등"이라 한다)에 기억된 정보를 말한다.

2. "디지털 증거"란 범죄와 관련하여 디지털 형태로 저장되거나 전송되는 증거로서의 가치가 있는 정보를 말한다.

3. "디지털 포렌식"이란 디지털 증거를 수집·보존·분석·현출하는 데 적용되는 과학기술 및 절차를 말한다.

4. "디지털 포렌식 수사관"이란 디지털 증거의 수집·보존·분석 및 현출 업무나 디지털 포렌식 관련 연구를 전문적으로 수행할 수 있는 수사관으로 고위공직자범죄수사처장(이하 "처장"이라 한다)이 임명한 자를 말한다.

5. "디지털 증거의 폐기"란 디지털 증거를 재생할 수 없도록 영구히 삭제, 디가우징, 파쇄, 소각 등으로 처리하는 디지털 증거 관리 행위를 말한다.

6. "디지털 포렌식 분석관"이란 디지털 포렌식 수사관을 지원·보조하는 업무를 수행할 수 있는 능력을 갖춘 자로 처장이 임명한 자를 말한다. <신설 2022. 4. 21.>

제2장 전자 정보 압수·수색·검증의 기본원칙

제3조(적법 절차의 준수) 디지털 증거는 수사에 필요한 범위 내에서 적법한 절차를 엄격히 준수하여 수집·분석 및 관리되어야 한다.

제4조(디지털 증거의 원본성 유지) 디지털 증거는 법정에서 원본과의 동일성을 재현하거나 검증하는 데 지장이 초래되지 않도록 수집·분석 및 관리되어야 한다.

제5조(디지털 증거의 무결성 유지) 디지털 증거는 압수·수색·검증한 때로부터 법정에 제출하는 때까지 훼손 또는 변경되지 아니하여야 한다.

제6조(디지털 증거의 신뢰성 유지) 디지털 증거는 디지털 포렌식 전문가에 의해 신뢰할 수 있는 도구와 방법으로 수집·분석 및 관리하여야 한다.

제7조(디지털 증거의 보관의 연속성 유지) 디지털 증거는 최초 수집된 상태 그대로 어떠한 변경도 없이 보관되어야 하고, 이를 위해 보관 주체들 간의 연속적인 승계 절차를 관리하는 등의 조치를 취해야 한다.

제3장 디지털 포렌식 수사 지원

제8조(디지털 포렌식 수사관의 임명) 디지털 포렌식 수사관은 다음 각 호의 어느 하나에 해당하는 사람으로서 디지털 포렌식 관련 지식이 충분하다고 인정되는 사람 중에서 처장이 임명한다.<개정 2021. 11. 4.>

1. 컴퓨터공학, 소프트웨어공학, 정보통신공학, 정보보호학, 과학수사학 등 관련 분야 학사학위 이상을 소지한 사람

2. 국가기관(대검찰청, 경찰청 등) 또는 국내·외 민간 전문업체에서 실시하는 디지털 포렌식 관련 전문교육을 3개월 이상 수료한 사람

3. 국내·외 디지털 포렌식 관련 전문 자격증을 소지한 사람

4. 수사기관 및 「고위공직자범죄수사처 수사관 자격요건으로서의 조사업무에 관한 규칙」 제2조 각 호의 조사업무에 관한 디지털 포렌식 관련 분야에서의 실무 경험이 3년 이상인 사람

제8조의2(디지털 포렌식 분석관의 임명) 디지털 포렌식 분석관은 다음 각 호의 어느 하나에 해당하는 사람으로서 디지털 포렌식 관련 지식이 충분하다고 인정되는 사람 중에서 처장이 임명한다.

1. 컴퓨터공학, 소프트웨어공학, 정보통신공학, 정보보호학, 과학수사학 등 관련 분야 학사 학위 이상을 소지한 사람

2. 국내·외 디지털 포렌식 관련 전문 자격증을 소지한 사람

[본조신설 2022. 4. 21.]

제8조의3(디지털 포렌식 수사관·분석관의 교육 등) ① 디지털 포렌식 수사관·분석관 등 디지털 포렌식 관련 업무 종사자는 전문성 향상을 위하여 매년 국내·외 공공기관, 전문 교육기관 또는 학회 등에서 실시하는 디지털 포렌식 관련 교육을 이수하여야 한다.

② 수사과장은 디지털 포렌식 관련 업무 역량의 강화 등을 위하여 디지털 포렌식 수사관·분석관 등 디지털 포렌식 관련 업무 종사자의 디지털 포렌식 관련 교육 이수 사항 등을 관리할 수 있다.

③ 수사과장은 제1항의 관련 교육을 이수하는 데 필요한 지원을 하고, 인사관리를 통해 디지털 포렌식 수사관·분석관 등 디지털 포렌식 관련 업무 종사자의 전문성을 향상시킬 수 있도록 한다.

[본조신설 2022. 8. 12.]

제9조(디지털 포렌식팀의 설치·운영) 디지털 포렌식 지원 업무의 효율성을 제고하기 위해 고위공직자범죄수사처(이하 "수사처"라 한다) 내 디지털 포렌식 수사관, 분석관으로 구성된 디지털 포렌식팀을 설치·운영한다. <개정 2022. 4. 21.>

제10조(전자 정보의 압수·수색·검증 지원요청) ① 주임검사 또는 수사관(이하 "주임검사등"이라 한다)은 전자 정보의 압수·수색·검증이 필요한 경우 별지 제1호서식의 디지털 기기 등 압수·수색 검증 지원 요청서를 작성하여 디지털포렌식팀에게 지원을 요청 및 협의한다.<개정 2023. 4. 14.>

② 주임검사등은 디지털 증거의 수집·보존·분석·현출 등 디지털 포렌식 지원 업무가 원활하게 이루어

질 수 있도록 디지털 포렌식 수사관에게 사건과 관련된 디지털 증거의 구별에 필요한 정보 및 그밖에 수집할 디지털 증거의 대상 및 범위 등을 정하는 데 필요하다고 인정되는 자료 및 정보를 제공한다.

③ 디지털 포렌식팀은 지원 대상 사건의 정보저장매체등의 유형과 규모 등을 고려하여 적정한 인원의 디지털 포렌식 수사관을 배정하여 동 수사관으로 하여금 현장에서의 디지털 포렌식 업무를 지원하도록 한다.

④ 디지털 포렌식 분석관은 전자 정보의 압수·수색·검증 시 디지털 포렌식 수사관의 업무를 지원·보조한다. <신설 2022. 4. 21.>

제10조의2(디지털 증거의 분석 등 지원요청) ① 주임검사등은 수사 또는 공소유지 등을 위하여 필요한 경우 디지털포렌식팀에게 다음 각 호의 지원을 요청할 수 있다.

1. 디지털 증거의 현출 및 분석 등

2. 디지털 포렌식과 관련한 기술적 자문

3. 디지털 포렌식과 관련한 법정 증언

② 주임검사등은 제1항의 지원 요청을 하는 경우 별지 제2호서식의 디지털 증거 분석 지원 요청서를 작성하여 업무 관리 시스템을 통해 요청하되 사건번호는 해당 시스템에서 제공하는 사건 정 보검색 기능을 활용하여 입력하도록 유의한다.

③ 정보저장매체등에 대하여 제1항의 지원 요청을 하는 경우에 주임검사등은 다음 각 호와 같이 정보저장매체등을 봉인한 후 디지털포렌식팀에 송부한다.

1. 별지 제4호서식의 정보 저장 매체 제출 및 이미징 등 참관확인서와 별지 제6호서식의 압수물 봉인지를 작성하되, 영장에 의한 압수물은 피압수자 또는 「형사소송법」 제123조에 따라 압수·수색 영장을 집행할 때 참여하게 해야 하는 사람(이하 "피압수자등"이라 한다)의 확인·서명을, 임의 제출물은 임의 제출자의 확인·서명을 받는다.

2. 분석 등을 의뢰하는 정보저장매체등은 피압수자등이나 임의 제출자가 보는 가운데 전자 정보의 훼손 또는 변경의 우려가 없는 봉투에 넣고 제1호에서 작성한 압수물 봉인지를 부착하여 봉인한다.

3. 별지 제9호서식의 충격 방지 봉투에 요청 번호, 요청기관, 수령기관, 내용물(수량) 등 지원 요청 정보를 기재한 뒤 제1호에서 작성한 정보 저장 매체 제출 및 이미징 등 참관확인서와 제2호에서 봉인된 정보저 매체등을 함께 넣어 밀봉한다.

④ 제3항에도 불구하고 긴급을 요하는 등 부득이한 사정이 있는 경우에는 정보저장매체등을 신뢰할 수 있는 형식으로 봉인하여 디지털포렌식팀에 송부한다.

[본조신설 2023. 4. 14.]

제4장 디지털 증거의 압수·수색·검증의 방법 및 유의 사항

제11조(전자 정보의 단계적 압수·수색·검증) ① 주임검사등은 정보저장매체등에 기억된 전자 정보를 압수하는 경우에는 해당 정보저장매체등의 소재지에서 수색 또는 검증한 후 범죄 사실과 관련된 전자 정보의 범위를 정하여 출력하거나 복제하는 방법으로 한다.

② 제1항에도 불구하고 그에 따른 압수 방법의 실행이 불가능하거나 그 방법으로는 압수의 목적을 달성하는 것이 현저히 곤란한 경우에는 압수·수색 또는 검증 현장에서 정보저장매체등에 들어 있는 전자 정보 전부를 복제하여 그 복제본을 정보저장매체등의 소재지 외의 장소로 반출할 수 있다.

③ 제1항 및 제2항에도 불구하고 그에 따른 압수 방법의 실행이 불가능하거나 그 방법으로는 압수의 목적을 달성하는 것이 현저히 곤란한 경우에는 정보저장매체등의 원본을 봉인하여 정보저장매체등의 소재지 외의 장소로 반출할 수 있다.

제12조(참여권의 보장) 주임검사등은 압수·수색·검증의 전 과정에 걸쳐 피압수자등이나 변호인의 참여권을 보장하여야 한다.

제13조(관련성의 판단 기준) ① 주임검사등은 압수·수색 시를 기준으로 압수·수색·검증 영장에 기재된 피의자나 진범 및 공범의 범죄 혐의와 기본적인 사실관계가 동일하거나 동종·유사 범행과 관련된다고 의심할 만한 상당한 이유가 있는 범위 내의 전자 정보, 이들의 범행 동기나 목적 그 밖에 「형법」 제51조에서 규정한 사항에 해당한다고 인정되는 범위 내의 전자 정보, 이러한 전자 정보의 출처증명 그 밖에 법정에서 디지털 증거의 정확성과 신뢰성의 입증에 필요한 범위 내의 전자 정보 등을 함께 압수할 수 있다.

② 주임검사등은 압수·수색·검증 과정에 참여한 피압수자등이나 변호인이 압수 대상 전자 정보와 사건의 관련성에 관하여 의견을 제시한 때에는 이를 조서에 적어야 한다. 다만, 피압수자등이나 변호인이 의견진술서 등의 서식에 따라 의견을 제출한 경우에는 이를 조서 말미에 첨부하는 것으로 조서 기재에 갈음할 수 있다.

제13조의2(압수목록의 교부) ① 주임검사등은 전자 정보의 탐색·복제·출력을 완료한 경우에는 지체 없이 피압수자등에게 압수한 전자 정보의 상세 목록을 교부하고, 별지 제10호서식의 참관 및 전자정보상세목록 교부 확인서를 받아야 한다.

② 제1항에 따른 전자정보상세목록의 교부는 서면의 형태로 교부하는 방법 이외에 파일 형태로 복사해 주거나 전자우편으로 전송하는 등의 방법으로 갈음할 수 있다.

[본조신설 2023. 4. 14.]

제13조의3(관련 있는 전자 정보 압수 후 조치) 주임검사등은 제13조의2의 목록에 포함되지 않은 전자 정보가 있는 경우에는 해당 전자 정보를 지체 없이 삭제 또는 폐기하거나 반환해야 한다. 이 경우 별지 제15호서식의 전자 정보 삭제·폐기 또는 반환확인서를 작성하여 피압수자등에게 교부해야 한다.

[본조신설 2023. 4. 14.]

제13조의4(현장에서의 참여권 보장) ① 주임검사등은 전자 정보에 대한 압수·수색·검증을 하는 경우에 별지 제12호서식의 전자 정보 압수·수색·검증 안내문에 따라 전자 정보에 대한 압수·수색·검증 과정을 설명하는 행위 등을 통해 참여권의 실질적 보장을 위하여 노력하여야 한다.

② 압수·수색·검증 현장에서 피압수자 및 변호인이 참여하지 않는 경우에는 다음 각 호에 따라 필요한 조치를 할 수 있다.

1. 피압수자의 소재 불명, 참여 지연, 참여 불응 등의 사유로 피압수자 또는 변호인의 참여 없이 압수·수색·검증을 해야 하는 경우에는「형사소송법」제123조에서 정하는 참여인을 참여하게 한다.

2. 피압수자 또는 변호인이 압수·수색·검증에 참여하던 중 정당한 사유 없이 참여를 중단하여 그 집행을 계속하기 어려운 경우에는「형사소송법」제123조의 참여인을 참여하게 한 후 집행을 재개한다. 집행을 중지하는 경우 필요한 때에는 압수·수색·검증 장소의 출구를 별지 제8호서식의 압수 장소 봉인지로 봉인하거나 그와 상당한 방법으로 집행 재개 시까지 그 장소를 폐쇄할 수 있다.

3. 피압수자 또는 변호인이 압수·수색·검증에 참여한 후 별지 제3호서식의 현장조사확인서에 서명을 거부하는 때에는 피압수자 또는 변호인이 서명을 거부하였음과 그 사유를 위 확인서에 기재한다.

[본조신설 2023. 4. 14.]

제13조의5(관련 있는 디지털 증거의 압수 시 조치) ① 디지털 포렌식 수사관은 제11조제1항에 따라 사건과 관련이 있는 디지털 증거를 압수하는 경우에는 해시값(파일의 고유값으로서 일종의 전자 지문을 말한다)을 생성하고 별지 제3호서식의 현장조사확인서를 작성하여 서명을 받거나, 다음 각 호의 내용이 포함된 확인서를 작성하여 피압수자 등의 서명을 받아야 한다.

1. 확인서 작성일시 및 장소

2. 정보저 매체등의 종류 및 사용자

3. 해시값, 해시함수

4. 확인자의 인적 사항 및 연락처, 확인자와 피압수자와의 관계

5. 기타 원본성·무결성·신뢰성을 확인하는 데 필요한 사항

② 디지털 포렌식 수사관은 제1항에 따라 디지털 증거를 압수한 경우에는 지체 없이 압수한 전자 정보의 상세 목록을 작성하여 피압수자등에게 교부하여야 한다.

③ 압수·수색·검증 현장에서 사건과 관련이 있는 전자 정보만 선별하여 압수하는 것이 어려워 일정한 기준에 따라 전체 전자 정보 중 일부만 가선별하여 현장 이외의 장소로 반출하는 경우에는 제18조를 준용하여 필요한 조치를 하여야 한다. 이 경우 압수할 전자 정보로 특정이 가능한 범위에서는 압수 목록에 해당 전자 정보의 출력 또는 복제 사실을 추가하여 피압수자에게 교부하도록 유의한다.

[본조신설 2023. 4. 14.]

제13조의6(전자 정보의 전부 복제 시 조치) ① 제11조제2항에 따라 전자 정보의 전부를 복제하는 경우 해시값을 확인하거나 압수·수색·검증 과정을 촬영하는 등 디지털 증거의 동일성과 무결성을 담보할 수 있는 적절한 방법과 조치를 하여야 한다.

② 제1항에 따라 전자 정보 전부를 복제하여 현장 이외의 장소로 반출하는 경우에는 별지 제6호서식의 압수물 봉인지 및 별지 제5호서식의 정보 저장 매체 복제 및 이미징 등 참관 여부 확인서를 작성하여야 한다.

③ 주임검사등은 압수 목록 교부 시 제2항에 따른 전자 정보 전부 복제본 반출 사실도 압수 목록에 기재하여 피압수자에게 교부하도록 유의한다.

[본조신설 2023. 4. 14.]

제13조의7(정보저장매체등 원본 반출 시 조치) ① 제11조제3항에 따라 정보저장매체등의 원본을 현장 이외의 장소로 반출하는 경우에는 별지 제6호서식의 압수물 봉인지, 별지 제4호서식의 정보 저장 매체 제출 및 이미징 등 참관 여부 확인서를 작성하여야 한다.

② 주임검사등은 압수 목록 교부 시 제1항에 따른 정보저장매체등의 원본 반출 사실도 압수 목록에 기재하여 피압수자에게 교부하도록 유의한다.

[본조신설 2023. 4. 14.]

제13조의8(참관 기회의 부여) ① 주임검사등은 현장 외 전자 정보의 압수·수색·검증 등 전 과정에서 피압수자등 또는 변호인의 참여권을 보장하기 위하여 참관일, 참관 장소, 참관인 등에 관하여 협의하여야 한다.

② 제1항에도 불구하고 피압수자등 또는 변호인이 참여를 거부하는 경우에는 신뢰성과 전문성을 담보할 수 있는 상당한 방법으로 압수·수색 또는 검증을 해야 한다.

③ 참관인이 참여하는 경우 제13조의9의 절차를 개시하기 전에 참관인에게 별지 제12호서식의 전자 정보 압수·수색·검증 안내문에 따라 전자 정보에 대한 압수·수색·검증 과정을 설명하는 등으로 참여권의 실질적 보장을 위하여 노력하여야 한다.

[본조신설 2023. 4. 14.]

제13조의9(봉인의 해제) ① 디지털 포렌식 수사관은 제13조의6 또는 제13조의7에 따라 반출한 정보저장매체등의 봉인을 해제하는 경우 부착되어 있던 별지 제6호서식의 압수물 봉인지에 봉인 해제 일시와 그 사유를 기재하고 참관인의 서명을 받아 주임검사등에게 인계한다. 다만, 참관인이 없어 서명을 받을 수 없는 경우에는 그 사유를 기재한다.

② 주임검사등은 제1항에 따라 인계받은 압수물 봉인지를 수사 기록에 편철하여 디지털 증거에 대한 보관의 연속성을 확보한다.

[본조신설 2023. 4. 14.]

제13조의10(전자 정보의 탐색·복제·출력) ① 제13조의9에 의해 봉인을 해제한 이후에는 현장에서 기생성한 이미지 파일의 무결성을 검증하거나 동 매체에 저장된 전자 정보에 대한 이미지 파일을 새로 생성한다. 다만, 이미지 파일을 생성할 필요가 없거나 곤란한 경우에는 그러하지 아니하다.

② 사건과 관련이 있는 전자 정보의 탐색은 원칙적으로 제1항에 따라 동일성과 무결성이 확인되었거나 새로 생성한 이미지 파일을 이용하여 진행하되, 제1항 단서와 같이 이미지 파일을 생성하지 아니한 경우에는 정보저장매체등에 저장된 전자 정보를 직접 탐색할 수 있다.

③ 제2항의 탐색을 통해 사건과 관련이 있는 전자 정보를 파일 형태로 복제하여 압수하는 경우에는 선별된 전자 정보에 대한 이미지 파일을 생성하고 그에 대한 해시값을 확인한다.

[본조신설 2023. 4. 14.]

제13조의11(전자 정보 상세 목록의 교부) ① 제13조의10에 따른 전자 정보의 탐색·복제·출력을 완료한 경

우에는 지체 없이 피압수자등에게 전자 정보 상세 목록을 교부하고, 별지 제10호서식의 참관 및 전자 정보 상세 목록 교부 확인서를 작성하여 피압수자등의 서명을 받는다.

② 제1항에도 불구하고 피압수자등이 중간에 참관을 포기하고 퇴실하는 등으로 피압수자등의 서명을 받을 수 없는 경우에는 별지 제10호서식의 참관 및 전자 정보 상세 목록 교부 확인서에 그 사유를 기재한다.

[본조신설 2023. 4. 14.]

제13조의12(목록에 없는 전자 정보에 대한 조치) ① 정보저장매체등에 복제하여 반출된 전자 정보의 경우에는 다음 순서에 따라 삭제 또는 폐기하여야 한다.

1. 주임검사등은 위 정보저장매체등에 저장된 전자 정보의 탐색·복제·출력을 완료한 경우에는 별지 제14호서식의 목록에 없는 전자 정보에 대한 지휘 서식에 따라 담당 디지털 포렌식 수사관에게 전자 정보의 삭제 또는 폐기를 요청한다.

2. 디지털 포렌식 수사관은 주임검사등의 지휘에 따라 전자 정보를 삭제 또는 폐기한 뒤 별지 제15호서식의 전자 정보 삭제·폐기 또는 반환확인서를 작성하여 주임검사등에게 송부한다.

3. 주임검사등은 송부된 전자 정보 삭제·폐기 또는 반환확인서를 검토한 후 서명·날인하여 피압수자등에게 송부한다.

② 제1항에도 불구하고 복제본이 저장된 정보저장매체등이 피압수자등로부터 제공받은 것으로 그 자체를 반환해야 하는 경우에는 제1항에서 정한 절차가 아닌 제3항에서 정한 절차에 따라 정보저장매체등을 반환할 수 있다.

③ 정보저장매체등 원본에 저장되어 반출된 전자 정보의 경우에는 다음 순서에 따라 피압수자등에게 정보저장매체등 원본을 돌려주는 방법으로 반환한다.

1. 디지털 포렌식 수사관은 제13조의10에 따라 전자 정보의 탐색·복제·출력이 완료된 경우에는 정보저장매체등 원본을 별지 제7호서식의 압수물 재봉인지 등으로 재봉인하여 별지 제10호서식의 참관 및 전자 정보 상세목록 교부확인서와 함께 주임검사등에게 인계한다.

2. 주임검사는 인계받은 정보저장매체등 원본을 피압수자에게 반환하고 별지 제16호서식의 정보저장매체등 반환확인서를 작성하여 피압수자등의 서명을 받아 기록에 편철한다.

3. 주임검사는 제2호에 따라 정보저장매체등 원본을 반환한 뒤 별지 제15호서식의 전자 정보 삭제·폐기 또는 반환확인서를 작성하여 피압수자등에게 송부한다.

[본조신설 2023. 4. 14.]

제5장 디지털 증거의 등록, 분석, 관리, 폐기

제14조(디지털 증거 등록을 위한 업무 관리 시스템의 운영) ① 디지털 증거의 무결성, 보관의 연속성 등을 유지하고, 등록된 디지털 증거에 대한 접근 권한을 체계적으로 관리하기 위해 업무 관리 시스템을 운영한다.

② 압수한 디지털 증거는 특별한 사정이 없는 한 업무 관리 시스템에 등록하여 관리하고, 대용량 기

타 기술적인 사유로 업무 관리 시스템에 등록하기 어려운 경우에는 디지털 증거의 내용이 변경·훼손되지 않도록 적절한 조치를 하여야 한다.

제15조(디지털 증거의 분석 시 유의 사항) 디지털 증거의 분석은 분석 결과의 신뢰성을 확보할 수 있도록 디지털 포렌식 수사관이 행하여야 하고 분석에 적합한 장비와 프로그램을 사용하여야 한다.

제16조(디지털 증거의 관리 시 유의 사항) 업무 관리 시스템에 등록된 디지털 증거 등 전자 정보의 원본성·무결성 등이 훼손되지 않도록 체계적으로 보존·관리하여야 한다.

제17조(디지털 증거의 폐기 시 유의 사항) 범죄 사실과 무관한 것으로 확인된 디지털 증거는 폐기하여야 한다. 다만, 디지털 증거를 폐기하는 과정에서 향후 재판 절차에 증거로 제출되어야 하는 디지털 증거가 폐기되는 일이 없도록 유의하여야 한다.

제6장 보칙

제18조(준용) 수사처의 수사와 관련하여 디지털 증거의 수집·분석·현출 및 관리와 관련된 사항에 관하여는 이 규정에 특별한 규정이 있는 경우를 제외하고는「고위공직자범죄수사처 설치 및 운영에 관한 법률」(이하 "법"이라 한다)의 문언과 법·제도의 취지, 법에 따른 수사, 공소의 제기와 유지라는 수사처의 업무의 성질 등에 어긋나지 아니하는 한도 내에서 대검찰청의 예규인 「디지털 증거의 수집·분석 및 관리 규정」을 준용한다.

제19조(존속 기한) 이 규정은 「훈령·예규 등의 발령 및 관리에 관한 규정」에 따라 이 규정을 발령한 후의 법령이나 현실 여건의 변화 등을 검토하여야 하는 2027년 1월 1일까지 효력을 가진다.

부칙 <제74호, 2023. 12. 29.>
이 예규는 발령한 날부터 시행한다.

4. 軍 수사기관의 디지털 포렌식 수사에 관한 훈령

[시행 2021. 7. 22.] [국방부훈령 제2574호, 2021. 7. 22., 제정.]

국방부(법무담당관), 02-748-6811

제1장 총칙

제1조 (목적) 이 훈령은 군 수사기관의 디지털 포렌식 수사 업무 전반에 관한 기준과 원칙을 정함으로써, 디지털 증거를 통한 실체적 진실의 발견에 기여하고, 장병의 인권을 보호하는 데 그 목적이 있다.

제2조 (적용 범위) 이 훈령은 군 디지털 포렌식 수사를 수행하는 기관으로서 국방부검찰단, 국방부조사본부, 군사안보지원사령부, 육·공군 소속 군검찰부, 해군검찰단, 육군중앙수사단, 해군군사경찰단 및 공군군사경찰단(이하 "국방부 및 각 군 수사기관"이라 한다)에 적용한다.

제3조 (정의) 이 훈령에서 사용하는 용어의 뜻은 다음 각 호와 같다.

1. "전자 정보"란 「군사법원법」 제146조제3항에 따른 정보 저장 매체 등에 기억된 정보를 말한다.

2. "디지털 증거"란 범죄와 관련하여 디지털 형태로 저장되거나 전송되는 증거로서의 가치가 있는 정보를 말한다.

3. "디지털 포렌식"이란 디지털 증거를 수집·보존·분석·현출·보관 및 폐기하는데 적용되는 과학기술 및 절차를 말한다.

4. "디지털 포렌식 수사관"이란 국방부 및 각 군 수사기관의 장이 소속기관의 수사관 중에서 제3호에 따른 디지털 포렌식 수사 업무를 수행할 수 있도록 디지털 포렌식 수사관으로 임명한 자를 말한다.

5. "정보저장매체등"이란 군사법원법 제146조제3항에서 정하고 있는 컴퓨터용 디스크, 그 밖에 이와 비슷한 정보 저장 매체를 말하고, "정보저장매체등의 복제"란 법률적으로 유효한 증거로 사용될 수 있도록 수집 대상 정보저장매체등에 저장된 전자 정보를 동일하게 파일로 생성거나, 다른 정보저장매체에 동일하게 저장하는 것을 말한다.

6. "이미지 파일"이란 법률적으로 유효한 증거로 사용될 수 있도록 정보 저장 매체 등에 저장된 전자 정보를 포렌식 도구를 사용하여 비트열 방식으로 동일하게 복사하여 생성한 파일을 말한다.

7. "증거파일"이란 법률적으로 유효한 증거로 사용될 수 있도록 정보저장매체등에 저장된 전자 정보를 파일 또는 디렉터리 단위로 복사하여 생성한 파일을 말한다.

8. "가선별"이란 압수·수색·검증 현장에서 사건과 관련이 있는 전자 정보만 선별하여 압수하는 것이 어려운 경우 일정한 기준에 따라 전체 전자 정보 중 일부를 복제하여 현장 이외의 장소로 반출하는 것을 말한다.

9. "전자 정보 상세 목록"이란 전자 정보의 탐색·복제·출력을 완료하여 압수한 전자 정보에 대한 목록을 말한다.

제4조 (다른 법령과의 관계) 디지털 포렌식 수사 업무 전반에 관하여 다른 법령에 특별한 규정이 있는 경우를 제외하고는 이 훈령이 정하는 바에 따른다.

제2장 디지털 포렌식 기반 체계

제1절 인 원

제5조 (디지털 포렌식 수사관의 선발 및 임명) 디지털 포렌식 수사관은 임무 수행에 필요한 자격 등을 갖춘 자 중에서 임명하되, 그 선발과 임명에 관한 세부 기준은 국방부 및 각 군 수사기관의 장이 별도로 정한다.

제6조 (디지털 포렌식 수사관의 교육 및 인사관리) ① 디지털 포렌식 수사관은 전문성 향상을 위하여 국내외 공공기관, 민간전문기관 및 학회 등에서 실시하는 관련 교육을 이수하여야 한다.

② 국방부 및 각 군 수사기관의 장은 디지털 포렌식 수사관이 제1항의 관련 교육을 이수하는 데 필요한 지원을 하고, 인사관리를 통해 디지털 포렌식 수사관이 전문성을 향상시킬 수 있도록 한다.

제7조(대외기관 및 전문가 활용) 국방부 및 각 군 수사기관의 장은 대외 디지털 포렌식 전문기관 등의 자문이나 기술 지원을 구할 수 있으며, 그 대상과 방법 등에 관한 사항은 국방부 및 각 군 수사기관이 별도로 정한다.

제2절 시 설

제8조 (디지털 포렌식 시설의 구축) ① 디지털 포렌식 시설은 분석 시설과 부수 시설로 구축한다.

② 분석 시설은 다음 각 호와 같이 기능별 특성을 고려하여 구축하되, 디지털 증거의 신뢰성·무결성·진정성 등이 훼손되지 않도록 설비한다.

1. 디스크 포렌식 분석실

2. 모바일 포렌식 분석실

3. 네트워크 포렌식 분석실

4. 암호분석실

5. 물리복구실

6. 데이터베이스 포렌식 분석실

7. 침해사고 대응 포렌식실

③ 부수 시설은 다음 각 호와 같이 구축한다.

1. 서버실

2. 참관실

3. 디지털 증거 보관실

4. 디지털 포렌식 장비실

④ 제2항 및 제3항에도 불구하고 국방부 및 각 군 수사기관은 그 필요에 따라 분석 시설과 부수 시설의 범위를 조정하여 구축할 수 있다. 다만, 부수 시설 중 참관실은 분석 시설과 분리된 별도의 공간에 구축한다.

제9조 (디지털 포렌식 시설의 운영) ① 국방부 및 각 군 수사기관의 장은 디지털 포렌식 시설을 24시간 감시 또는 통제하여 장비 등의 안전을 보호하고 디지털 증거의 신뢰성·무결성을 유지한다.

② 국방부 및 각 군 수사기관의 장은 제1항에 따른 디지털 포렌식 시설의 관리·운영을 위하여 시설관리자를 지정한다.

제3절 장 비

제10조 (디지털 포렌식 장비의 획득) 디지털 포렌식을 위해 사용되는 분석 장비, 프로그램 등(이하 "장비"라 한다)은 국내외 수사기관에서 보편적으로 사용되거나, 법원의 판례에 의해 해당 장비의 신뢰성 등이 인정된 것을 도입함을 원칙으로 한다.

제11조 (디지털 포렌식 장비의 운영) 국방부 및 각 군 수사기관의 장은 디지털 포렌식 장비의 효율적인 관리를 위하여 장비 담당 관리자를 지정하고, 정기적인 유지 보수를 한다.

제12조 (디지털 포렌식 장비의 폐기) ① 디지털 포렌식 장비 및 그 저장 매체 등은 수명 연한 도래 또는 더 이상 기능 발휘가 제한된다고 판단될 경우「국방정보화업무 훈령」제87조 또는「군수품 관리 훈령」제6장 등에 따라 폐기한다.

② 폐기 대상 디지털 포렌식 장비의 저장 매체 등에 저장된 전자 정보는 영구삭제·파쇄·디가우징·소각 등의 방법으로 소거한다.

제4절 보 안

제13조 (디지털 증거의 보호) ① 디지털 증거의 안전한 보호 및 수사 기밀 유출 방지를 위하여, 디지털 증거는 사건 담당 군검사 또는 군사법경찰관(이하 "담당군검사등"이라 한다) 외의 자에 대한 열람·취급을 금지한다.

② 디지털 포렌식 수사관은 업무수행 중 알게 된 내용에 대하여 비밀을 엄수하여야 한다.

③ 국방부 및 각 군 수사기관의 장은 수사 공간과 디지털 포렌식 시설의 분리, 수사 관련자 외 출입 통제 장치 설치, 권한 없는 자의 접근 차단 등의 보안대책을 강구한다.

제14조 (디지털 포렌식 장비 및 시설에 대한 군사 보안) 국방부 및 각 군 수사기관은「국방보안업무훈령」,「국방사이버안보훈령」및 군사안보지원사령부에서 정한「디지털 포렌식 장비 보호 가이드」에 따라 디지털 포렌식 장비에 대한 별도의 보안대책을 수립하여야 한다.

제5절 업무 협력

제15조 (디지털 포렌식 수사협의체 운영) ① 국방부 법무관리관(법무담당관)은 군내 디지털 포렌식 수사업무 발전을 위하여 다음 각 호와 같은 사항을 협의하는 디지털 포렌식 수사협의체(이하 "협의체"라 한다)를 운영한다.

1. 디지털 포렌식 수사와 관련된 정책적·기술적 과제

2. 디지털 포렌식 수사 기법의 연구·개발 기술 공유

3. 디지털 증거의 수집·복구 및 분석 기법에 관한 정보

4. 디지털 증거 분석 장비의 도입·운영 및 지원

5. 기타 디지털 포렌식 수사와 관련된 사항

② 협의체의 위원장은 법무담당관으로 하고, 위원은 국방부 및 각 군 수사기관에서 디지털 포렌식 수사를 담당하는 과장급으로 한다.

③ 협의체의 회의는 연 1회를 원칙으로 하고, 안건을 제기하는 위원이 소속한 국방부 및 각 군 수사기관에서 준비하며, 안건이 복수이거나 기타 필요한 경우에는 법무관리관(법무담당관)이 지정하는 위원이 소속한 기관에서 준비한다.

제3장 디지털 포렌식 수사

제1절 기본 원칙

제16조 (디지털 포렌식 수사 원칙) 국방부 및 각 군 수사기관은 디지털 포렌식 수사 전 과정에서 다음의 원칙을 준수한다.

1. 수사에 필요한 범위 내에서 적법한 절차를 준수하여 디지털 증거를 수집·분석 및 관리한다.

2. 디지털 증거는 법정에서 원본과의 동일성을 재현하거나 검증하는 데 지장이 초래되지 않도록 원본성을 유지한다.

3. 디지털 증거는 압수·수색·검증한 때로부터 법정에 제출하는 때까지 훼손 또는 변경되지 않도록 무결성을 유지한다.

4. 디지털 증거는 신뢰할 수 있는 수단과 방법으로 디지털 포렌식 수사관이 수집·분석 및 관리하도록 하여 신뢰성을 유지한다.

5. 디지털 증거는 최초 수집된 상태 그대로 어떠한 변경도 없이 보관하고, 보관 주체들 간의 승계를 연속적으로 관리하는 절차를 마련하는 등의 조치를 취해 디지털 증거의 보관의 연속성을 유지한다.

제17조 (디지털 포렌식 수사업무 종사자의 책무) 디지털 포렌식 수사업무 종사자는 다음 각 호의 사항을 준수한다.

1. 사건 관계인의 인권을 존중하고 명예를 훼손하지 않도록 주의

2. 통상적으로 널리 인정되는 과학적 기법과 장비 사용

3. 선입견이나 편견 없이 객관적인 사실을 확인

4. 증거 분석 결과 등 수사 과정에서 지득한 내용의 누설 금지

제2절 지원 요청 및 협조

제18조 (지원 요청 및 업무 지원) ① 국방부 및 각 군 수사기관은 수사 또는 공소유지를 위하여 필요한 경우 다른 기관에 디지털 포렌식 수사에 필요한 인원·장비·시설의 지원을 요청할 수 있다.

② 제1항에 따른 지원 요청을 받은 국방부 및 각 군 수사기관의 장은 디지털 포렌식 대상의 유형과 규모, 압수 장소 등을 고려하여 적정한 인원·장비·시설의 지원 규모를 정하고, 디지털 포렌식 수사관으로 하여금 디지털 포렌식 관련 업무를 지원하게 할 수 있다.

③ 지원을 요청하는 기관은 제2항에 따른 임무를 부여받은 디지털 포렌식 수사관에게 다음 각 호의 정보를 제공하여야 한다.

1. 사건의 개요, 압수·수색·검증 장소 및 대상, 수집 방법 및 범위 등 수집할 디지털 증거의 대상 및 범위 등을 정하는 데 필요하다고 인정되는 자료 및 정보

2. 사건과 관련된 디지털 증거의 구별에 필요한 검색어(인물, 대상 등), 검색 기간, 파일명, 확장자 등 선별 관련 정보

④ 지원의 범위 및 처리 절차 등에 관한 사항은 국방부 및 각 군 수사기관의 장이 별도로 정하되, 그 내용이 상이한 경우에는 지원하는 기관의 규정이 우선한다.

제19조 (수사의 협조) 관계 기관 및 관계 부대의 장은 디지털 포렌식 수사가 원활하게 이루어질 수 있도록 디지털 포렌식 수사관에게 적극적으로 협조하여야 한다.

제3절 디지털 증거의 수집

제20조 (전자 정보의 압수·수색·검증의 수행과 참여권 보장) ① 전자 정보의 압수·수색·검증은 디지털 포렌식 수사관이 수행한다. 다만, 부득이한 사유가 있는 경우 디지털 포렌식 관련 자격 또는 소정의 교육을 이수한 수사관이 수행할 수 있다.

② 압수·수색·검증을 하려는 자는「군사법원법」제162조, 제163조에 따라 전자 정보를 압수·수색·검증하는 과정에서 피압수자 또는 변호인(이하 "피압수자 등"이라 한다)에게 참여의 기회를 보장하여야 한다. 다만, 피압수자 등의 소재 불명, 참여 지연 또는 참여 불능 등의 사유로 피압수자 등의 참여 없이 압수·수색·검증을 하는 경우와 피압수자 등이 정당한 사유 없이 참여를 중단하여 그 집행을 계속하기 어려운 경우에는「군사법원법」제164조에서 정하는 참여인을 참여하게 할 수 있다.

③ 제2항에도 불구하고 피압수자 등의 참여 기회 보장을 위하여 압수·수색·검증을 중지하는 경우에는 해당 장소를 봉인하여 집행 재개 시까지 그 장소를 폐쇄할 수 있다. 다만, 피압수자 등이 수사를 지연시킬 목적으로 예정된 기일에 출석하지 않거나 정당한 이유 없이 2회 이상 예정된 기일에 출석하지 않은 경우에는 동영상 촬영과 같이 참여의 기회를 보장하는 것에 준하는 상당한 방법으로 압수·수색·검증을 할 수 있다.

④ 피압수자 등에게 압수·수색·검증 개시 전 참여에 대한 동의 여부를 확인하고, 참여의 중단·재개·서명 거부 등 정상적인 참여가 이루어지지 않은 경우 그 사유를 서면으로 작성한다.

⑤ 압수·수색·검증에 대한 참여가 정상적으로 완료되었을 경우 이에 대한 확인서를 수리하고 피압수자 등이 확인서에 대한 서명을 거부하였을 때에는 그 사유를 서면으로 작성한다.

제21조 (전자 정보의 단계적 압수·수색·검증) ① 전자 정보의 압수는 해당 정보 저장 매체 등의 소재지(이하 "현장"이라 한다)에서 범죄 사실과 관련된 전자 정보의 범위를 정하여 출력하거나 복제하는 방법으로 한다.

② 제1항에 따른 압수·수색·검증이 불가능하거나 그 방법으로는 압수·수색·검증의 목적을 달성하는 것이 현저히 곤란한 경우에는 현장에서 정보저장매체등에 들어 있는 전자 정보 전부를 하드카피 또는 이미징 하여 그 복제본을 현장 외의 장소로 반출할 수 있다.

③ 제2항에서 "그 방법으로는 압수·수색·검증의 목적을 달성하는 것이 현저히 곤란한 경우"란 다음 각 호의 경우를 말한다.

1. 피압수자 등이 협조하지 않거나, 협조를 기대할 수 없는 경우

2. 혐의 사실과 관련될 개연성이 있는 전자 정보가 삭제·폐기된 정황이 발견되는 경우

3. 출력·복사에 의한 집행이 피압수자 등의 영업 활동이나 사생활의 평온을 침해하는 경우

4. 기타 이에 준하는 경우

④ 제1항 및 제2항에도 불구하고, 그 방법으로는 다음 각 호의 경우와 같은 사정으로 압수·수색·검증의 목적을 달성하는 것이 현저히 곤란한 경우에는 피압수자 등이 참여한 상태에서 정보 저장 매체 등의 원본을 현장 외의 장소로 반출할 수 있다.

1. 집행 현장에서의 하드카피·이미징이 물리적·기술적으로 불가능하거나 극히 곤란한 경우

2. 하드카피·이미징에 의한 진행이 피압수자 등의 영업 활동이나 사생활의 평온을 현저히 침해하는 경우

3. 기타 이에 준하는 경우

제22조 (전자 정보 압수의 범위) ① 담당군검사등은 압수·수색·검증 영장에 기재된 피의자나 공범의 범죄 혐의 사실과 관련된 전자 정보를 압수·수색·검증한다. 이 경우 수집한 전자 정보의 출처 증명, 기타 디지털 증거의 정확성과 신뢰성의 입증에 필요한 범위 내의 전자 정보 등을 함께 압수할 수 있다.

② 압수·수색·검증 과정에 참여한 피압수자 등이 압수 대상 전자 정보와 사건의 관련성에 관하여 의견을 제시한 때에는 이를 조서에 적는다. 다만, 피압수자 등이 서면으로 의견을 제출한 경우에는 이를 조서 말미에 첨부하는 것으로 조서 기재에 갈음할 수 있다.

제23조 (임의제출 정보저장매체등에 대한 조치) ① 전자 정보가 저장된 정보저장매체등을 임의 제출 받은 경우에는 임의 제출의 취지와 범위를 확인한다.

② 정보저장매체등에 저장된 전자 정보를 임의 제출하는 것으로서 전자 정보에 대한 탐색·복제·출력이 필요한 경우에는 본 장에서 규정한 절차를 준용한다.

제24조 (원격지에 저장된 전자 정보의 압수·수색·검증) ① 압수·수색·검증의 대상인 정보 저장 매체와 정보통신망으로 연결되어 있고 압수 대상인 전자 정보를 저장하고 있다고 인정되는 원격지의 정보 저장 매체에 대하여는 압수·수색·검증의 대상인 정보 저장 매체의 시스템을 통해 접속하여 압수·수색·검증을 수행한다.

② 제1항에 따른 압수·수색·검증에서 피압수자 등이 정보통신망으로 정보 저장 매체에 접속하여 기억된 정보를 임의로 삭제할 우려가 있을 경우에는 정보통신망 연결을 차단할 수 있다.

제25조 (전자 정보의 암호화 등에 대한 특례) 압수·수색·검증의 대상인 정보저장매체등이나 전자 정보에 암호가 설정되어 있는 등 다음 각 호의 사유가 있는 경우에는 저장되어 있는 전자 정보에 접근하여 탐색할 수 있는 기술적 조치가 이루어진 이후에 사건과 관련 있는 전자 정보를 압수한다.

1. 정보저장매체등이 물리적으로 손상된 것이 확인되어 수리가 필요한 경우

2. 정보저장매체등에 암호가 걸려 있고 피압수자 등이 협조하지 않는 경우

3. 정보저장매체등의 특성상 적합한 장비나 프로그램의 개발이 필요한 경우

4. 사건과 개연성이 있는 전자 정보가 조작·삭제된 정황이 발견되어 사건과 관련이 있는 전자 정보의 선별에 앞서 정보저장매체등에 대한 종합적인 분석이 필요한 경우

5. 안티 포렌식 등으로 인해 통상적인 방식으로는 저장된 전자 정보에 접근하는 것이 어려운 경우

6. 그 밖의 각 호에 사유에 준하는 경우

제26조 (현장에서 디지털 증거의 압수 시 조치) ① 제21조 제1항에 따라 디지털 증거를 압수하는 경우에는 해시값을 생성하고 별지 제1호 서식의 "현장조사확인서"를 작성하여 피압수자 등의 서명을 받는다.

② 디지털 포렌식 수사관은 제1항에 따라 디지털 증거를 압수한 경우에는 지체 없이 전자 정보상세목록을 작성하여 피압수자에게 교부한다.

③ 제2항에 따른 전자 정보상세목록은 국방부 및 각 군 수사기관의 장이 별도로 정한 양식으로 하되, 서면 이외에 파일 또는 전자메일 등의 형태로 교부할 수 있다.

④ 현장에서 전체 전자 정보 중 일부만 가선별하는 경우에는 제27조를 준용한다.

제27조 (전자 정보의 전부 복제 시 조치) ① 제21조 제2항에 따라 전자 정보의 전부를 복제하는 경우 전체 복제본에 대한 해시값을 확인하거나 압수·수색·검증 과정을 촬영하는 등 디지털 증거의 동일성과 무결성을 담보할 수 있는 적절한 방법과 조치를 한다.

② 제1항에 따라 전자 정보 전부를 복제하여 현장 이외의 장소로 반출하는 경우에는 별지 제2호의 "압수물 봉인지" 및 별지 제3호의 "정보 저장 매체 복제 및 이미징 등 참관 여부 확인서"를 작성한다.

③ 담당군검사등은 제2항에 따른 정보저장매체등의 전부 복제본 반출 사실도 압수 목록에 기재하여 피압수자에게 교부한다.

제28조 (정보저장매체등 원본 반출 시 조치) ① 제21조 제3항에 따라 정보저장매체등의 원본을 현장 이외의 장소로 반출하는 경우에는 별지 제2호의 "압수물 봉인지" 및 별지 제4호의 "정보 저장 매체 제출 및 이미징 등 참관 여부 확인서"를 작성한다.

② 담당군검사등은 제1항에 따른 정보저장매체등의 원본 반출 사실도 압수 목록에 기재하여 피압수자에게 교부한다.

제29조 (정보저장매체등의 운반) 제27조 및 제28조에 따라 정보저장매체등을 소재지 외의 장소로 반출하는 경우에는 운반 과정에서 매체가 파손되거나 기억된 전자 정보가 손상되지 않도록 정전기 차단·충격 방지 등의 조치를 한다.

제30조 (봉인 해제) 제27조 또는 제28조에 따라 반출한 정보저장매체등의 봉인을 해제하는 경우 부착되어 있던 별지 제2호의 "압수물 봉인지"에 봉인 해제 일시와 그 사유를 기재하고, 참관인의 서명을 받으며, 촬영 등 디지털 증거에 대한 보관의 연속성을 확보하는 방법으로 보관한다. 다만, 참관인의 서명을 받을 수 없는 경우에는 그 사유를 기재한다.

제31조 (현장 외에서 전자 정보의 탐색·복제·출력) ① 제30조에 의해 봉인을 해제한 이후에는 현장에서 사전 생성한 이미지 파일의 무결성을 검증하거나 동 매체에 저장된 전자 정보에 대한 이미지 파일을 새로 생성한다. 다만, 이미지 파일을 생성할 필요가 없거나 곤란한 경우에는 그러하지 아니하다.

② 사건과 관련이 있는 전자 정보의 탐색은 원칙적으로 제1항에 따라 동일성과 무결성이 확인되었거나 새로 생성한 이미지 파일을 이용하여 진행하되, 제1항 단서와 같이 이미지 파일을 생성하지 아니한 경우에는 정보저장매체등에 저장된 전자 정보를 직접 탐색할 수 있다.

③ 제2항의 탐색을 통해 사건과 관련이 있는 전자 정보를 파일 형태로 복제하여 압수하는 경우에는 선별된 전자 정보에 대한 이미지 파일을 생성하고 그에 대한 해시값을 확인한다.

④ 전자 정보의 탐색·복제·출력을 완료한 경우에는 지체 없이 피압수자 등에게 전자 정보상세목록을 교부하고, 별지 제5호의 "참관확인서"와 별지 제6호의 "전자 정보상세목록 교부확인서"를 작성하여 피압수자 등의 서명을 받는다. 다만, 피압수자 등이 중간에 참관을 포기하고 퇴실하는 등으로 피압수자 등의 서명을 받을 수 없는 경우에는 그 사유를 기재한다.

⑤ 목록에 없는 전자 정보는 삭제·폐기함을 원칙으로 한다. 다만, 사건 담당 군검사는 법정에서 디지털 증거의 재현이나 검증을 위하여 필요한 경우 제1항의 이미지 파일을 보관할 것을 지휘할 수 있다.

제4절 디지털 증거의 분석

제32조 (디지털 증거의 분석) ① 디지털 증거의 분석은 이미지 파일로 한다. 다만, 이미지 파일로 복제하는 것이 곤란한 경우에는 압수 또는 복제한 정보저장매체등을 직접 분석할 수 있다. 이 경우 정보저장매체등의 형상이나 내용이 변경·훼손되지 않도록 적절한 조치를 한다.

② 압수된 디지털 증거의 분석 과정에서 군 수사기관이 직접 분석할 수 없는 기술적 제한사항이 발생할 경우 해당 분야 전문가의 조력을 받을 수 있다. 이 경우, 해당 군 수사기관의 담당군검사등은 수사 내용 유출을 방지하기 위한 보호 조치를 한다.

제33조 (분석 결과 보고서의 작성 및 통보) ① 제32조에 따른 디지털 증거에 대한 분석이 종료되면 디지털 포렌식 수사관은 분석 결과에 대한 보고서를 작성한다. 다만, 사안의 경중과 분석 난이도 등을 고려하여 약식보고서 등을 활용할 수 있다

② 디지털 포렌식 수사관은 제1항의 디지털 증거에 대한 분석 결과 보고서가 작성된 때에 그 결과를 통보한다. 다만, 긴급을 요하거나 특별한 사정이 있는 경우에는 구두·전화 등의 방법으로 중간 분석 상황을 통보하고 사후에 최종 분석 결과 보고서를 회신할 수 있다.

제5절 디지털 증거의 관리

제34조 (디지털 증거의 관리 원칙) ① 분석 의뢰물, 복제 자료, 증거 분석을 통해 획득한 전자 정보(디지털 증거를 포함한다)는 오염방지가 가능한 항온·항습·무정전·정전기 차단 시스템 등의 조치가 이루어진 장소에 보관함을 원칙으로 한다.

② 국방부 및 각 군 수사기관의 장은 디지털 증거의 원본성과 무결성이 훼손되지 않도록 디지털 증거를 체계적으로 보존·관리하는 업무를 전담하는 디지털 증거 관리담당자를 지정한다.

제35조 (디지털 증거 관리담당자의 임무) ① 제34조제2항에 따라 지정된 디지털 증거 관리담당자는 디지털 증거의 보존·관리·폐기 등 디지털 증거의 생애 주기를 관리하는 업무를 전담한다.

② 디지털 증거 관리담당자는 디지털 증거의 연속성을 유지할 수 있도록 디지털 증거의 승계 과정에

서의 등록 기록, 사진, 영상 등을 관리한다.

③ 디지털 증거 관리담당자는 담당 군검사등 이외에 권한 없이 디지털 증거에 접근하지 못하도록 필요한 조치를 한다.

제36조 (디지털 증거의 폐기) ① 다음 각 호에 해당하는 디지털 증거의 원본은 군사법원법이 정하는 절차에 따라 폐기한다.

1. 수사 또는 재판 과정에서 범죄 사실과 관련성이 없는 것으로 확인된 경우

2. 압수의 원인이 된 사건에 대한 기소·불기소 등 종국 처분에 따라 계속 보관할 필요성이 없다고 인정되는 경우

3. 판결이 확정되어 계속 보관할 필요성이 없다고 인정되는 경우

② 제1항에도 불구하고 다음 각 호에 해당하는 경우에는 압수의 원인이 된 사건의 공소시효가 완성될 때까지 디지털 증거를 폐기하지 않을 수 있다.

1. 「군사법원법」 제16조에 따른 관련 사건에서 증거로 사용될 것으로 예상되는 경우

2. 압수의 원인이 된 사건이 기소중지처분 또는 참고인중지처분이 된 경우

3. 불기소처분을 한 사건 또는 무죄판결이 확정된 사건 중 공범 등에 대한 수사를 계속할 필요가 있다고 인정되는 경우

제37조 (폐기 방법 및 절차) 제36조제1항에 해당하는 디지털 증거는 복원이 불가능한 기술적 방법으로 삭제하여 폐기한다. 구체적인 폐기의 방법과 절차에 관한 사항은 국방부 및 각 군 수사기관의 장이 별도로 정한다.

제38조 (디지털 증거 복사본의 폐기) 국방부 및 각 군 수사기관은 해당 사건을 이송 또는 송치한 경우에 즉시 수사 과정에서 생성된 디지털 증거의 복사본(이미지 파일 등)을 폐기한다. 이 경우 폐기의 방법과 절차는 제37조를 준용한다.

제4장 보 칙

제39조 (재검토 기한) 이 훈령은 「훈령·예규 등의 발령 및 관리에 관한 규정」에 따라 훈령 발령 후 법령이나 현실 여건의 변화 등을 검토하여 훈령 발령일을 기준으로 매 3년이 되는 시점마다 재검토를 한다.

부칙 <제2574호, 2021. 7. 22.>

제1조 (시행일) 이 훈령은 발령한 날로부터 시행한다.

제2조 (디지털 포렌식 수사관에 대한 경과 조치) 이 훈령 시행 이전에 국방부 및 각 군 수사기관의장으로부터 디지털 포렌식 관련 업무종사자로 임명된 수사관은 이 훈령에 따라 임명된 디지털 포렌식 수사관으로 본다.